1998

温州统计年鉴

WENZHOU STATICAL YEARBOOK

温州市统计局编

中国统计出版社

<<温州统计年鉴>>编辑委员会

浙江乐吉化工厂

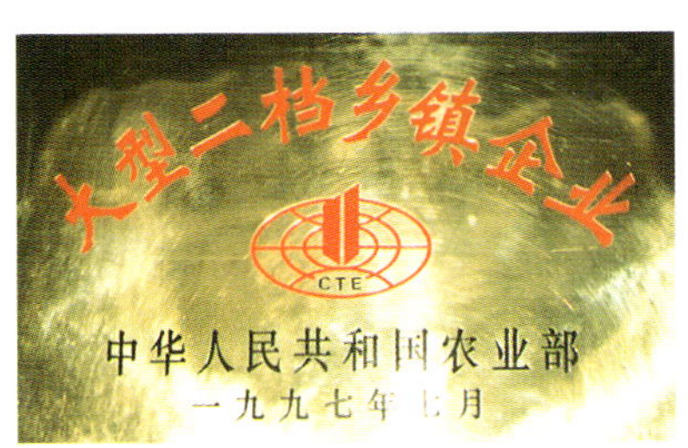

厂长　吴元林

主要产品

浙江乐吉化工厂创建于1985年，是化工部、省石化厅定点农药生产厂家。现有固定资产3300多万元,占地面积1.5万平方米，建筑面积1.2万平方米。近两年，先后获省、市、县重点民营企业、星级企业、明星企业、重点企业、创税大户、“AAA”级信用企业等40多项荣誉，厂领导也连续两次获温州市领导班子集体功。厂长吴元林先后被授予市优秀厂长（经理）“金鹿奖”、乐清市优秀厂长、省重点民营乡镇企业家等荣誉称号。

近几年来，该厂先后研制开发了17.2%幼禾葆WP等13种除草剂。其中，35%丁苄WP、17.2%幼禾葆WP是省稻田无草害工程推广产品；7.5%乐草光片剂和禾农乐为示范品种；15%乐草隆WP、17.2%幼禾葆WP获省“信得过农药”；35%丁苄WP获农民满意农药称号；15%乐草隆WP、17.2%幼禾葆WP被首届全国农药大型公众调查小组评为97农民首选农药品牌；17.2%幼禾葆WP、15%乐草隆WP、58%杀草宝SP被省科委等四部门推荐为浙江省高质量科技产品；17.2%幼禾葆WP在全国第十次药效试验总结大会上被确认为优良品种。企业获省稻田无草害工程贡献奖。产品投放市场后，畅销全国20多个省、市和地区。

地址：浙江省乐清市虹桥镇南阳工业区
电话：0577-2363788 2363156
传真：0577-2353453
邮编：325608

瓯海区景山街道将军村

村支部书记 苏利增　村委会主任 陈公业

村委会

景山街道将军村，位于温州市区西面，是瓯海区委、区政府所在地。1997年经济总收入2.2亿元，居民人均纯收入8900元。经多年的积累，村集体资产已近亿元，其中固定资产5730万元，经济实力雄厚。

凭着地域的优势，第三产业得以长足发展，并成为将军村有力的经济增长点。近年来逐渐形成了以停车场、农副产品批发市场、旅馆业等为龙头的支柱企业。工业生产势头良好，现有村办工业企业20家，主要有制鞋、汽配、商标等十余种产品。村级工业区占地57亩，1997年工业总产值6500万元，出口创汇1500万元。投资亿元按四星级标准设计的将军旅游饭店和村企业集团正在兴建和筹建之中。

党的富民政策，极大地改善了居民生活，促进了精神文明建设。现全体村民都迁入村集资联建的新居，享受医疗保险和子女上学学费和奖学金待遇，在村外就业的村民每月给予500－700元的生活补贴，村民到退休年龄平均每月可享受250元的生活补贴。投资近两百万元兴建了全市一流的老年人活动中心，设施完善的老年人公寓，也在兴建中。

电话：0577-8538132

邮编：325005

建设中按四星级标准设计的将军宾馆

村工业区

村民住宅区

温州金狮啤酒有限公司

总经理　李泽文

市领导视察

拳头产品--双鹿啤酒

温州金狮啤酒有限公司是与东南亚著名跨国集团--金狮集团合资的企业，座落在浙江省温州市风景秀丽的水乡--梧埏镇，具有几十年啤酒酿造历史，享有卓越良好的商誉。

投资2.2亿元，年产15万吨啤酒技改工程现已投产，引进的世界先进设备和工艺技术，已经产生良好的经济效益。1997年创税利5734万元，其中实现利润2206万元，荣获温州市最佳经济效益工业企业称号。

先进的生产流水线

合作伙伴

公司生产的双鹿干啤酒，采用优质麦芽、酒花、茶山泉水和德国DAB公司酿造技术精制而成，口味清爽可口、泡沫细腻持久、热值低，系温州市名牌产品。

易拉罐装啤酒全新包装、全新口味（纯生啤酒原始风味），深受广大消费者青睐。

企业以市场为导向，以消费者需求为已任，朝现代企业管理目标迈进。正以一流的设备、一流的管理、一流的效益崛起，向创税利一亿元挺进。

雄厚的技术力量

地址：浙江温州市梧埏街234号

电话：0577-6366701 6361770

浙江东方集团公司

Zhejiang Orient Group Corporation

总经理　滕增寿

全国重点国有企业浙江东方集团公司下属16家子公司。东方管道公司，生产离心浇铸玻璃钢大口径管道，具有国际名牌“HOBAS”商标，主要用于供水工程；东方新型材料公司，生产玻璃钢盒子卫生间、玻璃钢火车舰船配件、玻璃钢船艇、亚克力卫生洁具系列；东方电镀公司，年生产能力达40万平方米；东方船艇制造公司，主要生产5000吨级左右的多功能集装箱货轮，出口船舶质量备受称赞。著名的东方灯具大市场，吸引全国各地客商，被评为全国文明市场。公司党委书记兼总经理滕增寿，先后被评为全国劳模、全国优秀企业家、十大中国改革风云人物和全国十名全心全意依靠职工办企业的优秀领导干部。

地址：浙江省温州市矮凳桥92号

电话：0577-8318888 8332288

传真：0577-8332287

邮编：325000

东方集团管道公司

温州三维集团公司

温州三维集团公司
WENZHOU SANWEI GROUP CORP

总经理　张国华

炭黑生产装置一角

温州三维集团公司现有员工700多名，各类专业技术人员120名(其中高中级职称30名)，占地面积13.6万平方米，固定资产1.5亿元。拥有年生产苯酐800吨、炭黑15000吨、增塑剂6000吨、油漆涂料5000吨的生产装置和1500KW余热发电站、1万轻吨拆船基地。主导产品炭黑、苯酐、增塑剂自八十年代初一直保持部优、省优称号。

公司先后荣获中国500家最大化学工业企业、全国化工100家最佳经济效益工业企业和省、市“五个一批”重点骨干企业，化工部产品质量信得过企业和温州市一级明星企业等称号。

公司地址：温州市龙湾区蒲州镇　电话：0577-6537653 6537658
传真：0577-6537653 6537659　邮编：325011

公司办公区

中国·新华电器集团

中国·新华电器集团公司是新华电器集团的核心企业，座落在中国低压电器之都——温州柳市，其前身是创办于1983年4月的原浙江新华开关厂。经过16年的艰苦创业，现已发展成为一家集低压电器、仪表仪器、防爆电器、成套电控设备的开发、生产、销售于一体，兼及化工染料、床上用品的跨地区、跨行业、跨部门的全国性无区域大型乡镇企业集团。目前，产品已达110个系列，4000多种规格。集团公司先后荣获全国先进企业，国家大型企业，浙江省和温州市重点骨干乡镇企业的光荣称号。1997年集团公司实现产值6.3亿元，居国内同行业前列。

董事长：郑元孟　总经理：黄岁飞

集团总部：温州乐清开发区新华工业园

电话：0577-2777555 2771888

传真：0086-577-2776999

邮编：325604

高效精干的管理人员

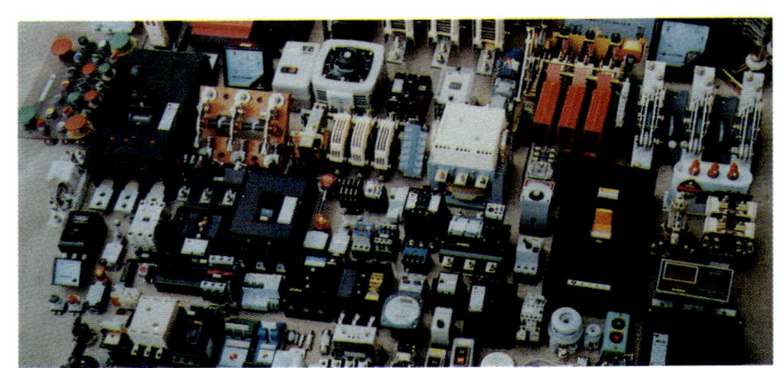

电器系列产品

质量体系认证证书

办公大楼

温州市恒丰灯饰有限公司

温州恒丰灯饰有限公司始创于1991年，系股份合作制企业，位于瓯海南白象鹅湖工业区，占地总面积4.3万平方米，建筑面积2.5万平方米，拥有固定资产2129万元，流动资产820万元。

经过七年的艰苦创业，“恒丰”已发展成为灯饰、电器、电镀、贸易、科研等科、工、贸一体化的综合性企业。主要产品有吸顶灯、吊灯、水晶灯、壁灯、台灯、落地灯、超薄118开关插座、酒店微电脑控制仪等三大系列5000多个品种。“恒丰”灯饰被命名为温州市名牌产品，获中国科技精品博览会金奖。公司被市政府列为“五个一批”重点企业，先后获市“AA”级信用企业、优秀企业管理奖。党和国家领导人曾多次莅临公司视察。

国务院副总理钱其琛视察"恒丰"灯饰展览
(左一公司董事长李洪明)

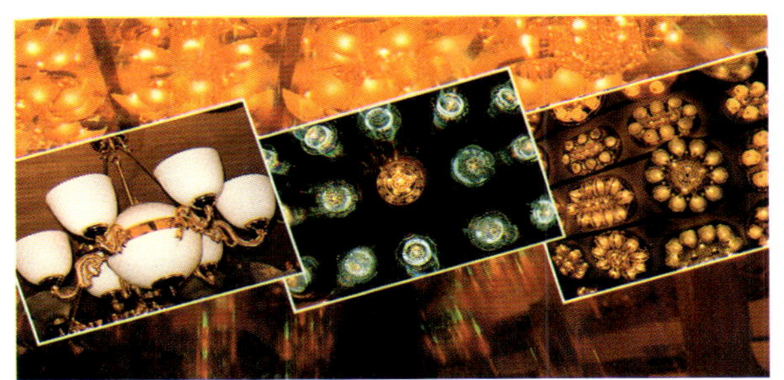

"恒丰"灯饰系列

超薄118开关
播座系列

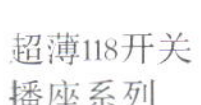

超薄118开关
播座系列

超薄118开关
播座系列

超薄118开关
播座系列

公司在全国各大中城市建有产品销售网络，并在南美设有分公司。

董事长 李洪明 总经理 朱建秋

地址：浙江温州市南白象鹅湖工业区
电话：0577-6716961 8248282（经营部）
传真：0577-6716969
邮编：325015

公司厂区外景

温州龙达石油液化气有限公司

总经理 韩国光

温州龙达石油液化气有限公司由温州电力实业总公司为主体，福建巨星集团公司等四家国有企业联合投资兴办，1994年9月建成投产。公司占地面积1.62万平方米，拥有液化气罐19个，储量1670立方米，并有1000吨级专用码头一座。公司现有固定资产原值1740万元，注册资本1000万元。

公司主要经营石油液化气，开业三年多来共销售液化气23.66万吨，销售额6.02亿元；上交国家各种税收1130万元，创利润1131万元。

企业连续两年被省计经委、统计局等四个部门评为全省同行业最大企业和最佳经济效益企业。温州市二星级企业和“AAA”级信用企业。

地址：苍南县龙港镇龙洲路340号
电话：0577-4208408
传真：0577-4216206
邮编：325802

专用码头

浙江富康包装印刷有限公司

总经理 孙绍丁

精美的包装印刷品

富康包装印刷有限公司创办于1995年，为中国物品编码中心浙江分中心条码印制资格认可单位，温州市指定印制商标单位，县商标印制业协会理事单位。现有固定资产1020多万元，生产设备50余台，厂区面积4530平方米，建筑面积5812平方米，职工200余人。公司主要生产酒盒、酒标及各种包装制品、涤纶商标。1997年产值1.01亿元，创利税416万元。

公司自创办以来，在自我积累、自我发展的基础上，逐步形成了初具规模的包装彩印制品企业。产品远销安徽金种子酒厂等大型集团企业，深受省内外客户的欢迎。

公司弘扬“创新、拼搏、求实”的精神，1996、1997年连续评为浙江省印刷行业最大经营规模工业企业、最佳经济效益工业企业，温州市星级乡镇企业、重点骨干企业，市政府“领导班子集体功”，县重点工业企业，县纳税大户，县模范工业企业，“AAA”级信用企业。

厂址：浙江省苍南县金乡镇金狮路98号
电话：0577-4596241 4596242 4592849
邮编：325805

精美的包装印刷品

办公大楼

苍南县昌盛电力有限公司

总经理　陈道冲

主控室

苍南县昌盛电力有限公司系苍南县电力工程施工骨干企业，1995年经股份制改组后，连年取得了较好的经济效益。1997年实现销售收入4469万元，创利税445万元。1996年被省电力工业局评为明星企业，1997年被温州电业局评为先进企业，被县人民政府评为先进纳税企业。

地址：苍南龙港镇人民中路519号

电话：0577-4201467 4212467

传真：0577-4205467

邮编：325802

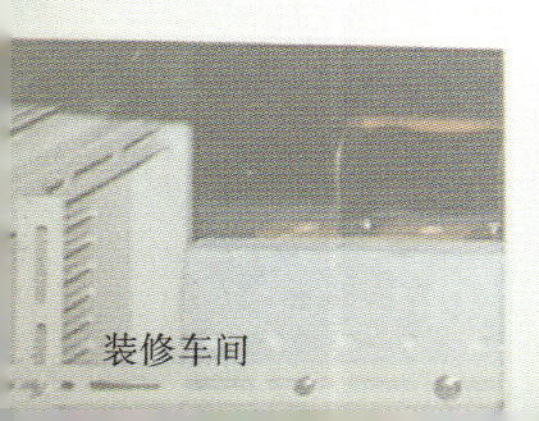

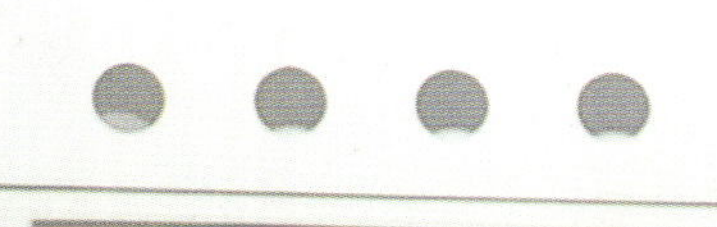

装修车间

瑞安市编织装饰用品厂

瑞安市编织装饰用品厂属国家大中型企业，为浙江省三星级企业。厂区占地面积3.75万平方米，建筑面积1.98万平方米，固定资产超亿元，年产值近2亿元，年创税利近3000万元。被浙江省政府列为“五个一批”重点扶持发展企业。企业相继获得浙江省最佳经济效益工业企业、“AAA”级信用企业、温州市一级明星企业和1996年瑞安市工业企业综合实力十强企业第二名称号，国家“双加”项目承担企业。

近年来，瑞安市编织装饰用品厂连续7次引进国外先进设备和技术。主导产品“御风牌”高档汽车内饰面料，荣获国家级新产品称号和浙江省科技成果二等奖。质量处国内领先地位，是上海2000型新桑塔纳轿车配套产品。“御风牌”经编系列产品，填补了省内、国内空白，达到国际标准。经编拉舍尔棉毯是本厂的出口拳头产品，90%以上出口发达国家。最新开发的双轴向高强度土工布，属高科技产品，广泛应用于航空、造船、建材工业和高速公路建设及农业等。企业开发生产的产品还有：经编立绒面料、丝绒刷花面料、席梦思床垫面料、旅游鞋面料、服装面料及箱包等产品，畅销国内外市场。

厂长：项春潮

地址：浙江省瑞安市陶山镇纺织路1号

电话：0577-5475682

传真：0577-5476999

邮编：325215

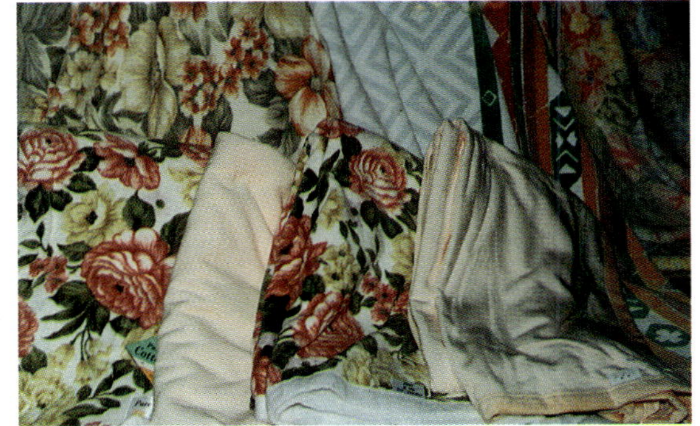

系列产品

系列产品

厂全景

浙江华仪集团

Zhejiang Huayi Group

浙江华仪集团核心企业浙江华仪电器集团有限公司，为股份合作企业，国家中型企业，创办于1986年，占地面积2.4万平方米，建筑面积1.8万平方米。1997年资产和年产值均超亿元，创税利1200多万元。为机械部、电力工业部高低压成套开关设备定点生产厂家，省级重点骨干乡镇企业、“AAA”级信用企业，农业部全国乡镇企业科技进步单位，乐清市“雁荡杯”十佳企业和明星企业。总经理陈道荣，荣获温州市工业企业优秀经理“金鹿奖”。

集团开发生产的户内外高压真空断路器、高低压开关柜、隔离开关和接地开关等9大类48个系列产品，被中国质量万里行列为中国名优特别推荐产品。GN27-35系列和JN3－10系列填补国内空白，ZW1-10真空断路器被电力部列为全国唯一定点推广产品。最新又开发了环网柜和中置式高压开关柜等高新技术产品。

华仪集团与ABB、东芝、西门子、浙大、大庆油田等200多家国内外企事业单位建立密切的合作关系。

地址：浙江省乐清市宁康西路204-206号
电话总机：0577-2533888
传真：0577-2524524
邮编：325600

董事长兼总经理 陈道荣

ZWO-10户外高压柱上组合电器

KYNO-12铠装移开式金属封闭开关设备

华仪集团
ZHEJIANG HUAYI GROUP

集团公司总部

浙江温州医药商业集团有限公司

法人\董事长\总经理　朱永筱

集团中心办公楼

公司由1953年创建的浙江省温州医药采购供应站整体改组而成，下辖5家医药专业分公司和18家连锁药店，并拥有7家全资或控股子公司和18家集体医药工商企业。公司员工783人，其中各类专业技术人员279人。

经过40多年的发展，已成为经济实力、经营能力较强的国有独资企业。1996年销售收入和利税额名列全国医药商业第38和36位。1997年销售收入达3.5亿元，创利税1511万元。获市最佳经济效益企业，公司领导班子被记集体功，朱永筱总经理获温州市优秀厂长(经理)“金鹿奖”。公司连续多年被评为省级文明单位、省医药商业“十佳企业”。1997年获国家GSP达标企业称号，是我市十大商贸企业之一。

副总经理：李鸽翎 蔡永顺 葛冲 张国锦

总经理助理：倪霜月

地址：浙江省温州市解放南路484号

电话：0577-8228137

传真：0577-8222197

邮编：325000

营业场所一角

浙江省烟草公司温州分公司

法人代表\局长(经理) 陈金声

新品牌受到市民喜爱

浙江省烟草公司温州分公司组建于1985年，拥有固定资产3672万元，系大型国有企业，下辖8个县（市）公司。

几年来，公司抓住发展机遇，先后开发引入省产更新换代产品，开发适合温州人口味的品牌，满足了不同消费层次的需求。1997年分公司销售收入5.08亿元，创利税4258万元，人均达66.5万元，是我市十大商贸企业之一。

公司发挥主业优势，扩展副业规模，计划到2000年实现利税超1.6亿元，主要经济指标居全省同行前3名，县（市）公司90%成为文明单位，分公司达到省级文明单位标准，以新的姿态大步迈进新世纪。

地址：温州市黎明西路30-1号

电话：8337125

邮编：325003

大红鹰之夜

温州市烟草专卖局 宁波卷烟厂

主 办

公司邀请南京军区前线歌舞团在市体育馆举办"大红鹰之夜"文艺晚会。

浙江永上不锈钢产业有限公司

精炼

出钢

公司是省内最大的不锈钢管生产企业之一，已获冶金部生产许可证，设有穿孔车间和拉管车间两个生产实体。由曼乃斯曼Φ100穿孔生产线和Φ50穿孔生产线轧制荒管。拉管车间有各种型号的冷拔管机、矫直机、辊底式固溶处理炉、切管机、磨抛机以及在线无损探伤装置、理化试验室等生产和检测设备。

公司年产各种型号、规格不锈钢管3500吨，管坯由上钢五厂、大冶钢厂、长城钢厂等特钢企业供应，部分原料由日本、韩国、台湾进口。

总经理：李学文

地址：浙江省温州市永强衙前工业区

电话：0577-6933053 6933051

传真：0577-6933057

邮编：325024

浙江丰业集团公司

公司实有资本1.5亿元，固定资产8000万元，占地80余亩。下属炼钢厂、轧钢厂、穿孔厂、拉管厂、铸钢厂、封头厂和汽车门窗厂等生产厂家。建有35KV变电站，理化测试中心、气体供应站等辅助设施配套，形成了一套独立完整的生产体系。

“丰业”拥有年产2万吨不锈钢生产线、年产10万吨轮辋钢和棒材、管坯生产线，另有不锈钢坯料穿孔、拉管、铸钢生产线和年产60万套汽车门窗生产线。

“丰业”主要产品有符合国际标准的无缝不锈钢管、轮辋钢、汽车门窗、铸钢件、阀门、法兰和弯头等。产品行销全国，部分已跨出国门，远销海外。

法人代表：任德豹

地址：浙江省温州市海滨工业区机场口

电话：0577-6374838 6976388（销售）

传真：0577-6374822

电挂：7688

邮编：325024

办公大楼

销售大楼

职工宿舍

温州市雪山胶鞋厂

Wenzhou Xueshan Rubber-soled Shoes Factory

系列胶鞋

温州市雪山胶鞋厂（温州市乾坤实业有限公司）创办于1988年，厂区分别位于瓯海新桥前花工业区和鹿城双桥村丰门山工业区，占地25亩，建筑面积2万平方米，固定资产2735万元，流动资产4384万元。主要设备有胶鞋流水线六条，炼胶机、锅炉、工业缝纫机、拥边机、围条机等500多台（套），年生产能力可达780万双布面胶鞋。产品除销往国内大中城市外，主要销往欧美、东南亚、日本等四十多个国家和地区。1997年产值达到9180万元，实现利税400万元，出口创汇1106万美元。先后被省、市、区三级人民政府和有关部门评为重点骨干乡镇企业、省级地区最大工业企业、“AAA”级信用企业、出口创汇先进生产企业、温州星级乡镇企业、明星企业。1996年获进出口自营权。

法人代表：李乾坤

地址：中国温州黄龙路68-1号　电话：0577-8722088

传真：0577-8722838　邮编：325005

浙江昌泰电力集团有限公司

Zhejiang Changtai Electric Power Group Co., Ltd.

公司总部

浙江昌泰电力集团有限公司系浙江省首家电力企业集团公司。是一家由22家成员单位组成的跨地区、跨行业企业。主要经营电力开发、电力设计、基本建设、电力产品制造、液化气经营、不锈钢炼(轧)。主要产品有电力变压器、电器开关、互感器、避雷器、电容器、线路器材、电子、机械、仪表等，具有生产成套电力电器设备的能力。

公司下属紧密层企业——昌泰电力开关厂，是一家拥有固定资产3000多万元,占地24亩，机械工业部和电力工业部定点生产高低压成套开关设备的专业厂。该厂产品质量可靠稳定，并有完善的售后服务体系，还通过了ISO9000国际质量体系认证。

董事长：蔡逸天　总经理：任德豹

地址：温州市区小南路国泰大楼二楼

电话：0577-8200475 8237706

传真：0577-8200986

邮编：325000

厂全景

苍南县龙港镇自来水厂

厂长 林钦华

苍南县龙港自来水厂创建于1984年，经扩建，日供水能力已达3万吨。正在兴建中的龙港第二水厂，总设计规模日供水15万吨，分三期建设。一期工程日供水5万吨，总投资4300万元，计划今年底竣工送水，至此龙港镇日供水能力达8万吨/日。

净水池

水厂全景

企业在抓经济效益的同时，狠抓社会效益。几年来，龙港水厂在本行业中开展“满意杯”活动，在保证水量、水压的同时，确保供水水质，加强水源保护和水质管理，提高服务质量。几年来，连续被省、市、县评为卫生先进单位，1995年被国家爱卫会命名为农村百佳水厂。

地址：苍南县龙港镇龙跃路67(1-10)号

电话：0577-4205691 4202286 邮编：325802

温州市农业生产资料公司

温州市农业生产资料公司创建于1954年，拥有库场2.7万平方米。担负着浙南地区化肥、农药、农膜、农具的调拨供应，是浙南地区最大的农业生产资料综合经营企业。近几年来销售额年均超亿元，取得了较好的社会和经济效益。

公司本着“开拓、服务、务实、发展”的企业精神，开展多种经营，重合同、守信用。欢迎各界朋友和同行合作。

法人代表：杨宪宗

地址：浙江省温州市株柏路75号

电话：0577-8337213 8332221

传真：0577-8335676

邮编：325003

公司全景

温州市蔬菜实业公司

公司成立于1961年（原名蔬菜公司），主营干鲜蔬菜、蔬菜种籽。1997年鲜菜供应量达19923万公斤，供菜量占全社会需求量的89.32%，全年企业纯利为683.23万元。

为拓宽经营渠道，公司将建一所占地3.63万平方米的大型东向蔬菜批发交易市场。该市场集蔬菜批发、交易、净菜加工、冷冻储藏、配送等为一体，并以其优势进行包装净菜加工，向“超市”、“连锁店”配送，扩大市场占有率，发挥国有企业的主渠道作用。

法人代表：应国权

公司地址：温州市十七中路31弄15号（城南大道西首）

电话号码：8529999

邮政编码：325028

温州市副食品总公司

温州市副食品总公司具有40多年历史，在同行业中有较高声誉。总公司下设糖酒饮料分公司、罐头食品分公司、皮塑鞋料分公司和鞋料市场第一分场。

本公司以科学的经营管理为先导，继续调整经营结构，完善经营网络，发挥规模效益，1997年商品销售额达1亿元。本公司如一、卓越、周到的服务必将赢得您的信任。

法人代表：陈锦贤

地址：浙江省温州市广场路30号

电话：0577-8222028 8226507 8235543

传真：0577-8222112

邮编：325000

电挂：0756

温州金州集团有限公司

总经理　郑永强

集团公司办公大楼

温州金州集团有限公司由温州市瓯海食品有限公司整体改组而成，下设14个一级公司和10个二级公司，总面积3.5万平方米。公司注册资金2508万元，资产总额1.1亿元，1997年销售额3亿元，创税利700万元，连年被评为突出贡献企业和一级明星企业、资信优秀企业。

集团下属公司主要经营副食品、五金交电、家用电器、日用化工、卫生洁具、金银首饰、金属材料、人造革和农副产品收购及海上运输。

地址：温州市黎明西路26弄12号　电话：0577-8330389
传真：0577-8358420　邮编：325003

永中供銷合作社

永中供销社建社已有40多年，1997年销售额7060万元，为中型商贸企业。近几年来，相继获得市物价计量法规优秀单位、区文明单位、纳税先进单位等多项荣誉。

供销社下属两个公司：瓯海供销公司，是温州五交化集团公司成员企业，为本社设在市区的窗口单位，设在永中镇的10个专业经营部，经营范围为五金交电、机电化工、棉布百货、烟酒食品、文化用品、医疗药品、家私家具、金属材料及生产资料等上万种商品以及餐饮、娱乐服务。

法人代表：何崇钢
地址：温州市瓯海区永中镇寺前街53号
电话：0577-6371266 6371265
邮编：325024

集商场、餐饮、娱乐为一体的永中供销社

温州市体育中心

体育馆

温州体育中心，占地面积200余亩，总投资约2亿元。主体建筑为体育馆、体育场、游泳跳水馆、奥林匹克大厦。

已建成投入使用的体育馆，总建筑面积23195平方米，可容纳观众5000余人。馆内设施齐全，配有中央空调、监控系统；体育场拥有18000余个看台座位，设有国际标准的400米塑胶跑道和草坪足球场，并拥有大屏幕电子显示屏、音响、水电、通讯、灯光等先进设施。自场馆投入使用来，已多次举办全国性的产品展销会、大型文艺演出以及中外足球赛事等。

奥林匹克大厦

在建中的游泳跳水馆，建筑面积17700平方米，观众座位2000个，拥有游泳池、跳水池、训练池、热身池等；奥林匹克大厦，建筑面积12000平方米，将作为办公、商场、运动员公寓等之用。整个工程将于1999年底前全部完工。

主任：余延草

地址：温州市城南大道

电话：0577-8321020

游泳跳水馆

温州体育中心

体育场

温州王朝大酒店有限公司

新建中外合资温州王朝大酒店，由荷兰朱氏企业有限公司、温州华昌集团公司和上海新亚（集团）股份有限公司共同投资建设，主楼高24层，建筑面积28000平方米。地处温州新老城区结合部，交通便捷，环境优雅；距温州机场、火车站、客运码头仅5—20分钟车程，距国家级风景区雁荡山和楠溪江均为60分钟车程。

酒店拥有各式客房300间，设有行政楼层、酒廊及总统套房。酒店设有24小时服务的风味餐厅，15个豪华餐饮包厢，可容300人就餐的宴会厅，提供精美西式套餐和自助餐的西餐厅，可容200人会议就餐的多功能厅及大堂酒廊和露天花园酒廊。

王朝大酒店在建二期工程——王朝康乐中心，建筑面积7300平方米，高六层，底层为停车场，以上各层分别为桑拿浴房，游泳池及美容美发和健身房，12道保龄球房，表演大厅，卡拉OK厅及豪华包厢。

董事长（法人代表）：朱志群

副董事长：王文权　俞敏亮

总经理：王文权

副总经理：王意昆　李涛

温州王朝大酒店总经理：凌锦江

地址：中国·温州·民航路18号

电话总机：0577-8378888

传真：0577-8338208

邮编：325027

温州市住房制度改革办公室

市人大常委会副主任韩文德、市房改办
常务副主任丁志贞在黄龙住宅区安居工程现场听取施工单位汇报

我市即将实施住房分配货币化，市房改办召开温州市住房分配货币化研讨会。

南浦安居工程住宅区鸟瞰

温州房地产联合开发有限公司

第一桥商贸城

公司成立于1993年。主营房地产开发经营，兼营配套设施、建筑材料。系城市综合开发二级公司。

本公司历年完成的开发项目有：下吕浦1#、7#小区、第一桥商贸城、人民东路15#地块（朝霞大楼）、新城客运站、工科所迁建工程、市一幼教学楼、瓯浦周转房工程。累计完成总投资近5亿元，竣工面积37.57万平方米，工程合格率为100%、优良工程率达65%以上。1993年来连续被评为旧城改建先进房地产开发企业，1997年被市建设局评为定性定量考核先进单位。

法人代表：高金熙　总经理：鲍卫翔

地址：温州市飞霞南路朝霞大楼A1座二楼

电话（传真）：0577-8344996

邮编：325027

人民东路15号地块--朝霞大楼

下吕浦1号、7号小区

温州国信物业发展公司

国信大厦

公司主要从事房地产综合开发、物业管理、租赁、建材供应、建筑装饰及配套管理服务。公司创立以来，先后创办了8个独资、合资公司，具有较强的技术力量与经济实力，适宜各大类型开发项目。

公司先后开发了黎明侨村（南片），半腰桥住宅区第一、二期工程以及谢池商城商住综合楼（均获优良工程），国信大厦综合楼（计划投资2.26亿元）。1992年以来承担了胜利路改建工程总承包(投资额2.7亿元)，并取得车站大道东北小区1#地块的开发权。公司积极引进外资，创建了中外合资环球房地产公司，开发建设了环球大厦（被评为样板工程）；中外合资米莉莎、信联房地产有限公司，开发建设了文华大厦。几年来公司开发总量30万平方米，总资产达到4亿元。

文华大厦是我公司与外商合资开发项目

法人代表：薛享珣
地址：温州市柴桥巷56号
电话：8253137 8253476
传真：0577-8253258
邮编：325000

人民东路谢池商城环境优美·客户在这里安居乐业

温州市城市建设开发公司

城开天桥

公司成立于1984年，为国家二级房地产开发企业。十多年来，我公司先后承担过温州市重点项目建设，主要有：黎明路拓宽工程、仙门河引水工程、东瓯游泳池、沿江路排污工程、人民路群艺组团、小南路改建工程等，总开发建筑面积55万平方米，投资额5.6亿元。小南路改建工程工程优良率达35%。1994年至1996年连续三年被评为市旧城改建先进单位。

公司现有注册资金1000万元，为“AAA”级信用企业。

法人代表：余小唐

地址：温州市黎明中路278弄16号

电话：0577-8342895 8338874

传真：8354296

邮编：325003

人民路上的城开天桥

温州市公用事业开发公司

公司成立于1984年，是实行企业化管理的国有事业单位，为房地产开发二级企业。

公司参与开发了人民西路，桥儿头、渡船头等住宅小区，其中桥儿头小区面积为26.7万平方米，双屿工业厂房1.8万平方米。开发建成温州市鹿城路、马鞍池路、学院路、南站交叉口等道路42.2万多平方米，城市桥梁15座。公司积极发挥自身优势与外商外资合作建成江南大厦、五洲大厦、海坦山庄等6座高层建筑。最近，公司在江滨路开发江滨路5#地块，面积3.3万平方米。奉献给温州人民的将是江滨路上造型最别致、套型最佳、环境最优美的建筑。

法人代表：诸葛震
地址：温州市黎明西路30-1号
电话：8336186 8338101
传真：8336184
邮编：325003

温州市建设房地产开发公司

温州市建设房地产开发公司系国有企业，成立于1992年，为城市综合开发三级资质企业，“AAA”级信用单位。公司下设两个县级分公司、两个中外合资项目公司、物业管理公司、土石方工程公司等。

公司具有雄厚的技术力量和丰富的房地产开发经验，经济实力不断增强。已建设与开发项目主要有：市区府前街利府大楼、飞霞南路银海大厦、鹿城路金山写字楼、双屿生活区二组团、车站大道建设房开大厦、银苑大厦、新城银都花园、雁荡银雁饭店等，累计开发面积20.30万平米，总投资额4.8亿元，已竣工2.1万平方米。

银都花园

银都人正严守诺言，
建设着一个工程质量全优小区。
银都人在征求各方面的宝贵意见，
以建设一个优雅的小区环境。
银都人正在策划着它的物业管理，
期待着能拥有一个完善、周到的物业管理体系。
银都人将以坚强的信念去建设好银都花园，
一个高级住宅区的典范正在成长中！

法人代表：胡文亮

销售部电话：8276087

瑞安市安阳建设开发总公司

万松花园城

公司建立于1994年，注册资金1000万元，为国有建筑业二级资质企业。三年多来，公司已完成开发量20万平方米，总投资2亿元。先后开发、建设了华瑞小区、风荷花苑、岩头河住宅小区、干部微利房、人民广场、塘河南北路、安阳新区附属配套设施等工程，实现总工程量优良率20%以上。风荷花苑、华瑞小区工程的优良率都超过50%。

法人代表：陈何

地址：浙江省瑞安市安阳新区B幢临街19号

电话：0577-5816555 5816666

岩头河住宅小区

人民广场

温州市瓯海房屋开发总公司

公司是具有省城市综合开发二级资质的国有企业。1984年创办以来，先后开发人民路湖滨大楼、黎明路海螺大楼、西城路新宫组团、雪山路将军组团、胜利路五马商厦和五马花园、永中镇罗东花园、兴海路兴海商住小区、瓯海农行大厦、站北东小区双龙组团及金瓯组团等数十个城乡建设工程项目。累计竣工建筑面积23.75万平方米，工程优质率达到55.28%。雪山路将军组团一号楼荣获1996年度市“瓯江杯”优质建筑工程奖。五年为国家创税利5076万元。连续四年被评为“AAA”级信用企业，并获瓯海区有突击贡献企业和一级明星企业荣誉。

总经理：朱文达
地址：温州市将军桥繁新路
电话：8527483　8527484
传真：8521181
邮编：325005

人民路湖滨大楼

站北东小区双龙组团

站北东小区金瓯组团

瓯海农业银行大厦

瑞安市房地产开发总公司

总经理 张棪清

公司成立于1993年，系城市综合开发二级企业，注册资金1000万元。主营：房地产综合开发、经营、租赁、物业管理。兼营：装潢材料、建筑材料。下辖瑞安市虹祥物业管理有限公司、瑞安市宏大贸易有限公司、瑞安市汽车美容有限公司和瑞安市新宇金属制造有限公司。

公司成立以来，先后承建了瑞安市虹桥路二、三、四期和环城北路旧城改建工程，以及瑞安市政府大楼、商城大厦、消防大楼等市重点工程。累计完成开发投资额3.3亿元，开发总建筑面积34万平方米，实现税利4500万元。

地址：浙江省瑞安市虹桥南路2幢2号　电话：0577-5621643
传真：0577-5632513　邮编：325200

温州新世纪房地产开发有限公司

舒心自在的社区环境

您个人的绿色天地

凝固的音符

新世纪广场

矗立于温州新城中心区，紧接旧城的交汇处，面临新城大道和城南大道，是集商贸、办公楼、娱乐、餐饮为一体的大型现代化建筑，风格独特、创意绝伦、气势恢宏、卓然天成，充分展示21世纪超凡建筑格局。

新世纪花园

新世纪花园是温州迄今为止大规模、高档次的别墅区，花园占地72亩，总建筑面积6.5万平方米，内有各式别墅80余幢，高级公寓300套，绿化率近40%。

温州新世纪房地产开发有限公司成立于1995年，主要经营房地产开发、建筑材料、建筑装潢、信息咨询服务。目前公司在建、设计项目有新世纪花园、新世纪广场、新世纪大楼，在三年内总投资3.8亿，总建筑面积12万平方米。

本公司在新城等地已购置100多亩商业用地。总投资2亿元，全省高档次的新世纪渡假村，已开展前期工作。

温州市房地产有限公司

Wenzhou Real Estate Co.,Ltd.

总经理　周德华

公司成立于1992年。由市四家银行和房地产公司等法人单位参股组建的国有股份制企业。公司融资5000万元，注册资本2300万元，为二级城市综合开发企业。

公司集房地产与银团之优势，开展一业为主多种经营。先后完成了府前街路段改建工程，合资建造了温州巴黎大厦，并投资杭州宝石山娱乐城有限公司、灵昆桃源旅游渡假村等公司，总投资达4亿元。

地址：温州市晏公殿巷99号
电话：8293978 8294866

合资兴建巴黎大厦

府前改建区8#地块建筑广场路广府商厦

府前街南口

温州市瓯海建设开发总公司

公司成立于1992年，是瓯海区财政、金融单位为投资主体的房地产开发企业，注册资本1950万元，具有二级开发资质企业。主要从事房地产开发、经营。

公司下设建设物资公司、建设安装公司、建筑设计和物业服务有限公司，还合资创办了庆丰房地产开发有限公司、深瓯开发有限公司。

公司具有良好的经营开发业绩。几年来，先后开发建设新桥1#、5#、6#组团、西岑公寓组团、中央花苑组团和华龙花苑组团，累计建筑面积约25万平方米，总投资近3亿元，已竣工工程合格率100%，优良品率36.37%。商品房销（预）售率达93%，年均实现利税600余万元。获区先进党组织、突出贡献企业、明星企业、纳税大户、“重合同、守信用”单位、信用“AAA”级单位等荣誉，为区骨干重点企业。

董事长\法人代表：王顺吉
副董事长：江应贤 徐贤春
总经理：程国权
地址：温州市将军桥瓯海大厦
电话：8522319
邮编：325005

温州市国光房地产开发有限公司

鸿铁大厦

公司为三级资质开发企业。1997年开发国光大厦等三个项目，总建筑面积5万多平方米，总投资1亿多元，当年预售额达1亿元。今年即将开发有市解放南路12#、10-1#地块、车站大道13-1#、2#地块和瑞安市安阳小区新建、旧城拆建等项目，总建筑面积13万平方米，总投资3.5亿元。公司发展前景广阔，目前与杭州市、北京市和荷兰王国的房地产开发项目正在洽谈之中。

董事长：潘伟光　总经理：孙国敬

总工程师兼总监：董永生（高级工程师）

地址：浙江省温州市人民东路谢池商城A座301室

电话：0577-8256908　8250404　8258627

国光大厦

温州市华昌房地产开发有限公司

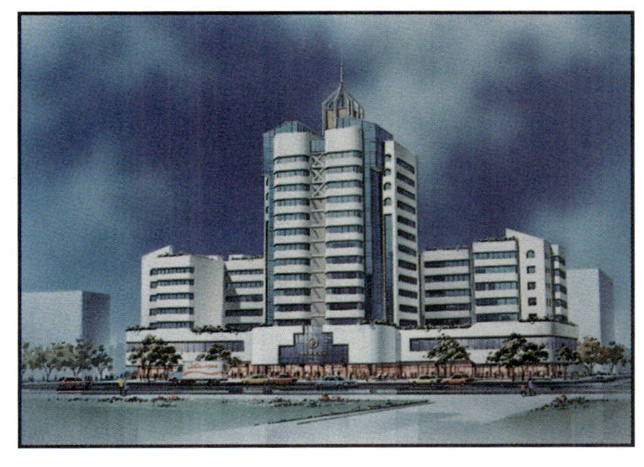

公司建立于1992年，是华昌集团骨干企业。主营房地产开发经营，兼营建筑材料、水暖管件、室内外装潢，系房地产开发建设三级资质企业。

几年来，公司先后开发建设横河、桥儿头、金丝桥新村10余万平方米，以其布局合理、设计新颖、功能多样、服务上乘而得到广大用户的欢迎和好评。今年又投资5000万元开发建设温迪路商住房27500平方米。公司连年评为房地产开发明星企业、开发经营先进单位。

董事长：王文权　副董事长：黄建国

总经理：金时新

地址：温州市民航路23号

电话：8356047

温州市大川房地产开发有限公司

Wenzhou Dachuan Real Estate Development Co., Ltd.

总经理 叶建成

本公司成立于1995年，由两家国有企业和一家股份制企业合资组建，为房地产城市综合开发的三级企业。

公司开发项目有火车站站南生活区盛大花园，建筑面积6万平方米，工程合格率100%。目前正在开发的市区鹿城路大川公寓，建筑面积2万平方米，设计新颖合理，功能齐全，深受广大用户喜欢。

地址：温州市雪山路（三维桥边）建行大厦五楼
电话：0577-8525853　8512308
邮编：325005

乐清市第二建筑工程公司

总经理 朱平淼

宜昌市交警支队宿舍楼

湖北三峡学院

乐清柳市德力西大厦

上海南京路上的中创大厦

北京第二外国语学院图书馆

乐清市第二建筑工程公司是集建筑、市政、园林及装饰于一体，跨行业、跨地区的二级资质施工企业。

公司下属17个分公司和办事处、工程处，分驻北京、上海、宜昌等地。现有职工2215人，各类专业技术人员191人。几年来先后被评为省、市级先进建筑企业，一级信用企业，“重合同、守信用”先进单位，安全生产先进单位和温州市建筑业企业二十强。

公司承建的北京第二外国语学院综合楼，获北京市优良工程质量奖；上海南川大厦、中创商厦等项目，先后获上海市建筑工程“虹口杯”、“十佳优质工程”、“质量优胜”等奖，公司被评为先进外埠施工单位；在湖北省宜昌市，公司承建的宜昌大学图书馆、市委住宅楼、市建设银行综合楼等百余项工程，合格率达100%，优良率达45%，其中桃花岭交警支队宿舍楼被评为湖北省“楚天杯”样板工程，宜昌县高级中学教学楼被评为宜昌市级“样板工程”，公司被评为外来施工单位先进集体，省级“十佳单位”、“先进单位”。

地址：浙江省乐清市宁康东路85号
电话：0577-2576192 2572207
邮编：325600

温州侨房开发总公司

Head Office Of The Wenzhou Qiaofang Development Corporation

公司成立于1988年，系国有企业，“AAA”级信用单位。公司主营房地产开发、销售，兼营建筑材料销售。近几年承担旧城改建新村路和半腰桥住宅小区及雪山侨村、车站大道等工程建设项目，共计30万平方米。目前安置房、各类商品房均已陆续交付使用。公司资金技术力量雄厚，管理制度健全。1997年度实现经营收入5812万元，上交税利639万元。公司始终坚持“信誉为本，质量第一，用户至上”的经营宗旨，希望继续得到社会各界的关怀与支持。

地址：温州市东游路73号　法人代表：叶明清
电话：总经理室 8332003　副总经理 8332653 8316245
办公室 8341006　销售部 8316520
传真：0577-8332003

温州市华侨住宅建设公司

Wenzhou Huaqiao Housing Construction Corporation

公司成立于1986年，为市涉外房地产开发国有企业，城市综合开发三级资质，信用一级企业。

公司近几年开发完成的市区“高田公寓”建设工程，胜利路125#地块旧城改建工程等，总建筑面积6万平方米。黎明侨村（北片）与安置房共20幢，建筑面积2.65万平方米。目前，公司正从事市区马鞍池西路口地段的旧城改建。公司还参资组建了华宇、五洲两个中外合资房地产开发有限公司，完成了东瓯花园别墅、五洲大厦的工程建设。

法人代表：袁和平
地址：温州市小南路五洲大厦三楼
电话：0577-8248622
传真：8248621
邮编：325000

温州市五环房地产开发有限公司

温州市五环房地产开发有限公司是从事房地产开发三级企业。

由本公司投资开发建设的温州新城五环花园居住小区，以选址合理，建筑造型高雅，工程质量优良，交付使用及时，得到社会各界的一致好评，产生了较好的经济效益与社会效益。

地址：温州新城五环花园7号楼

电话：8363450 8363451

传真：0577-8363451

邮编：325000

法人代表 陈建中

温州经济技术开发区建设开发总公司

公司创立于1993年6月，国有企业，注册资本2500万元，拥有部分城市综合开发二级资质。主要从事土地成片开发、房地产开发和基础设施开发。

公司坚持一业为主、多元发展，下属子公司及控股公司10家。开发项目总投资逾3亿多元，业务还涉及建筑材料、装潢广告物业管理、园林绿化、农业开发及经营贸易。

公司连续4年被评为“AAA”级企业，被温州经济技术开发区评为重点企业、明星企业和重合同守信用单位。

法人代表 卢乐生

地址：温州市人民西路锦园大厦5楼

电话：8251738 传真：8251288

邮编：325000

建设大厦

温州市华昌建筑安装工程有限公司

公司创建于1985年，系建筑工程二级资质企业。公司下属9个土建分公司，4个专业分公司，拥有资产1800万元，年完成施工产值超亿元。

公司具有独立承建各类高层建筑，大跨度厂房、高级民用建筑、市政基础设施工程、室内外装饰装潢工程。公司内部管理严密，历年来工程合格率均为100%，优良率为40%以上。几年来，先后被有关部门评为明星企业、先进集体单位和“AAA”级信用企业。

法人代表　卢德荣

华昌大厦

地址：温州市民航路23号
电话：8325948 8325947
传真：8325948　邮编：325000

中国建设银行 China Construction Bank
温州市分行

建设银行温州市分行实施"双大"战略以来，扶植了一大批民营企业。图为省、市领导深入企业调查研究

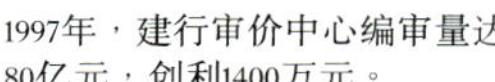

1997年，建行审价中心编审量达80亿元，创利1400万元。

跨向二十一世纪的建设银行新大楼

建行贷款3.2亿元并代理发放7.7亿元的温州大桥桥体已通车

温州市瓯海建筑工程公司

瓯海宾馆获瓯海首届"建设杯"优质工程奖

人民中路19-21#楼获市首届"瓯江杯"优质工程奖

公司组建于1983年，为建筑二级企业，全国集体施工企业500强之一。公司主营工业和民用建筑，兼营水电安装、打桩、装潢、建材供应等。

公司现有员工2328人，其中各类专业技术人员224人，拥有资金2088万元，施工机械设备578台（套），装机容量6108.5千瓦。

公司坚持“信守合同，用户至上，质量第一，服务创优”的经营宗旨，发扬“自强、拼搏、务实、创新”的企业精神，取得了良好的业绩。

法人代表：滕东立
地址：温州市将军桥荣新路5号
电话：8527338
邮编：325005

温州市瓯海第二建筑工程公司

本公司组建于1982年，由温州市建委、省建设厅资质审批核定为工业与民用建筑二级企业，注册资金1596万元。经营范围：工业与民用建筑，兼营打桩、水电安装、水泥预制品、花岗岩防腐蚀安装等。

1997年公司完成施工产值10074万元，优良工程12项，建筑面积6788平方米，优良率32.3%，获区政府建设杯一项、市瓯江杯工程一项。

1997年以来公司先后被评为市建筑企业二十强，建设部全国城镇集体建筑企业综合经济效益500强、市旧城改建先进单位、生产先进管理单位，区一级明星企业重点单位。

法人代表：张鑫炎
地址：温州市人民路105号
电话：0577-8255526
邮编：325000

章光101大楼，优良工程，框混结构，面积1164m²

文体组团1#楼瓯江杯工程框混结构面积5979m²

温州市瓯海中学

瓯海中学创建于1985年，1987年被评为省第二批重点中学。学校位于温州市水心，北临水心河，南向住宅区，闹中取静，环境幽美，为莘莘学子求学所向往。

地址：温州市水心路

电话：0577-8527152

邮编：325028

温州市瓯海区职业技术学校

本校创办于1985年，占地4.9万平方米，建筑面积1万多平方米，教职工106人，其中高中级专任教师占53.1%，为省示范性职业学校，设有18个专业，现有16个教学班，在校生820人。学校教学设施较为完善，拥有微机房、财会模拟室、舞蹈室、音乐室、美术室等现代化教学设施。多层次的办学格局逐步形成，设立了同济大学函授站、浙农大教学点和干部电脑培训中心，大专、职专、短训教育并存。建校以来为社会输送了毕业生1370名，成人教育结业人数1300多人，深受用人单位欢迎。

学校瞄准全国一流职校的办校目标，为温州经济和社会发展作出新贡献。

地址：温州市温金大道职校路1号

电话：0577-8522619 8504257

邮编：325005

苍南县龙港镇

龙港镇是改革开放之后崛起的中国第一座农民城，位于浙江八大水系之一的鳌江入海口南岸。全镇总面积58平方公里，总人口14万人，辖6个办事处，18个居民区，49个行政村。

龙港镇现已形成了以印刷、纺织、塑料制品为主的支柱行业，以机械、化工、通讯电缆、工艺美术等为主导行业的经济格局。全镇建有不同吨级泊位码头20座，车站、停车场10多个，天龙包机公司承办至全国各地的航空业务。1997年全镇国内生产总值18.9亿元，工农业总产值44.7亿元，市场成交额32.3亿元；财政收入1.13亿元，居民人均纯收入6543元。

龙港镇在全国享有盛名，中央领导曾多次莅临视察，相继成为全国小城镇综合改革试点镇，全国投资环境百强镇，浙江省和温州市综合实力强镇。

镇委书记：黄宗克　镇长：林振散

电话：0577-4202107

邮编：325802

龙翔路一角

龙华大酒店

金都别墅

50米宽的龙港大道

乐清市乐成镇

镇党委书记 周明涛

镇长 詹必华

乐成镇位于美丽富饶的乐清湾畔，是历代县治和现乐清市政府所在地，一直是该市的政治、经济、文化中心。1995年度评为省综合实力百强镇，1993至1996年连续4年列为温州市三十强镇第4位。

全镇总面积为101平方公里，人口13.4万人。1997年全镇工农业总产值达36.1亿元，外贸交货值达2.1亿元，财政收入1.77亿元，居民人均纯收入7151元。社会经济的持续快速发展，使乐城镇成为一个产业门类齐全，市场网络健全，交通通讯、电力等基础设施完善的现代城镇。

电话：0577-2532640
邮编：325600

文晶阁

镇政府办公大楼

宁康东路高楼林立

乐清市虹桥镇

镇党委书记 卢友中　　镇长 陈利义

虹桥镇是位于温州北部的工贸重镇。全镇面积57平方公里，辖6个办事处，59个行政村，8个居民区，总人口90833人。1997年工农业总产值达36.22亿元，外贸出口交货值达3.67亿元，集市贸易成交额达18.1亿元，农民人均收入达7300元。

"妈咪乐"电饭煲畅销东南亚

虹桥镇现有5个工业区，占地800亩，集中2000多家工业企业，形成电子、塑料、机械、食品、仪表、服装等六大主导行业。商贸活跃，全镇分布着19个专业市场，贸易触角遍及全省各地。

上陶村民宅

虹桥境内平畴沃野，水网交错，素有“浙南粮仓”之称，农业现代示范区和粮食自给工程列入省级建设项目。

电话：0577-2352548

邮编：325608

镇党政领导抓基础不放松　　农贸市场常年购销两旺

乐清市北白象镇

镇委书记 李少斐

镇长 李银巧

白象干鲜果副食品批发市场

中国·万家集团办公楼

前岸公园

北白象镇是浙南地区工贸重镇。全镇总面积63.62平方公里，总人口9万多人。1997年全镇工农业总产值达27.18亿元，外贸供货值2.21亿元，财政总收入7055万元，十大专业市场成交额13.9亿元。

北白象镇素称“五龙抢珠”之地，是沿海水陆交通枢纽，投资环境优越，发展前景广阔。北白象镇热忱欢迎海内外人士前来投资开发。

电话：0577-2883730

邮编：325603

镇妇联第一托儿所

瑞安市莘塍镇

镇委书记兼镇长　陈裕荣

莘塍镇位于浙江东南沿海飞云江下游，为东海之滨冲积平原，面积35平方公里，人口8.3万人。区位条件十分优越，水陆空交通四通八达，是沿海城镇群中一座现代化功能比较齐全、辐射能力较强的工贸重镇。1996年批准为浙江省小城镇综合改革试点镇。

投资1000余万元新建的镇中心幼儿园

1997年，全镇实现工农业总产值29.1亿元，财政收入4920万元，外贸出口交货值3.74亿元，居民人均纯收入6601元。全镇现有企业1209家，工业小区6个，基本形成了以轻纺服装、机械五金、塑料化工、日用刀具、电器电子、食品、工艺品、制鞋、汽配等为主的十大支柱行业。

邮电大楼

镇政府大楼

瑞安市塘下镇

Tangxia Town Ruian

省委副书记刘枫在肇平垟革命纪念馆

塘下镇位于瑞安市的东北部，交通便利，离温州机场25公里，104国道线、温瑞塘河、塘梅公路穿镇而过。全镇总面积15.4平方公里，总人口4.09万人，辖19个行政村。1997年全镇国内生产总值10.41亿元，工业总产值22.25亿元，社会商品零售总额17.18亿元，外贸交货值1.41亿元，财政收入4514万元，农民人均纯收入7858元。综合经济实力列温州市第11位。塘下镇是温州市经济强镇、文明城镇、教育强镇、卫生城镇、浙江省综合实力百强镇和小城镇综合改革试点镇。

书记：戴春莲　镇长：蔡永旺

电话：0577-5352967　邮编：325204

温州市电子仪表公司先进集体---中德热工仪表有限公司

具有综合功能的图书艺术馆

瓯海区梧埏镇

梧埏镇是温州市区南大门，交通条件得天独厚。邻万吨货运码头、温州机场仅十多公里；104国道和温瑞塘河纵贯南北，疏港公路、瓯海大道横穿东西；梧埏大道、车站大道直通市区；温州火车客运总站、长途汽车客运南站座落其间。

梧埏镇历史悠久、山水秀丽，伴随着改革开放的步伐，愈加英姿焕发。1997年全镇国内生产总值8.96亿元，工业总产值22.9亿元，财政收入5085万元，外贸供货值5.6亿元，农民人均纯收入6192元。传统农业正向现代农业转变，形成了一批蔬菜、畜牧、鲜花生产基地；工业迅速崛起，境内8.4平方公里的省级经济开发区前景广阔，形成了塑料加工、制锁、服装鞋革、电器五金等主导行业；基础设施日趋完善，都市化城镇格局初具规模。

省级开发区一角

新街一角

锁业

温州火车站

瓯海区永中镇

镇委书记　陈剑英

镇长　陈宪明

永强廊桥

生态小区一角

永中镇位于温州市瓯海区东部。1997年工业总产值14.18亿元，财政收入4580万元，市场成交额14.38亿元，农民人均纯收入6449元。

永中镇文化渊源深远，有保存至今的古老的寺前街和明代内阁首辅张璁宗祠。交通条件优越。距温州机场2公里、龙湾万吨级码头（金温铁路货运站）6公里。机场大道、温强公路、永强大道穿镇而过，与104国道紧紧相连。

城镇建设初具规模，以罗东街为中心的3.2平方公里的新城区，开发商住房41万平方米。城镇基础设施配套，拥有13.5万伏变电所，17公里排污网络和日供水1.4万吨的水厂，电话普及率达80%。

工业经济发展迅速。开发建设了区级工业区，形成了不锈钢管、阀门、医械、钢材、制革等生产基地。第三产业繁荣发达，已建成不锈钢、阀门、机床、家具、建材、小商品等10个专业市场，不锈钢市场名闻华东地区。金融、服务、运输等生产服务配套成龙。

城镇改革成效显著。该镇是全国小城镇建设试点镇、省综合改革试点镇和市重点工业卫星镇。1994年以来连续被评为温州市综合实力三十强镇，1995年名列省综合实力百强镇第38名，1996年被评为温州市文明城镇。

电话：0577-6371227
邮编：325024

镇标---"瓯江明珠"

苍南县钱库镇

钱库镇位于苍南县江南小平原中心。全镇土地面积20.8平方公里，人口7.5万人，辖40个行政村，4个居民区。1997年实现国内生产总值6亿元，工农业总产值17.5亿元，市场成交额达15亿元，财政收入2810万元，农民人均纯收入4231元，是温州市的经济强镇。1996年被评为浙江省综合实力百强乡镇。是全国闻名的印刷包装城，具有电子分色机、高速和多色胶印机、激光全息印刷机等高科技印刷设备，印刷产品辐射全国各地，远销美国、俄罗斯和东南亚国家。

书记：钱贤共　镇长：梁世盛
电话：0577-4498510
邮编：325804

有线电视站

钱库公园 - 江南梦园

秀丽的江南水乡

龙湾区蒲州镇

镇委书记 李阿八

镇长　林宗武

蒲州镇人民政府办公大楼

工业开发区一角

蒲州镇位于瓯江下游南岸，距温州机场10余公里、万吨级码头8公里、火车站5公里，地理位置优越。全镇总面积14.16平方公里，人口1.9万人。

1997年，全镇实现国内生产总值6.50亿元、社会总产值17.07亿元，其中工业产值15.7亿元，外贸交货值2.18亿元，财政收入2320万元，农民人均纯收入6200元。已初步建成了“一区八片”的工业基地，形成了以制笔、紧固件等支柱行业。总投资8亿元、占地100多亩的温州制笔城正在筹建之中。

蒲州镇连续三年被评为温州市综合实力三十强镇，并已跨入全省百强镇行列。

电话：0577-6551021

邮编：325011

瓯海区新桥镇

新桥镇位于温州市区西南，总面积8.6平方公里。

改革开放以来，新桥镇综合实力明显增强。1989年跻身全国首批工业产值亿元镇行列；1993－1995年连续两届被评为浙江省百强乡镇；1994－1996年被评为温州市三十强镇；1996年被国务院发展研究中心农村部、中国城郊经济研究会等确认为城郊经济典型乡镇。1997年全镇国内生产总值6.87亿元，工业总产值14.06亿元，农业总产值2235万元，外贸供货值3.3亿元，财政收入2900万元，农民人均纯收入5626元。该镇相继被命名为省绿色小城镇、市卫生城镇、文明城镇。

百尺竿头，更进一步。新桥镇以实现市场文明示范镇、省级卫生城镇为目标，认真组织实施科技兴业、三产富镇、生态小区、科学管理、强村富民五大计划，积极推进经济增长方式的根本转变，推进社会的全面进步。

电话：0577-8413605
邮编：325006

镇政府大楼

住宅区一角

新桥镇鸟瞰

苍南县金乡镇

古城新貌

金乡镇是一个具有610年历史的文化古镇，是温州市卫生城镇、文明城镇和三十强镇。全镇面积43.55平方公里，辖61个行政村、7个居民区，总人口7.6万人。1997年国内生产总值5.8亿元，工农业总产值13.5亿元，财政收入2600万元。

金乡镇是"温州模式"的发源地。近年来，集约经营成为金乡工业发展的新趋势，家庭工业、股份合作企业逐步向规模型、科技型、集团化的方向发展。支撑经济的四大支柱行业，即不干胶材料制造业、包装印刷业、塑料薄膜制造业、标织印刷业，闻名全国。

金乡镇交通便利，设施完善，市场繁荣、社会稳定，人民生活富裕。全镇人民竭诚欢迎社会各界光临指导、精诚合作。

镇委书记：林少雄　镇长：缪瑞环

电话：0577-4593001

邮编：325805

闻名全国的金乡徽章厂

金乡第二小学

金乡文体中心

鹿城区双屿镇

双屿镇位于瓯江之滨，距市中心1.5公里，是温州市区的西大门。全镇面积23.7平方公里，辖12个行政村，2个居委会，常住人口2.55万人，暂住人口1.6万人。

双屿镇因其优越的地理环境，已成为温州市区向西拓展的经济要地。104国道、金温铁路、金丽温一级汽车专用道贯穿全境。境内建有黄龙住宅区、鹿城工业区、温州化工总厂、温州木材集团公司、温州中药厂、温州锅炉厂、火车客货混合站等，基础设施日益完善，是中外投资者的一方热土。

1997年，全镇实现农村经济总收入15.8亿元，工业总产值12.9亿元。产品涉及制革、电镀、服饰、刀具、化工、箱包、皮鞋、剪刀、钢材、机械等500多类700多种，有100多种产品销往美洲、欧洲、东南亚等国家和地区。

书记 李有苗　　镇长 蔡文云

地址：温州市温金路138号

电话：0577-8781255 8781121 8783034

传真：0577-8781255

邮编：325007

叶氏黄杨木雕

双屿夜景

双屿全景

瑞安市鲍田镇

镇委书记　吴植松

镇长　刘光强

鲍田镇位于瑞安市东北部，属沿海平原河网地区，土地面积20.1平方公里，人口46392人，辖25个行政村和1个渔业社，是温州市的经济强镇。1997年实现工农业总产值17.35亿元，出口交货值5000万元，财政收入3184万元，农民人均纯收入6143元。业已形成以汽摩配件、塑料制品、针纺服装、机械阀门、标准件和经编制品等为主导的六大骨干行业。近年来，“抓大放小”取得明显效果，企业规模不断扩大，档次水平不断上升，全镇有5家企业已获得ISO9000认证。

迪马公司产品

鲍田公园

鲍田二中

三工开关厂

瓯海区瞿溪镇

镇委书记 王建中

镇长 仰耀虹

瞿溪镇是浙江省卫星镇和科技星火示范镇，全国闻名的制革之乡。

改革开放以来，千年古镇焕发出新的活力，社会经济持续、快速发展。工业生产形成了以集体企业为龙头，以股份合作企业为主体，以私营个体工业为动力的新格局。主要工业门类有牛皮制品、汽车配件、工业用针、五金机械、预制机械、鞋类等。全镇制革企业350家，制鞋企业100家，牛皮经营单位70家，还有占地8000平方米的牛皮交易市场。1997年全镇农村经济总收入21亿元，工农业总产值13.84亿元，市场成交额20亿元，农民人均纯收入5791元。农业生产以建立现代农业为目标，逐步向产业化迈进。集镇建设日新月异，基础设施完备，服务设施齐全，已初步形成工业化、城镇一体化的经济重镇。

瞿溪镇为省百强乡镇，市三十强乡镇。

电话：0577-6261100　6261398

邮编：325016

支柱产业--制革

镇标

繁荣市日

农业走向现代化

永嘉县瓯北镇

镇政府大楼

老人乐园--康乐山庄

瓯北镇地处永嘉县最南端，与温州市区隔江相望，总面积62.8平方公里，辖35个行政村、7个居民区，常住人口5.85万人，是永嘉主要产粮地和温州市商品粮、商品猪基地和渔业基地。工业发展令人瞩目，业已形成阀门、泵、服装、鞋革四大支柱行业，并涌现出一批销售收入超亿元的集团公司。商品市场繁荣，共有各类专业市场9个，年成交额超3亿元。瓯北镇为浙江省“百强乡镇”，温州市“全优乡镇”、综合实力30强乡镇。1997年，全镇国内生产总值12.9亿元，财政收入9572万元，农民人均纯收入7508元。

镇委书记：杨高云　镇长：陈景宝

电话：0577-7332957

邮编：325102

永嘉县桥头镇

右为：镇委书记　叶际开

桥头镇位于温州西部瓯江中下游北岸，是永嘉县西部经济重镇。全镇总面积90.6平方公里，总人口6万多人。桥头因钮扣起家，因钮扣扬名，因钮扣市场和钮扣行业群的崛起并驱动了各项事业的蓬勃发展。1997年全镇国内生产总值10.3亿元，工农业总产值22.1亿元，市场成交额26亿元，出口供货值4亿元，财政收入4200万元，农民人均纯收入5900元。桥头镇相继成为温州市综合实力三十强镇、浙江省小城镇综合改革试点镇和中国最佳投资环境百强镇。

电话：0577-7455634

邮编：325107

County

瓯海区郭溪镇

郭溪镇距温州城区5.8公里，金温铁路、金丽温一级公路、瓯海大道、温瞿公路经过境内。1997年实现社会总产值13.39亿元，工业产值12.5亿元，财政税收2109万元，人均纯收入5780元。

郭溪镇是瓯海轻工业重要生产基地。现有工业企业1200多家，其中股份合作企业占40%，已形成制革、陶瓷、预制机械、服装鞋革、牛仔裤、标准件、矿产、化工等八大行业。建立和开发了浦东综合工业区、塘下标准件工业区、郭溪制革工业区、任桥鞋革工业区、梅园陶瓷工业区等五大工业区。

郭溪镇又是温州的粮食、蔬菜及副食品的主要产区。建立了万亩优质米基地、万亩林果基地、万头商品猪基地、千亩蔬菜基地、百亩淡水鱼养殖基地等五大农业生产基地。任桥里屿垟是全省现代农业示范园区。

镇委书记：姜化钧　镇长：张启成

电话：6115022 6115023　邮编：325016

鹿城区南郊乡

南郊乡位于温州市鹿城区南大门，温州市“828”等一些重点工程项目纷纷落户南郊。车站大道、城南大道、104国道、疏港公路等10余条大道穿镇而过。

近几年来，南郊乡乘改革开放东风，经济持续快速发展，1997年工业总产值12.27亿元，农业总产值4810万元，市场成交额9.32亿元，外贸供货值1.93亿元，财政收入2294万元，居民人均纯收入7321元，涌现出亿元村6个。1995年跻身浙江百强乡镇行列。连续两年被评为温州市三十强乡镇。

南郊实验小学：占地面积1.87万平方米 建筑面积7675平方米

乐清市七里港镇

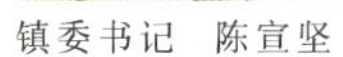
镇委书记　陈宣坚

镇长　黄荣定

七里港镇位于瓯江口北岸，背靠柳川平原，是温州港七里港区所在地。全镇辖18个行政村，1个居委会，面积7.4平方公里，人口2.3万人。七里港区是经国务院批准建设的温州市重点工程，一期工程建设规模为2.5万吨级和1.5万吨级泊位各1座，500-1000吨级泊位辅助码头3座，该港建成对七里港镇经济发展将发挥更大作用。镇委、镇政府依靠港口优势，以创优为目标，加强基础设施建设，目前30米宽的的七里港大道、占地面积3100亩的花园新区、水产品贸易市场等十项工程相继竣工，带动了七里港镇的经济发展。1997年，全镇实现工业总产值3.6亿元，出口创汇3100万元，财政收入689万元，农民人均纯收入5161元，社会和经济发展进入了快速增长期。

电话：0577-2671127

传真：0577-2671774

鹿城区城郊乡丰收村

鹿城区城郊乡丰收村，是我市百强村之一。近年来，全村干部群众同心同德，经过坚持不懈的努力，经济保持快速健康发展，社会各项事业也都取得了可喜的成绩。全村以丰泰集团为龙头，兴办了38家企业。1997年农村经济总收入达到2.42亿元，村集体收入达到485万元，村民人均纯收入接近8000元。新建的吴桥工业区6200平方米标准厂房，已完成投资500余万元。村民住宅一期工程已完工。60岁以上村民均享受养老金；成年村民医疗由村集体报销70%，14周岁以下独生子女一律实行免费医疗。

村书记：金何鑫　总经理：何福弟

地址：得胜路21号

电话：8243239

邮编：325000

龙湾区蒲州镇屿田村

屿田村地处温州经济技术开发区，是全国著名的塑料笔生产基地。全村有大小企业210家。1997年全村工业总产值2.88亿元，外贸交货值1.075亿元，居民人均纯收入6098元，完成税收473万元，村集体经济收入295万元。

制笔业是屿田的支柱行业。产品畅销全国各地，并打进国际市场。塑料笔出口，扬名国际市场，已成为屿田人的骄傲。

以“创五好、奔小康”为动力，真抓实干，狠抓基础设施建设，保持了经济持续高速健康发展，连年被列为市、区级文明村、市“小康百强村”，村党支部还连续多年被市、区、镇评为先进党支部。1997年该村再度被评为区经济强村、镇工业生产先进村。

电话：0577-6530251
邮编：325011

村支部书记 张崇生

村委会主任 史权兴

屿田制笔业

屿田民宅

龙湾区状元镇状元桥村

村支部书记 黄光炎

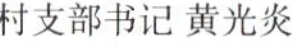

村委会主任 林国光

村领导班子研究发展规划

状元桥村是龙湾区政府、状元镇政府所在地，机场大道、疏港公路、温州大桥交叉境内，南依金温铁路龙湾段，东距温州机场8公里、万吨码头5公里，西邻温州新城区。

螺帽、皮鞋、拉链是该村的三大支柱行业。建有前岩螺帽和周宅二期两处工业基地，蔬菜基地1个，畜牧场2个，珍稀动物养殖场1个。村两委带领全村群众狠抓经济建设，目前全村拥有中外合资、股份合作制、家庭经营的螺帽厂70家，皮鞋厂10多家，拉链厂20多家，从业人数1000多人。1997年工业总产值达2.3亿元，全年农村人均纯收入5127元，村集体收入168万元，村集体积累271万元，拥有集体固定资产734万元。

状元桥村为市"小康百强村"，区、镇经济强村，工业强村。

电话：0577-6351534 6351639

邮编：325011

状元桥村远眺

瓯海区永中镇沧河村

村"两委"成员

村委会办公楼

沧河村位于永中镇南首，也是温州的南大门，距温州机场仅2公里，铁路货运站和万吨级码头8公里，地理位置优越，是发展工业经济和商贸业的理想之地。

改革开放以来，沧河村经济快速发展。目前已形成了以金属制品为主导的行业，主要有不锈钢、铜材、拉管等生产加工门类。同时积极开拓市场，大力发展第三产业。近几年，先后创办了永中机床设备市场、木材市场、综合营业房等专业市场，其中机床设备市场名闻省内外。与之相配套的停车场、村基金会等服务机构，使沧河村走上了一条贸工农全面发展的路子。1997年，全村工业总产值9923万元，村集体经济收入150多万元，村民人均纯收入5737元。

全村提前实现了九年制义务教育，建立了农村社会养老保险制度。1987年以来，历年均被评为区级文明村，1997年被评为市级"小康百强村"。

村支部书记：冯茂勋　村委会主任：姜杨森
电话：0577-6872309
邮编：325024

机床市场

瓯海区永昌镇衙前村

支部书记　王忠

村委会主任　王忠海

新建成的村文化宫

农家居舍

衙前村位于瓯海区东部，地理位置优越，交通便利。全村185户，776人，耕地面积96亩。近几年，经济建设和各项事业得到了迅速发展。1997年全村实现工农业总产值2.05亿元，拥有骨干企业10家，固定资产总值3000万元。村属骨干企业永上不锈钢材料有限公司，1997年产值8500万元，生产的各种规格不锈钢无缝钢管，产品销往全国各地。村集体年纯收入达180万元，居民人均纯收入6180元。村集体还对村民实行社会养老保险和财产保险。占地面积1500平方米，建筑面积达1000平方米的文化娱乐中心，已竣工投入使用。

电话：0577-6933032
邮编：325024

瓯海围垦大楼

龙湾区蒲州镇蒲州村

村支部书记　朱汪清

村委会主任　林新福

蒲州村地处龙湾区最西首与市区交界之处。村建有工业小区，各类企业50余家。1997年工业总产值1.6亿元，居民人均纯收入6311元，村集体经济收入111万元。

以“争先进、创一流”为主线，积极开展群众性精神文明创建活动，取得了可喜的成绩。连续多年荣获市、区级文明村、市“小康百强村”和区亿元经济强村；村党支部多次荣获区级先进党支部，1995年被市政府授于抗灾救灾先进党支部光荣称号。1997年再度被评为区经济强村。

電話：0577-6537162
郵編：325011

文化教育

村工业区一角

蒲州乐园·三面绕水 水天一色 风景秀丽

鹿城区南郊乡里垟村

里垟村地处温州市城郊结合部，104国道横跨村境。作为城郊，曾以农副业生产、加工而闻名，多次被省、市、区相关部门授于五星级村委会、计划生育先进村、治安管理模范村、吨粮先进村等荣誉称号。近年来，随着城区区域拓展，积极调整产业思路，把大力发展二、三产业作为新的增长点，先后创办了祥发房地产开发公司、里垟实业公司等企业，每年上交集体积累200余万元。如今该村居民户户有电话，人人享受养老金与医疗补助。村里还新建16米宽街道，设立了专职治安联防队、城管队伍，建筑面积4000平方米村办公大楼也将在年底交付使用。筹建中的水果直销市场和火车站仓储基地，将成为里垟村发展新源泉。

村支部书记：金中龙　村委会主任：郑和平

电话：8639026

邮编：325000

停车场

住宅

苍南县钱库镇金家垟村

金家垟村1997年全村工农业总产值2.3亿元，村集体经济总收入300万元，村集体固定资产3500万元，村民人均纯收入7500万元。为温州市“小康百强村”、市文明村。

村二委带领群众发展经济的同时，积极开展社会主义新农村精神文明建设。加强创安工程，绿叶工程，三户工程，秩序工程四大工程建设。改善村容村貌，美化环境，实施村民社会养老保险，开展扶贫帮困活动。

村支部书记：金细仓　村委会主任：金家仓

地址：苍南县钱库镇金家村

电话：0577-4498028

邮编：325804

苍南县金乡镇城中村

城中村位于金乡镇东侧，全村现有1386户，3492人。改革开放以来，村党支部、村委会围绕“一个中心，两个基本点”，凭借宽松的政策环境和踏实的工作作风，村级经济建设及社会各项事业得到了迅速的发展。1997年，全村实现工农业总产值7709万元，农民人均纯收入为7139元，全村现有集体固定资产298万元，村集体收入329万元。

支部书记：王金友　村委会主任：余景新

电话：0577-4593267

邮编：325805

城中别墅

城中村办车站

苍南县金乡镇金星村

金星影剧院

村办老人公寓

金星村位于金乡镇南侧，全村现有735户，2627人。十一届三中全会以来，在党的路线、方针、政策的指引下，全体村干部群众共同努力，开拓创新，踏实工作，村级经济建设和社会各项事业得到了迅速的发展。1997年，全村实现工农业总产值6003万元，村集体固定资产总值446万元，集体年收入248万元，农民人均纯收入6098元。

支部书记：陈宏达　村委会主任：杜贤丰

电话：0577-4593268

邮编：325805

永嘉县瓯北镇罗浮村

村支部书记　林章泽

村委会主任　戴国烈

罗浮村地处瓯江北岸，104国道贯村而过，瓯北码头是贯通温州市区与永嘉、乐清等市县的交通枢纽，受中心城市的强烈辐射，区位优势十分明显。罗浮村围绕城市化发展的新目标，用自己辛勤的劳动，描绘了一幅社会主义新农村的美丽画卷。1997年，全村工农业总产值超3亿元，农民人均纯收入7810元，村级集体固定资产4000多万元，流动资金2000多万元。

电话：0577-7331592

邮编：325102

罗浮村全貌

瓯海区郭溪镇任桥村

任桥村距温州城区8公里，全村总面积1.2平方公里，1997年农民人均纯收入达10800元。

任桥村河流密布、土壤肥沃，是瓯海区唯一的农田示范区，温州市的著名鞋业专业村。全村现有鞋业有限公司68家，私营个体制鞋企业255户，从事鞋业生产经营400多户。

任桥村连续10年被瓯海区政府命名为文明村，1993年被省工商局评为个体私营企业十佳专业村，1995、1997年被市政府命名为“小康百强村”。

村支部书记：任秀兰　　村委会主任：王微中

电话：6113014　　邮编：325016

瓯海区瞿溪镇河头村

河头村紧依温州市区，制革业在全国享有盛名，也是温州都市“后花园”基地之一。村内普明寺、后岐山自然动物园是旅游佳景。

河头村牛皮市场云集全国各地客商，东片制革工业区和机械工业区拥有企业185家。以制革业为龙头，带动了建筑预制机械、标（非）紧固件、汽车配件、服装、乐器配件等门类工业发展。1997年全村工农业总产值2.5亿元，其中工业总产值2.47亿元；集体经济总收入200万元，使村级经济迅速壮大。

精神文明建设大力加强，群众生活显著改善。1997年农民人均纯收入7280元，电话入户率达80%，有线电视入户率达100%。义务教育已经普及，并由村集体投资建立了社会养老保险和家庭财产保险制度。河头村被市委、市政府命名为“小康百强村”。

村支部书记：吴培韬　　村委会主任：朱锦云

电话：0577-6261082　　邮编：325016

村办公大楼

支部书记　吴培韬

村委会主任　朱锦云

河头新貌

苍南县金乡镇狮山村

金狮路一角

村民住宅

狮山村位于金乡镇北门，与狮山公园相伴相依，全村现有831户，2131人。近几年来，该村党支部在改革开放的新形势下，紧紧围绕经济建设这个中心，强化村级组织建设，逐步形成了以村党支部为核心、村委会为依托、村民小组为基础的组织管理，带领村民走共同致富的道路，两个文明建设取得了较好的成绩。1997年，全村实现工农业总产值5652万元，农民人均纯收入6377元。现村集体固定资产401万元，村民生活水平有了明显提高。

支部书记：包岳光　村委会主任：周体宗

电话：0577-4593263

邮编：325805

龙湾区龙湾镇龙东村

龙东村距龙湾码头仅1公里，离温州机场6公里，地理位置十分优越。全村常住口户315户，总人口1450人。龙东村经济快速发展。

村"两委"研究发展规划

党的十一届三中全会以来，建有龙东标准件生产基地、龙东农贸市场。1997年全村工业总产值1.24亿元，村集体经济总收入126万元，村民人均纯收入6718元。

在经济发展的同时，积极开展社会主义新农村精神文明建设。多方筹集资金改造了村间道路、河道和卫生设施。村党支部连续多年被省、市、区评为先进党组织，还荣获温州市"小康百强村"、"奔小康示范村"和龙湾区经济强村等称号。

村支部书记：潘庆崇　村委会主任：潘步玉

地址：温州市龙湾镇龙东村

电话：0577-6638147　6636641

邮编：325013

龙湾区龙湾镇黄山村

黄山村地处温州扶贫经济开发区以南，机场大道贯穿全村，距龙湾万吨级码头与火车货运站仅3公里，离温州机场5公里。全村445户，人口2083人。

党的十一届三中全会以来，特别温州扶贫开发区在我村落户，村“二委”抓住机遇，大力发展二、三产业，使村级经济迅速发展，居民生活显著改善。1997年村集体资产达1006万元,其中固定资产256万元，村民人均纯收入5740元。

为了创造良好的开发投资环境和美化村容村貌，先后兴建了小学楼、综合办公大楼，改建村间道路和供水设施，并建立了村民社会养老保障制度。

改革开放促进了黄山村的经济腾飞和村民生活水平的提高。1997年被评为市“小康百强村”，区农田水利基本建设先进集体，镇先进党组织。

电话：0577-6636032

邮编：325013

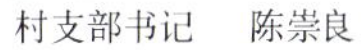

村支部书记　陈崇良

村委会主任　林善森

村办公楼

瓯海区郭溪镇浦东村

浦东村位于郭溪镇东首，距市区5公里，金温铁路、温瞿公路穿境而过。

全村现有企业百多家，创汇企业5家，大多集中在浦东工业区。主导产品眼镜、鞋革等远销东南亚、欧美地区。1997年全村社会总产值1.29亿元，村民人均纯收入8000多元，村集体经济积累380多万元，集体固定资产160多万元，为温州市第二轮“小康百强村”。1997年又被评为区级先进党支部、计划生育先进集体、创平安社区综合治理先进单位。该村历来注重教育事业，学龄儿童入学率保持100%。1995年改建的渚浦小学，为瓯海区一类学校。

村支部书记：陈永清　村委会主任：林银云

电话：0577-6115019　6117038

邮编：325016

村“两委”一班人

村工业区一角

苍南县龙港镇金钗河村

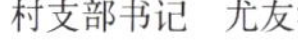
村支部书记　尤友满

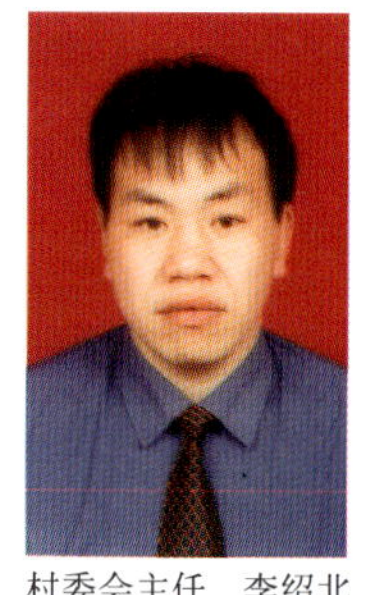
村委会主任　李绍北

金钗河村位于龙港镇中心，为龙港镇人民政府驻地。全村282户、1227人。现有村办企业7家，村级集体固定资产1018万元，主要行业为商业、服务业和交通运输业。

该村依托龙港镇有利的地理位置，紧紧围绕“强村、富民、奔小康”的目标，积极探索发展壮大集体经济的新路子，走出了一条村级集体经济快速发展，村民共同富裕的道路。1997年，村级集体经济总收入100多万元，农民人均纯收入达7718元。

金钗河人在改革开放大潮中，发展各项事业，成绩显著。1987年以来相继被评为县级文明建设单位、文明村、市级调解先进集体；1991年以来连续6年被县、镇政府评为先进集体、先进党支部；1997年被市委、市人民政府命名为“小康百强村”。

电话：0577-4201366

邮编：325802

龙湾区蒲州镇下埠村

下埠村地处蒲州镇府所在地，南靠温州机场大道、市经济开发区，西靠温州新城区，北靠瓯江，地理位置优越。

村“二委”坚持以邓小平同志建设有中国特色社会主义理论，以党的基本路线为指针，开展“创五好、奔小康”，两个文明建设取得可喜成绩，被评为“小康百强村”。1997年全村工业总产值8099万元，村民人均纯收入6020元，村集体经济总收入120多万元。

几年来，下埠村在加强基础设施建设的同时，建立了村级社会养老保险制度。目前下埠村正朝着建设经济繁荣，生活富裕，社会文明的新农村目标前进。

村支部书记：郑龙松　村委会主任：林光荣

地址：温州市蒲州镇蒲江路58号

电话：0577-6551140　6555631

邮编：325011

苍南县龙港镇东排村

东排村位于龙港镇西南侧，367户，1411人。

在改革开放的推动下，东排村以经济建设为中心，村级经济和社会各项事业得到迅速发展。1997年，全村实现工农业总产值2093万元，是1992年的2.5倍；拥有固定资产1750万元；农民人均纯收入5503元，比1992年增长1.6倍。

村委会主任　陈培煌

全村第三产业发展迅速。先后办起了龙港第四菜场、木材市场、龙港货运中心等单位。社会福利日益提高，村里为村民投保房产保险、独生子女及女儿户父母养老保险等。

村党支部1995、1996年连续被评为苍南县先进党支部。1995年以来，先后被中共温州市委、市人民政府授予“奔小康强村”、“小康百强村”称号。

村党支部书记：陈时修　　村委会主任：陈培煌

电话：0577-4207501　　邮编：325802

龙湾区蒲州镇上蒲州村

上蒲州村位于温州市区东首，属温州新城区开发中心。

上蒲村不断开拓，多方进取，集体经济蓬勃发展，人民生活显著改善。1997年工业总产值1.02亿元，村民人均纯收入6022元，村级集体经济总收入230万元。

为改善投资环境，狠抓基础设施建设。集体相继投资580多万元建造，安装了总容量为1920KVA的变压器，并新建改建了道路、办公楼和公厕，全村街巷全部装上路灯，使村容村貌发生了明显变化。

村支部书记：吴国钦

村委会主任：黄毕康

地址：龙湾区蒲州镇蒲州街240号

电话：0577-6351528

邮编：325011

村办公大楼

1996年度温州市综合实力三十强乡镇

乐清市柳市镇	苍南县龙港镇
瑞安市城关镇	乐清市乐成镇
平阳县鳌江镇	乐清市虹桥镇
永嘉县瓯北镇	乐清市北白象镇
瑞安市莘塍镇	苍南县灵溪镇
瑞安市塘下镇	平阳县水头镇
平阳县昆阳镇	永嘉县桥头镇
鹿城区城郊乡	瓯海区梧埏镇
瓯海区永中镇	苍南县钱库镇
瑞安市汀田镇	龙湾区蒲州镇
鹿城区南郊乡	瓯海区新桥镇
鹿城区黎明乡	苍南县金乡镇
平阳县萧江镇	鹿城区双屿镇
瑞安市鲍田镇	永嘉县上塘镇
永嘉县黄田镇	瓯海区瞿溪镇

温州市第二轮小康百强村

乐清市柳市镇上园村
瑞安市塘下镇邵宅村
乐清市虹桥镇七村
鹿城区城郊乡黎一村
乐清市柳市镇前街村
乐清市虹桥镇东街村
苍南县龙港镇河底高村
瑞安市塘下镇陈宅村
瑞安市马屿镇马岩村
苍南县宜山镇宜一村
鹿城区城郊乡荷花村
鹿城区城郊乡广化村
瑞安市塘下镇韩田村
瓯海区永昌镇城北村
瑞安市马屿镇马南村
苍南县龙港镇洪宫村
鹿城区城郊乡洪殿村
鹿城区城郊乡双桥村
苍南县金乡镇金星村
瑞安市城关镇三圣门村
瑞安市仙降镇仙降村
瓯海区景山街道将军村
龙湾区蒲州镇屿田村
乐清市柳市镇苏吕村
瑞安市城关镇周湖村

乐清市柳市镇长虹村
鹿城区城郊乡巽山村
鹿城区城郊乡九山村
鹿城区城郊乡丰收村
鹿城区城郊乡水心村
瑞安市马屿镇马北村
乐清市柳市镇蟾西村
乐清市北白象镇前岸村
苍南县钱库镇金加垟村
瑞安市城关镇十八家村
乐清市柳市镇三里村
乐清市柳市镇翔金垟村
瓯海区永中镇镇南村
乐清市虹桥镇一村
龙湾区蒲州镇上江村
瑞安市城关镇下埠村
苍南县金乡镇城中村
瑞安市塘下镇赵宅村
瑞安市场桥镇五林村
永嘉县瓯北镇罗浮村
瑞安市城关镇岭下村
苍南县龙港镇新渡村
瑞安市塘下镇塘西村
龙湾区状元镇状元桥村
瑞安市鲍田镇新坊村

温州市第二轮小康百强村

永嘉县乌牛镇王宅村
瑞安市城关镇车头村
乐清市雁荡镇响岭头村
瑞安市城关镇塘根村
龙湾区状元镇横街村
瑞安市梅头镇西一村
苍南县龙港镇方岩村
瑞安市城关镇上埠村
永嘉县桥头镇坦头村
平阳县水头镇金凤村
瑞安市城关镇中埠村
永嘉县瓯北镇浦西村
瑞安市城关镇后垟村
乐清市乐成镇银溪村
瑞安市塘下镇张宅村
瑞安市梅头镇上涂村
龙湾区蒲州镇上庄村
乐清市虹桥镇八村
瑞安市城关镇白岩桥村
瓯海区郭溪镇浦东村
瑞安市鲍田镇前北村
苍南县龙港镇金钗河村
苍南县龙港镇东排村
乐清市北白象镇白塔王村
龙湾区蒲州镇上蒲村

瑞安市场桥镇五方村
瑞安市海安镇霞霖村
乐清市虹桥镇上陶村
乐清市乐成镇东门村
瓯海区郭溪镇任桥村
瑞安市场桥镇浦桥村
瑞安市飞云镇码道村
永嘉县上塘镇浦口村
瓯海区瞿溪镇河头村
苍南县金乡镇狮山村
龙湾区龙湾镇龙东村
永嘉县瓯北镇龙桥村
乐清市虹桥镇四村
瓯海区永中镇沧河村
龙湾区龙湾镇黄山村
乐清市北白象镇琯头村
瑞安市莘塍镇上村
乐清市翁垟镇南街村
乐清市柳市镇蟾东村
瓯海区梧埏镇北村
乐清市虹桥镇西街村
龙湾区蒲州镇下埠村
瓯海区梧埏镇南堡村
瓯海区永昌镇衙前村
龙湾区蒲州镇蒲州村

1997年温州市工业企业最大经营规模五十强

浙江东方集团公司
正泰集团公司
荣光集团有限公司
瑞安市塑胶鞋总厂
平阳县溪心制革总厂
温州市力西特企业集团公司
温州吴泰集团有限公司
温州天盛企业集团有限公司
浙江人民低压电器厂
温州威尔鹰集团有限公司
浙江新艺集团
浙江康乐集团有限公司
温州市瓯海区永强水电站
天正集团有限公司
温州庄吉集团有限公司
温州华威电器公司
温州冶炼总厂
平阳县江屿制革总厂
温州市家具集团有限公司
温州市长城鞋业公司
浙江耀华集团有限公司
温州金田集团有限公司
温州市均瑶航空饮品有限公司
浙江丰业集团有限公司
温州月兔电器集团有限公司
德力西集团公司
温州发电厂
平阳县金凤制革总厂
浙江国光集团有限公司
平阳县金溪制革总厂
浙江方方集团公司
奥康集团有限公司
温州龙达石油液化气公司
温州电力实业总公司
乐清市供电局
温州快鹿集团公司
温州金狮啤酒有限公司
温州华峰工业集团有限公司
新华电器集团有限公司
人本集团有限公司
浙江显光集团公司
温州西山特种陶瓷工业集团公司
浙江富康包装印刷有限公司
永嘉县电业局
永嘉化工厂
浙江红蜻蜓集团有限公司
温州光华塑料企业集团公司
温州市瓯海钢管二厂
浙江报喜鸟服饰集团有限公司
温州天龙塑料企业集团公司

1997年温州市工业企业创利税五十强

温州发电厂
浙江国光集团有限公司
温州金狮啤酒有限公司
温州电力实业总公司
奥康集团有限公司
瑞安市编织装饰用品厂
温州快鹿集团公司
平阳县金溪制革总厂
人本集团有限公司
荣光集团有限公司
浙江雁荡山啤酒厂
新华电器集团有限公司
浙江报喜鸟服饰集团有限公司
温州华威电器公司
浙江磐石电器有限公司
浙江康乐集团有限公司
永嘉啤酒厂
乐清市供电局
浙江乐吉化工厂
温州市瓯海区永强水电站
浙江宝龙集团有限公司
浙江显光集团公司
中外合资温州南洋电器有限公司
温州山门集团有限公司
温州光华塑料企业集团公司
浙江东方集团公司
德力西集团公司
正泰集团公司
浙江新艺集团
平阳县金凤制革总厂
浙江东日股份有限公司管道分公司
温州庄吉集团有限公司
温州华华集团公司
天正集团有限公司
温州吴泰集团有限公司
平阳县溪心制革总厂
温州市力西特企业集团公司
温州威尔鹰集团有限公司
浙江红蜻蜓集团有限公司
温州天盛企业集团有限公司
浙江人民低压电器厂
温州西山特种陶瓷工业集团公司
温州市瓯海蟠凤制鞋总厂
乐清市仪表元件厂
温州金田集团有限公司
温州泰庆皮革有限公司
温州市长城鞋业公司
长城电器集团有限公司
温州乐斯染料有限公司
温州鑫田集团有限公司

1997年温州市房地产企业完成投资额二十强

温州房地产联合开发有限公司
温州国信物业发展公司
温州市华侨住宅建设公司
温州市城市建设开发公司
温州市公用事业开发公司
温州铁路房地产开发有限公司
温州市建设房地产开发公司
瑞安市安阳建设开发总公司
温州市瓯海房屋开发总公司
瑞安市房地产开发总公司
温州市瓯海建设开发总公司
温州新世纪房地产开发有限公司
温州侨房开发总公司
温州市房地产有限公司
温州市国光房地产开发有限公司
温州市华昌房地产开发有限公司
温州市房地产开发股份有限公司
温州市大川房地产开发有限公司
温州市鹿城房地产开发总公司
温州市房地产开发总公司

1997年温州市建筑企业完成施工产值二十强

温州第一建筑安装工程公司
温州市建筑工程公司
温州电力建设有限公司
温州市瓯海建筑工程公司
温州市华昌建筑安装工程有限公司
瑞安市建筑工程公司
温州路桥工程公司
温州浙南井巷工程公司
温州吴泰集团有限公司
温州市瓯海区第二建筑工程公司
温州东瓯建设集团公司
温州鹿城第一建筑工程公司
温州市环城建筑工程公司
温州市中城建筑工程公司
温州鹿城第二建筑工程公司
温州市龙湾建筑安装工程公司
温州市大亚建筑有限公司
乐清市第二建筑工程公司
浙江省永嘉县地方建筑工程公司
乐清市白象建筑工程公司

1997年温州市商贸企业销售额五十强

浙江省石油总公司温州分公司
温州经济开发区经济技术开发总公司
浙江温州医药商业集团有限公司
温州市金属材料总公司
温州市东瓯化轻物资总公司
温州百货批发总公司
温州市机电设备有限公司
浙江省瑞安市石油公司
温州成功集团有限公司
浙江省烟草公司苍南县公司
温州东海石化经济实业联合公司
温州市华春经贸有限公司
温州市汽车设备更新回收总公司
温州市农业生产资料公司
温州市第一百货商店
浙江省永嘉县石油公司
温州对外供应总公司
温州市浙南物资城汽车市场
浙江省粮油食品进出口公司温州分公司
温州市海坦工业供销总公司
温州市土产畜产品对外贸易公司
瑞安邮电器材公司
温州市建筑材料总公司
温州小商品批发总公司
浙江省烟草公司永嘉县公司
浙江省烟草公司温州分公司
温州五金交电化工(集团)公司
温州针纺织品总公司
温州市五机化药对外贸易公司
温州市进出口公司
浙江省烟草公司平阳县公司
瑞安市马屿供销合作社
温州市华夏通信开发有限公司
温州市鹿城区金属材料公司
浙江省烟草公司乐清市公司
温州市大鹏贸易有限公司
温州市燃料总公司
温州市糖业烟酒总公司
温州市华润金属材料有限公司
温州市蔬菜实业总公司
温州金州集团有限公司
温州市南湖副食品公司
温州市浙南机电设备成套公司
温州市食品总公司
温州市化工轻工物资总公司
温州市副食品总公司
温州市石泥沙供应公司
温州市中亚企业集团公司
温州均瑶集团有限公司
平阳县对外贸易公司

1978-1997年国内生产总值

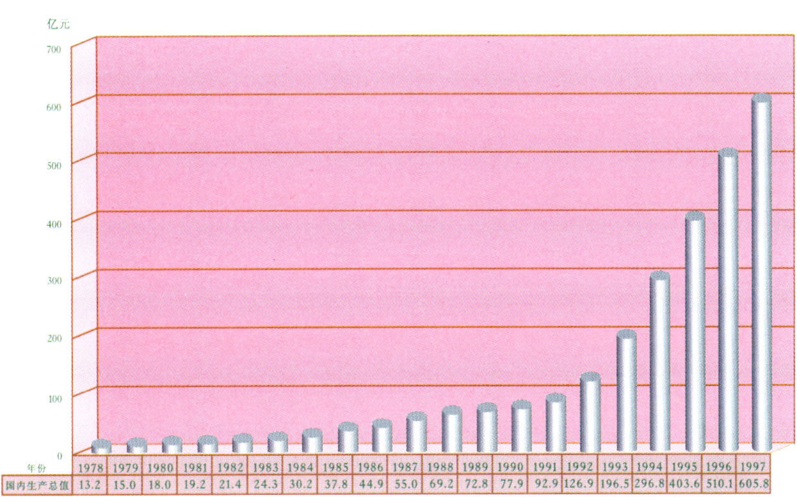

年份	1978	1979	1980	1981	1982	1983	1984	1985	1986	1987	1988	1989	1990	1991	1992	1993	1994	1995	1996	1997
国内生产总值	13.2	15.0	18.0	19.2	21.4	24.3	30.2	37.8	44.9	55.0	69.2	72.8	77.9	92.9	126.9	196.5	296.8	403.6	510.1	605.8

1979-1997年国内生产总值发展指数

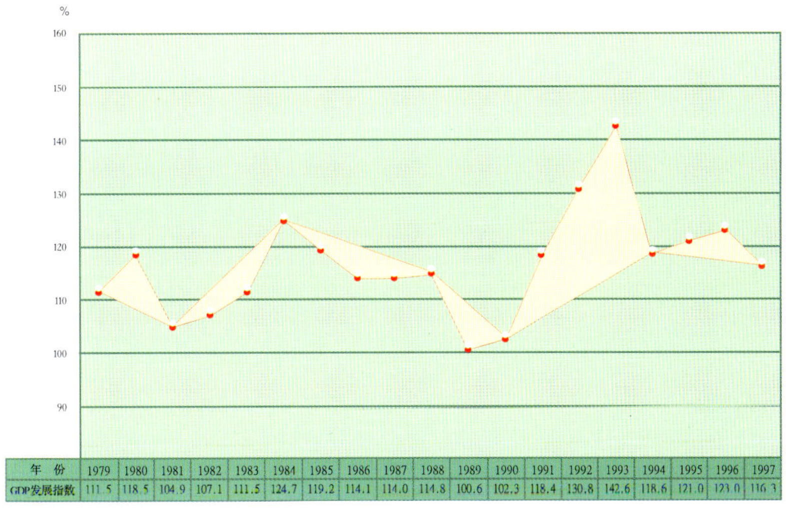

年　份	1979	1980	1981	1982	1983	1984	1985	1986	1987	1988	1989	1990	1991	1992	1993	1994	1995	1996	1997
GDP发展指数	111.5	118.5	104.9	107.1	111.5	124.7	119.2	114.1	114.0	114.8	100.6	102.3	118.4	130.8	142.6	118.6	121.0	123.0	116.3

1978-1997年财政收入

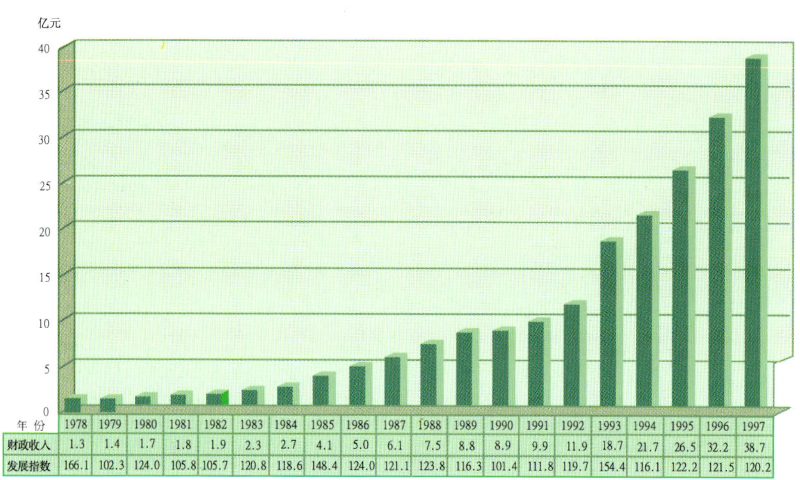

年 份	1978	1979	1980	1981	1982	1983	1984	1985	1986	1987	1988	1989	1990	1991	1992	1993	1994	1995	1996	1997
财政收入	1.3	1.4	1.7	1.8	1.9	2.3	2.7	4.1	5.0	6.1	7.5	8.8	8.9	9.9	11.9	18.7	21.7	26.5	32.2	38.7
发展指数	166.1	102.3	124.0	105.8	105.7	120.8	118.6	148.4	124.0	121.1	123.8	116.3	101.4	111.8	119.7	154.4	116.1	122.2	121.5	120.2

1978-1997年工业总产值

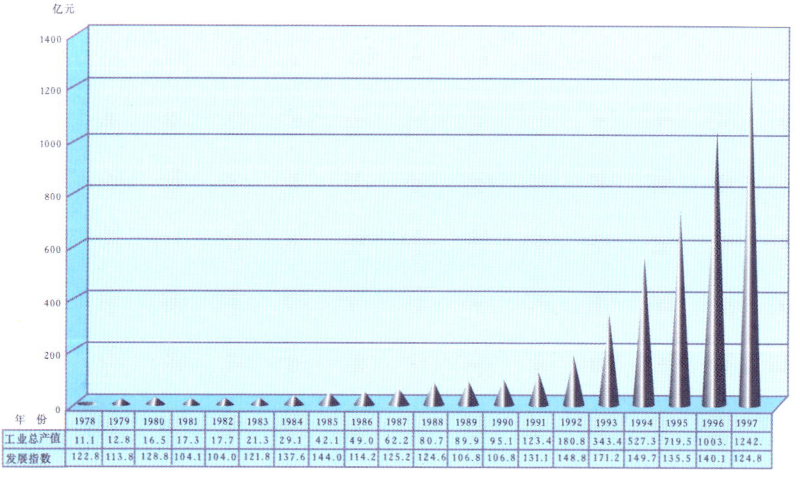

年 份	1978	1979	1980	1981	1982	1983	1984	1985	1986	1987	1988	1989	1990	1991	1992	1993	1994	1995	1996	1997
工业总产值	11.1	12.8	16.5	17.3	17.7	21.3	29.1	42.1	49.0	62.2	80.7	89.9	95.1	123.4	180.8	343.4	527.3	719.5	1003.	1242.
发展指数	122.8	113.8	128.8	104.1	104.0	121.8	137.6	144.0	114.2	125.2	124.6	106.8	106.8	131.1	148.8	171.2	149.7	135.5	140.1	124.8

1978-1997年农业总产值

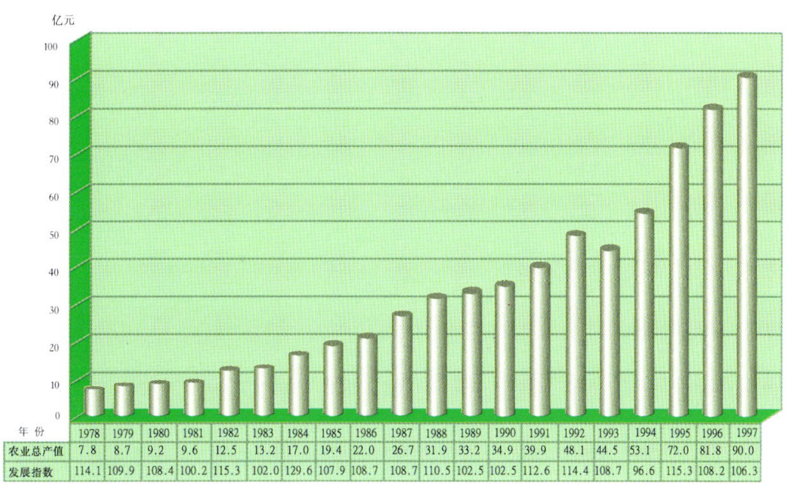

年份	1978	1979	1980	1981	1982	1983	1984	1985	1986	1987	1988	1989	1990	1991	1992	1993	1994	1995	1996	1997
农业总产值	7.8	8.7	9.2	9.6	12.5	13.2	17.0	19.4	22.0	26.7	31.9	33.2	34.9	39.9	48.1	44.5	53.1	72.0	81.8	90.0
发展指数	114.1	109.9	108.4	100.2	115.3	102.0	129.6	107.9	108.7	108.7	110.5	102.5	102.5	112.6	114.4	108.7	96.6	115.3	108.2	106.3

1978-1997年固定资产投资

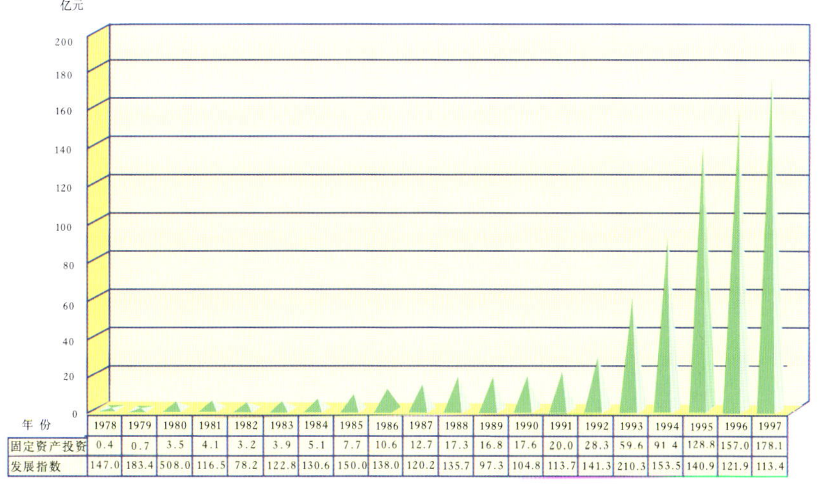

年份	1978	1979	1980	1981	1982	1983	1984	1985	1986	1987	1988	1989	1990	1991	1992	1993	1994	1995	1996	1997
固定资产投资	0.4	0.7	3.5	4.1	3.2	3.9	5.1	7.7	10.6	12.7	17.3	16.8	17.6	20.0	28.3	59.6	91 4	128.8	157.0	178.1
发展指数	147.0	183.4	508.0	116.5	78.2	122.8	130.6	150.0	138.0	120.2	135.7	97.3	104.8	113.7	141.3	210.3	153.5	140.9	121.9	113.4

1978-1997年社会消费品零售总额

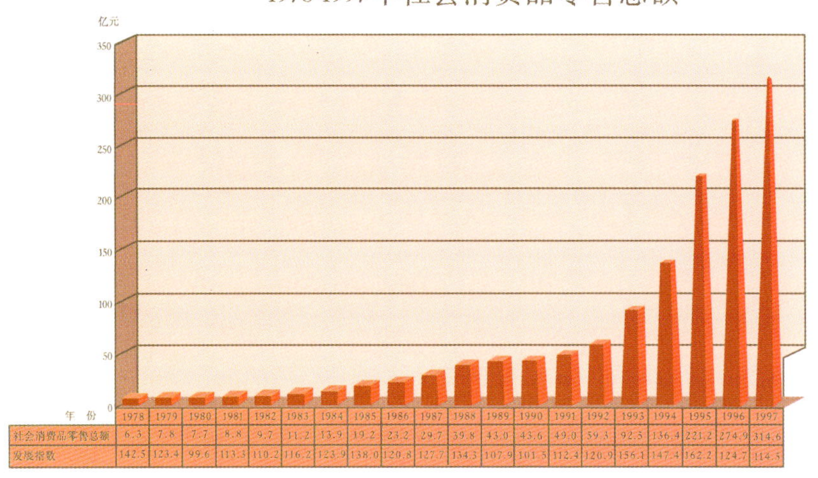

年份	1978	1979	1980	1981	1982	1983	1984	1985	1986	1987	1988	1989	1990	1991	1992	1993	1994	1995	1996	1997
社会消费品零售总额	6.3	7.8	7.7	8.8	9.7	11.2	13.9	19.2	23.2	29.7	39.8	43.0	43.6	49.0	59.3	92.5	136.4	221.2	274.9	314.6
发展指数	142.5	123.4	99.6	113.3	110.2	116.2	123.9	138.0	120.8	127.7	134.3	107.9	101.5	112.4	120.9	156.1	147.4	162.2	124.7	114.5

1982-1997年城乡居民人均收入

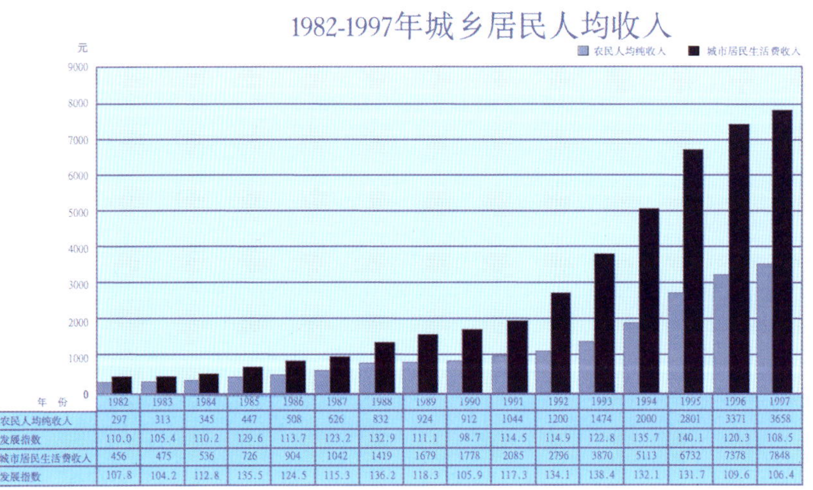

年份	1982	1983	1984	1985	1986	1987	1988	1989	1990	1991	1992	1993	1994	1995	1996	1997
农民人均纯收入	297	313	345	447	508	626	832	924	912	1044	1200	1474	2000	2801	3371	3658
发展指数	110.0	105.4	110.2	129.6	113.7	123.2	132.9	111.1	98.7	114.5	114.9	122.8	135.7	140.1	120.3	108.5
城市居民生活费收入	456	475	536	726	904	1042	1419	1679	1778	2085	2796	3870	5113	6732	7378	7848
发展指数	107.8	104.2	112.8	135.5	124.5	115.3	136.2	118.3	105.9	117.3	134.1	138.4	132.1	131.7	109.6	106.4

温州成功集团有限公司

董事长兼总经理：顾无忌

副董事长兼副总经理：陈志超

监事长兼总经理助理：包巨淼

地址：浙江省温州市信河街147号

电话：0577-8227229　8225858

传真：0577-8227228

邮编：325000

温州成功集团有限公司前身为1979年成立的温州市工业供销总公司，市经委直属企业。1993年改制为有限公司。主要承担温州地方工业产品销售，工业原材料供应，信息交流服务，举办各种大型展销活动。公司注册资金3080万元，1997年销售总额6.5亿元，创利税750万元，出口350万美元，近几年销售收入年均递增40.0%，是我市十大商贸企业之一。

公司为核心型企业，下设6个行政处室、5个业务公司和1个交易中心、进出口部，下辖5家紧密型企业、5家半紧密型企业和3家松散型企业。在建的近万平方米营业大楼和新建成的现代化仓库座落在104国道边，并有一支能满足客户长途及短途运输需要的服务车队。

公司坚持长期规划，分步实施，滚动发展的改革措施，经过十几年的创业，使公司积累了雄厚的经济实力和良好的经营信誉，连续多年被评为“AAA”级信用企业，“重合同、守信用”单位。

公司将经过几年努力，争取成为上市股份公司，建成在国内有一定知名度并具有较强竞争力的现代企业。

附：

1、核心层企业

温州成功集团有限公司

2、紧密层企业

温州成功布业有限公司

总经理：王小波　电话：8226433

温州成功电子有限公司

总经理：金民子　电话：8368545

温州成功印包机有限公司

总经理：陈美芬　电话：8230878

温州成功物资供应有限公司

总经理：陈贤锋　电话：8230910

北京飞驰商贸有限公司

总经理：尚福志　电话：010-67230449

3、半紧密层企业

温州市华能燃料有限公司

总经理：林筱玲　电话：8236748

温州鹿城立邦广告有限公司

总经理：廖　平　电话：8259780

温州市紧固件工贸总公司

总经理：金天翼　电话：8356247

温州大众信息网络有限公司

总经理：陈志超　电话：8226518

温州全国库存商品调剂(网络)有限公司

总经理：顾无忌　电话：8219708

温州市住房制度改革办公室

（温州市住房资金管理中心）

地址：温州市蛟翔巷56号
电话:0577-8220585
邮编:325000

本办自1993年组建以来，在全市范围全面开展城镇住房制度改革。以出售公有住房为核心内容的房改工作实施顺利，建立起与此相配套的三级住房资金统一管理，开创了由“中心”自办住房公积金管理的先河。加大了住房租金改革力度，大力推行住房政策性抵押贷款，促进住房资金的良性循环。起步较早的安居工程建设，规模大、速度快、质量好，为全面实现住房商品化发挥了巨大作用。目前，温州市已初步构筑起与市场经济相适应的城镇住房新制度的框架。温州市房改工作得到国务院房改办的赞扬，1997年被评为全国房改先进城市。

到1997年底，全市已有5134个单位建立了住房公积金制度，参与职工25.84万人，归集住房公积金2.57亿元，向7791户职工发放住房政策性抵押贷款1.87亿元，出售公有住房193.98万平方米，出售率达95%；实行租金改革公有住房67.75万平方米。温州市区实行国家安居工程与地方安居工程相结合，住房建设步入快速发展阶段，自1995年9月开工以来，60万平方米安居房已基本竣工，销售率达百分之一百，个人购房者占87.27%，基本上实现住房实物福利分配方式改变为商品货币分配方式。

温州市房改办公室（温州市住房资金管理中心）为市人民政府住房委员会负责全市住房制度改革与住房资金管理的常设办事机构，设有综合处、指导协调处、资金管理处、公积金管理处、住房管理处等5个职能处室。

温州市经济建设规划院

——温州市唯一荣获国家计委甲级工程咨询单位

浙江省经济建设规划院温州分院院长
陈继可（温州市计委主任）
温州市经济建设规划院院长
俞洪新（高级工程师）
温州市经济建设规划院副院长
林国强（高级工程师）

院址：温州市飞霞南路210号建设大厦9层
电话：0577-8374761　8374762　8374763
传真：0577-8374769

温州市经济建设规划院是温州市人民政府的重大建设项目和经济建设规划的工程咨询机构，1987年经市政府批准成立，归口于市计委，1994年又赋予浙江省经济建设规划院温州分院的职能。本院有一个集各类专业技术与管理人才的专家咨询委员会；并与中国国际工程咨询公司、国家计委经济信息中心等有关部门建立有广泛的联系，具有一定权威性。

我院全体同仁精诚感谢社会各界通力合作与支持。

业务范围：

固定资产投资咨询、评估咨询、规划咨询、招标咨询、技术经济咨询。

编制项目建议书、可行性研究报告、评估报告、经济规划报告。

联系人：陈启球（院办公室主任、政工师）
　　　　陈建新（院副总工程师、硕士）

温州中学

校长：程宜泉

校址：温州鹿城区胜昔桥54号

电话：0577-8222440

邮编：325000

温州中学创办于1902年，全称“浙江省温州中学”。现为浙江省一级重点中学、浙江省先进学校、浙江省文明单位、浙江省先进基层党组织、浙江省先进教科研单位。

建校96年来，名师执教，精华萃集，勤教好学之风代代相因，已输送毕业生近3万人，培养了数百名驰名中外的专家学者，中科院院士就有8名。国家教委在给本校90周年校庆的贺电中称“温州中学是一所历史悠久的知名中学”。

学校现有占地面积2.73万平方米，规划面积4.67万平方米。现有28个高中班，近1400名学生。教职工145人，其中特级教师2名(陆国屏、叶正文)、高级教师57名，中级教师29名。

“英奇匡国，作圣启蒙”。学校以“为培养高层次人才打好基础”为办学目标，把提高教育质量和办学水平放在突出地位。近年来，学校总升学率稳定在94%左右，1997年重点线达57%。德育教育已形成学校特色，坚持“一个核心、三条渠道”，即以政治思想教育为核心，通过学科渗透、教育活动和校园文化建设三条渠道实施思想品德教育。

在新形势下，学校坚决贯彻党和国家的教育方针，重视受教育者的素质提高，为现代化建设作出新的贡献。力争在本世纪内跨进全国千所名校和百所示范性学校，二十一世纪中叶，跻身世界名校。

温州市第十二中学

校长：沈鑫培

校址：温州市龙泉巷

电话：0577-8336297

邮编：325000

温州市第十二中学创建于1979年，校园占地8000平方米，校舍建筑面积8248平方米。现有初中27个班级，教职工108人，其中中级职称57人，高级职称15人。

温十二中是在党的改革开放进军号角声中诞生的。经过19年教育改革的实践，该校已形成了“勤学、守纪、文明、健美”的校风，“务实、创新”的教风，“勤奋、求真”的学风。学校以改革为动力，以德育为主线，以社区教育为依托，以教学为中心，以教师队伍建设为诱导，致力于由应试教育转轨的改革。近年来以“分层教学、分类推进、面向全体、发展个性”作为教改目标，大大提高了教学质量。同时，于1988年起率先开展青春期教育，创办家长学校，积极开展多种形式的第二课堂活动，校园文化活跃，校文学社主办的《雏鹰报》出版发行以来，深受师生、家长好评，被评为全国优秀校园刊物。

温十二中自建校以来，办学成绩突出，曾获多项荣誉：学校党支部三次被评为省先进基层党组织，学校连续十多次被评为市文明学校，两次被评为省教科研先进集体；还获得过省德育先进单位、省劳技教育先进学校、全国家校先进集体、全国成绩显著的中学文学社团等称号；1994、1995年连续两年获得市“十杯”竞赛中“双拥杯”金杯，被市委市府命名为市“军民共建”示范单位。

现在，全校师生满怀信心，面向二十一世纪，为“教改硕果结满园、办学质量上档次”的新目标而共同奋斗。

温州市建设小学

校长：林培明

校址：温州市打铁巷11号

电话：0577-8223539　8213769

邮编：325000

温州市建设小学创办于1928年，原为永嘉县私立水木石小学，1953年更改为“打铁巷小学”。60年代后期更为现名。1978年被定为市重点小学。现为建设学区中心校。

校区有教学楼3幢，办公楼1幢，设电脑室、语音室、音乐室、闭路电视控制中心、电化室兼实验室等辅助用房。建筑面积3068平方米，教学仪器按一类学校标准配备，校图书馆藏书3万余册。

全校教职工53人，其中中学高级教师1人，小学高级教师27人，现设24个教学班，在校生1307人。

学校实施了以转变教育思想为前提，教科研为依托，提高教师素质为关键，课堂教学改革为重点，活动课为重要途径的整体改革。坚持面向全体学生，以德育为首，以教学为中心的教育方针，课堂教学形成了“情、精、严、家、活”特色，学生课业负担轻，学得主动活泼，其基础学力水平、身心健康水平和个性特长水平稳步提高。近年来，毕业会考的合格率和优秀率均列鹿城区前茅。学校先后被评为省文明单位、省军民共建活动先进集体、省青少年科技活动先进集体、市文明学校、市教学研究先进单位、市教科研工作先进单位、市行风建设先进单位等。

为造就和培养更多能适应21世纪建设的人才，学校将继续深化教育改革，进一步提高素质教育的质量，使学生的个性得到充分的发展。

中国·德力西集团公司

董事局主席：胡成中

地址：乐清市德力西柳市工业园

电话：0577-2773888

传真：0577-2775559

电挂：9013　　邮编：325604

德力西集团公司和德力西集团，是国家大型乡镇企业和全国性乡镇企业集团。现已形成了设计、生产和营销低压电器元器件、高低压成套设备、汽车摩托车配件、化工染料、高速公路护栏、电子节能灯、母线桥架、仪器仪表、通讯设备、食品饮料、服装等涉足二、三产业的现代经济联合体。公司股份经济多层次，产品品种多元化，组织机构集团化，市场营销国际化，拥有生产企业90家、销售机构358家、协作企业600多家。1997年，集团实现总产值17亿元，出口创汇1800万美元。年末公司员工近6000人。

德力西集团公司的前身是创建于1984年的乐清县求精开关厂。十多年的创业历程，成功地实现了三次飞跃：第一次飞跃，依靠自主经营，自我积累，实现了自我发展；第二次飞跃，组建中外合资股份合作企业，实施联合兼并，使企业上规模、产品上档次、技术上水平；第三次飞跃，从总厂式管理发展到现代企业集团化管理，建立股份经济多层次的现代化的企业集团。

公司坚持以“质量立厂、名牌战略”为宗旨，以“振兴民族工业”为己任，号召全体员工奋力拼搏，创造中国人自己的国际品牌，使企业发展不断扩张和突破，成为全国最大的低压电器出口基地。公司属中国农业银行总行重点扶持企业，浙江省“五个一批”重点企业，农业部现代企业制度试点企业，ISO9000国际质量体系认证企业。董事局主席胡成中先后被评为浙江省功勋乡镇企业家、全国优秀企业改革家、中国经营大师。

浙江国光集团有限公司

法人代表：胡定国

地址：乐清市虹桥西工业区A－18号

电话：0577-2361888

传真：0577-2351552

邮编：325608

浙江国光集团有限公司是浙江国光集团的核心企业，前身系乐清市无线电器材厂，创办于1984年。1995年5月，经省政府批准，组建为浙江国光集团有限公司。1997年7月，被国务院农业部确认为全国性的跨地区、跨行业、跨所有制的大型乡镇企业。

公司占地面积8685平方米，建筑面积1.38万平方米，拥有固定资产原值2192万元，注册资本5050万元，职工560人，工程技术人员80多人(中高级10人)。

公司主要生产经营插座、开关、低频连接器等电子元器件和无绳电话机、墙壁开关、激光治疗仪等通讯、电工产品。年生产能力2亿只(台)。1997年实现工业总产值5510万元，销售收入4593万元，税利733万元。无绳电话机和墙壁开关评为中国名牌产品。公司先后被评为中国乡镇企业明星企业、浙江电子工业明星企业、浙江百家明星民营乡镇企业、浙江省重点民营乡镇企业、浙江省“重合同、守信用”企业、温州市重点骨干乡镇企业、乐清市重点企业、十佳企业，并获ISO9001国际认证，享有出口自营权。

公司坚持“以质量品种求生存，以科学技术求进步，以严格管理求效益，以优质服务求信誉，以全面提高企业素质求发展”的方针，迎接二十一世纪的挑战！

温州市力西特企业集团公司

法人代表：吴松权

地址：瓯海区瞿溪镇河头东路

电话：0577-6263381

传真：0577-6261104

邮编：325016

温州市力西特企业集团公司(从属名称温州市第二制革厂)，成立于1986年10月，注册资本2000万元，主要生产经营皮革、皮化、皮革制品。现拥有总资产12186万元，其中固定资产5993万元、流动资产6193万元，负债总额2273万元，净资产9913万元。公司占地面积20万平方米，建筑面积12万平方米，现有职工408人。1997年完成工业总产值2.1亿元，创利税1850万元，全年生产牛皮50万张。公司被评为省重点骨干企业，1996年列浙江省制革业经济效益第一名，1997年被评为省“重合同、守信用”单位，市“五个一批”骨干企业、一级明星企业和最佳经济效益工业企业。

公司主要产品：全粒面压花革、修饰压面花革、全软革、半软革、软修革、抛光革、抛光变色革、水牛缩孔革、摔纹革、纳帕革、苯胺革、染革、磨砂革、腊变革、打蜡革、移膜革、夹里革等。产品质量多次获科技进步奖，特别是全粒面压花革和修饰压花面革，1994年经国家技术监督局抽检为合格产品，深受用户欢迎，产品供不应求。

温州天盛企业集团有限公司

法人代表：潘耀芳

地址：温州市高田路137号

电话：0577-8339616

传真：0577-8339616

邮编：325003

温州天盛企业集团有限公司是1994年10月经温州市人民政府批准组建的大型国有企业。现有资产3.21亿元，资产负债率55.6%，占地面积16.5万平方米，建筑面积7.6万平方米，现有职工2165人，其中各类技术人员167人，系全国500家最大化工企业之一，也是目前温州市规模最大、效益最佳的工业企业之一，为浙江省百家现代企业制度试点单位。

公司凭借自身人才、技术、资金和市场等方面领先的优势，朝着“产业多元化、高科技密集、全方位经营”的小巨人企业迈进。公司已涉足染料化工、塑料助剂、日用化工、房地产开发、火力发电、港口码头储运、金融商贸服务等领域，其中染料化工、塑料助剂、日用化工和房地产开发为公司的四大支柱产业，具备年产5000吨染料及中间体，2万吨塑料助剂，2.5万吨肥皂，2500吨硬脂酸，800吨油酸的生产能力。公司“钻石”牌硬脂酸曾获部优称号，“雁荡山”牌热稳定剂是省名牌产品，“艳棱”牌染料属温州市名牌产品。

公司以市场为依托，以优良资产为基础、以高新技术为动力，以现代化管理为手段，以“质量第一、信誉第一、服务第一”为宗旨，努力实现从商品经营向资本经营转变，走科技领先之路。到本世纪末，将实现销售收入8.5亿元，创利税1亿元，出口创汇2000万美元，并将成为全方位、集约化、高效益的大型综合性经济实体。

温州金可达集团有限公司

法人代表：史美斌

地址：温州市垟儿路90号

电话：0577-8312314

传真：0577-8312334　　邮编：325003

温州金可达集团有限公司建于1995年2月，由原温州啤酒厂、罐头食品厂、火柴厂、玻璃厂组建而成，系国有独资企业。公司内部实行资产一体化管理，独立核算，自主经营，自负盈亏。

公司注册资本1亿元人民币，净资产3亿元，厂区占地面积252亩，建筑面积8.5万平方米，职工2840人，其中各类专业技术人员180多人。公司宗旨：以啤酒为龙头，发展多元化经营。近期以发展啤酒为重点，逐步涉足饮料食品、房地产开发、物业管理等行业。公司成立两年多来已引进外资1600多万美元，兼并及引进内资2000多万元，先后组建中外合资企业3家，包括温州金狮啤酒有限公司、平阳金狮啤酒有限公司、温州长江制版彩印有限公司；内资企业5家，包括温州罐头饮品有限公司、温州光明印刷有限公司、温州金可达贸易有限公司、温州金鹿房地产开发有限公司、平阳金可达贸易有限公司。

啤酒是公司的龙头产品，目前年生产能力达15万吨，技术装备达到国际九十年代水平。1997年开发了高档易拉罐啤酒、特制瓶装啤酒、精装箱装啤酒、“双鹿王”高级啤酒等系列产品，供不应求，深受消费者青睐，被温州市人民政府命名为温州名牌产品。1997年销售收入2亿多元，创税利4200多万元，连续三年为温州市工业企业效益第一名，被浙江省人民政府列为现代企业制度试点企业和“五个一批”重点骨干企业。1996年温州市人民政府批准授权本公司实行资产经营。1997年被省计经委评为浙江省饮料行业经济效益最佳企业。

温州庄吉（服饰）集团

法人代表：陈　敏
地址：温州经济技术开发区2号小区
电话：0577-6551600　6557579
传真：0577-6554120　　邮编：325011

温州庄吉（服饰）集团建于1996年7月，核心企业注册资本3110万元，下属中外合资温州庄吉服装有限公司、温州服装设计研究所、温州庄吉集团工业园区、平阳庄吉衫衬厂、香港庄吉国际发展公司等15家企业，员工1500多人。集工、科、贸为一体，资业丰厚，技术精良，拥有世界一流的缩绒机、自动拉布裁床及美国GGT公司出品CAD计算机服装设计专用系统等全套服务生产设备。年生产能力：西服20万套、衬衫30万件、以及相配套的皮鞋、领带、皮带等80万件。集团以“弘扬服饰文化，根植高雅观念”为宗旨，实施“独特品位、系列专卖”的经营战略，在全国开设60多家庄吉专卖店，以完美的品质倡导服饰文化，满足顾客需求。连年被评为温州市“重合同、守信用”单位、省农行“AAA”级资信企业、开发区明星企业、质量优秀企业，并步入全国服装行业双“百强”行列。

集团已形成以庄吉牌西服为主导，集衬衫、时装、领带、皮衣、皮鞋、皮带等服饰系列。严格按国际ISO9000质量管理标准建立质保体系，并通过中国方圆标志认证委员会审核合格，获得了ISO9001质量体系认证证书和产品质量认证证书。庄吉西服荣获温州市名牌产品、浙江省消费者协会推荐商品、浙江西服名牌，经国家服装质量监督检验中心二次抽检均评为优等品。

庄吉集团视消费者为上帝，公开承诺：凡属非穿着原因的产品本身质量问题一律给予调换。

一身庄重　　一身吉祥

温州月兔电器集团有限公司

法人代表：谢铁澜
地址：温州市沿江东路88号
电话：0577-8371872
传真：0577-8371871
邮编：325005

温州月兔电器集团前身为温州空调器总厂，创建于1981年，占地面积7.5万平方米，建筑面积4万平方米，现有资产2.4亿元，员工500人，其中有专业职称的科技人员占20%。

公司现拥有美国OAK公司、英国依路达公司和德国莱宝公司九十年代世界一流水平的技术装备与生产组装线以及检测仪器设备。除压缩机由国外公司定向供应外，已能全部自我配套成龙生产家用空调器、汽车空调器、电子消毒柜和日用园艺工具等40多种规格型号的家用电器产品和为中国二汽公司配套的汽车空调器。空调器年单班综合生产能力为40万台，汽车空调5万台，电子消毒柜5万台，园艺工具200万只。产品销往国内23个省、市，出口法国、保加利亚、新西兰、印尼、西班牙、意大利、香港等国家和地区。

企业建立了ISO9001国际质量保证体系，全部产品已获准国家“长城”产品标志和通过国际CB认证、欧共体CE认证。月兔牌空调器曾获国内最高荣誉奖、中华人民共和国轻工业部优质产品称号，被国家技术监督局、中国消费者协会、中国质量检验协会联合授予中国名牌称号，是浙江省著名商标和温州市名优产品之一。企业多年被评为全国名优产品售后服务优秀企业、全国维修服务先进企业、“重合同　守信用”单位与中国银行浙江省分行“AAA”级信用企业，出口创汇先进企业、明星企业、巨星企业、并连续五年荣立集体功，谢铁澜同志被中共温州市委授予优秀企业家称号，五年连捧“金鹿杯”。

中外合资天龙网球有限公司

法人代表：陈奎洪
地址：温州经济技术开发区（龙湾）前潘路4号
电话：0577-6353268 6351702
传真：0577-6351488
网址：http://www.teloon.com
电子邮件：teloon@public.wzptt.zj.cn
邮编：325011

中外合资天龙网球有限公司创建于1988年，是我国第二个专业生产出口网球的企业。公司享有进出口自营权，现有职工329名（技术人员29名），自有资产4160万元，厂房建筑面积1.2万平方米，现有10台（套）先进的自动化蒸球机生产流水线，技术力量雄厚，生产经验丰富。产品质量深受客户的信赖，网球产品在国内外市场供不应求，出口比例达到98%以上，主要销往南北美、东西欧、中东、香港、台湾等30多个国家和地区，其中出口量最大的是美国、德国、英国、法国、澳大利亚等国家。主导产品有各种档次的网球7个系列32个品种及配套的天龙牌网球拍、羽毛球、网球运动服和运动鞋帽等多种体育用品和品牌产品。高档网球天龙牌T818P被国家体委和中国网球协会审定为中国比赛网球，产品已经国际网联认可达到国际比赛用球的质量标准；天龙牌T851无气压网球荣获国际尤里卡奖；天龙牌商标获温州市百家行业最高荣誉商标和市知名商标。历年来，公司连续八年荣获省、市、区“重合同、守信用”企业和市重点骨干企业。去年，又跻身于龙湾区十强企业的行列，形成多元化的集工、贸、商为一体的现代企业。

公司发展规划：创立国际名牌，与国际DUNLOP、PENN相媲美，树立天龙品牌在国际上的良好形象。目前，正进一步实施技改，天龙综合楼将在1998年6月正式投入使用。天龙企业集团（竞龙集团）也将在新的一年里继续向上攀高。

中国嘉陵集团
浙江嘉陵立锋摩托车有限公司

董事长（法人代表）：张 锋
总经理：陈光爱
地址：瑞安市丽岙镇工业区1号
电话：0577-5380888 5382151
邮编：325202

中国嘉陵集团浙江嘉陵立锋摩托车有限公司是中国嘉陵集团的子公司，国家中型企业。公司创建于1987年，原名为瑞安市供销机动车厂，主要生产摩托车配件；1992年与中国嘉陵集团合资生产摩托车闸把座；1995年与中国嘉陵集团进一步扩大合资，生产摩托车成车。公司占地面积3.2万平方米，厂房面积2.6万平方米，固定资产原值3000多万元，现有职工485人，其中工程技术人员60多人。拥有先进的压铸、金工、模具、电镀等专用生产摩托车及摩托车闸把座的设备和组装流水生产线，测试、计量、试验设备齐全，ISO9000认证已在运行。具备年生产摩托车15万辆，摩托车闸把座350万套的能力。

公司现有生产品种嘉陵牌摩托车5个车型、摩托车闸把座70多个规格。1997年实现总产值8500多万元，销售收入7200多万元，利税总额700多万元。产品连续几年被嘉陵、北方易初等大集团评为优质产品，质量优胜企业，获温州市名牌产品称号。公司连续几年被授予浙江省“重合同、守信用”先进单位，省中行“AAA”级信用企业，温州市明星企业。摩托车闸把座产量居全国同行业之首，市场占有率达25%。

启动科技动力，传感全新时代。公司本着“团结、勤奋、创新、争先”的企业精神，努力开发新产品，实现规模经营，进入国际市场，与摩托车的同行为中国摩托车事业发展携手跨入二十一世纪而努力奋斗。

中外合资温州迪马炊具有限公司

法人代表：涂胜利

地址：瑞安市鲍田镇新方村工业区

电话：0577-5361121

传真：0577-5361125

邮编：325204

公司创建于1995年，占地1.5万平方米，建筑面积1.2万平方米，现有员工213人，其中高级工程技术人员20人，中初级技术人员28人，拥有固定资产2900万元，自有资本达1600万元。

公司从日本、韩国引进三条具有九十年代国际先进水平的生产流水线，是温州地区独家专业生产“双喜”牌铝制压力锅、不锈钢压力锅、不粘锅等系列产品企业，1996年经国家轻工总会检验合格并颁发生产许可证。“双喜”牌压力锅系国家名牌产品，荣获国家金质奖。该产品进入市场以来一直供不应求，远销全国二十多个省市及地区。公司1997年实现工业总产值7000万元，被列为市重点企业。

现代炊具在我国正趋向成熟阶段，国内屈指可数的同行业，已远远满足不了强烈的市场需求，地理位置得天独厚的迪马公司有着广阔的城市和农村市场。公司一直来“重合同、守信用”，建立以经营战略，营销策略，资本营运为重点，以质量求生存，以科技为动力的原则，以及良好的售后服务，深受顾客和用户的信赖与支持。公司始终把“用户至上，树形象、质量第一、保名牌”为经营宗旨。图强建设，迪马永胜。

温州木材集团公司

党委书记兼总经理：陈敬南

地址：温州市温金公路42号

电话：8781506　8781425

传真：8781425

邮编：325005

温州木材集团公司创办于1952年，位于温州下寅与西门的沿江地域，占地30万平方米，职工1100人，固定资产9600万元，辖属 10个分公司、4个生产厂和2个大型市场（木材交易市场与木材鞋都），在大连、汕头、上海等地设有办事处。经过多年发展公司已形成以木为主业，兼营林化产品、鞋革材料、精细化工、建筑材料、矿山建设、金融服务、食品加工与家具制造的多产业、多功能、跨地区、跨所有制的企业集团。历史上一直是浙南地区最大的木材贸易与加工中心。1993年评为全国50家最大木材加工企业、1994年评为浙江省200家最大经营规模工业企业、1995年获全国信誉度百佳企业。年销售额12000万元。

公司产品有14个品种，102个规格。主导产品绿星牌企口板获中国王牌产品称号，刨花板、装潢线条在浙南地区享有盛誉，豪华家具系列荣获中国家用精品博览会银奖；鞋用纸板列为省级新产品，质量达到国内先进水平；鱼胝850为浙江省首批名优产品，向全省与全国推荐；黑荆栲胶为国家特级品，是高级皮革的优质鞣料。同时是温州主要的地方建筑材料供应基地，年产石子砂30万吨，灰砂砖3000万块。公司还大批量从南洋诸国、非洲、加拿大、新西兰、美国、俄罗斯等进口原木与印尼胶合板，年进销10万立方米，成为浙江省主要的进口木材中转基地和最大的胶合板批发中心。

浙江岩林轻工集团有限公司

法人代表：王岩林

电话：0577-5520857　5521979

传真：0577-5520955

地址：浙江省瑞安市温瑞路506号

邮编：325206

浙江岩林轻工集团有限公司创建于1990年，前身为瑞安刀具厂，专业从事日用刀具生产已近三十年的历史。1994年底组建集团有限公司，成为一家跨地区、跨行业、跨国企业集团。1992年商标在中国注册，1995年在美国注册，同年获温州市知名商标称号，1997年被推荐为浙江省著名商标，素有“江南小刀王”之称。企业拥有自营进出口经营权，系国家机电办机电产品出口基地企业，全国机电产品出口创汇先进企业，明星企业，省“五个一批”重点企业，省先进企业，省文明单位。

公司注册资金4806.4万元，厂区占地面积1.76万平方米，职工380人，技术人员30人，拥有专业生产日用刀具先进设备365台套，关键设备从西德引进，年生产能力386万把。1997年公司实现产值5122万元，销售收入4523万元，利税408万元。出口创汇420万美元，出口量、出口值、各项经济指标均居全国同行之首。公司主要生产经营刀剪、餐具、不锈钢器皿、印刷包装品、粉末冶金制品、锁、鞋、箱包等。主导产品锁刀、猎刀、厨刀共计215个品种，315个规格，系中国名牌产品，百分之九十五以上出口，远销欧美、东南亚、香港等40多个国家和地区。

公司坚守“重合同，守信用”原则，奉行“客户至上，信誉第一，真诚服务，追求卓越”的企业宗旨，竭诚与国内外朋友携手合作，共展鸿图。

浙江瑞星集团

法人代表：林万隆

地址：浙江省瑞安市新堂街22号

电话：0577-5622070（总机5624773）

传真：0577-5629238

邮编：325200

浙江瑞星集团核心企业瑞安印刷机械厂系机械部印机产品专业厂，省“五个一批”重点骨干企业，国有中一型企业，全国印协理事成员单位，拥有进出口自营权，企业总资产近一亿元。集团成员企业有：瑞安市印机房地产开发有限公司，瑞安星源印刷包装机械有限公司（中外合资）、瑞安市印刷物资公司、瑞安市瑞星微电脑技术开发公司、瑞安市四通路面机械有限公司、瑞安市环球机械厂、瑞安市华威印刷机械厂、温州市联合收割机有限公司等紧密层、半紧密层、松散层企业16家。主要产品有切纸机械、印刷包装机械、塑料机械、农业机械、公路机械等近50个品种。大中小规格系列配套、高中低档次品种齐全。产品畅销全国、出口五大洲近60个国家和地区。集团集工、技、贸为一体，产、学、研结合，二、三产并举，力求把瑞星牌产品推向全球。

浙江瑞立集团公司

法人代表：张晓平

地址：浙江省瑞安市瑞湖路红旗工业区

电话：0577-5662190　5664930　5665983

邮编：325200

浙江瑞立集团公司系股份制企业，创办于1987年，原名红旗汽配厂，1991年9月，更名为瑞安市重型汽车配件厂，1998年1月6日更名为今名。1997年实现产值5000万元。

公司系中国汽车零部件联营公司成员单位，中国重型汽车集团公司联营成员厂，浙江省百佳民营企业，温州市重点骨干企业。现有员工386人，其中工程技术人员64人。企业从1991年起，累计投入3600万元进行了5次技术改造，实现了技术装备上水平、产品上档次、企业上台阶。公司现占地面积6724平方米，建筑面积1.23万平方米。拥有各类先进装备265台(套)，年生产能力达到8000万元。资产总额6500万元。公司专业生产重型、中型汽车配件，主导产品有汽车阀、汽车电器两大类260多个品种。优质的产品与一汽、二汽、重汽等国内16个主要重型汽车、客车生产厂家的整车配套。产品连续七年获黄河汽车质量保证体系信得过产品、保质保量先进单位称号；连续三年被四川汽车制造厂评为配套产品质量先进单位；1997年被一汽集团青岛汽车厂评为优秀配套厂家。企业连续七年被浙江省农业银行确认为资信“AAA”级企业，1997年被浙江省人民政府命名为“重合同、守信用”单位。

公司坚持“质量第一、用户至上”为宗旨，以精湛的技术和优质的产品，竭诚为全国广大客户提供优良服务。

浙江东方集团电镀公司

总经理：董兰云

地址：温州市株浦路1号

电话：8327344　8327353

邮编：325003

浙江省重点工程项目——浙江东方集团电镀公司在全国优秀企业家、全国劳动模范、集团总经理滕增寿同志的领导下，经过一年多来的筹建，引进国内外九十年代末最先进的电镀设备、工艺及原材料，生产出全国一流的电镀加工产品，深受用户的一致好评。现本公司正式对外承接电镀加工业务，目前加工的镀种有仿金、枪黑、古铜拉丝、镍镀、24K代金、18K代金等，广泛适用于灯具、锁具、五金拉手、水暖器材、鞋扣、饰品、电器镀件。质量上乘，价格低廉，欢迎用户前来洽谈加工。

温州木材集团地材公司

法人代表：陈敬南

地址：温州市温金公路42号

电话：8711164

邮编：325005

温州木材集团地材公司位于温州下寅与西门沿江地域，是温州市最大的石子砂生产基地，年产石子砂30万吨，公司自有码头岸线500米。设备配置精良，拥有16吨吊机2台、8吨吊机2台、5吨铲车3台、自卸运输车15辆，年销售额最高达800多万元。

公司本着“信誉第一、热情服务”的宗旨竭诚为用户服务，欢迎广大用户前来洽谈业务。

浙江乐穗电子股份有限公司

法人代表：陈建旺
地址：乐清市虹桥镇西工业区G2
电话：0577-2352206
传真：0577-2353206
邮编：325608

公司创办于1989年，是电子元器件的专业生产企业，系浙江省电子行业“八五”明星企业、国家大型乡镇企业。企业总资产超过5000万元，固定资产超过1000万元；厂房占地3700平方米，建筑面积5600平方米。主要产品有家用电器配套的各种开关、插座、连接器和电视机壳及塑料结构件等1000多个品种规格。

“质量兴厂”是公司的根本宗旨。1991年分别通过标准化、三级计量与全面质量管理的验收。1995年又通过了ISO9002国际质量体系认证。电源开关于1992年获安全认证合格证书，1994年获得了电子工业部“优等品”称号。

公司以优质的产品同国内外许多著名的厂商建立了长期友好的合作关系，国内产品的销售已遍及20多个省市。同时企业在北京、上海、广州、天津等地建立了分公司和办事处，形成了强大的服务网络体系。企业的许多产品远销到美国、日本、巴西、泰国、韩国、新加坡、台湾、香港等许多国家和地区，并深受海外客商青睐。

公司“九五”发展的总体规划：建立规范的股份有限公司→组建乐穗集团→建立乐穗工业园。预计到2000年产值可达6亿元。

“诚实、自强、奉献”这是乐穗人的精神和企业理念；“忠于用户、忠于社会；自求生存、自求发展；繁荣市场经济、振兴民族工业”是乐穗人的创业之本。

温州正利电器有限公司

法人代表：张相永
电话号码：0577-2887980　2898666
地址：乐清市北白象镇旺林工业区28号
邮编：325603

温州正利电器有限公司成立于1995年，是电器王国中的一支后起之秀。公司以小型断路器、漏电断路器、JBX 系列欧式接线板等产品为主，大量投入人力、物力、财力进行技术改革，已有180多种产品面市。在先进的生产技术和科学的检测手段保障下，产品质量得到用户的一致好评。主要产品DZ47－63系列、DZ47B-100(NC-100)系列小型断路器、DZ47LEⅡ-32 漏电断路器均通过了中国电工产品认证委员会(CCEE)安全认证，其中DZ47B-100(NC-100)系全国首家荣获认证证书。

卓越的产品质量、高效守信的商业信誉和科学有效的管理成为正利电器有限公司取胜的三大法宝。短短三年时间，正利电器有限公司已在全国各大中城市建立了销售网络，在国际贸易上同中欧、北非等地区的客商建立了稳定的商业关系。产值连年翻番，到1997年产值已由原来的200多万元发展到1500多万元，创利税120万元，1998年产值有望突破3000万元大关。

正利人以振兴中国电器工业为己任，大胆革新经营观念，在企业管理中导入企业文化，充分发挥人才智慧，为再次创业注入新的动力。向科技要效益，向人才要效益已成为正利公司再次奋飞的两大巨翅，在新世纪构筑的大舞台上，“小型巨人”即将腾飞。

温州太平洋集团

董事长兼总经理：张庆勇
地址：温州市瓯海区海滨镇
电话：0577-6873347　6374425
传真：0577-6374432　6873346
邮编：325024

温州太平洋集团是一家以贸易为先导、实业为基础、金融为支柱，集商业资本、工业资本和金融资本为一体，跨行业、跨地区、跨国界的综合性企业。公司的前身系瓯海登山鞋厂，创办于1985年，是温州地区著名创汇企业，累获全国出口飞龙奖、农业部、外贸部全国出口先进单位和省、市、区行业最大工业企业、行业最佳经济效益企业、龙头乡镇企业、明星企业、先进骨干企业、最佳领导班子等荣誉。董事长、总经理张庆勇受到中央总书记和国务院总理的接见，并被评为省、市最佳乡镇企业家、工业企业家、优秀厂长"金鹿奖"。

公司现拥有主要产品：系列雪地鞋、运动鞋、休闲鞋、皮鞋和布面胶鞋，及箱包、汽垫床、人造革、不锈钢管等。主要产品远销俄罗斯、日本、韩国、欧洲、拉美、中东、南非、香港等32个国家和地区，享有较高声誉。

"质量第一，信誉至上，平等互利"和"重合同、守信用"是公司一贯坚持的经营思想和原则。公司以灵活运行机制，多功能的服务体系和精诚的合作态度致力于与国内外各界朋友加强友好业务往来。"竞争、拼搏、提高"始终是"太平洋人"的不懈追求；创一流的管理、出一流的质量、办一流的企业，是公司永恒的发展目标。

温州远洋眼镜有限公司

董事长兼总经理：叶子建
地址：温州市葡萄棚路一弄8号高新技术产业园内
电话：0577-8622288　8623495
传真：0577-8629000
邮编：325027

温州远洋眼镜有限公司(原东海眼镜厂)，系中外(巴西)合资的股份制企业。公司占地26亩，建筑面积(含职工宿舍)1.8万平方米，拥有固定资产1780万元，注册资本1300万元，现有员工1380人，其中，初、中、高级职称人员37人。是目前温州市眼镜行业规模较大的企业。

公司主要生产经营太阳眼镜和光学眼镜，其中太阳眼镜有塑料架、金属架、混合架三大系列3000多种款式，光学眼镜有高、中、低各档次1000多种款式。1997年生产各类眼镜1700万付，实现产值8600万元，销售额6800万元，外销率88%以上，全年实现利润980万元，上缴税金320万元。

公司在销售中以款式新、品质优、价格低，使"东海"眼镜在国际眼镜市场享有一定声誉，在第三届中国科技精品博览会上"东海"眼镜获"金奖"。1993年以来，企业连续被授予鹿城区明星企业，重点企业称号。1997年"东海"以其显著的效益被省计经委、统计局、体改委和省企业评价中心评为浙江省行业最大企业、浙江省最佳效益企业，规模效益全省排名第四。

为改变当前产品供不应求局面，我公司将继续扩大生产规模，通过技改、引进设备和人才，进一步提高产品质量和档次，力争在三年内创国际名牌。

浙江虎豪实业有限公司

法人代表：李作虎

地址：浙江省平阳县水头镇水头大道

电话：0577-3851870　3857555

传真：0577-3851990

邮编：325405

浙江虎豪实业有限公司是温州区域目前规模最大、产值最高的皮革制品加工企业。虎豪公司生产的"虎豪"牌皮衣被中国轻工总会授予"中国真皮标志"名牌产品称号，1996年和1998年连获两届"中国真皮衣王"。"虎豪"商标连续被评为浙江省二、三届著名商标和温州市知名商标。作为省、市、县明星企业的虎豪公司，正在筹建集团企业，产业结构涉及制革、皮革加工、皮件制品、机械制造、矿山开采、房地产开发、宾馆酒店等，年总产值将达1.7亿元。

永嘉县电业局

法人代表：周天顺

地址：浙江省永嘉县上塘镇

电话：0577-7223127

邮编：325100

永嘉县电业局是组建于1989年的国有供电企业，担负着全县85万人民的生产生活供电任务，共有职工420人，辖供电管理所6个、变电所8个、农电总站1个、农电分站42个。本局紧紧围绕经济建设这个中心，致力改革，强化企业管理，努力挖掘内部潜力，增收节支，以最少的消耗获得了较大的经济效益，为永嘉的两个文明建设发挥了重大的作用。1997年，全局购电量3.45亿千瓦时，售电量3.12亿千瓦时，销售收入1.05亿元（不含税），产品销售利润752万元。

浙江鹏昌皮革有限公司

董事长：练祖绸

总经理：练祖起

地址：浙江平阳腾蛟凤翔工业区

电话：0577-3532018

传真：0577-3531838

邮编：325404

浙江鹏昌皮革有限公司创办于1993年，拥有建筑面积1万平方米，员工310人。公司投资于科研、营销、设备"一条龙"生产线，能生产一代、储备一代、研制一代的产品，在同类行业中独树一帜，是县、市明星企业，省重点民营企业，国家中型二档乡镇企业，市"五个一批"重点骨干企业，并享有进出口自营权。1996、1997年连续两年荣获领导班子集体功，董事长练祖绸获市优秀厂长（经理）金鹿奖。

公司以生产皮革及皮革制品为主，年加工生产猪皮100多万张，主要产品有猪、牛、羊革皮系列及皮装系列。由于管理科学，生产上规模，产品上档次，是安徽省技术进出口公司定点生产厂家。内销产品遍及全国各地，并出口亚、欧、美、澳四大洲。鹏昌牌猪皮革系列产品被浙江省技术监督局等八部门推荐为"'97采购首选品牌"。

公司发扬"科技兴厂，质量立厂，经营扩厂，敬业建厂"的企业精神，立足本地资源，拓展海内外市场，广交国内外朋友，不断完善和发展企业，携手开创业务领域，向国际标准化迈进。

"在群雄逐鹿中原、大浪淘沙的市场竞争中，唯有超前的思维，科学的管理，优秀的人才，领先的技术，卓越的质量，独特的风格，诚挚的服务，才能立于不败之地，才有傲视群雄的明天"——这是董事长练祖绸及全体鹏昌同仁的格言和承诺！

苍南县软包装厂

法人代表：项芳印
厂址：苍南县龙港镇人民南路1000号
电话：0577-4201245　4203246
传真：0577-4203246
邮编：325802

本企业是温州市最早开拓生产复合软包装的企业，属苍南县重点企业，浙江省条码标志承印认可企业，苍南县标准化、计量验收合格单位，连续七年被县政府命名为“重合同、守信用”单位，1997年被评为“浙江省文明乡镇企业”称号和温州市“重合同、守信用”先进企业。

企业占地面积6830平方米，建筑面积4500平方米，拥有固定资产1193万元，职工108人，其中技术人员25人，有8条各种档次的凹版彩印复合软包装生产线，三条CPE增强复合基膜生产线及电脑设计，制版等配套措施。其中引进的全电脑跟踪100mm型宽幅高速软包装生产线和十色全自动凹印生产线填补了温州市空白，形成从产品设计、制版、印刷、镀铝、复合、分切、制袋一条龙配套工艺的服务体系。在苍南县软包装行业中，是规模最宏大、产品最齐全、设备最精良、工艺最先进、经验最丰富、技术最雄厚的企业。

企业以质量求生存，以信誉求发展，选用优质的BOPP、PGT、PA、PVC、CPC、CPE、珠光膜、铝箔、多层共挤薄膜、铜版纸、涂塑纸为主要原材料，专业生产适用于食品包装，医药品包装、农用品包装及日用、工艺品包装的抽真空、充气、高温杀菌、保鲜、冷冻、防潮、阻合、避光、耐腐蚀、耐渗透等不同性能的华丽适时软包装袋（卷膜、标贴），深受用户欢迎。同时致力于技术改造和现代化管理，竭诚为新老客户提供更多，更广的服务。

温州宇宙集团有限公司

董事长兼总经理：蔡云斌
地址：浙江苍南钱库镇西工业区
电话：0577-4495298　4499358
传真：0577-4495299
邮编：325804

本公司前身系苍南县宇宙人造毛皮厂。七年来，在邓小平理论的指导下，企业迅速发展壮大，产值、利税年年翻番，发展成为如今的集团公司。经国家农业部核准为“国家中二型乡镇企业”、温州市“五个一批”重点骨干企业。拥有国内外先进设备225台，员工483人，1997年实现产值5280万元，创利税367万元。

本公司主要生产亚克力毛毯、仿貂皮毛毯。产品高雅华贵、色泽鲜艳、毯面丰厚、花型美观、立体感强、风格独特，在同等质量产品中价格最优，倍受客户欢迎。产品畅销全国各地，远销东南亚、欧美、俄罗斯等国家和地区。

本公司还生产高档仿兽毛皮、羊羔毛、各色平剪毛、长毛绒、高中档玩具绒等产品。经国家毛纺织产品质量监督检验中心检验合格。

本公司以“创世界一流品牌、为美化人类服务”为宗旨，确保产品质量，竭诚为广大用户提供满意的产品与服务。

温州迪科技术发展公司

法人代表：徐良衡
地址：温州市龙港镇龙翔中路676号
电话：0577-4204789　4206802
传真：0577-4205051
邮编：325802

"温州迪科技术发展公司"是一家由复旦大学的4名硕士研究生创办、致力于高新防伪技术产品开发和生产的高科技企业。公司创办四年来，已有多项高新防伪技术通过国家级技术成果鉴定，获国家发明专利，填补了国内空白。公司在经营上的严管理、守信誉和防伪产品的独家性、高技术、多功能、系列化，使得防伪成效卓越，产品深受用户青睐，同时公司也取得了长足的发展。

多功能防伪标识一览表

防伪基材(A-C的一种)+防伪印刷(a-i的一种以上)-------多功能防伪标识

防伪基材		防伪印刷	
名　称	功　能	名　称	功　能
A:精密底纹（铜板纸）	具有钞票精密纹，难以复制	a.可逆手感变色	手指触摸反复变色，色差明显。
		b.可逆热敏变色	遇热反复变色，色差明显。
		c.可逆热敏显色	原来无色，遇热显示图文。
B:双层构造（铜板纸）	揭去表层，次层粘贴于包装上，一次性使用。	d.可逆光敏变色	阳光下反复变色，耐疲劳性能良好。
		e.热记忆变色	显示特定温度下的特定颜色。
		f.不可逆热敏变色	遇热一次性变色，色谱齐全。
C:镂空显示（PET膜）	粘贴后揭去，显示出设定的镂空图文，一次性使用。	g.紫外荧光	原来无色或有色，紫外灯下发光。
		h.铅涂显示	原来无痕迹，用铅笔涂擦显示图文。
		i.微环境动态变色	周围环境变化引起颜色变色。

泰顺天关山集团有限公司

法人代表：黄洁丛
地址：浙江省泰顺县城关西大街66号
电话：0577-7583270　7587209
传真：0577-7583270
邮编：325550

泰顺天关山集团有限公司前身系泰顺酒厂，始建于1957年，1996年底成立泰顺天关山集团有限公司，是县国有重点骨干企业，市农业龙头企业，市"五个一批"重点骨干企业，市百个重点扶持新产品企业和省酒类定点生产单位。先后荣获县先进工矿企业和市企业管理优秀奖及市、县先进党组织等荣誉，1996～1997年，连续被市政府授予领导班子集体功。

公司占地面积1.73万平方米，建筑面积1.35平方米，拥有固定资产原值2409万元，员工180人，其中专业技术人员21人，年白酒生产能力3500吨。主要产品有"天关山"牌米酒、果酒、茶酒和蛇酒四大类20多个品种，主要销往上海、杭州、金华、台州、温州、丽水和福建等地。其中"天关山"牌米酒占据本地80%左右的市场。1992年"天关山"牌系列米酒荣获中外名优食品博览会金奖，省首届食品博览会银奖；1995年系列果酒荣获消费者最喜爱的温州好酒称号。"天关山"牌商标被评为第二届温州知名商标。

"质量第一"是公司的经营宗旨，以"低度、保健、营养、节粮"为目标，积极开发名优特新产品，建立具有"多品种、低酒度、保健型"独特风格的酒类企业，以规模求经营，以效益求发展。

浙江石化阀门厂

法人代表：杨荣水
地址：温州机场口海滨工业区
电话：0577-6872988
传真：0577-6872770
邮编：325024

浙江石化阀门厂系股份制企业，始建于1978年，厂区占地面积1.5万平方米，建筑面积1.14万平方米，拥有精切机床3.4m立车及数控机床等各类设备115台，固定资产2800万元，流动资产2000万元。现有职工235名，各类专业技术人员19名(其中高级工程师4名)。是一家具有较高水平、技术力量雄厚、生产工艺先进、制造设备精良，检测手段齐全的阀门专业生产企业。

本厂生产的阀门共5大类，500余种规格，通径DN20-1600，压力PN10-320，磅级150Lb-1500Lb，使用温度40℃-780℃。目前产品已销往全国各大石油、化工、医药、电站等行业，覆盖全国20多个省市和地区。企业最新开发面市的新产品硬密封蝶阀、软密封蝶阀、气动球阀经上海市质检站、上海市机电局、上海通用机电集团公司、中国合肥通用研究所等权威部门抽检测试，各项指标均达到标准要求，并通过洛阳化工设计院，北京化工设计院，中国海洋石油设计院等确认，推荐使用于基建项目，深受广大用户的充分信赖和好评。

本企业一贯重视产品质量，曾多次荣获各级政府颁发的荣誉证书。1996年“瓯通牌”气动闸阀参加第三届中国科技博览会被推荐为“金奖”产品，1997年11月又正式取得ISO9002：1994 国际质量体系认证(DNV)。

浙江石化阀门厂始终奉行“用户第一”的宗旨，决心以最新颖的产品、优质的质量、优惠的价格、优良的售后服务，竭诚服务于国内外客户。

温州杰豪鞋业有限公司

法人代表：戴德利
电话：0577-7392555　1395779737
邮编：325103

崛起于东海之滨、瓯江北岸的温州杰豪鞋业有限公司，是一家专业生产经营利仔牌高级男女皮鞋的现代化企业，年产值超 1000万元，利税超80 万元，为永嘉县重点企业。

公司座落于风景秀丽的东蒙山脚下的乌牛工业区皮服城，现厂区总用地面积5000平方米，实际建筑面积4800平方米，固定资产1200万元。拥有4条从台湾和意大利引进的制鞋生产流水线，并有一支高素质的精干职员工队伍，采用国际新款设计与制作工艺，企业建立严格的管理体制，完善严谨的质量保证体系。系列产品被中国保护消费者基金会评为中国名牌产品，深受消费者青睐，畅销不衰。

展望未来，杰豪鞋业将审时度势，继续加强人才开发及科技改革，永葆事业的青春活力，走出亚洲，奔向世界。同时，竭诚欢迎全国统计界人士来公司参观考察，优惠直销。

鹿城水电安装工程公司

法人代表：胡景明
地址：温州市黎明中路西子新村7幢一层
电话：8377134
邮编：325000

温州市鹿城水电安装工程公司于1988年经鹿城区人民政府批准组建，并经省、市建设行政部门核定为设备安装三级资质企业。公司现有员工200余人，其中具有高、中、初级工程技术人员50余人，持有专业技术上岗证书人员100余人，施工技术及专业设备安装基础雄厚，企业拥有资本金300多万元。

公司组建十年来，围绕企业上档次、上等级、上规模的战略目标，高度重视技术引进和人才培养利用，使企业的整体素质与技术水平得到很大的改善与提高，目前已具备较强的施工能力。

公司组建十年来，坚持安全、优质、文明施工，累计竣工面积达百万平方米，工程验收合格率100%，工程优良率达30%以上，取得了较好的社会信誉与效益，被鹿城区人民政府授于“重合同、守信用”单位；建设银行信用“AA”级单位，还连续几年评为鹿城区建设系统“全面先进”单位。

公司本着“一切为业主着想”的经营谋略，奉行“质量第一、用户至上”的经营宗旨，发扬“团结、开拓、勤奋、务实”的企业精神，继续以精湛的技艺，高尚的职业道德，完善的施工管理，优良的工程质量，竭诚为用户服务，为建设事业添砖加瓦。

永嘉化工厂

法人代表：吴永国
厂址：浙江省永嘉瓯北镇楠江东路102号
电话：0577-7335676　7334544
传真：0577-7334544　7332757
邮编：325102

浙江省永嘉化工厂创建于1953年，是化工部定点生产硫化促进剂的国有企业。工厂东濒风景秀丽的国家级风景区楠溪江，南临瓯江，与温州市区隔江相望，陆、海、空交通方便。

永嘉化工厂现有职工1000多人，其中科技人员100多人，厂区占地面积10.5万平方米。主要生产高鹤牌硫化促进剂M、DM、NOBS、CBS、TMTD、DPG、NS、ZDC和焦亚硫酸钠（食品级、工业级）、无水亚硫酸钠（食品级、工业级）和专用高纯焦亚硫酸钠、酸性媒介黑T 100%，建筑陶瓷釉面砖等产品，产品采用国际标准、销往全国各地和北美、东南亚等20多个国家和地区，享有较高的声誉。橡胶硫化促进剂产品产销量在全国占第二位。

近年来，永嘉化工厂不断强化企业内部管理，大力推进技术进步，企业在各个方面都取得了长足的发展。1997年，实现工业产值1.03亿元，税利超1000万元，经济效益居浙江省化工行业与温州市工业企业前茅。1995年获省石化工业十优企业称号。

永嘉邮电局

法人代表：戚光海

地址：永嘉县上塘镇

电话：0577-7225318

邮编：325100

永嘉县邮电局始建于1958年10月，现有职工550人，下辖18个支局所、40个乡邮电代办所，拥有固定资产原值2.08亿元，总资产3.6亿元。

党的十一届三中全会以后，永嘉县邮电局坚持以通信建设为中心，坚持两手抓、两手硬，邮电通信事业走上了正常的发展轨道，特别是“八五”期间，取得了超常规发展。1992年，成为全国唯一跨入邮电业务收入百强县（市）局行列的贫困县邮电局。1994年，在全国首次第三产业普查中，被评为浙江省邮电通信行业最大企业之一。1995年，实现了乡乡通程控电话。97年10月，实现了乡乡通光缆。1997年，邮电业务总量达到了13955万元，邮电业务收入达到11528万元，全县行政村通程控电话面达到了80.3%。1997年4月邮电部吴基传部长来永嘉视察时，充分肯定了永嘉邮电通信发展所取得的巨大成绩。

我们的企业精神是：“团结、奋进、务实、创新”。我们的经营宗旨是：“一切为了用户，一切依靠用户”。

文成县农用车总厂

法人代表：胡正直

地址：文成县大峃镇如意路

电话：0577-7862022　7862023

邮编：325300

文成县农用车总厂系市级国有工业重点企业，是浙江省飞碟联合体成员厂，专业生产飞碟系列农用运输车。现有固定资产722万元，注册资本185万元，占地面积1.7万平方米，建筑面积7000平方米，职工180人，其中技术人员20人，高中级职称8人。拥有总装流水生产线、喷漆烘房、零部件板金加工专用生产线，保护焊等设备。1998年3月份又建成投入使用B级汽车综合性能检测站，年农用运输车生产能力1200辆。

企业连续荣获市“重合同、守信用”单位；省AAA 级信用单位、技术进步优秀企业称号；列入“省行”最佳经济效益五十强。厂领导班子连续四年被市政府授为集体功。厂长、法人代表胡正直荣获县主人翁杯先进个人、拔尖人才、最突出贡献等称号，连续五年获市企业家“金鹿奖”。

企业主导产品“飞碟”牌厢式农用车获省名优产品、全国消费者信得过银奖；1996年列入机械部部颁目录；1997年评为省“'97采购首选品牌”。产品销路幅射7个省40多个县。1997年产量600余辆，总产值3077万元，销售收入3080万元，上交利税234万元。

为适应市场经济发展的需要，本厂以邓小平理论为指导，深入贯彻十五大精神，围绕“质量第一、用户至上”的企业宗旨，凭借务实、创新的风格，再创新的业绩，开拓新的市场，为进一步发展山区经济作出更大的贡献。

温州市供销合作社

主任（总经理）：王克瀛
副主任（副总经理）：林淑玲
地址：温州市隔岸路183号
电话：0577-8517241　8517242　8517243
传真：0577-8517240
邮编：325028

温州市供销合作社经过四十多年的发展，已成为温州具有较大规模的企业之一。下辖11个县（市、区）级联合社、67个县以上专业公司、88个基层社、2500多个经营网点。1997年购销总额达30亿元。本社直属企业有：农业生产资料、物资回收、日用杂品、工业品批发、副食品、土特产畜产品6家总公司及水心饭店、温州茶厂等，净资产3.4亿元。

改革开放以来，本社从温州实际出发，实行总体推进，重点突破，调整结构，优化资源配置，增强企业实力的战略，使全市供销社行业得到全面发展。本社投资4000多万元，按三星级宾馆标准设计扩建的温州水心饭店已于1997年1月竣工开业；同年，温州市供销社（温州市供销经贸集团公司）又取得自营综合性进出口业务经营权，使本社（集团）成为集国内外贸易、旅游、服务于一体的经济实体。

我们热忱欢迎国内外企业家和各界同仁前来洽谈投资贸易、经济技术合作，互惠互利，共同发展。为温州二次创业，振兴供销事业再做新贡献。

温州针纺织品总公司

法人代表：马新才
地址：浙江省温州市信河街36号
电话：0577-8227024
传真：0577-8227022
邮编：325000

温州针纺织品总公司是一家经济实力雄厚、经营方式灵活的国有大型商贸企业，拥有进出口经营权。总公司党委建制，下设党委办公室、总经理办公室、财务计统科、保卫科。员工478人，资产总值2亿元，营业及办公用房9800平方米，仓库12200平方米。

公司现有进出口分公司和针纺品、呢绒丝绸、花纱布、工业用布、精纺面料、服装、床上用品、日用品、日化、家用电器、劳保、矿产、旧货调剂、劳务、娱乐等公司及华侨商厦、金三益、协大祥、解北等商场商品经营机构，并举办浙南地区最大的鞋革市场。

公司经营方式：批零兼营、加工、服务。

公司经营宗旨：开拓大市场，内外贸结合，全方位优质服务。

公司全体员工高举邓小平理论旗帜，积极参与市场竞争，抢占市场制高点，提高市场占有率，1997年实现销售额2.93亿元，创税利377万元，是我市十大商贸企业之一。为温州市“重合同、守信用”单位。

温州五交化集团公司

法人代表：陈建中

地址：浙江省温州市黎明西路13号

电话：0577-8340409

传真：0577-8340403

邮编：325003

温州五交化集团公司组建于1992年12月12日，职工1200余人，下属企业40多家，分核心型、紧密型、半紧密型和松散型四个层次。是浙江省最大的商贸企业集团之一，拥有进出口经营权。

公司经营范围：五金交电、化工原料、金属材料、油漆染料、石腊、摩托车、百货、食品、办公用品、机电、汽车、PVC塑胶管材等。主办及委托代理进出口业务，承办中外合资经营、来料加工、来件装配、补偿贸易和易货贸易及转口贸易。

公司通过改革和转换经营机制，逐步形成了集团搭台、专业细分、责任到人新的经营路子，突出了专业化“小兵团”灵活作战的现代营销策略。1997年销售额达4.11亿元。

公司开辟多元化经营，创办浙南心血管中心医院及国安出租车公司两家中外合资企业、花园大酒店国有股份企业和浙南地区最大的温州旧货调剂市场。

公司本着“顾客第一、质量第一、市场第一”和价格合理的宗旨，竭诚欢迎海内外朋友前来洽谈业务。

温州百货批发总公司

法定代表人：管加东

地址：浙江省温州市飞霞北路188弄5号

电话：0577-8332680

传真：0577-8334485

邮编：325003

温州百货批发总公司是浙南闽北地区最大的国有企业，主营百货经销。现有职工1260人，仓储面积2万多平方米，资产总额8700万元，总公司下属70个公司（商店），年购销额6亿元，出口总额1500万元人民币，年创税利380万元。几年来，公司锐意改革，克服国有批发行业的种种困难，本着壮大批发，发展零售，开发资源，多元拓展的战略，注重品牌经营，强化管理，实现微机联网，为社会多作贡献，向现代化商业经营和管理迈出新步伐。

1997年，又成功投资创立了两家控股的有限责任公司。我公司与温州开太房地产公司、温州房地产开发股份有限公司共同投资组建的温州开太百货有限公司，位于温州市黄金地段，是浙南地区规模最大、档次最高的多功能商场，营业面积达12000平方米。

总公司本着顾客第一，优质服务的宗旨，为温州的二次创业作出新贡献。

温州对外供应总公司

法人代表：周瑞铮
地址：浙江省温州市人民中路友谊大楼
电话：0577-8253373　8253978
邮编：325000

温州对外供应总公司前身是温州外轮供应公司，成立于1964年5月，员工330人，担负着温州港到港外轮、远洋轮的免税品、船用物料、伙食供应和市场商品供应等任务。数十年来，公司以优质的服务、良好的形象，为温州的对外开放和市场繁荣作出贡献。1997年挤身全国零售企业600　强并被评为浙江省中型贸易企业，1996、1997年度被评为“重合同、守信用”单位。

总公司下辖新友谊商厦、外轮供应、免税品供应、旅游工艺品贸易、台胞商品供应、商业汽车运输等公司。经过深入改革，总公司以市场经济为导向，以新友谊商厦为龙头，求新务实，开拓进取，推动了企业的稳定、发展和壮大。1997年销售额和缴纳税额比上年增长78.7%和104.2%，职工收入增长55.0%。目前总经销名优家电产品有：美菱冰箱及洗衣机、西门子冰箱及洗衣机、万燕VCD和新飞冰箱等。

人民路上新友谊，购物方便又满意，总公司将以优质服务、顾客第一为温州的二次创业作出新贡献。

温州市华侨旅游侨汇公司

地址：温州市人民中路中侨大楼
电话：0577-8367230　8367231
传真：0577-8366787
邮编：325000

温州市华侨旅游侨汇公司（简称：温州中侨公司，英文缩写WZCOC）成立于1992年，系全资国有企业，主要经营进口百货、家电、卫生用具和厨房用具。1993年报经中国海关总署批准，成立了下属第一个商场，也是浙江南部地区唯一的免税商场。同年，为满足业务发展需要，投资设立了2000多平方米的保税仓库，1994年为拓展浙江北部贸易业务，在绍兴成立了温州中侨绍兴分公司，1995年成立中侨广告分公司和中侨家电维修分公司，1997年投资成立具有3000多平方米以经营进口精品、名品百货为主的中侨国贸百货商场，从此进入浙江省最高档次商场行列。

目前，公司现有总资产4800万元，员工121人，主要进出口贸易范围为日、美、南非、澳大利亚、港澳台等国家和地区。作为中侨总公司的成员，与总公司所属全国各地49家分公司建立了友好的商品与信息互通网络，以此为基础，公司将为国内外厂商、产品导入市场提供全面服务。

温州华侨旅游侨汇公司竭诚欢迎各界人士惠顾与合作。

温州市金属材料总公司

法人代表：黄河

地址：浙江省温州市望江东路16号

电话：0577-8195847

传真：0577-8183191

邮编：325000

温州市金属材料总公司是浙南地区最大的专业经营金属材料国有物资企业。经营各类优质钢、型钢、板材、建筑用材及铜、铅、锌、锡等有色原料。下设8个分公司，职工96名，拥有2.54万平方米仓库。1997年销售金属材料7.8万吨，销售额2.81亿元，创利税105万元，居全省同行前茅，是我市十大商贸企业之一。1994年以来，连续评为“重合同、守信用”单位和“AAA”级信用企业，1996、1997年连续评为市级形势教育先进单位。

总公司与杭州钢厂、鄂城钢厂、福建中钢、江苏大众钢厂、江苏永联钢厂、葫芦岛锌厂、白银冶炼厂等建立代理制关系。公司以合理的价格、优质的服务为浙南地区的工农业生产和重点工程建设、旧城改造做出重要贡献。

近年来，总公司对内深化改革，实现科学化规范管理，对外积极拓宽经营渠道，提高市场占有率。公司坚持优质服务、互利互惠，信誉至上的原则，竭诚为广大客户服务。

温州市化工轻工物资总公司

法人代表：颜桂生

地址：浙江省温州市黎明中路219号

电话：0577-8335467

传真：0577-8339864

邮编：325003

温州市化工轻工物资总公司始建于六十年代中期，现有员工108人，固定资产原值489万元，注册资本308万元，仓库面积1.91万平方米，库房9031平方米，营业用房及车辆运输服务设施面积2636平方米。

公司经营各种化工原料、塑料、橡胶及制品、坯布、棉纱、纸张、建筑材料、金属材料等，年销售额超亿元。近年来，公司参股温州市信息工程联合公司、温州新世纪集团股份有限公司、温州国贸有限公司，并在外设立经营分公司。总公司本着互惠互利的原则，与外地大企业建立了良好的合作关系，取得了成功，获得了成果，促进了对外业务的进一步拓展和规模经营。

随着国有企业改革的深化，总公司将依照《公司法》进行改制。进一步改善经营硬件和软件，把公司办成贸易仓储、服务型的综合性的物资流通企业。

乐清市翁垟镇

镇党委书记：朱峰跃

镇长：郑道松　　电话：2811941　2811300

翁垟镇位于乐清市境东南，东濒乐清湾，南近瓯江口，有广阔的盐碱地和丰富的海涂资源，经济繁荣，民风淳朴，交通方便，通信发达，社会安定，是办实业的理想场所。

全镇面积26.32平方公里，下辖1个居委会、38个村委会，总人口 5.5万人。三大工业区有企业166家，主要生产门类有电子电器、电线电缆、消防器材、塑料管道及工艺美术等。1997年全镇工业总产值4.75亿元，是温州市首批奔小康乡镇。

境内名胜古迹众多，有南怀瑾故居，“二六”支部遗址、古烽火台、塔山古寺等。傍山面海的山外渡假村，是渡假、休闲、娱乐的绝好去处。

瑞安市汇中金融服务社

法人代表：张式湖

地址：浙江省瑞安市广场路5号

电话：0577-5619198

邮编：325200

瑞安市汇中金融服务社创建于1993年，是一家由市人民银行领导的独立核算、自主经营、自负盈亏的集体金融机构。本社按照“抓住机遇，深化改革，扩大开放，促进发展，保持稳定”的总体策略，坚持遵循端正经营指导思想，依法合规经营的工作方针，严格执行各项货币政策，以经营效益为核心，积极开拓新业务，广泛筹措资金，优化信贷结构，加强内部管理，强化行风廉政建设，发挥本社灵活、快速、方便、优质的服务特点，各项工作迅速得到发展。1997年存款9725万元，贷款余额6710万元，比年初分别增长123.0%和95.0%，企业的发展取得可喜的成绩。

本社将继续以敬业、求实、开拓、奋进的精神，为社会提供优质、高效的金融服务，为促进我市的经济发展做出新贡献。

瑞安市瑞丰城市信用社

法人代表：林国光

地址：浙江省瑞安市机场路61号

电话：0577-5654864　5655114

邮编：325200

瑞安市瑞丰城市信用社创建于1992年12月，是一家由市人民银行批准，独立核算，自主经营，自负盈亏的集体金融机构。下设分支机构3家，分布于瑞安商城和闹市区。本社实行计算机网络管理和储蓄通存通兑，与全国35个大中城市50多家银行、信用社建立特约汇款业务。几年来，我社职工发扬了艰苦创业，勇于拼搏的精神，坚持深化改革，强化内部管理，注重完善服务，加强精神文明建设，取得了显著的成绩。1997年末各项存款余额1.31亿元，各项贷款余额5648万元。1995、1996、1997年连续被评为瑞安市先进信用社。信用社将以严格的管理，稳健的经营和求实开拓积极进取的经营方针，为社会各界提供“快速、高效、亲切”的全方位金融服务。

温州市鸿雁信息广告中心

法人代表：陈林平

地址：温州市人民中路金鹰大楼二楼

电话：0577-8257168　8251113　8252298

传真：0577-8236291

邮编：325000

本中心于1995年初营业，下设信息部和广告部，经营电话信息自动、人工查询服务，设计制作、代理国内各类广告，发布电话亭、电话号薄等邮电媒体广告。注册资金100万元，固定资产530万元，1997年营业收入950万元，创利税135万元。

本中心信息部，前身是市邮电局168信息台，是全省首家电话自动信息台，1997年在全省率先实现与全国50多个城市电话信息服务联网，同年又开办第二电话信息8168台。目前已有公益、普通、经济、特殊四大类四十多项栏目上万条信息，昼夜24小时为社会提供优质服务，近期将实现本地区160、168电话信息服务联网。

中心广告部在发展中不断提高和壮大自身实力，1995年首次将温州电话薄页面广告刊登权向社会拍卖，取得成功，大大提高号码广告和企业的知名度。同时多次成功策划世界电信日，邮政日宣传广告活动以及制作发布中国电信、中国邮政形象广告，正确地传递了原ＣＩ标准。使中国电信、邮政形象深入人心。

在信息化时代之际，中心全体同仁团结一致，开拓进取，充分挖掘信息源，发挥信息的效用，更好地为社会各界服务。

永嘉县石油公司

法人代表：李光程

地址：永嘉县瓯北镇楠江中路32号

电话：0577-7332839

邮编：325102

永嘉县石油公司是经营石油成品油的国有企业，创办于1987年，营业面积40余亩，拥有油库两座，储容量达12000立方米，加油站5座，能停靠1000吨级和300吨级的专用油码头各一座，固定资产原值1000万元，注册资本615万元，现有职工103人。1997年销售量50000余吨，销售额1.03亿元，创税利83万元。公司注重信誉，已连续六年被评为省级资信“AAA”级企业、县创税大户、县级先进单位；两座加油站被评为省级计量信得过单位。

公司经营谋略：狠抓内部管理，加强班子自身建设，领导以身作则，职工密切配合，保证企业的长期稳定和健康发展；精简行政人员，提高办事效率，率先进行分配和用工制度的改革；狠抓费用管理，认真执行各项规章制度。公司设业务部、财务部、办公室。

公司发展前景：努力寻求多种经营渠道，致力开拓液化气市场，液化气储配站工程已进入竣工验收阶段。

狮子岩饭店

总经理：董建峰
地址：温州永嘉县楠溪江狮子岩（岩头镇下日川村）
总机：(0577) 7152888
传真：(0577) 7151990
邮编：325113

狮子岩饭店是楠溪江风景旅游管理局所属的旅游服务企业，座落在国家重点风景名胜区楠溪江中游的江中天然盆景狮子岩畔，按三星级标准兴建，具有浙南民居建筑风格，与楠溪江山水田园风光相协调。饭店距温州市区50公里，距温州机场75公里，交通便捷。

饭店拥有标准客房73间，配有中央空调、程控电话、闭路电视、烟感报警等，设备齐全上乘。饭店有大宴会厅和对外餐厅各1个，大小包厢6个，装潢考究，可接待300人同时就餐。可对外承办各种大型宴会、鸡尾酒会、自助冷餐会，菜肴独具楠溪江乡土风味。另有可同时容纳180人的多功能歌舞厅、别具一格的屋顶花园、台球室、棋牌室、美容、美发、健身房等娱乐设施。

到狮子岩饭店住宿膳食，会给你宾至如归、温馨舒适的美好感受。饭店以服务至上、宾客第一为服务宗旨，随时可以为您提供最佳服务。

阿轮大酒店

总经理：林日轮
地址：苍南县龙港镇镇前路66号
电话：0577-4215888　4212977
手机：9093434
邮编：325802

阿轮大酒店位于“中国第一农民城”龙港镇的旅游休闲活动中心，东临邮电大楼，南向龙港镇政府，毗邻汽车站，环境幽雅，交通便利，闹中取静，是龙港镇创办最早标准档次最高的酒店之一，是您来农民城探亲、商务、旅游的理想下榻之处。

阿轮大酒店拥有豪华型、标准型客房，以其设计新颖，色调典雅，装修豪华的特点，深受广大宾客的青睐。通讯设备先进的商务中心、多功能厅、理发美容厅及装饰一新的健身房，都将给您的旅行带来众多方便和愉快。

阿轮大酒店餐饮设施齐全，风格各异，供应精美的中式、港式、西式美味菜肴。中餐厅以正宗龙港菜和温州地方名菜为主，可同时容纳200人举行宴会和冷餐酒会。装饰典雅的啤酒厅，具有现代风格的港式酒吧，以及一流的卡拉0k厅，将是您休闲娱乐的最佳去处。

阿伦大酒店的管理人员和服务人员都经过严格的专业培训，并以热情、高效的服务，赢得广大顾客的信赖和赞誉。

温州市鹿城房地产开发总公司

总经理：郑嘉彪

地址：温州市人民中路鹿城大厦E座

电话：8255296　8255481

传真：0577-8255370

电挂：1532

邮编：325000

温州市鹿城房地产开发总公司创建于1996年，系国家城市综合开发二级企业，中国房地产协会城镇开发专业常务理事单位，鹿城区明星企业，"AAA"级信用单位。

公司建立以来，先后开发建设了丰收住宅区、吴桥工业区一、二期工程，承担了人民路八组团和飞霞南路旧城改建工程；累计总建筑面积40多万平方米，总投资额6亿多元。与外商组建了“永泰”、“华正”、“飞霞”三家中外合资房地产开发有限公司，共同建设飞霞南路永泰大厦、飞霞大厦、阳光花园三幢高层大厦，总建筑面积93500平方米，总投资2.7亿元。还创办了温州市宏大新墙体材料有限公司、温州市宏大物业管理有限公司、温州市宏大物资贸易公司，初步形成一业为主，多种经营的格局。

公司实行总经理负责制，现有在册职工65人，其中具有各类工程技术和经济技术职称的35人，具有高中级技术职称的18人。拥有鹿城大厦E层1000多平方米办公房。公司建立了目标责任制，初步实行制度化、规范化、科学化管理。

温州浙瓯房地产开发联合公司

法定代表：周庆铢

地址：温州市小南路17弄11号第2幢

电话：8626539　8621749　8626533

传真：8222833

邮编：325000

温州浙瓯房地产开发联合公司成立于1993年，隶属于温州市机械工业总公司，具有城市综合开发三级资质的国有企业。主要从事经营房地产开发、基础设施配套建设及建筑装潢材料等。公司管理人员28人，具有各类职称人员占70%。

公司力求创新、务实、开拓、发展，在房地产市场低潮的形势下，把握时机，灵活经营，先后参与投资开发乐清柳市的中国电器城，投资开发建设了永嘉瓯北金都商住楼、温州市区地段银都商住楼，并承担开发温州机械大厦。公司明确服务宗旨，树立正确开发观点，一贯注重工程质量，在取得良好社会效益的同时，公司亦取得了显著的经济效益。

房地产业方兴未艾、潜力巨大，驻足未来，机遇与挑战相伴相随。公司在现今领导班子的运筹下，将致力于新，拓宽市场，抓住机遇，备力拼搏，振兴发展公司，为温州市城市建设添砖加瓦。

温州康宏房地产开发有限公司

法人代表：土居康宏
地址：温州市学院路蒋家桥
电话：8325148

温州康宏房地产开发有限公司由日本土居建设株式会社与浙江中通房地产开发公司建立的中外合资企业，本公司注册资金3450万元，技术力量雄厚。

现已竣工并交付使用的康宏大厦商办楼以质优、及时交货和良好的售后服务，深得广大用户的赞誉，在短短时间内销售一空。

本公司投资建设的温州火车站站前商厦工程项目，日本DId建筑研究所与温州建筑设计院合作设计，将是站前地段占地面积最大，沿街单体最长（163米）、功能配备齐全的商办住高层综合楼。建筑外形优美、气势雄伟。一层商场面积约4800平方米，设置130来间独立开间式店面，二、三层为多功能用房，主楼设有88套公寓式写字楼，套型为100-170平方米，水、电、煤气、有线电视、电话管线预埋齐全，户户朝南，视野开阔，裙房屋面为园林绿地，每层有近2000平方米办公用房，地下室备有60个车位。

本公司坚持为您建造一个安居乐业的好场所。公司法人、董事长土居康宏先生表示，为不辜负温州人民的厚爱，将率公司全体员工，竭力搞好站前商厦建设，答谢温州广大用户。

永嘉县黄田镇

镇党委书记：厉奇宝
镇长：郑秀聪
电话：0577-7282603
邮编：325101

黄田镇东频风景秀丽的楠溪江下游，北接永嘉县城，南邻温州市区，控山带江，一马平川，辖22个行政村，总面积42平方公里，总人口2.8万人。1997年，全镇国内生产总值4.5亿元，粮食总产量8374吨，工业总产值9.6亿元，出口交货值逾亿元，农民人均纯收入5368元，是温州市综合实力三十强乡镇之一。

回顾创业历程，一派勃勃生机。镇委、镇政府制立的“稳定发展农业、重点发展工业，积极发展第三产业，搞好城镇配套建设”工作方针，取得丰硕成果：交通、能源、供水、通信等城镇基础设施建设大大加快；两个工业小区初具规模，一批要素市场和商品基地陆续建成，众多企业向上规模、高效益、现代化目标迈进；通过农业综合开发，建成粮、林、果、菜、茶、牧等生产基地。同时，教育投入大幅增加，全镇适龄儿童入学率99.7%，巩固率99.8%，群众文化活动丰富多彩，卫生事业稳步发展，人民生活水平迅速提高。

富有开拓进取精神的黄田人民将坚持更实的创业作风，营造更好的创业环境，形成更大的创业声势，面向世界，续写黄田奔向二十一世纪的新篇章。

鹿城区城郊乡荷花村

党支部书记兼村委会主任：吴显波
地址：小南路23号
电话：8621724
邮编：325000

荷花村地处鹿城区南面，辖有荷花、汇车两个自然村，1997年村集体经济收入326万元，村民人均纯收入达8120元，集团固定资产现值2000多万元。荷花村座落中心城区，二、三产业有着独特的发展优势和条件，并已成为本村的支柱产业。现有企业38家，1997年工业产值6939万元，三产营业收入7216万元。工业企业利润总额208万元，三产利润额81万元。

为了更好地集中资金优势，增强企业竞争力，壮大村级集体经济，本村在三板桥纺织路开辟一座建筑面积为10726平方米，土地公用面积15800平方米的工业小区。工业小区实行封闭式管理，配备专人管理，实行24小时全方位服务，取得了显著成效。

在集体经济壮大的同时，抓好精神文明建设，提高村民生活水平和福利待遇，建立了村级医疗制度和养老保障制度。现村民的医疗费实行包干使用制，对60岁以上的村民每月发给退休金，对生活困难户每月发给补助金，对考取中专、大专的村民给予一次性的奖励。

瑞安市飞云镇马道村

党支部书记：卢上忠
电话：0577-9077581
村委会主任：黄小光
电话：0577-9077582
联系人：周艮友
电话：1396871811
邮编：325207

马道村位于飞云江南岸，与城关镇隔江相望，系飞云镇重村。1995、1996年被瑞安市评为十强村，列入市区发展规划。全村耕地面积635亩，村办企业10家，股份合作企业24家，现有农户396户，人口1747人。

近几年来，村党支部在改革开放的新形势下，紧紧围绕经济建设这个中心，强化村级组织建设，逐步形成了以村党支部为核心，村委会为依托，村民小组为基础的组织管理，带领村民走共同致富的道路，两个文明建设取得了较好的成绩。

1997年全村实现工农业总产值1.87亿元，农民人均纯收入5500元。村第三产业、社会福利事业迅猛发展，村属合作基金会自有资金1000万元。小商品市场、旅馆、饭店、客货运中心、江南夜总会等初具规模，市场繁荣，设施配套齐全。文化、教育、卫生等各项社会事业蓬勃发展，村敬老院得到省领导的首肯。各种现代化家用电器进入普通农户，户户安装电话，人民生活向小康迈进。

温州南洋集团有限公司

公司董事长兼总经理：吴云来

地址：民航路1号C幢

电话：8358450　8358451　8358452　8333515

邮编：325027

温州南洋集团有限公司，系鹿城区南郊乡南塘村村委会整体改组而建，是温州市南洋集团核心层企业。1996年经温州市人民政府批准成立，1997年正式投入运作。公司注册资金3206万元，经营范围包括农副产品加工、普通机械、电子、服装、建材、针纺织品、百货、工艺美术品、橡塑制品、五金制品的制造和销售。

公司先期上马钢材经营项目，已取得了完成6000万余万元销售额，创利税83万余元的良好经济效益。1998年伊始，公司发挥地处下吕浦住宅区、紧邻火车站、城南大道的地理优势，大力向娱乐、餐饮、服务等三产发展，力争1998年使公司经营额突破1亿元，增强集团公司的经济实力，促使集团公司更快地发展。

苍南县龙港镇河底高村

（温州龙华集团有限公司）

党支部书记：高福舜　　村委会主任：高飞龙

电话：0577-4202195　　邮编：325802

河底高村户数528户，总人口1887人。村级集体企业组成的温州龙华集团有限公司位于龙港镇中心地段，以苍南县龙华大酒店为主体，以龙华装卸公司等8家村办企业为核心和其它松散型企业组成。1997年，集团公司总收入6329.2万元，其中村级集体企业经营收入2762.2万元，为国家创税收206.3万元，年创利润510万元，市场成交额2亿元，村民人均纯收入7181元。

1984年以来，村党支部从“三个有利于”出发，大胆探索，以发展村级经济为目标，积极创办集体企业，不断壮大村级经济实力，利用地理区域的优势，先后创办了腈纶纱市场等8家村办企业。高15层，投资2800多万元，建筑面积1.2万平方米，有165间客房的龙华大酒店为全市规模最大的村办涉外综合性饭店。

随着村级经济实力的壮大，支部一班人把提高村民的整体素质摆上重要位置。在精神文明建设方面着重抓教育，设立奖学金制度，加强社会公德教育，制订《村规民约》；发展公益事业，兴建老人公寓，使老人体会到集体经济的优越性。

党支部重视班子作风建设，制订了各种规章制度，如财务公开制度等，随时接受村民监督。

1990年以来，我村连续被评为苍南县先进党支部、文明村，1995年以来被评为温州市先进党支部、“小康百强村”。

乐清市虹桥镇西街村

党支部书记 倪学富　　电话 0577-9060831

村委会主任：林时天　　电话：1395874897

电话：0577-2352142

邮编：325608

西街村位于乐清市虹桥镇中心地段，为全镇商贸集散中心，全村人口1588人，村集体固定资产1300余万元。1997年全村实现工农业总产值5357万元，农民人均纯收入10580元。1995年至今连续被评为乐清市五十强村、市级文明村称号，1997年被评为“市小康百强村”。

近几年来，村“两委”紧紧围绕经济建设这个中心，发挥商贸集散地优势，带领村民走共同致富的道路。1990年建成了占地7000平方米的虹桥镇综合市场，成为浙南地区较大规模的集贸市场，连续十年被评为乐清市文明市场，1995年至今被评为浙江省规范化市场。

近几年，村里对农业投资达158万元，建成三面光渠道以及水泥机耕路3500多米，大大激发了农民的种粮积极性。重视教育，设立了村级奖学金制度，青年求学蔚然成风，5年内全村共有47人考入大中专院校。为加快市场发展步伐，将计划投资4500万元改建综合市场及菜市场。

苍南县龙港镇新渡村

村党支部书记：杨洪财　　村委会主任：孔万正
电话：0577-4201021　　邮编：325802

龙港镇新渡村现有329户，1365人。村集体企业7家，拥有固定资产2760万。1997年全村工农业总产值5546万元，村民人均纯收入7100元。1997年被评为温州市“小康百强村”。

近年来，我村“两委”一班人，根据本村实际，积极探索发展壮大集体经济的新路子，大力发展第三产业，先后创办了龙港镇纺织品批发市场、毛毯加工市场和停车场、码头等。纺织品批发市场占地65亩，总投资1450万元，已于1996年开业，为温州市七大专业市场之一。总投资额3350万元的江南宾馆正在建设中。

集体经济发展壮大，使村集体经营收入增加，1997年达270万元。全村家庭工业产值4100万元，第三产业收入968万元。

随着我村集体收入的增加，村容村貌发生了很大变化，村里先后投资350万元铺平水泥路面32000平方米，投资300万元新建村办公楼，拨款60万元兴建一座老人乐园。

在创建小康村的基础上，我村深入开展二次创业，把新渡村建成物质生活丰富、精神生活充实、公益事业发达、社会风气良好、村民安居乐业的小康强村。

苍南县龙港镇洪宫村

党支部书记兼村委会主任：李绍可
电话：0577-4214897
邮编：325802

洪宫村地处龙港城区的东南隅，有378户、1435人，耕地面积532亩。在各级党委的正确领导下，我村高举邓小平理论的伟大旗帜，紧密围绕农村集体经济建设的中心环节，狠抓市场建设，取得了很大的突破，呈现出良好的发展态势，实现了“办好一个市场，促一门产业，活一片经济，富一方群众”的奋斗目标。1997年全村工农业总产值为9200万元，村集体收入3573.6万元，村民人均纯收入6853元，比上年增长20%。

随着集体经济发展壮大，我村社会福利事业日臻完善，村民参加养老保险1222人，占总人口的88%，投保金额25.92万元。

“舍得金弹子，射得金凤凰”。近年来，我村狠抓水、电、路、通信等基础设施建设，有效地改善了投资硬环境。仅半年时间投资700万元建起了占地9250平方米的龙港旧货调剂市场，181间三层商住合一的综合楼，交付使用后仅半年成交额达0.5亿元，投资354万元完成了全村道路的“三通一平”工程，投资50万元换上160伏三台变压器，并及时安装接通江南平原供水管网设施，村容村貌起了巨大变化。

我村“奔小康”迈出了可喜的步伐，先后被苍南县委、县人民政府评为先进党支部、文明建设村；1997年被中共温州市委、市人民政府命名为温州市“小康百强村”。

在十五大东风的鼓舞下，面对新的历史机遇，洪宫人信心百倍，决心以最短的时间、最快的速度、最大的干劲去赢得最大的成功，以最满意的答卷迎接二十一世纪的到来。

苍南县龙港镇方岩村

党支部书记：高福生

村委会主任：徐孝长

电话：0577-4202191

邮编：325802

方岩村地处龙港镇中心，全村现有377户、1542人。

随着“农民第一城”的崛起，我村发生了前所未有的新变革。村党支部和村委会与广大村民一道，抓住改革开放历史性机遇，因势利导，充分发挥地段优势，走上了一条集体经济与个体经济齐驱并进的致富路。村里先后投资1000多万元建起了龙港客运中心站、龙港电影院、龙港第一菜市场东旁市场和龙港钢材市场，仅市场一项年成交额逾1.2亿元。各种集体企业的创办，使全村五分之一的人口从农业中分离出来从事二、三产业。集体经济收入逐年上升，1997年全村产值达7000万元，为国家创税收50多万元，集体纯收入200多万元，固定资产达6000万元。

集体经济的不断壮大，村民的福利保障制度日趋完善，1993年开始，对考上大、中专院校的学生，每人发给3000元的奖学金；对男满60岁、女满55岁的老人，每人每月发60元生活补助费；对240名妇女每人每月给50元的津贴，独生子女每月发20元保障费，学费全部由村委会支付，使村民感受到集体的温暖。十多年来，村先后多次被评为市级文明村，县、镇级先进党支部、先进集体和市级“小康百强村”。

我们决心高举邓小平理论的伟大旗帜，总结经验，扬长避短，挖掘潜力，力争到2000年，村集体年纯收入500万元，固定资产1亿元，人均纯收入1.2万元，人口自然增长率控制在8‰以下的奋斗目标。

永嘉县乌牛镇王宅村

党支部书记：郑胜益

村委会主任：杨良清

电话：0577-7392106

邮编：325103

王宅村地处永嘉县东侧，为乌牛镇政府所在地，与温州市区隔江相望，距温州大桥北端不到1000米。全村156户，675人。耕地面积203亩，山场200亩。

近几年来，村“两委”紧紧围绕经济建设这个中心，充分利用地理优势，走出了一条农、工、商一体化发展经济的路子。1997年，全村工农业总产值1526万元，其中农业产值26万元，工业、商业、服务业总产值1500万元，村民人均纯收入6075元，村集体积累510万元，固定资产总值391万元。1996年总投资2000多万元完成了第一期旧村改造工程。全村有80%的农户新建、扩建住房，安装了电话机。工业生产以东蒙服装厂为龙头，共有服装、鞋革企业12家。市场日益繁荣，农贸综合市场有185个摊位，沿街商店300多家，农村社会保障逐步建立，已实施养老保险制度；学龄儿童、中青年实行奖学金制度，所有村民均享受卫生保健。村党支部1992-1997年连续被评为县级先进党支部，先后被命名为“奔小康”示范村、经济强村、扶贫先进单位、县级“文明村”。

编 辑 说 明

1998年《温州统计年鉴》是在温州市1997年国民经济和社会统计资料的基础上，由温州市统计局编辑的统计资料年刊，是一部具有公报性、科学性、权威性的工具书。

本年鉴从今年起列入中国统计出版社出版序列，并向全国公开发行。这标志着我市统计工作有了一个新的起点，同时也表明，随着我市社会经济的持续、快速发展，统计强大的信息功能得以充分的发挥。本年鉴增刊"企业风采"、"城建风姿"、"强镇风貌"、"强村风华"四栏目和特载、图表部分，以鲜明的色彩、翔实的文字和形象的图表，生动地记载了温州人民在改革开放进程中的光辉业绩，再展了温州二次创业的新风貌。

本年鉴在保持统计资料的可比性、连续性的基础上，为增强可读性，对篇目作了适当调整。调整后的篇目除统计公报外，设综合、社会、农业、工业建筑业交通和邮电、固定资产投资、国内贸易和对外经济、财政和金融、人民生活八个部分。资料收集范围除当年外，对一些主要指标连续加载建国历年来或改革开放以来的数据，更好地为各级党政机关、研究部门和社会经济各界人士及中外投资者了解、认识、研究温州，提供全方位服务。此外，本年鉴附录了全国、全省及市(地)主要统计资料。

本年鉴除特别注明外，国内生产总值、工农业总产值等价值量指标，绝对数均按当年价格计算，相对数(发展指数或增长速度)按可比价格计算。

1993年国家制发了新的统计报表制度，其中重大变动的指标有：农业部分，取消农业总产值中副业产值指标，将其中的"农民家庭兼营工业产值"中属于工业生产活动性质的部分划归入工业，其他部分归入"其他农业产值"中，并将"农业总产值"改称为"农林牧渔业总产值"。工业总产值的计算范围作以上相应变动。本年鉴所列上述资料从1993年起按新口径编列，以前年份数仍按原口径尚未作调整，但发展指数已按同口径比较。国内贸易部分，新统计制度增列了物资供销业，取消"社会商品零售总额"指标，采用"社会消费品零售总额"指标，即后者不包括农业生产资料零售额。1995年第三次工业普查对工业总产值、销售收入、中间投入等指标的计算方法作了新的规定，主要为此类指标新规定按不含增值税价格计算。1995年起资料均按此新规定执行，以前年份资料仍按原规定执行，不作调整；但发展指数已调整为可比口径，使用时请注意。其他方面的变动，一般在资料附注中予以说明。

为避免混淆，必要时本年鉴在表下角加有注解，以说明有关指标的涵义、口径、范围、计算方法和资料出处等等。本年鉴个别数字与以前年鉴不一致时，则以本年鉴公布的数字为准。本年鉴几种符号的表示方法："*"表示其中数；"…"表示该项数值太小难以表示；"空格"为"零"或数字不详。

《温州统计年鉴》编委会

一九九八年六月十二日

目　录

温州市统计局关于1997年国民经济和社会发展的统计公报 …… 1

综　合

行政区划 …… 7
人口和土地面积 …… 7
历届人民代表大会代表人数 …… 8
历届政治协商会议委员人数 …… 8
人口和自然资源 …… 9
历年总户数和总人口数 …… 10
历年人口自然变动情况 …… 11
分县(市、区)总户数和总人口 …… 12
分县(市、区)人口自然变动情况 …… 12
历年国民经济主要指标及发展指数 …… 13
历年国民经济主要人均指标 …… 15
国民经济主要指标 …… 16
平均每天社会经济活动 …… 24
国民经济所有制结构变化 …… 25
历年国内生产总值 …… 26
国内生产总值构成项目 …… 27
历年国内生产总值结构 …… 28
历年国内生产总值发展指数 …… 29
按支出法计算的国内生产总值 …… 30
资本形成总额 …… 30
最终消费和居民消费水平 …… 31
分县(市、区)国内生产总值及其发展指数 …… 32
分县(市、区)第一产业增加值及其发展指数 …… 34
分县(市、区)第二产业增加值及其发展指数 …… 36
分县(市、区)第三产业增加值及其发展指数 …… 38
分县(市、区)人均国内生产总值及其发展指数 …… 40
市、县基本情况 …… 42
服务业企业和企业化管理的事业单位主要财务指标 …… 58
服务业差额和自收自支单位主要财务指标 …… 60
服务业全额单位主要财务指标 …… 61
服务业全额单位经费实际支出 …… 62
分县(市、区)国民经济主要指标 …… 64

历年乡镇企业概况 …… 65
历年乡镇企业主要指标发展指数 …… 65
乡镇企业基本情况 …… 66
分县(市、区)乡镇企业基本情况 …… 66
乡镇企业主要财务指标(集体) …… 67
乡镇企业主要财务指标(私有) …… 67
主要统计指标解释 …… 68

社　　会

科学技术事业基本情况 …… 69
大中型工业企业科技人员 …… 70
大中型工业企业科技活动产出情况 …… 70
大中型工业企业科技活动经费 …… 71
文化事业基本情况 …… 72
卫生事业机构、床位和人员数 …… 73
医院诊疗人次数和入院人数 …… 74
市、县综合医院住院病人前十位死因 …… 74
教育事业基本情况 …… 75
基础教育及情况 …… 76
体育运动概况 …… 76
在校学生达标情况 …… 77
举办运动会情况 …… 77
环境污染及治理情况 …… 78
标准计量和质量监督概况 …… 79
档案事业基本情况 …… 80
档案资料馆藏和利用情况 …… 80
民政福利事业概况 …… 81
律师、公证及调解工作概况 …… 82
共青团、妇联组织和工作概况 …… 83
主要统计指标解释 …… 84

农　　业

农业主要指标 …… 85
农村基层组织和乡村劳动力 …… 87
历年农村社会总产值 …… 88
历年农村社会总产值构成 …… 88
历年农业总产值 …… 89
历年农业总产值发展指数 …… 89
历年耕地面积和农作物播种面积 …… 90

乡村人口和劳动力 …… 91
农村社会总产值 …… 92
农村社会总产值构成 …… 92
农业总产值(按不变价格计算) …… 93
农业总产值(按当年价格计算) …… 96
农林牧渔业增加值 …… 99
农林牧渔业增加值率 …… 99
农村能源和农业物质消耗情况 …… 100
农田水利基本情况 …… 101
主要农机具拥有量 …… 102
耕地面积 …… 104
历年主要农作物产量 …… 105
农作物播种面积和产量 …… 106
历年茶叶生产情况 …… 113
茶叶生产 …… 113
果园面积 …… 114
水果产量 …… 114
畜牧业生产 …… 115
水产品产量 …… 118
渔业机动渔船 …… 119
造林面积 …… 119
主要林产品及竹木产量 …… 120
农村经济收入分配和效益 …… 121
乡镇基本情况 …… 122
主要统计指标解释 …… 130

工业、建筑业、交通和邮电

历年工业企业单位数 …… 133
各种经济类型工业企业单位数 …… 134
历年工业总产值 …… 135
历年工业总产值发展指数 …… 136
历年乡办以上工业总产值和发展指数 …… 138
各种经济类型工业总产值 …… 139
独立核算乡属、村办工业企业主要经济指标 …… 141
乡办以上工业企业单位数和工业总产值 …… 142
分行业乡办以上工业企业单位数和工业产销总值 …… 143
主要工业产品产量 …… 144
工业经济效益评价考核一览表 …… 146
全部独立核算工业主要经济指标 …… 148

独立核算国有工业主要经济指标……156
独立核算集体工业主要经济指标……160
独立核算大中型工业主要经济指标……164
独立核算三资工业主要经济指标……168
独立核算乡属工业主要经济指标……172
年销售收入500万元及以上工业企业主要经济指标……176
重点骨干企业生产经营情况……184
历年建筑业生产情况……187
历年国有建筑企业生产情况……187
建筑业企业生产情况……188
建筑业企业财务情况……190
分县(市、区)建筑业生产情况……192
分县(市、区)分行业建筑总产值……192
分县(市、区)竣工房屋情况……193
分县(市、区)建筑业财务情况……193
历年主要原材料、能源消费量……194
主要原材料、能源消费与库存……196
原材料、能源消费与库存总值……197
主要原材料消费量……198
主要能源消费量……199
分县(市、区)主要原材料能源消费量……200
全行业客货运输量……202
全行业旅客运输量……203
全行业货物运输量……204
全行业交通营运工具……205
沿海主要港口货物吞吐量……206
分县(市、区)运输线路长度……206
邮电事业主要指标……207
主要统计指标解释……208

固定资产投资

历年国有经济单位固定资产投资……211
历年全社会固定资产投资完成情况……212
分县(市、区)全社会固定资产投资完成情况……212
历年分县(市、区)全社会投资完成情况……213
历年分县(市、区)国有单位投资完成情况……213
历年分县(市、区)基本建设投资完成情况……214
历年分县(市、区)房地产投资完成情况……214
城镇集体以上单位固定资产投资主要指标……215

城镇集体以上单位固定资产投资分组完成额…………………………………………………… 216
固定资产投资主要新增生产能力或效益………………………………………………………… 217
农村集体固定资产投资情况……………………………………………………………………… 218
分县(市、区)基本建设投资完成情况 …………………………………………………………… 219
分县(市、区)更新改造投资完成情况 …………………………………………………………… 219
分县(市、区)房地产投资情况 …………………………………………………………………… 220
分县(市、区)城镇集体固定资产投资情况 ……………………………………………………… 220
分县(市、区)农村集体固定资产投资情况 ……………………………………………………… 221
分县(市、区)农村私人投资情况 ………………………………………………………………… 221
分县(市、区)城镇私人建房投资完成情况 ……………………………………………………… 222
分县(市、区)本年新增固定资产 ………………………………………………………………… 222
分县(市、区)城镇集体以上投资资金来源情况 ………………………………………………… 223
分县(市、区)农村集体投资资金来源情况 ……………………………………………………… 223
主要统计指标解释………………………………………………………………………………… 224

国内贸易和对外经济

历年社会消费品零售总额………………………………………………………………………… 225
分县(市、区)社会消费品零售总额 ……………………………………………………………… 226
大中型批发零售贸易企业商业商品购进、销售、库存………………………………………… 228
大中型批发零售贸易业商品销售库存分类……………………………………………………… 230
大中型批发零售贸易业商品销售和库存量……………………………………………………… 231
农业生产资料销售量……………………………………………………………………………… 232
小型和个体批发零售贸易企业商品购销存总额………………………………………………… 233
城乡集市贸易成交额……………………………………………………………………………… 234
城乡集贸市场商品成交量………………………………………………………………………… 234
批发贸易业机构网点和人员……………………………………………………………………… 235
零售贸易业机构网点和人员……………………………………………………………………… 236
按行业分批发零售贸易业机构网点和人员……………………………………………………… 237
餐饮业机构网点和人员…………………………………………………………………………… 238
对外经济主要指标………………………………………………………………………………… 239
外商投资企业经营情况…………………………………………………………………………… 240
分县(市)全社会外贸供货值……………………………………………………………………… 241
历年国际旅游情况………………………………………………………………………………… 241
对外贸易进口分国(地区)别……………………………………………………………………… 242
对外贸易出口分类………………………………………………………………………………… 242
对外贸易出口分国(地区)别……………………………………………………………………… 243
主要统计指标解释………………………………………………………………………………… 244

财政和金融

财政、金融、保险主要指标 …… 245
历年财政预算内收入 …… 246
历年财政预算内支出 …… 246
分县(市)财政预算内收入 …… 247
分县(市)财政预算内支出 …… 247
金融系统信贷资金平衡表 …… 248
历年银行存贷款余额和现金收支 …… 249
银行信贷基本情况 …… 249
城乡信用社和信托机构信贷基本情况 …… 250
银行现金收支基本情况 …… 251
保险业务主要指标 …… 252
分县(市、区)城乡居民储蓄余额 …… 253
分县(市、区)保险业务情况 …… 253
主要统计指标解释 …… 254

人民生活

劳动工资统计主要指标 …… 255
历年全部职工人数 …… 256
历年全部职工工资总额 …… 256
历年全部职工平均工资 …… 257
历年全部职工人数发展指数 …… 257
历年工资总额发展指数 …… 258
历年平均工资发展指数 …… 258
分行业职工人数、工资总额和平均工资 …… 259
分行业职工人数 …… 259
分行业全部职工工资总额 …… 260
分行业全部职工平均工资 …… 260
分县(市、区)全部职工人数、工资总额和平均工资 …… 261
分县(市、区)全部职工人数 …… 261
分县(市、区)全部职工工资总额 …… 262
分县(市、区)全部职工平均工资 …… 262
分县(市、区)国有经济单位职工工资 …… 263
分县(市、区)城镇集体经济单位职工工资 …… 263
全部职工工资总额构成 …… 264
全部职工工资结构 …… 264
国有经济单位职工分行业工资构成 …… 265
城镇集体经济单位职工分行业工资构成 …… 265

分县(市、区)其他经济单位从业人数和劳动报酬 …… 266
职工人数变动情况 …… 267
分县(市、区)城镇失业人员就业情况 …… 267
分县(市、区)乡办企事业单位职工人数和工资 …… 268
分行业乡办企事业单位职工人数和工资 …… 268
分县(市、区)在职职工保险福利费用构成 …… 269
下岗职工人数 …… 269
分县(市、区)非在职人数及福利构成 …… 270
城乡劳动力资源配置情况 …… 271
历年物价指数 …… 273
商品零售价格和居民消费价格分类指数 …… 274
服务项目价格分类指数 …… 275
集市贸易价格分类指数 …… 275
主要食品年平均零售价格 …… 276
部分服务项目年平均价格 …… 277
城乡住户调查主要指标 …… 278
城市住户调查基本情况和现金收支 …… 279
城市住户月人均消费性支出情况 …… 280
城市住户年人均购买主要商品数量 …… 281
城市住户年平均每百户购买和拥有主要耐用消费品 …… 282
农村住户调查基本情况 …… 283
农村住户主要实物人均消费量变化情况 …… 284
农村住户每百户年末耐用品拥有量 …… 284
道路交通事故概况 …… 285
火灾概况 …… 285
主要统计指标解释 …… 286

附　　录

全国主要统计资料一览 …… 289
全省历年国内生产总值和指数 …… 291
分市(地)国内生产总值 …… 291
全省市(地)基本情况 …… 292

温州市统计局
关于1997年国民经济和社会发展的
统计公报

（1998年5月25日）

1997年，在市委、市政府的领导下，经过全市人民的共同努力，我市经济体制改革进一步深化，结构调整取得了积极进展，国民经济实现了“高增长、低通胀”，市场平稳运行，对外贸易继续增长，劳动就业基本稳定，人民生活继续改善，各项社会事业有了新的发展。

一、综　合

国民经济实现了“稳中求进”的总体要求，主要经济指标高于全省平均水平。

国民经济保持适度快速增长。全年完成国内生产总值605.82亿元，比上年增长16.3%，其中第一产业52.41亿元，增长8.4%；第二产业增加值354.23亿元，增长18.7%；第三产业增加值199.17亿元，增长13.5%。

结构调整取得阶段性进展。产业结构有所变化，三次产业结构为8.7:58.5:32.8，第一产业比上年下降0.7个百分点，第二产业下降0.8个百分点，第三产业上升1.5个百分点。企业组织结构调整初见成效，大中型企业对经济稳定增长的支撑作用增强。1997年大中型工业增长高于全部工业增长3.7个百分点，所占比重提高0.5个百分点，实现利税占乡以上独立核算工业24.7%。农业规模效益作用明显，畜禽基地提供肉类产品比重占到22%，对稳定农业生产发挥重要作用。由于结构改善和科技推动作用，宏观经济效益有了提高。全年社会劳动者人均劳动生产率14734元，扣除价格因素，比上年提高14.6%。

市场物价呈现涨幅低、波动小的特征。全年商品零售价格比上年上涨1.9%，居民消费价格上涨4.5%，涨幅比上年分别回落6.1个和6.3个百分点。这主要得益于适度从紧的货币政策和农业连年丰收。市场机制作用增强和市场竞争加剧，也一定程度上抑制了物价的上涨。

劳动就业基本稳定。年末全市就业人员449.9万人，比上年末增加6.1万人，其中城镇职工56.4万人，增加0.4万人；城镇私营个体就业人员15.4万人，增加0.5万人。劳动就业受到重视。全年城镇安排就业职工7190人，年末城镇登记失业人员3.14万人，登记失业率为3.4%，比上年上升0.4个百分点；至年底，全市累计下岗职工6.5万人，大部分已再就业。

经济运行中的主要问题是，国民经济整体素质和效益不高，产业结构还不合理，需求相对减弱；农业基础仍然薄弱，部分农产品销售困难，价格下跌，农民增产不增收的矛盾比较突出；相当部分企业生产经营困难，亏损依然严重。

二、农　业

农业获得较好收成。1997年农业气候条件较差，由于加大对农业的投入，大力推广应用农业科学技术，发展规模经营，推进农业产业化进程，使农业生产保持稳定增长。全年完成农业总产值90.05亿元，比上年增长6.3%，主要农产品保持平产。全市粮食总产量154.92万吨，超额完成全年生产计划。“菜篮子”工程收效明显，全年蔬菜产量85.48万吨，增产7%；瓜类产量14.03万吨，增产4.8%；水果产量 12.45万吨，增产21.2%。

林业资源的管理、保护工作进一步加强。全年完成造林面积7956公顷，幼林抚育作业面积1.28万公顷，四旁植树482万株。有林地面积扩大，覆盖率提高。

畜牧业生产有所恢复。发展规模经营促使畜牧业生产稳定，年末生猪存栏中非农户饲养的11.65万头，占15.2%；家禽存栏中非农户饲养146.79万只，占20.4%。全年肉类产量9.48万吨，增长7.1%，其中猪牛羊肉产量8.04万吨，增长7.5%；禽肉产量1.37万吨，增长4.9%；禽蛋产量2.62万吨，增长4.2%。

渔业生产继续保持快速增长。全年水产品产量47万吨，增长15.0%。

农业生产条件继续有所改善。各级财政用于支农资金2.02亿元，比上年增长85.4%；金融机构年末农业贷款余额5.81亿元，增长53.3%；农田水利建设筹集资金4.81亿元，投工5889万工日，完成土石方4785.7万立方米。农业物质投入也有增加。全年化肥施用量(折合标准量)44.74万吨，农药使用量4673吨，农村用电量19.66亿千瓦时，比上年增长12.1%；年末拥有农渔业机械总动力160.66万千瓦。

三、工业、建筑业

工业企业改革力度加大。"抓大放小"、"三改一加强"工作进一步展开，企业组织结构调整加快。全年新组建工业企业集团20家，累计已有155家，组建股份有限公司6家，被兼、合并19家，实行整体股份制改造2家，新增现代企业制度试点企业5家。工业生产在改革调整中保持高增长。年末全市各类工业企业12.13万家，全年完成工业总产值1242.40亿元，比上年增长24.8%；其中乡以上工业完成448.57亿元，乡以下工业完成793.83亿元，分别增长22.9%和25.9%，两者发展上的差距明显缩小。在"抓大放小"的政策扶持下，大中型和国有工业发展尤为强劲，大中型工业完成总产值81.08亿元，增长28.7%；国有工业完成56.50亿元，增长27.0%。

工业企业经济效益稳步回升。乡以上工业企业产销率95.13%，比上年提高0.74个百分点。4990家乡以上独立核算工业企业七项经济效益综合指数为118.5，比上年上升10个百分点。企业资产运行改善，资产负债率55.5%，比上年降低3.25个百分点；资本保值增值率139.5%，其中国有工业122.2%，总资产贡献率12.9%。产品质量有所改进，主要工业产品质量稳定提高率96.3%，提高5.1个百分点。企业扭亏增效取得较好成效，盈利能力增强，全年实现利润总额14.15亿元，增长74.5%，其中国有工业利润总额1.26亿元，增长4.61倍。与此同时，扭亏增盈取得一定成效，全年企业亏损总额1.87亿元，下降38.9%，其中国有企业亏损0.64亿元，下降48.4%；企业亏损面由上年16.4%下降为15.2%。列入考核的其他各项指标也比上年好转。

建筑业稳步发展。年末全市建筑企业326家，其中三级以上企业188家。全市建筑企业实现增加值15.9亿元，增长48.6%。施工企业全年竣工房屋面积522.9万平方米，工程质量优质品率25.1%，实现利税23959万元，比上年增长36.6%。

四、固定资产投资

投资总量平稳增长。全年全社会固定资产投资178.11亿元，比上年增长13.4%，其中国有经济投资59.3亿元，增长13.2%；集体经济投资29.1亿元，增长12.7%；城乡居民个人投资50.57亿元，增长15.8%；其他经济类型投资39.16亿元，增长11.4%。按投资管理渠道划分，基本建设投资46.98亿元，增长40.0%；更新改造投资8.36亿元，下降12.7%；房地产开发投资38.09亿元，下降10.0%。

投资结构调整有了新进展。基础设施投资继续得到加强，比重上升。全年农林牧渔水利业投资6.57亿元，增长2.1倍；能源投资9.60亿元，增长38.3%；交通邮电投资20.07亿元，增长22.1%，其所占比重分别由上年1.9%、6.1%和14.5%上升到5.2%、7.5%和15.7%。

重点建设继续加强。全年省、市重点建设在建项目42项，总投资130.84亿元，本年计划投资32.49亿元，实际完成投资32.43亿元，比上年增长48.1%。金温铁路温州段、火车客站、104国道部分改建项目、市体育场等12项重点工程在年内竣工。续建项目中，温州大桥、湖雾岭隧道、长途通信大楼、城市供水、南浦和黄龙安居工程等项目进度均已过半。全市最大的重点工程珊溪水利枢纽工程已于年内启动，并于11月1日成功截流。

投资效益有所提高。全市城镇以上单位基本建设和更新改造新开工项目469个，比上年增加28个，全年施工项目861个，增加62个；计划总投资170.37亿元，增长5.6%；施工房屋面积218.29万平方米，增长20.1%；竣工房屋面积96.26万平方米，增长35.6%。项目建成投产率55.1%，比上年提高3.8个百分点；新增固定资产29.47亿元，增长7.2%；新增固定资产交付使用率53.3%。

房地产开发投资由高增长转向平稳。全年商品房施工面积736.09万平方米，与上年基本持平，其中新开工面积191.02万平方米，增长24.0%；竣工面积387.40万平方米，增长49.2%；销售面积214.90万平方米，增长40.5%。年末空置房面积63.9万平方米。安居工程实施顺利，全年施工面积120.9万平方米，竣工面积94.8万平方米。

全年基本建设和更新改造新增生产能力有：合成氨1.5万吨/年，啤酒3万吨/年，厂房9.67万平方米，办公用房8.97万平方米,新建改建公路146公里,城市道路扩建面积6万平方米,市内电话交换机容量6.5万门,各类学校席位5.04万个,医院病床215张。

五、交通、邮电和电力

交通、邮电、电力作为国民经济基础行业继续得到加强,基础设施不断改善。全年交通邮电业增加值33.79亿元,比上年增长22.6%。

综合运输能力增强,运输紧张矛盾逐步缓解。全年完成货运量4408万吨,货物周转量76.65亿吨公里,客运量16888万人,旅客周转量70.98亿人公里,增长28.2%;沿海主要港口吞吐量897.13万吨,其中温州港616.75万吨,分别增长5.7%和1%。航空运输由高速增长转向平稳。年内新开辟国内航线2条,至年底已有国内航线47条,境外航线2条。全年航空客运吞吐量164.45万人,其中进港81.60万人,出港82.84万人;航空货邮吞吐量2.04万吨,增长0.6%。

公路交通事故仍呈上升。全年发生交通事故2792起,比上年增加383起;交通事故死亡584人,受伤1694人,分别增加46人和287人;直接经济损失2035万元,上升24.8%。

邮电通信事业在内部调整中保持快速发展。全年完成邮电业务总量20.72亿元,比上年增长39.4%。现代通信网更趋完善。年内新增程控电话交换机容量15.74万门,移动电话交换机容量9.75万路,至年末容量分别增至121.64万门和34.50万路。现代通信能力进一步增强。年内新增电话用户22.95万户,移动电话用户9.74万户,无线寻呼用户17.97万户,至年末拥有电话机110.05万部,移动电话18.51万部,无线寻呼机68.8万户,全市每百人拥有电话18.5部,市区达到44.7部。数字数据业务、电子数据交换业务迅速增加,计算机互联网用户增加到989户。传统邮政业务有所调整。全年函件总量6045万件,包件总量97.24万件,汇票204.97万张,特快专递67.53万件,订销报纸9282万份,杂志413万份,集邮业务1785.28万枚,比上年有增有减。

电力缺口缓解明显。全年用电总量50.23亿千瓦时,比上年增长15.3%,其中工业用电31.67亿千瓦时,增长22.0%;居民生活用电10.35亿千瓦时,增长15.1%。

六、国内贸易、对外经济

商品市场在买方市场格局下保持平稳增长。全年社会消费品零售总额314.6亿元,比上年增长14.5%。按经济类型分,国有经济20.5亿元,下降7.6%;集体经济22.8亿元,下降1.3%;个体经济199.1亿元,增长15.0%;农民对城镇居民零售45.9亿元,增长8.3%,各类商业在市场竞争中达到了相对平衡。全市批发零售贸易业全年商品购进总额266.0亿元,比上年增长14.3%;商品销售总额615.0亿元,增长28.1%;年末库存总额30.5亿元,增长11.3%。

市场建设继续发展。实施“办管分离”市场管理方式,促进市场体系不断完善。全市市场建设投入资金5.02亿元,其中社会集资4.66亿元,新、改、扩建市场34个,增加市场面积36.59万平方米。至年末,全市有各类市场510个,其中消费品市场385个,生产资料市场120个,生产要素市场5个,市场总面积275.68万平方米,总摊位10.98万个。全年市场成交额397.6亿元,比上年增长12.6%,其中超亿元市场53个,年市场成交额290亿元,占总成交额73%;年成交额超十亿元市场增加到8个。年末有登记注册的私营企业5616户,个体工商户197765户。

对外贸易持续活跃。全年实现外贸供货值125.7亿元,比上年增长29.7%,外贸进出口总额63475万美元,增长39.3%,其中出口53054万美元,增长40.2%,进口10421万美元,增长35.1%。在出口中,一般贸易出口34800万美元,增长46.4%;“三资”企业出口18200万美元,增长29.6%。国际市场进一步拓展,目前,与我市建立贸易关系的国家和地区120个。对外贸易多元化格局逐步形成,经国家批准,全市31家生产企业获得自营出口经营权,至年末累计56家。

利用外资结构改善。全年利用外资协议个数81个,协议项目金额7587万美元,总投资20423万美元,实际利用外资6025万美元。外商投资到位率有所提高,基础设施、基础产业和第三产业项目和大项目比重增加。

经济技术开发区投资环境进一步改善,引资工作和生产保持高速增长。开发区全年新批准“三资”企业11家,至年末已建成开业“三资”企业69家。全年合同利用外资2225万美元,实际利用外资1580万美元;实际进出口总额7806万美元,均比上年大幅度增加。全年实现工业总产值23.23亿元,比上年增长36.3%,其中“三资”企业产值9.64亿美元,增长9.3%。

七、财政、金融

继续实行适度从紧的财政金融政策,深化财政金融改革,财政金融形势保持稳定。

加强税收征管,增加收入,控制支出,全年财政状况良好。全市财政总收入38.71亿元,比上年增长20.2%,其中地方财政收入21.76亿元,增长25.1%。全年财政支出25.07亿元,增长16.3%,低于收入增长3.9个百分点。全年财政总收入占国内生产总值比重为6.4%,比上年提高0.1个百分点。

金融业务继续扩大。年末金融机构存款余额502.50亿元,比年初增加107.9亿元,增长34.1%,其中国家银行存款余额365.50亿元,增长42.4%。1997年,国家再次降低存贷款利率,居民储蓄存款仍显活跃。年末城乡居民储蓄存款255.7亿元,比年初增加56.22亿元,增长28.2%。贷款规模同步扩大,年末金融机构贷款余额291.34亿元,比年初增加72.59亿元,增长33.2%,其中国家银行贷款余额198.90亿元,增长45.8%。各类新增贷款中,短期贷款增加46.08亿元,中长期贷款增加8.40亿元。新增贷款按投向分,工业增加8.78亿元,商业增加13.35亿元,农业增加1.90亿元,乡镇企业增加2.11亿元,分别增长27.3%、15.1%、48.7%和25.5%。现金投放大量增加,全年国家银行现金收入1558.55亿元,比上年增长28.4%;现金支出1647.69亿元,增长31.5%;全年现金净投放89.14亿元,增长1.26倍。

保险事业持续快速发展,参加人身保险逐渐成为居民参与金融投资的一种方式。全年各类保险承保金额1259.99亿元,比上年增长43.6%,保费收入7.14亿元,增长52.9%。全年国内财产险赔款1.78亿元,赔付率54.8%;人寿险给付金额0.36亿元。

八、科技、教育

科技政策环境不断完善,“科教兴市”战略进一步实施。创建全国科技先进县广泛开展,普及九年制义务教育全面实施,全市已有6个县成为全国科技工作先进县,11个县(市、区)普及九年制义务教育已全部通过验收。

科研机构活力增强。年末科委系统有科研机构21个,从事科技活动人员530人;大中型工业企业办科研机构53个,从事科技活动人员2534人;已建立乡镇科委174个,占全部乡镇数55.4%;拥有民办科技机构674个,从业人员7977人,其中科技人员4613人,科研队伍多元化格局初步形成。年末企事业单位有专业技术人员76745人,其中中级以上职称人员18252人,分别比上年增长8.4%和19.7%。

加大科技投入力度,科研工作取得新成果。全年地方财政安排科技事业费1450万元,比上年增长17.0%;科技三项费用2751万元,增长27.5%,占财政支出比重1.1%,比上年提高0.1个百分点。企业投入科技经费也有所增加,大中型工业企业全年筹集经费9515万元。1997年强化了科技发展计划项目管理,推动了科技产业化进程。全市列入国家“863”计划项目1项,国家级新产品试制计划项目12项,省级156项;国家级火炬计划项目7项,省级4项;国家级星火项目11项,省级13项。全年安排市级科技发展计划项目99项,星火计划项目41项。科技成果不断涌现,全年获市级以上科技进步奖108项,其中省部级27项;星火奖21项,其中省级以上9项;专利授权公告756件,至年末累计取得各类专利3937项。技术市场繁荣,全市经认定登记的技术合同336项,合同金额2473万元,分别增长53.4%和49.9%。

教育事业全面发展,提前实现了基本普及九年制义务教育和基本扫除青壮年文盲的目标。

全市年末有普通高校3所,普通中等专业学校11所,年招生2238人和3989人;普通高中94所,职业(技工)学校90所,年招生26045人和19716人,分别增长28.4%和59.5%。年末在校学生普通高校6492人,普通中专11593人,普通高中63098人,职业(技工)中学43102人,在校生总数有所增加。全国各类普通高校在温录取6067人。

基础教育进一步巩固。年末初中374所,在校学生38.39万人,初中入学率达99.4%;小学2773所,在校学生62.35万人,义务教育学龄人口入学率达99.9%。年内永嘉、平阳、苍南、文成、泰顺五县普及九年制义务教育通过了国家验收。

成人教育、学前教育、民办教育健康发展。全市现有成人高、中等学校79所,在校学生2.07万人;成人中学、技术培训学校、初等学校4123所,学员35.97万人。全市各类幼儿园(班)2264所,在园幼儿17.79万人。办学路子进一步拓宽。各类学校中,民办中小学48所,职业中学42所,幼儿园(班)2211所,在园幼儿15.87万人,占总数89.2%。

1997年,全市扫除青壮年文盲1.8万人,非文盲率98%,扫盲成果得到了巩固。

办学条件改善。全年各类教育经费投入19.87亿元,比上年增长19.9%,其中各级财政投入6.52亿元,比上年增长16.4%。全市改造中小学校舍64.09万平方米,投入资金3.74亿元,排除危房面积1.74万平方米,新增校舍面积52.60万平方米。年末各类中学占地面积755.95万平米,校舍建筑面积233.44万平米,平均每个学生5.22平方米,比上年增加12.3%。全市中小学已基本消除危房,危房率降至0.05%。

九、环境保护

环境保护意识增强,环境质量稳中有进。全市环境空气质量符合国家环境空气质量二级标准,市区降尘月平均值每平方公里7吨,低于省定标准12.5%。据对市区、瑞安市、苍南县酸雨监测,分别为非酸雨区、轻酸雨区和中度酸雨区,均较上年好转。市区全面实行禁鸣喇叭,噪声污染明显下降,交通干线噪声由上年72.5分贝降至68.1分贝。市区饮用水源水质13项指标均符合国家饮用水水质标准。近岸海域乐清湾高锰酸盐指数符合一类海水标准。但市区内河水质仍然较差,属五类或低于五类。

环境综合治理得以加强。全市对749家超标排放污染物企业作出限期治理。环境保护系统工程进展顺利。至年底,全市共建成饮用水源保护区25个,创建生态示范村11个,建成烟尘控制区11个,市区建成区建成烟尘控制区74.5平方公里,噪声达标区31.29平方公里。泰顺县被列为全国100个生态示范区建设试点区。

全市63家重点污染治理工业企业,全年安排治理项目52个,完成投资4995万元,竣工项目59个,新增设计处理能力治理废水2.59万吨/日,治理废气3.78万标立米/时,治理固体废物15吨/日。全市工业废水处理率55.1%,比上年提高3.2个百分点;废水排放达标率71.4%,燃料燃烧废气消烟除尘率98.3%,工业固体废弃物综合利用率79.7%,均比上年提高。

十、卫生、文化和体育

卫生事业持续发展,城乡医疗卫生条件进一步改善。全市有卫生机构941个,其中医院49家,卫生院533家;卫生机构床位数11655张,各类卫生技术人员19808人,其中医生7823人;个体开业诊所3377人。全市每万人平均拥有病床16张,医生11人。各级医院、卫生院全年诊疗1134.96万人次。农村初级保健有了新的改善。

文化事业活跃。全市有艺术表演团体12个,文化馆10个,文化站317个,图书馆11个。艺术团体全年演出1321场,观众237.7万人次。图书馆藏书147.8万册(件),年总流通105.1万人次,上升29.3%。广播电视事业繁荣。年末,全市有广播电台5座,调频广播发射及转播台13座,电视台7座,有线电视转播台186座,发射台378座,卫星电视地面站758座。全市广播人口覆盖率86.5%,电视人口覆盖率92.5%,分别比上年上升6.5个和1.7个百分点。全年广播节目制作20759小时,电视节目制作5081小时。3件作品在全国广播电视作品评选中获奖,29件作品在全省获奖。

体育事业再创佳绩。竞技体育保持全省领先水平,在全国八运会上温籍运动员获金牌3枚,银牌、铜牌各2枚;在省级运动项目中,获金牌107枚,总分列全省第二名,再次获得省竞技体育贡献奖,并向省体校输送40名体育后备人才。群众体育进入全省先进行列。温州市获全国群体先进单位,23个乡镇、街道评为体育先进单位。全年举办县以上运动会541次,参加运动员13.70万人。全市中小学生有79.59万人达到国家体育锻炼标准,占应参加人数的97.9%。

体育设施逐步完善。市体育中心体育场、西山射击场相继竣工,瑞安市体育馆也在年内投入使用。至年末全市体委系统拥有体育场所24个,游泳池10个,全年使用场次16578场。体育市场化迈出了新步伐,全市社会经营的体育项目发展到31个,经营单位近600家,企业承办了7场大型商业性比赛。成功发行中国体育彩票1600万元。

十一、人民生活和人口

城乡居民生活继续改善。全市职工年平均工资8013元,比上年增长13.6%,扣除物价因素实际增长9.1%。据抽样调查,城市居民人均生活费收入7848元,比上年增长6.3%;农村居民人均纯收入3658元,增长8.5%,剔除物价因素,分别增长1.8%和4.0%。文成、泰顺两县年内脱贫,全市实现1997年全面脱贫的目标。但一部分低收入居民家庭生活比较困难。

民政事业继续发展。年末全市设镇146个,乡168个,其中民族乡5个,街道办事处22个。全市有居民委员会608个,村民委员会6271个。年末实有社会团体 1391个。全市各类社会福利事业单位15个,各类敬老院419个,福利工厂845个,职工人数20554人,其中残疾职工8727人。全年优扶对象14.71万人,城乡各种社会救济对象得到临时性救济达7.35人次,国家定救人数0.87万人,城市居民实施最低生活保障制度的保障对象11621人。全市有20%的乡镇建立了农村社会保障网络,城镇建立起各种社区服务设施4874个。全年办理结婚登记53439对。

火灾上升势头仍未得到控制。全年发生火灾463起,比上年增加132起;死伤人数155人,增加33人;直接经济损失4175万元,上升50.5%。火灾防范应引起全社会重视。

社会保障制度继续完善,基本养老保险不断巩固提高。年末实行职工基本养老保险单位20704个,参保人数51.58万人,全年实缴保险费4.65亿元,实支离退休费4.95亿元,年末结存资金6.92亿元。同时,工伤保险、补充养老保险持续发展,农村社会养老保险覆盖面不断扩大,机关事业单位工作人员保险制度开始启动。

住房制度改革进一步深化。出售公有住房工作已基本结束,出租公有住房已实现全面提租,住房公积金制度继续完善。年末已有5346个单位建立了住房公积金制度,参与职工26.5万人,全年累计归集公积金2.53亿元。安居工程建设进展良好。国家安居工程南浦、黄龙住宅区48万平方米和地方安居工程20万平方米相继竣工,已改善了8000多户中低收入职工住房条件,并有7500户购房户获得政策性住房抵押贷款。

人口增长趋缓。全年出生人口85155人,死亡人口32394人,年末总人口708.35万人,净增52761人,其中市区人口115.28万人,净增9900人。全市人口出生率12.06‰,死亡率4.59‰,自然增长率7.47‰。

全市人口密度每平方公里601人,其中市区1065人。

计划生育后进转化工作有了新进展。当年计划生育率87.8%,比上年提高0.1个百分点;结婚青年晚婚率53.5%,提高1.2个百分点,均达到省考核责任指标要求。流动人口中外出人口计划生育管理仍较滞后,1997年外出已婚育龄妇女计划生育率仅为52%,比上年下降27.4%;外来人口节育率为92.7%。 实施计划生育是我国的基本国策,应坚持不懈抓落实。

注:本公报国内生产总值,工、农业总产值,增加值等价值指标按当年现行价格计算,增长率按可比价格计算。

(执笔:李国洪)

综合

行　政　区　划

（1997年）　　单位：个

	镇	乡	村	居委会
全　市	146	168	6271	608
市　区	24	11	478	275
*鹿城区	1	4	47	249
龙湾区	5		46	2
瓯海区	18	7	385	24
瑞安市	25	21	963	76
乐清市	21	10	912	42
洞头县	3	8	90	7
永嘉县	14	28	902	33
平阳县	17	17	855	57
苍南县	23	19	968	97
文成县	8	27	571	12
泰顺县	11	27	532	9

注：鹿城区街道数16个，瓯海区街道数1个。

人口和土地面积

（1997年）

	总人口（万人）	土地面积（平方公里）	耕地面积（千公顷）	人口密度（人/平方公里）	人均耕地面积（亩）
全　市	708.35	11784	170.13	601	0.36
市　区	115.28	1082	17.08	1065	0.22
*鹿城区	49.72	104	1.35	4781	0.04
龙湾区	8.67	61	1.48	1421	0.26
瓯海区	56.89	917	14.25	620	0.38
瑞安市	116.52	1360	31.58	857	0.41
乐清市	111.37	1174	25.15	949	0.34
洞头县	12.50	100	0.88	1250	0.11
永嘉县	85.50	2698	22.52	317	0.40
平阳县	78.92	1042	24.14	757	0.46
苍南县	117.43	1272	28.86	923	0.37
文成县	37.17	1294	9.87	287	0.40
泰顺县	33.66	1762	10.05	191	0.45

历届人民代表大会代表人数

单位：人

	一 届	二 届	三 届	四 届	五 届	六 届	七 届	八 届
代表总数	187	217	267	453	413	801	575	592
在代表总数中								
女代表	39	47	55	122	115	169	118	127
占代表总数的%	20.9	21.7	20.6	26.9	27.9	21.1	20.5	21.5
在代表总数中								
少数民族代表		1	1	1	1	11	12	16
占代表总数的%		0.5	0.4	0.2	0.2	1.4	2.1	2.7

历届政治协商会议委员人数

单位：人

	一 届	二 届	三 届	四 届	五 届	六 届
委员总数	126	166	236	475	495	492
在委员总数中						
中国共产党代表	30	43	62	153	167	176
占委员总数的%	23.8	25.9	26.3	32.3	33.7	35.8
在委员总数中						
少数民族代表	1	1	2	12	16	12
占委员总数的%	0.8	0.6	0.8	2.5	3.2	2.4
在委员总数中						
女委员	15	22	38	88	83	82
占委员总数的%	11.9	13.3	16.1	18.5	16.8	16.7

人口和自然资源

	计量单位	1996年	1997年
一、人口			
年末总人口	万人	704.37	708.35
人口出生率	‰	13.6	12.1
人口自然增长率	‰	9.2	7.5
人口密度	人/平方公里	597	601
二、土地			
土地面积	平方公里	11784	11784
1.山地面积	平方公里	9212	9212
2.平原面积	平方公里	2059	2059
3.岛屿面积	平方公里	173	173
4.江河面积	平方公里	340	340
耕地面积	千公顷	170.13	170.13
1.水田	千公顷	131.32	130.05
2.旱地	千公顷	38.81	39.08
人均耕地面积	亩	0.36	0.36
三、气候			
年降水量	毫米	1426	1972
年平均气温	摄氏度	18.2	18.6
日照时数	小时	1724	1443
全年无霜期	天	299	293
四、森林(1995年调查资料)			
有林地面积	千公顷	626	626
森林覆盖率	%	56.1	56.1
林木蓄积量	万立方米	1075	1075
五、水文、水利			
主要河流入海年径流量			
1.瓯江	亿立方米	135.20	181.76
2.飞云江	亿立方米	36.60	50.96
3.鳌江	亿立方米	19.89	18.19
水力资源理论蕴藏量	万千瓦	120	120
*可开发的	万千瓦	82	82
淡水总面积	千公顷	40	40
*可养殖面积	千公顷	20	20
已养殖面积	千公顷	7.9	9.9
海涂资源	千公顷	59.3	59.3
*已围垦	千公顷	9.3	9.3
六、矿产资源			
高岭土储量	矿石万吨	266	266
叶腊石储量	矿石万吨	1920	1920
铜矿储量	金属吨	1307	1307
钼矿储量	金属吨	2904	2904

历年总户数和总人口数

（年末数）　　单位:万人

年　份	总户数(万户)	总人口	按性别分		按农业与非农业分	
			男性	女性	农业人口	非农业人口
1949	67.47	276.07	151.77	124.30	241.32	34.75
1952	72.75	294.18	161.65	132.53	253.11	41.07
1955	76.11	315.23	172.17	143.06	268.44	46.79
1956	77.59	323.96	175.93	148.03	273.22	50.74
1957	77.39	332.79	180.67	152.12	280.81	51.98
1958	78.51	339.65	183.27	156.38	282.25	57.40
1959	80.27	346.84	186.39	160.45	287.77	59.07
1960	81.89	350.90	189.19	161.71	292.63	58.27
1961	84.38	355.24	192.44	162.80	292.64	62.60
1962	85.42	365.91	198.59	167.32	300.18	65.73
1963	85.76	376.12	203.41	172.71	313.25	62.87
1964	85.47	385.05	207.02	178.03	338.69	46.36
1965	86.59	398.08	213.62	184.46	351.09	46.99
1966	87.19	409.76	219.81	189.95	361.09	48.67
1967	88.95	420.81	225.71	195.10	370.93	49.88
1968	90.77	433.33	232.46	200.87	382.14	51.19
1969	93.56	449.78	241.13	208.65	396.96	52.82
1970	96.68	460.04	246.21	213.83	406.64	53.40
1971	98.90	473.05	253.01	220.04	415.02	58.03
1972	101.59	485.69	259.48	226.21	427.09	58.60
1973	105.40	498.83	266.52	232.31	438.94	59.89
1974	110.23	511.21	272.05	239.16	457.94	53.27
1975	115.66	524.20	279.48	244.72	469.18	55.02
1976	120.23	537.66	286.25	251.41	480.99	56.67
1977	124.29	549.89	292.03	257.86	495.35	54.54
1978	127.21	561.26	297.85	263.41	505.28	55.98
1979	130.70	571.63	302.81	268.82	513.93	57.70
1980	132.86	581.42	307.87	273.55	522.38	59.04
1981	137.53	592.83	312.91	279.92	531.10	61.73
1982	137.89	602.13	317.27	284.86	537.81	64.32
1983	141.91	611.46	322.08	289.38	545.51	65.95
1984	145.34	620.52	326.53	293.99	551.01	69.51
1985	150.14	629.19	330.94	298.25	544.09	85.10
1986	154.71	636.21	334.56	301.65	547.35	88.86
1987	162.01	643.99	338.45	305.54	552.00	91.99
1988	164.51	652.97	343.01	309.96	557.55	95.42
1989	168.58	659.74	346.32	313.42	562.63	97.11
1990	170.94	666.98	350.41	316.57	568.70	98.28
1991	172.79	672.58	353.51	319.07	572.89	99.66
1992	174.83	678.99	356.96	322.03	576.91	102.08
1993	177.12	685.57	360.39	325.19	581.04	104.53
1994	179.59	692.40	364.01	328.29	584.87	107.53
1995	182.14	697.89	366.68	331.21	586.66	111.24
1996	186.03	704.37	369.72	334.65	590.06	114.31
1997	188.52	708.35	371.70	336.65	588.59	119.76

历年人口自然变动情况

年份	出生		死亡		自然增长	
	人数（万人）	出生率（‰）	人数（万人）	死亡率（‰）	人数（万人）	自然增长率（‰）
1949	7.88	28.94	4.01	14.72	3.87	14.22
1952	9.66	33.11	3.50	12.00	6.16	21.11
1955	10.40	33.43	2.76	8.87	7.64	24.56
1956	10.82	33.86	2.69	8.42	8.13	25.44
1957	11.13	33.89	2.44	7.43	8.69	26.46
1958	9.72	28.91	2.32	6.90	7.40	22.01
1959	8.94	26.05	2.93	8.54	6.01	17.51
1960	7.94	22.76	4.76	13.64	3.18	9.12
1961	6.02	17.05	2.86	8.10	3.16	8.95
1962	14.29	39.63	2.52	6.99	11.77	32.64
1963	14.46	38.97	2.38	6.41	12.08	32.56
1964	14.23	37.39	3.11	8.17	11.12	29.22
1965	15.26	38.97	2.68	6.84	12.58	32.13
1966	13.88	34.37	2.26	5.60	11.62	28.71
1967	13.30	32.03	2.22	5.35	11.08	28.68
1968	13.68	32.03	2.16	5.06	11.52	26.97
1969	13.53	30.64	2.12	4.80	11.41	25.84
1970	12.35	27.15	1.93	4.24	10.42	22.91
1971	13.99	29.99	2.28	4.89	11.71	25.10
1972	14.22	29.66	2.22	4.63	12.00	25.03
1973	14.28	29.01	2.42	4.92	11.86	24.09
1974	14.13	27.98	2.51	4.97	11.62	23.01
1975	14.84	28.66	2.92	5.64	11.92	23.02
1976	15.02	28.29	2.61	4.92	12.41	23.37
1977	14.52	26.70	3.08	5.66	11.44	21.04
1978	12.89	23.20	2.66	4.79	10.23	18.41
1979	11.92	21.04	2.70	4.77	9.22	16.27
1980	10.75	18.64	2.69	4.67	8.06	13.98
1981	12.33	21.00	2.83	4.82	9.50	16.18
1982	13.17	22.04	2.90	4.85	10.27	17.19
1983	11.14	18.36	2.99	4.93	8.15	13.43
1984	10.87	17.65	2.80	5.55	8.07	13.10
1985	8.46	13.54	2.88	4.61	5.58	8.93
1986	8.37	13.23	2.83	4.47	5.54	8.76
1987	8.33	13.01	2.79	4.36	5.54	8.63
1988	7.93	12.23	2.69	4.15	5.24	8.08
1989	7.57	11.53	2.72	4.14	4.85	7.39
1990	8.23	12.40	2.97	4.15	5.26	7.93
1991	7.89	11.78	2.73	4.08	5.16	7.70
1992	8.50	12.58	2.92	4.32	5.58	8.26
1993	9.01	13.21	2.96	4.34	6.05	8.87
1994	9.09	13.20	3.18	4.60	5.91	8.60
1995	8.48	12.20	3.21	4.62	5.27	7.58
1996	9.54	13.61	3.07	4.38	6.47	9.23
1997	8.52	12.06	3.24	4.59	5.28	7.47

分县(市、区)总户数和总人口

(1997年末)

	总户数(万户)	总人口(万人)	在总人口中: 男性(万人)	女性(万人)	非农业人口(万人)
全市	188.52	708.35	371.70	336.65	119.76
市区	32.36	115.28	59.38	55.90	49.74
*鹿城区	14.55	49.72	25.36	24.36	42.09
龙湾区	2.37	8.67	4.48	4.19	2.27
瓯海区	15.44	56.89	29.54	27.35	5.38
瑞安市	29.90	116.52	60.63	55.89	16.08
乐清市	30.91	111.37	57.77	53.60	9.82
洞头县	3.44	12.50	6.55	5.95	1.26
永嘉县	22.17	85.50	44.91	40.59	6.18
平阳县	20.56	78.92	41.61	37.31	12.06
苍南县	29.53	117.43	62.40	55.03	20.03
文成县	10.53	37.17	20.24	16.93	2.36
泰顺县	9.11	33.66	18.20	15.46	2.23

分县(市、区)人口自然变动情况

(1997年)

	出生		死亡		自然增长	
	人数(人)	出生率(‰)	人数(人)	死亡率(‰)	人数(人)	自然增长率(‰)
全市	85155	12.06	32394	4.59	52761	7.47
市区	12575	10.96	5543	4.83	7032	6.10
*鹿城区	5180	10.50	2568	5.21	2612	5.29
龙湾区	893	10.32	387	4.47	506	5.85
瓯海区	6502	11.45	2588	4.56	3914	6.89
瑞安市	11194	9.61	5295	4.55	5899	5.06
乐清市	17057	15.40	4799	4.33	12258	11.07
洞头县	1414	11.31	716	5.73	698	5.58
永嘉县	12575	14.77	4046	4.75	8529	10.02
平阳县	7869	13.06	3772	6.26	4097	6.80
苍南县	15007	12.81	4939	2.11	10068	10.70
文成县	4409	11.88	1655	4.46	2754	7.42
泰顺县	3055	9.09	1629	4.85	1426	4.24

历年国民经济主要指标及发展指数(一)

年　　份	国内生产总　　值	工 农 业总 产 值	① 工 业总 产 值	② 农 业总 产 值	粮　　食总 产 量(万吨)	社　　会消 费 品零售总额
一、绝对数(万元)						
1 9 7 8	132150	188973	111211	77762	158.11	62989
1 9 8 0	179689	257044	165086	91958	175.05	77403
1 9 8 2	213684	302073	177293	124780	186.00	96643
1 9 8 3	243432	345169	213053	132116	175.92	112333
1 9 8 4	302064	460615	290698	169917	182.25	139169
1 9 8 5	378045	615418	421070	194348	167.28	192057
1 9 8 6	449140	709570	489874	219696	152.79	232157
1 9 8 7	549554	889454	622054	267400	151.62	296563
1 9 8 8	692077	1125725	807160	318565	154.22	398277
1 9 8 9	728378	1231203	898850	332353	163.90	429652
1 9 9 0	778977	1299892	950717	349175	141.34	436158
1 9 9 1	929184	1633000	1233678	399322	174.85	490265
1 9 9 2	1268594	2292706	1808288	484418	146.56	592730
1 9 9 3	1965257	3879143	3433775	445268	145.85	925052
1 9 9 4	2967801	5804764	5273389	531375	127.63	1363811
1 9 9 5	4035891	7914489	7194505	719984	147.16	2212075
1 9 9 6	5100892	10854395	10039423	817972	158.45	2748906
1 9 9 7	6058218	13324454	12423975	900479	154.92	3146311
二、发展指数(上年为100)						
1 9 7 8		119.73	122.75	114.12	116.93	142.5
1 9 8 0	118.45	120.48	128.84	108.39	102.70	99.6
1 9 8 2	107.10	108.04	103.97	115.31	111.78	110.2
1 9 8 3	111.46	114.17	121.75	101.99	94.58	116.2
1 9 8 4	124.74	134.88	137.64	129.60	103.60	123.9
1 9 8 5	119.17	132.15	144.03	107.93	91.79	138.0
1 9 8 6	114.10	112.68	114.16	108.66	91.34	120.8
1 9 8 7	114.02	120.91	125.18	108.71	99.23	127.7
1 9 8 8	114.81	121.27	124.55	110.47	101.71	134.3
1 9 8 9	100.62	105.86	106.76	102.53	106.28	107.9
1 9 9 0	102.34	105.87	106.75	102.45	86.24	101.5
1 9 9 1	118.42	126.11	131.11	112.63	123.71	112.4
1 9 9 2	130.80	140.50	148.80	114.40	83.80	120.9
1 9 9 3	142.60	163.70	171.20	108.70	99.50	156.1
1 9 9 4	118.60	144.60	149.70	96.60	87.50	147.4
1 9 9 5	121.00	134.20	135.50	115.30	115.30	162.2
1 9 9 6	123.00	138.34	140.13	108.23	107.70	124.7
1 9 9 7	116.30	123.96	124.78	106.25	97.78	114.5

注:绝对数按当年价格计算。发展指数按可比价格计算。

历年国民经济主要指标及发展指数(二)

年　　份	全社会固定资产投资	财政预算内收入	金融存款余额	城乡居民储蓄余额	年末耕地面积(千公顷)	年末总人口(万人)
一、绝对数(万元)						
1978	3762	13477	17923	4511	198.68	561.26
1980	35052	17089	34187	10783	196.93	581.42
1982	31921	19100	47811	18482	195.81	602.13
1983	39191	23067	59923	24912	195.45	611.46
1984	51173	27352	82121	31717	193.99	620.52
1985	76768	40579	105196	36044	189.11	629.19
1986	105934	50329	138452	59761	186.85	636.21
1987	127320	60944	157795	76291	185.27	643.99
1988	172822	75419	196729	94946	184.49	652.97
1989	168225	87672	296186	199361	184.02	659.74
1990	176254	88929	453105	311059	182.55	666.98
1991	200438	99391	750430	415505	182.19	672.58
1992	283233	118946	1077582	554207	180.14	678.99
1993	595548	186767	1372052	680182	177.36	685.57
1994	914253	216837	1983512	987766	173.00	692.40
1995	1288227	264921	2720700	1420469	171.37	697.89
1996	1570161	321986	3745988	1994759	170.13	704.37
1997	1781132	387066	5025000	2557000	170.13	708.35
二、发展指数(上年为100)						
1978	146.95	166.05	100.0	142.44	99.60	102.07
1980	508.00	124.00	148.6	148.90	99.55	101.71
1982	78.17	105.66	115.0	128.64	99.77	101.57
1983	122.77	120.77	125.3	134.79	99.82	101.55
1984	130.57	118.58	137.0	127.32	99.25	101.48
1985	150.02	148.36	128.1	113.64	97.49	101.40
1986	137.99	124.03	131.2	165.80	98.80	101.12
1987	120.19	121.09	114.0	127.66	99.15	101.22
1988	135.74	123.75	124.7	124.45	99.58	101.39
1989	97.34	116.25	150.6	209.97	99.74	101.04
1990	104.77	101.43	153.0	156.03	99.20	101.10
1991	113.72	111.76	165.6	133.59	99.80	100.84
1992	141.30	119.70	143.6	133.40	98.90	100.95
1993	210.30	154.40	127.3	122.70	98.50	100.96
1994	153.50	116.10	144.6	145.20	97.50	101.00
1995	140.90	122.20	137.2	143.80	99.10	100.80
1996	121.89	121.54	138.2	140.49	99.28	100.93
1997	113.44	120.21	134.1	128.10	100.00	100.57

注:金融存款余额1990年以前年份为银行存款。

历年国民经济主要人均指标

年　份	人均国内生产总值	全部职工人均工资	城市居民人均生活费收入	农民人均纯收入	城乡居民人均储蓄余额	人均耕地面积（亩）
一、绝对数(元)						
1978	238	505			8	0.53
1980	312	651		165	19	0.51
1982	358	680	456	297	31	0.49
1983	401	707	475	313	41	0.48
1984	490	798	536	345	51	0.47
1985	605	1037	726	447	57	0.45
1986	710	1196	904	508	94	0.44
1987	859	1348	1042	626	118	0.43
1988	1067	1694	1419	832	145	0.42
1989	1110	1854	1679	924	302	0.42
1990	1174	1989	1778	912	466	0.41
1991	1387	2140	2085	1044	618	0.41
1992	1877	2693	2796	1200	816	0.40
1993	2880	3662	3870	1474	997	0.39
1994	4286	4679	5113	2000	1427	0.37
1995	5806	6040	6732	2801	2035	0.37
1996	7242	7054	7378	3371	2833	0.36
1997	8553	8013	7848	3658	3610	0.36
二、发展指数(上年为100)						
1980	117.74	118.15			146.15	98.08
1982	109.48	109.32	107.80	110.00	129.17	98.00
1983	112.01	103.97	104.17	105.39	132.26	97.96
1984	122.19	112.87	112.84	110.22	124.39	97.92
1985	123.47	129.95	135.45	129.57	111.76	88.24
1986	117.36	115.33	124.52	113.65	164.91	97.78
1987	120.99	112.71	115.27	123.23	125.53	97.73
1988	124.21	125.67	136.18	132.91	122.88	97.67
1989	104.03	109.45	118.32	111.06	208.28	100.00
1990	105.77	107.28	105.90	98.70	154.30	97.62
1991	118.14	107.59	117.27	114.47	132.62	100.00
1992	135.30	125.80	134.10	114.90	132.00	97.60
1993	153.4	136.0	138.4	122.8	122.2	97.5
1994	148.8	127.8	132.1	135.7	143.1	94.9
1995	135.5	129.1	131.7	140.1	142.6	100.0
1996	124.7	116.8	109.6	120.3	139.2	97.3
1997	118.1	113.6	106.4	108.5	127.4	100.0

注:本表按当年价格计算。

	单 位	1978年	1980年	1985年	1990年	1992年
一、人口						
年末总人口	万人	561.26	581.4	629.2	667.0	678.99
*非农业人口	万人	55.98	59.04	93.3	98.3	102.08
人口出生率	‰	23.20	18.64	17.65	12.40	12.58
人口自然增长率	‰	18.40	13.98	8.91	7.93	8.26
二、年末社会劳动者	万人	200.71	285.8	316.9	346.8	370.84
*乡村劳动力	万人	157.25	236.1	258.3	281.1	302.15
*乡办集体职工	万人		17.0	19.2	18.5	16.99
国有经济职工	万人	16.72	18.8	20.9	24.2	26.32
城镇集体职工	万人	26.74	29.7	34.0	31.1	29.21
城镇个体、私营劳动者	万人		1.2	3.4	9.9	12.40
年末城镇待业人员	万人		1.9	1.2	3.3	3.33
*市 区	万人		1.2	0.5	1.8	2.19
三、工农业总产值	亿元	18.90	25.7	61.5	130.0	231.43
农业总产值	亿元	7.78	9.2	19.4	34.9	48.44
工业总产值	亿元	11.12	16.5	42.1	95.1	182.99
人均工农业总产值	元	337	445	984	1959	3425
四、国内生产总值	亿元	13.22	17.96	37.80	77.96	126.86
*第一产业	亿元	5.57	6.84	12.80	21.34	23.74
第二产业	亿元	4.74	7.31	16.10	34.86	66.40
第三产业	亿元	2.90	3.81	8.90	21.76	36.73
人均国内生产总值	元	238	312	605	1174	1877
五、主要农产品产量						
粮 食	万吨	158.11	175.0	167.3	141.3	146.56
油菜籽	万吨	1.08	1.79	1.29	1.56	1.60
茶 叶	吨	4190	4743	3743	4039	4325
猪牛羊肉	万吨	4.89	6.12	7.07	8.46	8.44
*猪 肉	万吨			6.96	8.3	8.24
禽 蛋	吨		9931	19004	21439	24784
牛 奶	吨		11698	29435	31800	24962
生猪存栏头数	万头	88.91	104.52	114.83	103.41	94.45
水产品	万吨	10.30	11.98	15.09	18.49	21.18
*海水产品	万吨	10.20	11.79	14.66	17.87	20.42
水 果	万吨	0.94	1.52	4.38	8.39	7.29

注:产值指标按当年价格计算。乡村劳动力中包括乡办集体职工。

要　　指　　标　（一）

1994年	1995年	1996年	1997年	1997年为下列年份%					
				1978年	1980年	1985年	1990年	1995年	1996年
692.40	697.89	704.37	708.35	126.3	121.9	112.6	106.2	101.5	100.6
107.53	111.24	114.31	119.76	214.0	202.9	128.4	121.9	107.7	104.8
13.2	12.2	13.6	12.00	51.7	64.4	68.0	96.8	98.3	88.2
8.6	7.6	9.2	7.50	40.8	53.6	84.2	94.5	98.7	81.5
404.44	402.64	406.98	415.34	207.1	145.4	131.1	119.9	103.2	102.1
331.03	318.34	323.55	329.44	210.1	139.9	127.9	117.2	103.7	101.8
17.82	19.79	19.07	22.18		130.5	115.5	119.9	112.1	116.3
28.43	29.35	29.58	30.49	182.4	162.2	145.9	126.0	103.9	103.1
25.54	24.25	23.24	21.10	78.9	71.0	62.1	67.8	87.0	90.8
18.19	15.59	19.52	19.93		1660.9	888.3	201.3	193.7	102.1
3.31	3.37	2.96	3.14		165.3	261.7	95.2	93.2	106.1
2.43	2.58	2.15	2.41		200.9	482.0	133.8	93.4	112.1
580.48	791.45	1085.74	1332.44	5431.1	4035.0	1787.8	543.7	171.5	124.0
53.14	72.00	81.80	90.05	483.2	405.5	246.0	179.3	115.0	106.3
527.34	719.45	1003.94	1242.39	9271.6	6324.2	2421.7	1193.7	174.9	124.8
8425	11341	15414	18810	4320.9	3311.7	1588.0	511.9	169.0	123.3
296.78	403.59	510.09	605.82	17144.9	1298.3	697.6	453.5	143.0	116.3
30.80	41.77	47.91	52.41	289.9	239.2	163.9	149.7	119.3	108.4
174.62	235.13	302.06	354.23	4197.8	2771.2	1268.7	682.1	150.9	118.7
91.36	126.69	160.13	199.17	1274.0	1042.3	527.7	363.8	134.6	113.5
4286	5806	7242	8553	1358.0	1065.1	619.4	426.8	140.9	115.6
127.63	147.16	158.45	154.92	98.0	88.5	92.6	109.7	105.3	97.8
0.47	0.86	0.90	1.84	77.7	46.9	65.1	53.8	97.7	93.3
3509	3416	2921	2487	59.3	52.4	66.4	61.5	72.8	85.1
7.36	7.87	7.48	8.04	164.5	131.4	113.7	95.0	102.1	107.5
7.10	7.63	7.24	7.80			112.1	94.0	102.3	107.8
28846	27866	25145	26216		264.1	138.0	122.3	94.1	104.3
14716	13460	12065	9388		80.2	31.9	29.5	69.7	77.8
81.28	80.61	74.59	76.64	86.2	73.3	66.8	79.3	95.0	102.7
27.65	34.81	40.86	47.04	456.6	392.6	311.7	254.4	135.1	115.1
26.65	33.66	39.41	45.32	444.4	384.4	309.1	253.6	134.7	115.0
9.13	9.57	10.27	12.45	1324.2	818.9	284.2	148.3	130.0	121.2

	单　位	1978年	1980年	1985年	1990年	1992年
六、主要工业产品产量						
纱	吨	1498	1861	4859	1992	2542
布	万米	2706	4340	6082	2739	3099
机制纸及纸板	万吨	1.02	1.09	2.28	3.28	3.25
食　盐	万吨	3.11	3.23	2.71	1.93	2.48
味　精	吨		531	1808	4400	7074
乳制品	吨	2517	3726	7427	9575	14600
啤　酒	吨	2580	6655	28767	42709	65500
面　砖	万平方米	60.74	119	258	407	1112
皮　鞋	万双			864	6087	5546
发电量	亿千瓦小时	3.58	4.60	6.84	6.73	17.53
硫　酸	万吨		2.14	2.48	2.97	3.25
烧　碱	万吨	0.35	0.21	0.45	0.62	0.97
农用化肥	万吨	1.32	1.89	2.04	1.90	1.81
化学农药	万吨	0.21	0.08	0.09	0.49	0.16
七、运输、邮电、电力						
公路通车里程	公里	1454	1795	2287	2858	3088
全行业客运量	万人	2978	3763	4251	12708	13421
全行业旅客周转量	亿人公里	5.53	7.56	13.92	41.9	49.19
全行业货运量	万吨	439	502	386	1986	2355
全行业货物周转量	亿吨公里	7.71	7.71	13.20	35.5	46.69
航空客运吞吐量	万人					59.12
沿海港口货物吞吐量	万吨	224	287	387	404	559
邮电业务总量	万元	676	1077	3146	6122	20702
年末电话机数	部	7924	8603	21487	81885	131021
移动电话用户	户					727
无线寻呼机用户	户					32706
全年用电量	亿千瓦小时				15.07	23.84
*工业用电	亿千瓦小时				9.22	14.44
城乡居民生活用电	亿千瓦小时				3.04	5.00

注：1991年开始邮电业务总量按1990年不变价格计算，以前年份按1980年不变价格计算。

要　指　标　（二）

1994年	1995年	1996年	1997年	1997年为下列年份%					
				1978年	1980年	1985年	1990年	1995年	1996年
5369	8769	7011	8318	555.0	446.8	171.1	417.5	94.9	118.6
13591	8052	3929	9027	333.7	208.0	148.5	329.5	112.1	229.8
6.08	9.79	9.20	11.22	1100.4	1029.7	492.3	342.2	114.7	122.0
1.29	0.43	0.27	0.52	16.8	16.2	19.3	27.0	121.0	192.6
8491	9556	10540	11073		2086.1	612.7	251.7	115.9	105.1
11437	24228	12059	14470	574.9	388.3	194.9	151.1	59.8	120.0
94895	150885	127205	161149	6246.1	2421.5	560.2	377.3	106.8	126.7
2938	3452	2590	4639	7637.5	3898.3	1798.1	1139.8	134.4	179.1
5501	11507	11142	11814			1367.0	194.0	102.6	106.0
19.47	19.97	17.65	19.68	549.7	427.8	287.7	292.5	98.6	111.5
2.73	4.36	5.22	5.08		237.3	204.8	171.1	116.5	97.3
1.03	1.08	1.11	1.08	308.5	514.3	240.0	174.2	100.0	97.3
0.96	1.27	1.26	1.13	85.7	59.8	55.4	59.5	89.0	89.7
0.28	0.08	0.15	0.77	366.5	962.4	855.7	157.1	962.4	513.3
3516	3754	3947	4111	282.7	229.0	179.8	143.8	109.5	104.2
16994	12135	17257	16888	567.3	449.0	397.5	132.9	139.2	97.9
67.60	51.29	55.29	70.98	1283.7	939.0	510.0	169.5	138.4	128.4
3888	3336	4411	4408	1003.8	877.8	1141.6	221.9	132.1	99.9
63.43	61.70	79.43	76.66	994.1	994.1	580.6	215.9	124.2	96.5
110.03	155.73	168.42	164.45					105.6	97.6
730	809	849	897	400.4	312.6	231.8	222.0	110.9	105.7
65518	103872	148565	207235	30658.1	19243.0	6587.6	3385.2	199.5	139.5
385328	755839	893363	1309982	16527.8	15223.4	6095.2	1599.4	173.3	146.6
9551	36140	87670	185147					512.3	211.2
210300	347800	509869	689656					198.3	135.3
33.09	39.20	43.56	50.23				333.3	128.1	115.3
19.9	24.27	25.95	31.67				343.4	130.4	122.0
7.47	8.07	8.99	10.35				340.4	128.2	115.1

	单　位	1978年	1980年	1985年	1990年	1992年
八、固定资产投资						
全社会固定资产投资	亿元	0.38	3.51	7.68	17.63	28.32
1.国有经济	亿元	0.36	0.94	2.26	5.91	10.83
*基　建	亿元	0.36	0.76	1.45	3.76	5.89
更　改	亿元		0.18	0.72	1.09	2.61
2.联营经济	亿元					
3.股份制经济	亿元					
4.中外合资合作	亿元					
5.城镇集体经济	亿元	0.02	0.15	0.75	0.85	2.58
6.农村集体经济	亿元		0.31	0.49	2.21	3.34
7.城镇私人投资	亿元		1.96	1.10	3.74	4.36
8.农村私人投资	亿元			3.07	4.91	7.21
9.其　他	亿元					
总投资中:房地产开发投资	亿元		0.62		1.00	2.31
本年新增固定资产	亿元	0.25	0.43	2.15	6.76	9.22
*国有基建	亿元	0.25	0.10	0.96	5.07	3.59
国有更改	亿元			0.57	0.94	1.85
城镇集体	亿元		0.10	0.55	0.71	2.10
九、财政、金融、保险						
财政预算内收入	亿元	1.35	1.71	4.06	8.89	11.89
财政预算内支出	亿元	1.00	1.23	3.22	8.73	10.30
金融存款余额	亿元	1.79	3.42	10.52	45.33	107.76
金融贷款余额	亿元	5.09	7.16	13.83	31.93	59.37
城乡居民储蓄存款	亿元	0.45	1.08	3.60	31.11	55.42
货币净回笼(-)或投放(+)	亿元	0.95	2.19	12.62	-0.78	12.64
社会保险承保额	亿元				123.13	619.08
社会保险保费收入	万元				4656	19450
社会保险已决赔款	万元				3019	9173

要　指　标　（三）

1994年	1995年	1996年	1997年	1997年为下列年份%					
				1978年	1980年	1985年	1990年	1995年	1996年
91.43	128.82	157.02	178.11	46858.1	5072.9	2318.5	1009.9	138.2	113.4
26.22	41.93	52.36	59.26	16464.3	6305.5	2622.6	1003.0	141.4	113.2
15.46	24.62	29.30	36.33	10092.2	4780.6	2505.7	966.3	147.6	124.0
4.39	4.70	5.88	6.35		3528.0	882.0	582.6	135.1	108.0
0.60	0.34	0.96	0.51					150.0	53.1
3.92	11.86	20.60	25.77					217.3	125.1
5.92	9.70	10.95	9.07					93.5	82.8
8.82	12.88	11.66	8.31	41567.9	5542.4	1108.5	978.1	64.5	71.3
15.38	14.02	14.18	20.81		6714.9	4248.2	941.9	148.4	146.8
28.48	21.05	28.28	27.51		1403.9	2501.5	735.7	130.7	97.3
11.08	14.74	15.37	23.06			751.1	469.5	156.5	150.0
2.09	2.30	2.66	3.67					159.6	138.0
21.71	38.12	42.32	38.09		6143.2		3808.8	99.9	90.0
20.43	45.91	71.89	88.28	35312.4	20530.4	4106.1	1306.0	192.3	122.8
9.56	7.58	15.92	22.04	2445.3	6113.3	636.8	120.6	80.6	38.4
1.13	4.47	7.83	7.43			1303.6	790.5	166.3	94.9
5.23	4.39	5.55	3.21		3207.9	583.3	451.8	73.1	57.8
21.68	26.49	32.20	38.71	2867.0	2263.4	953.3	435.4	146.2	120.2
16.29	20.53	21.56	25.07	2507.4	2038.5	778.7	287.3	122.1	116.3
198.35	272.07	376.06	502.50	28032.0	14696.0	4776.1	1108.3	184.6	133.6
117.92	167.54	218.75	291.34	5723.8	4069.0	2106.6	912.4	173.9	133.2
98.78	142.05	199.56	255.70	56808.1	23670.1	7101.0	821.8	180.0	128.1
14.05	26.49	39.45	89.14	9384.9	4071.2	706.5		336.5	226.0
320.89	540.53	877.31	1259.99				1023.2	233.1	143.6
28311	45822	46736	71437				1534.8	156.0	152.9
50131	21158	23704	21637				716.9	102.3	91.3

	单 位	1978年	1980年	1985年	1990年	1992年
十、国内商业						
社会消费品零售总额	亿元	5.10	7.74	19.21	43.62	59.27
城乡集市贸易成交额	亿元		2.78	10.60	27.89	43.90
十一、外经、外贸、旅游						
新签外资协议项目	个			4	41	152
新签外资协议项目金额	万美元			19	1083	24373
实际利用外资	万美元			3	248	2495
全社会外贸收购总值	亿元	0.72	1.58	2.36	8.55	17.21
外贸出口总值	万美元				1792	5752
*三资企业出口	万美元				875	2749
一般贸易	万美元				917	3003
国际旅游者人数	人次			3124	8332	14873
*港澳台同胞	人次			866	4505	7503
旅游外汇收入	万元			352	261	1385
十二、教育卫生						
各类学校在校学生	万人	98.09	92.46	103.77	104.16	103.45
*小学	万人	76.73	73.80	81.12	72.96	70.77
中学	万人	21.03	18.06	21.17	28.78	29.89
医院床席位	张	5521	6818	8428	9762	9971
卫生技术人员数	人	10456	11790	15268	17434	17882
*医生	人	4551	4418	8428	8302	6717
十三、物价指数(以上年为100)						
全社会商品零售价格指数	%	99.6	107.9	115.0	100.8	109.7
居民消费价格总指数	%	99.8	107.7	115.1	101.9	109.7
*食品类	%			126.5	102.7	112.9
服务项目价格总指数	%	99.9	105.7	116.4	114.2	109.7
十四、人民生活						
全部职工人均工资	元	505	651	1037	1989	2578
城市居民人均生活费收入	元		423	726	1778	2796
城市居民人均生活费支出	元		422	745	1763	2569
农民人均纯收入	元		165	447	912	1200
农民人均生活费支出	元		152	361	795	975

要 指 标 （四）

1994年	1995年	1996年	1997年	1997年为下列年份%					
				1978年	1980年	1985年	1990年	1995年	1996年
136.38	221.21	274.89	314.63	6171.6	4066.6	1638.5	721.6	142.3	114.5
137.80	248.32	353.20	397.59		14303.5	3751.8	1426.0	160.1	112.6
201	159	106	81			2024.6	197.5	51.0	76.4
12497	11449	16387	7587			39932.4	700.6	66.3	46.3
6118	7352	7896	6025			200821.6	2429.3	81.9	76.3
50.01	74.71	96.90	125.73	17455.4	7954.4	5325.4	1469.9	168.2	129.7
18411	27647	37709	53054				2960.8	191.9	140.7
5711	8011	13921	18226				2082.6	227.5	130.9
12700	19636	23788	34828				3797.8	177.3	146.4
14690	14598	35850	43000			1376.0	515.9	294.5	119.9
6417	6865	12782	17700			2044.3	392.9	257.9	138.5
3613	4958	15708	17470			4962.3	6692.5	352.3	111.2
104.18	112.40	111.51	112.20	114.4	121.3	108.1	107.7	99.8	100.6
67.68	65.65	63.44	62.35	81.3	84.5	76.9	85.5	95.0	98.3
32.61	41.77	42.02	44.70	212.6	247.6	211.2	155.3	107.0	106.4
10769	11303	11288	11145	201.8	163.4	132.2	114.1	98.6	98.7
18988	18577	19142	19808	189.5	168.1	129.8	101.7	106.6	103.5
6449	6531	7164	7823	171.9	177.1	92.8	94.2	119.8	109.2
119.5	111.4	108.0	101.9	518.2	474.4	367.5	204.2	110.1	101.9
126.1	117.3	110.8	104.5	617.8	567.6	441.5	240.5	115.8	104.5
133.3	116.8	110.9	103.5				267.3	114.8	103.5
123.9	133.9	114.5	114.2	990.9	929.8	714.3	326.3	130.8	114.3
4679	5615	7054	8013	1586.8	1231.0	772.7	402.9	142.7	113.6
5113	6732	7378	7848		1855.8	1081.3	441.6	116.6	106.4
3942	5273	5885	6524		1546.5	876.0	370.2	123.8	110.9
2000	2801	3371	3658		2216.7	818.2	835.0	130.5	108.5
1619	2807	2815	2881		1894.6	797.7	362.2	138.0	102.3

平均每天社会经济活动

	单　位	1980 年	1990 年	1995 年	1996 年	1997 年
一、平均每天创造的财富						
国内生产总值	万元	493	2134	11057	13975	16598
工农业总产值	万元	704	3561	21684	29746	36505
农业总产值	万元	252	956	1973	2241	2467
工业总产值	万元	452	2605	19711	27505	34038
财政总收入	万元	47	244	725	882	1061
粮　食	吨	4795	3871	4027	4341	4244
猪牛羊肉	吨	168	232	231	205	220
*猪　肉	吨		227	210	198	214
禽　蛋	吨	27.2	58.7	76	69	72
牛　奶	吨	32.1	87.1	37	33	26
水产品	吨	328	507	954	1119	1289
*海水产品	吨	323	490	922	1080	1242
柑　桔	吨	23	199	187	185	215
纱	吨	5.1	5.5	24.0	19.2	22.8
布	万米	11.9	7.5	22.1	10.8	24.7
食　盐	吨	88	53	11.8	7.4	14.2
味　精	吨	1.5	12.1	26.2	28.9	30.3
啤　酒	吨	18.2	117.0	413	349	44.2
皮　鞋	万双		167	31.5	30.5	32.4
发电量	万千瓦时	126	184	547.1	484	539
农用化肥	吨	52	52	34.8	34.5	31.0
化学农药	吨	2	13	2.3	4.1	21.1
二、平均每天人口变动						
出　生	人	295	225	232	261	233
死　亡	人	74	81	88	84	89

注:本表产值指标按当年价格计算。

国民经济所有制结构变化

单位:%

	1980年	1990年	1995年	1996年	1997年
一、社会劳动者结构	100.0	100.0	100.0	100.0	100.0
国有经济职工	6.6	7.0	7.3	7.3	7.3
城镇集体经济职工	10.4	9.0	6.0	5.7	5.1
其他各种经济职工		0.1	0.3	0.8	0.9
城镇私营个体从业人员	0.4	2.9	3.9	4.8	4.8
乡村劳动力	82.6	81.0	79.1	79.5	79.3
* 乡办集体职工	5.9	5.3	4.9	4.7	5.3
二、农业经济纯收入分配结构	100.0	100.0	100.0	100.0	100.0
国家税金	4.1	9.6	12.3	11.1	11.2
集体提留	4.6	4.9	9.1	2.9	2.2
农民所得	91.4	85.5	78.6	86.0	86.6
三、工业总产值结构	100.0	100.0	100.0	100.0	100.0
1.乡办及以上工业	86.7	69.0	38.0	34.5	36.1
①国有经济	32.7	16.5	6.6	4.6	4.5
②集体经济	53.9	50.8	25.7	22.5	22.5
* 乡　办	12.2	19.2	15.2	12.3	12.4
街　办	2.8	9.8	3.4	2.5	2.2
③其他经济类型	0.1	1.7	5.6	7.4	9.1
*“三资”企业		0.7	3.3	2.7	3.1
2.乡办以下工业	13.3	31.0	62.0	65.5	63.9
①村办工业	9.4	9.2	4.7	5.7	6.4
②城镇合作经营		2.8	5.0	13.8	11.2
③农村合作经营	3.5	10.7	19.7	15.6	11.5
④城镇个体工业	0.4	3.0	11.3	11.7	11.9
⑤农村个体工业		5.3	19.2	18.7	22.9
四、社会消费品零售总额结构	100.0	100.0	100.0	100.0	100.0
国有商业	37.2	21.9	9.7	8.1	6.5
集体商业	57.3	21.9	7.7	8.4	7.2
个体商业	2.1	40.1	55.1	63.0	63.3
农民对非农业居民零售额	3.4	16.1	23.3	15.4	14.6
五、全社会固定资产投资结构	100.0	100.0	100.0	100.0	100.0
国有经济单位投资	26.7	33.5	32.6	33.3	33.3
集体经济单位投资	13.0	17.4	20.9	16.5	16.3
* 农村集体	8.8	12.5	10.9	9.0	11.7
城乡私人投资	60.3	49.1	27.8	27.8	28.4
* 农村私人投资	56.0	27.9	11.4	9.8	12.9

注:本表产值指标按当年价格计算。

历年国内生产总值

单位:万元

年份	国内生产总值	1.第一产业	2.第二产业	①工业	②建筑业	3.第三产业
1978	132150	55744	47361	41104	6257	29045
1979	150186	62498	55400	48489	6911	32288
1980	179689	68437	73121	63831	9290	38131
1981	191755	69904	78928	68787	10141	42923
1982	213684	88608	75839	66498	9341	49237
1983	243432	93190	91797	81402	10395	58445
1984	302064	112740	116447	104420	12027	72877
1985	378045	128045	160970	144133	16837	89030
1986	449140	140772	194156	169679	24477	114212
1987	549554	175792	233083	203575	29508	140679
1988	692077	205865	290740	252994	37746	195472
1989	728378	207848	316565	277585	38980	203965
1990	778977	213424	347959	297444	50515	217594
1991	929184	243483	412663	353005	59658	273038
1992	1268594	237351	663989	576580	87409	367254
1993	1965257	262528	1151091	1001170	149921	551638
1994	2967801	308008	1746192	1486971	259221	913601
1995	4035891	417656	2351346	1939990	411356	1266889
1996	5100892	479074	3020558	2527107	493451	1601260
1997	6058218	524130	3542338	3047288	495050	1991750

注:本表按当年价格计算。

国内生产总值构成项目

（1997年）　　　　单位:万元

	增加值	劳动者报酬	固定资产折旧	生产税净额	营业盈余
国内生产总值	6058218	3340172	471100	651689	1595257
第一产业	524130	444921	29412	9234	40563
农　业	271108	230137	15213	4776	20981
*种植业	236631	200870	13279	4169	18313
林　业	15449	13114	867	272	1196
牧　业	79189	67222	4444	1395	6129
渔　业	158384	134448	8888	2790	12258
第二产业	3542338	1687912	193360	464504	1196562
工　业	3047288	1368951	159840	418194	1100303
建筑业	495050	318961	33520	46310	96259
第三产业	1991750	1207338	248328	177952	358132
1.农林牧渔服务业	6106	4349	510	310	938
2.地质勘探、水利管理业	8707	5508	2002	420	777
3.交通运输、仓储、邮电通信业	337917	153727	68749	39412	76028
交通运输和仓储业	184017	130518	10826	30715	11957
邮电通信业	153900	23209	57923	8697	64071
4.批发和零售贸易、餐饮业	711334	587211	6048	67203	50872
批发和零售贸易业	630660	518909	5522	58134	48095
餐饮业	80674	68302	525	9069	2777
5.金融保险业	200747	29686	13663	31088	126310
金融业	122361	28814	12925	27997	52624
保险业	12198	871	738	3091	7498
其　他	66188				66188
6.房地产业	144279	19621	97389	15545	11723
房地产管理业	13611	9477	4134		
房地产开发业	35980	8151	1663	14783	11383
房地产代理与经纪业	3162	1993	67	762	340
城市居民自有住房	25356		25356		
农村居民自有住房	66170		66170		
7.社会服务业	228029	124575	24126	20926	58403
8.卫生、体育、社会福利业	70376	47555	5733	156	16932
9.教育、文艺广播电影电视业	139250	115418	16214	2250	5369
10.科学研究和综合技术服务业	11425	6352	568	634	3871
11.国家政党机关、社会团体	122102	105152	11480	7	5463
12.其他行业	11478	8184	1848		1446

注:本表按当年价格计算。

历年国内生产总值结构

单位:%

年　　份	国内生产总　　值	1.第一产　业	2.第二产　业	① 工　业	②建筑业	3.第三产　业
1978	100.0	42.2	35.8	31.1	4.7	22.0
1979	100.0	41.6	36.9	32.3	4.6	21.5
1980	100.0	38.1	40.7	35.5	5.2	21.2
1981	100.0	36.5	41.2	35.9	5.3	22.3
1982	100.0	41.5	35.5	31.1	4.4	23.0
1983	100.0	38.3	37.7	33.4	4.3	24.0
1984	100.0	37.3	38.6	34.6	4.0	24.1
1985	100.0	33.9	42.6	38.1	4.5	23.5
1986	100.0	31.3	43.2	37.8	5.4	25.5
1987	100.0	32.0	42.4	37.0	5.4	25.6
1988	100.0	29.7	42.1	36.6	5.5	28.2
1989	100.0	28.5	43.5	38.1	5.4	28.0
1990	100.0	27.4	44.7	38.2	6.5	27.9
1991	100.0	26.2	44.4	38.0	6.4	29.4
1992	100.0	18.7	52.4	45.5	6.9	28.9
1993	100.0	13.4	58.5	50.9	7.6	28.1
1994	100.0	10.4	58.8	50.1	8.7	30.8
1995	100.0	10.3	58.3	48.1	10.2	31.4
1996	100.0	9.4	59.2	49.5	9.7	31.4
1997	100.0	8.7	58.5	50.3	8.2	32.8

注:本表按当年价格计算。

历年国内生产总值发展指数

单位:%

年　份	国内生产总值	1.第一产业	2.第二产业	①工业	②建筑业	3.第三产业
以上年为100						
1979	111.5	109.6	115.2	116.7	106.0	109.2
1980	118.5	110.5	131.5	131.6	130.7	112.0
1981	104.9	99.2	107.0	107.2	105.5	111.3
1982	107.1	114.3	97.3	98.0	92.6	113.3
1983	111.5	99.7	119.6	121.2	108.0	117.9
1984	124.7	121.6	129.1	131.6	108.7	122.2
1985	119.2	106.3	135.9	136.5	130.5	108.7
1986	114.1	103.5	117.7	116.0	134.8	120.8
1987	114.0	107.5	117.8	118.5	111.9	113.8
1988	114.8	107.2	117.9	119.0	107.9	116.5
1989	100.6	101.3	104.9	106.5	87.7	90.9
1990	102.3	90.7	108.7	106.9	131.4	99.7
1991	118.4	112.6	119.7	118.3	129.7	122.2
1992	130.8	106.8	147.7	151.4	124.4	126.4
1993	142.6	100.8	161.9	166.5	122.4	129.6
1994	118.6	85.8	129.2	126.4	153.8	113.5
1995	121.0	120.6	122.1	118.5	148.0	118.9
1996	123.0	110.1	127.1	128.7	118.1	118.6
1997	116.3	108.4	118.7	121.5	100.5	113.5
以1978年为100						
1979	111.5	109.6	115.2	116.7	106.0	109.2
1980	132.1	121.2	151.5	153.6	138.5	122.2
1981	138.5	120.2	162.0	164.6	146.1	136.1
1982	148.4	137.4	157.6	161.3	135.3	154.2
1983	165.4	136.9	188.5	195.5	146.1	181.8
1984	206.3	166.4	243.4	257.2	158.8	222.1
1985	245.8	176.9	330.9	351.0	207.3	241.4
1986	280.5	183.1	389.4	407.3	279.5	291.6
1987	319.8	196.7	458.7	482.5	312.7	331.9
1988	367.1	210.8	541.0	574.2	337.5	386.6
1989	369.4	213.5	567.3	611.4	296.1	351.3
1990	378.1	193.7	616.3	653.3	388.9	350.2
1991	447.7	218.1	738.0	772.6	504.4	428.1
1992	585.5	232.9	1089.9	1169.4	627.4	541.1
1993	835.2	234.8	1764.0	1947.4	768.0	701.4
1994	990.3	201.3	2279.1	2461.5	1181.4	796.1
1995	1198.3	242.8	2782.7	2916.9	1748.5	946.3
1996	1473.7	267.3	3538.0	3754.6	2064.1	1122.4
1997	1713.9	289.7	4199.6	4561.8	2074.7	1273.9

注:本表按可比价格计算。

按支出法计算的国内生产总值

单位:万元

	1995年	1996年	1997年	1997年比1996年±%
国内生产总值	4054862	5122976	6002120	114.7
1.最终消费	2245381	2784136	3325123	116.9
居民消费	2026088	2496778	2989660	117.2
农村居民	1413482	1761426	2083994	115.9
城镇居民	612606	735352	905665	120.6
政府消费	219293	287358	335463	114.3
2.资本形成总额	1471378	1910294	2188179	112.2
固定资本形成总额	1130111	1442170	1772867	120.4
存货增加	341267	468124	415312	86.9
3.货物和服务净出口	338103	428546	488818	111.7
出　口	1204882	1645124	1792504	106.7
进　口	866779	1216578	1303686	104.9
统计误差		－22084	56098	

注:本表绝对数按当年价格计算,发展指数按可比价格计算。

资本形成总额

(1997年)

单位:万元

	合　计	第一产业	第二产业	第三产业
资本形成总额	2188179	195448	804038	1188693
固定资本形成	1772868	82447	506326	1184095
存货增加	415312	113001	297713	4598
1.国有经济	595853	1957	149362	444534
固定资本形成	579940	1957	135788	442195
存货增加	15913		13574	2339
2.城镇集体经济	207712		136896	70816
固定资本形成	104664		34370	70294
存货增加	103048		102526	522
3.农村集体经济	250419	62390	127690	60339
固定资本形成	228892	62390	106590	59912
存货增加	21527		21100	427
4.其他经济	1134196	131102	390090	613004
固定资本形成	859372	18101	229577	611694
存货增加	274824	113001	160513	1310

注:本表按当年价格计算。

最终消费和居民消费水平

	1995 年	1996 年	1997 年	1997 年比 1996 年 ± %
最终消费(万元)	2245381	2784136	3325123	116.9
1.居民消费	2026088	2496778	2989660	117.2
农村居民	1413482	1761426	2083994	115.9
自给性消费	143144	161745	166156	100.6
商品性消费	1072010	1324860	1463191	108.1
文化生活服务性消费	114084	178947	264864	144.9
住房及水电消费	84244	95874	189784	193.8
* 住房消费	60724	62763	83041	129.6
城镇居民	612606	735352	905665	120.6
商品性消费	506255	592076	708934	117.2
文化生活服务性消费	54287	75287	105033	136.6
住房及水电消费	52064	67989	91699	132.1
* 住房消费	18049	20730	28824	136.2
2.政府消费	219293	287358	335463	114.3
居民消费水平(元/人)	3561	3561	4233	116.2
农村居民	2993	2993	3536	115.5
城镇居民	6529	6529	7738	115.9
居民年平均人口(万人)	695.2	701.1	706.3	100.7
农村居民	585.8	588.5	589.3	100.1
城镇居民	109.4	112.6	117.0	103.9

注:本表绝对数按当年价格计算,发展指数按可比价格计算。

分县(市、区)国内生

	全　市	市　区	鹿城区	龙湾区	瓯海区
国内生产总值(万元)					
1 9 9 0	778977	255409	78741	18475	82711
1 9 9 1	929184	338479	101052	23650	88697
1 9 9 2	1268594	448237	130692	31762	122353
1 9 9 3	1965257	688887	242512	65564	234210
1 9 9 4	2967801	1104873	334986	125798	303481
1 9 9 5	4035891	1477233	504189	195826	415896
1 9 9 6	5100892	1686504	656182	263134	558300
1 9 9 7	6058218	2320398	784611	298830	687583
发展指数(以上年为 100)					
1 9 9 1	118.4	117.7	128.7	125.7	111.3
1 9 9 2	130.8	127.7	125.4	130.9	129.6
1 9 9 3	142.6	144.4	173.6	158.1	178.0
1 9 9 4	118.6	132.1	115.5	161.3	113.0
1 9 9 5	121.0	122.7	132.4	136.9	122.2
1 9 9 6	123.0	110.6	128.4	133.0	121.5
1 9 9 7	116.3	119.1	116.7	116.6	120.9

注:本表绝对数按当年价格计算,发展指数按可比价格计算。

产总值及其发展指数

瑞安市	乐清市	洞头县	永嘉县	平阳县	苍南县	文成县	泰顺县
135434	101858	14627	75743	67594	81943	22543	23826
147196	124476	18663	81150	76477	95225	22889	24629
226876	183303	22853	105998	104743	120659	27830	28095
100537	304432	28041	147126	136449	185410	35576	38799
574537	415125	37688	237480	226906	264495	52033	54664
779282	610188	47899	318796	324402	343044	65688	69359
1055941	860120	60354	404935	430613	443842	77961	80622
1228087	1055599	71152	475418	506140	545366	94588	89798
119.1	119.6	123.1	126.3	118.1	117.1	109.4	106.5
145.5	137.8	114.2	127.8	130.6	126.1	108.5	109.8
157.9	151.5	118.5	126.8	122.3	139.9	118.2	121.8
115.7	110.6	107.9	120.2	120.2	117.2	110.1	103.7
120.0	131.1	112.5	118.8	128.3	115.8	111.6	112.6
133.6	136.2	120.5	124.0	129.6	126.3	111.8	110.7
115.9	120.2	120.6	118.6	118.4	122.1	120.9	110.0

	全 市	市 区	鹿城区	龙湾区	瓯海区
增 加 值 (万元)					
1 9 9 0	222243	47281	5702	4208	24504
1 9 9 1	243483	40615	6899	4772	29532
1 9 9 2	278218	43558	6384	5897	32308
1 9 9 3	262528	35851	5915	5880	24058
1 9 9 4	308008	41081	5768	5310	30003
1 9 9 5	417656	55156	7411	5951	41794
1 9 9 6	479074	57109	7152	6546	43411
1 9 9 7	524130	57549	6723	7248	43578
发展指数(以上年为 100)					
1 9 9 1	112.6	92.2	105.3	111.8	113.8
1 9 9 2	106.8	102.8	105.4	112.1	103.2
1 9 9 3	100.8	103.8	67.7	185.2	74.5
1 9 9 4	85.8	83.8	71.3	66.0	97.8
1 9 9 5	120.6	121.1	114.3	99.7	125.3
1 9 9 6	110.1	100.7	92.6	105.6	101.1
1 9 9 7	108.4	104.6	97.7	115.1	104.1

注:本表绝对数按当年价格计算,发展指数按可比价格计算。

增加值及其发展指数

瑞安市	乐清市	洞头县	永嘉县	平阳县	苍南县	文成县	泰顺县
39429	31114	4244	16040	25831	36521	9550	12233
39400	42432	5026	22494	28663	39420	12272	13161
47570	50491	6702	22024	31569	47989	14085	14230
45733	54656	8355	20107	27569	39368	14259	16630
47551	50894	11769	30704	34438	52809	17533	21229
79282	71099	14596	41828	45966	60943	22457	26329
84125	97750	20501	45693	56214	65401	24268	28013
88888	117941	23968	46603	58552	79063	25073	27410
106.7	118.0	123.1	116.7	118.5	110.7	122.1	113.8
110.4	103.1	104.6	97.4	100.8	123.1	103.1	105.0
114.7	95.9	124.3	93.4	107.5	91.5	96.3	97.6
75.9	68.1	103.0	111.6	91.3	98.0	89.9	95.6
148.3	124.3	110.3	121.2	118.7	102.7	113.9	110.3
101.8	131.9	129.7	104.8	117.3	103.0	103.7	102.1
109.8	125.4	126.3	106.0	108.3	125.6	107.4	101.7

	全　市	市　区	鹿城区	龙湾区	瓯海区
增 加 值（万元）					
1 9 9 0	339140	134756	39418	11874	38398
1 9 9 1	412663	169654	50764	15840	40965
1 9 9 2	622289	232582	66139	20881	68449
1 9 9 3	1151091	418753	132057	47594	162000
1 9 9 4	1746192	654071	179826	104237	215214
1 9 9 5	2351346	892971	269183	162174	302846
1 9 9 6	3020558	1052159	351219	224826	403807
1 9 9 7	3542338	1416912	421293	246732	510340
发展指数(以上年为100)					
1 9 9 1	119.7	116.3	134.7	131.0	110.5
1 9 9 2	147.7	133.8	128.3	133.0	154.4
1 9 9 3	161.8	166.4	197.3	169.1	208.3
1 9 9 4	129.2	131.9	115.8	186.0	115.7
1 9 9 5	122.1	124.1	133.2	136.0	122.7
1 9 9 6	127.1	113.4	130.8	139.5	123.0
1 9 9 7	118.7	120.2	121.6	112.6	124.0

注:本表绝对数按当年价格计算,发展指数按可比价格计算。

增加值及其发展指数

瑞安市	乐清市	洞头县	永嘉县	平阳县	苍南县	文成县	泰顺县
54095	48507	6482	30568	25041	29820	4620	5251
67509	55492	8712	37448	28808	36879	3650	4511
110612	98709	10214	58425	50530	49256	5810	6151
254919	184874	12372	90953	77266	90839	9595	11520
378157	265389	15529	137923	127803	138585	14765	13970
477574	374087	19405	179698	186858	186202	17394	17157
669538	517250	23378	233890	249861	231609	21785	21088
788467	605713	26957	278092	296231	283803	26248	24179
15.7	122.7	106.5	130.5	122.8	124.0	79.9	87.9
159.1	174.3	123.3	156.2	170.8	134.3	143.4	126.2
184.4	169.2	119.7	139.1	129.0	146.4	150.7	165.1
127.0	124.1	107.0	129.6	141.6	129.2	132.8	101.6
112.6	126.8	112.0	116.5	131.4	121.1	107.5	113.2
141.7	139.3	120.9	130.1	134.4	124.7	121.8	122.4
119.0	118.2	115.9	119.9	120.3	123.6	125.3	114.4

	全　市	市　区	鹿城区	龙湾区	瓯海区
增 加 值 (万元)					
1 9 9 0	217594	83493	33621	2393	19809
1 9 9 1	273038	128210	43389	3038	18200
1 9 9 2	368087	172097	58169	4984	21596
1 9 9 3	551638	234283	104540	12090	48152
1 9 9 4	913601	409721	149392	16251	58264
1 9 9 5	1266889	529106	227595	27701	71256
1 9 9 6	1601260	577236	297811	31762	111082
1 9 9 7	1991750	845937	356595	44850	133665
发展指数(以上年为 100)					
1 9 9 1	122.2	129.3	125.4	125.3	109.2
1 9 9 2	126.4	126.4	125.1	151.6	111.4
1 9 9 3	129.6	117.2	154.0	114.6	197.8
1 9 9 4	113.5	140.2	117.7	111.4	112.5
1 9 9 5	118.9	120.6	131.9	153.8	118.7
1 9 9 6	118.6	106.5	126.5	100.2	127.1
1 9 9 7	113.5	118.1	110.5	149.3	114.1

注:本表绝对数按当年价格计算,发展指数按可比价格计算。

增加值及其发展指数

瑞安市	乐清市	洞头县	永嘉县	平阳县	苍南县	文成县	泰顺县
31789	22237	3901	29135	16722	15602	8373	6342
40287	26552	4925	21208	19006	18926	6967	6957
68694	34103	5937	25549	22644	23414	7935	7714
99885	64902	7314	36066	31614	55203	11722	10649
148829	98842	10390	68853	64665	73101	19735	19465
222426	165002	13898	97270	91578	95899	25837	25873
302278	245120	16475	125352	124538	146832	31908	31521
350732	331945	20227	150723	151357	182500	43267	38209
123.2	116.1	137.5	131.8	110.6	118.4	109.6	108.8
159.6	120.6	109.2	112.8	111.7	115.7	100.2	107.7
124.5	167.7	110.9	121.0	119.7	203.5	135.4	131.2
107.0	109.4	115.2	107.6	103.8	111.4	116.8	118.5
131.0	145.6	115.6	122.5	126.5	114.0	112.6	114.6
125.6	130.6	110.9	119.6	124.8	143.0	111.5	111.1
109.8	121.7	121.9	120.3	118.2	118.1	127.6	114.1

分县(市、区)人均国内

	全市	市区	鹿城区	龙湾区	瓯海区
人均国内生产总值(元)					
1990	1174	2624	3903	2316	1494
1991	1387	3102	4677	2937	1683
1992	1877	4082	6266	3919	2234
1993	2880	6221	8306	7996	4206
1994	4286	9843	12018	14987	5406
1995	5806	13037	15906	23204	7355
1996	7275	14821	13502	30644	9843
1997	8576	20216	15909	34527	12103
发展指数(以上年为100)					
1991	118.1	118.2	119.8	126.8	112.7
1992	135.3	131.6	134.0	133.4	132.7
1993	153.4	152.4	132.6	204.0	188.3
1994	148.8	158.2	144.7	187.4	128.5
1995	135.5	132.4	132.4	154.8	136.1
1996	125.3	113.7	84.9	132.1	133.8
1997	117.9	119.5	117.8	112.7	123.0

注:本表按当年价格计算。

生产总值及其发展指数

瑞安市	乐清市	洞头县	永嘉县	平阳县	苍南县	文成县	泰顺县
1130	1001	1182	769	864	772	569	737
1313	1206	1502	999	1012	888	629	758
2004	1834	1294	1757	1373	1112	761	859
3507	2886	2245	1783	1772	1684	968	1178
4965	3860	3017	2846	2912	2346	1405	1642
6680	5639	3835	3805	4147	3025	1779	2080
9078	7855	4831	4796	5469	3845	2110	2408
10547	9531	5692	5585	6412	4657	2549	2672
116.2	120.5	127.1	129.9	117.1	115.0	110.5	102.8
152.6	152.1	86.2	175.9	135.7	125.2	121.0	113.3
175.0	157.4	173.5	101.5	129.1	151.4	127.2	137.1
141.6	133.7	134.4	159.6	164.3	139.3	145.1	139.4
134.5	146.1	127.1	133.7	142.4	128.9	126.6	126.7
135.9	139.3	126.0	126.0	131.9	127.1	118.6	115.8
116.2	121.3	117.8	116.5	117.2	121.1	120.8	111.0

市、县基

（1997

	单 位	全 市	市区		
			小 计	鹿城区	龙湾区
一、人口、劳动力及自然资源					
总人口	万人	708.35	115.28	49.72	8.67
* 非农业人口	万人	119.76	49.74	42.09	2.27
出生人口	人	85155	12575	5180	893
死亡人口	人	32394	5543	2568	387
总户数	万户	188.52	32.36	14.55	2.37
全部从业人员数	万人	415.34	82.03	15.67	7.22
* 城镇个体劳动者	万人	19.93	7.07		0.36
城镇职工	万人	55.33	27.17	6.58	1.5
按行业分：					
农林牧渔业	万人	148.45	11.6	1.14	0.83
采掘业	万人	0.65	0.13		
制造业	万人	103.38	31.26	7.38	3.68
电力、煤气及水的生产和供应业	万人	1.29	0.23	0.01	0.01
建筑业	万人	18.96	7.57	1.11	0.62
地质勘查业、水利管理业	万人	0.08	0.04		
交通运输、仓储及邮电通信业	万人	13.15	3.81	0.3	0.24
批发和零售贸易、餐饮业	万人	48.44	12.59	3.47	0.61
金融、保险业	万人	1.35	0.49	0.08	
房地产业	万人	0.49	0.23	0.06	0.02
社会服务业	万人	6.69	2.73	1.31	0.65
卫生、体育和社会福利业	万人	2.38	0.73	0.16	0.02

本 情 况 （一）

年）

瓯海区	瑞安市	乐清市	洞头县	永嘉县	平阳县	苍南县	文成县	泰顺县
56.89	116.52	111.37	12.5	85.5	78.92	117.43	37.17	33.66
5.38	16.08	9.82	1.26	6.18	12.06	20.03	2.36	2.23
6502	11194	17057	1414	12575	7869	15007	4409	3055
2588	5295	4799	716	4046	3772	4939	1655	1629
15.44	29.90	30.91	3.44	22.17	20.56	29.53	10.53	9.11
38.77	73.56	59.77	7.21	47.18	41.98	63.16	22.05	18.4
4.64	8.12	0.38	0.35	0.18	1.13	1.14	1.51	0.05
3	6.39	4.58	0.96	2.89	5.64	4.76	1.51	1.43
10.88	28.63	21.08	2.45	21.34	19.45	24.44	9	10.46
0.03		0.01	0.01			0.5		
16.34	23.08	11.14	1.08	10.59	7.63	15.13	2.02	1.45
	0.08	0.22	0.02	0.07	0.05	0.05	0.07	0.5
1.69	0.6	2.2	0.51	1.54	2.7	1.98	0.77	1.09
		0.01		0.01		0.02		
1.04	0.73	1.69	0.34	1.39	1.2	3.08	0.55	0.36
4.3	4.91	12.95	0.66	4.11	2.8	7.39	2.32	0.71
0.11	0.16	0.15	0.03	0.13	0.13	0.17	0.06	0.03
0.04	0.06	0.04	0.01	0.05	0.04	0.06		
0.03	0.6	0.2	0.08	1.59	0.35	0.83	0.29	0.02
0.11	0.34	0.37	0.05	0.25	0.25	0.22	0.1	0.07

市、县基

（1997

	单位	全市	市区		
			小计	鹿城区	龙湾区
教育文化艺术和广播电影电视业	万人	7.23	1.52	0.29	0.09
科学研究和综合技术服务业	万人	0.33	0.19	0.03	
国家机关政党机关和社会团体	万人	4.97	0.86	0.28	0.1
其他行业	万人	57.5	8.05	0.05	0.35
城镇失业人员年末数	人	31413	24072	21548	730
土地面积	平方公里	11784	1082	104	61
林地面积	公顷	615487	24821	1927	856
*有林地面积	公顷	517403	15830	1909	823
园地面积	公顷	37802	6933	263	665
内陆水域面积	公顷	128393	35203	2202	1605
*养殖水面面积	公顷	11396	2188	218	120
二、综合经济					
1.国内生产总值(当年价格)	万元	6058218	2320398	784611	298830
第一产业	万元	524130	57549	6723	7248
*种植业	万元	236631	28924	4249	3193
林　业	万元	15449	604	16	15
牧　业	万元	79189	15389	1432	2018
渔　业	万元	158384	6457	67	614
第二产业	万元	3542338	1416912	421293	246732
*工业增加值	万元	3047289	1200067	403727	213603
第三产业	万元	1991749	845937	356595	44850
人均国内生产总值	元	8553	20128	27048	34467

本 情 况（二）

年）

瓯海区	瑞安市	乐清市	洞头县	永嘉县	平阳县	苍南县	文成县	泰顺县
0.53	1.02	1.04	0.15	0.85	0.82	1.12	0.35	0.36
0.01	0.02	0.02	0.01	0.05	0.02	0.01		0.01
0.33	0.63	0.63	0.13	0.78	0.56	0.71	0.3	0.37
3.33	12.7	8.02	1.68	4.43	5.98	7.45	6.22	2.97
1794	3809		570	736	548	876	769	33
917	1360	1174	100	2698	1042	1272	1294	1762
22038	53794	54149	4582	174726	39409	47971	86407	129628
13098	40759	42986	3597	143964	26565	38893	82099	122710
6005	4704	8098	47	4333	3253	3421	2191	4822
31396	22827	24179	242	11084	13470	15453	3014	2921
1850	1449	2407		626	1339	2824	400	163
687583	1228087	1055599	71152	475418	506140	545366	94588	89798
43578	88888	117941	23968	46603	58552	79063	25073	27410
21482	43185	47123	740	26164	31142	33135	12645	13773
573	1136	954	43	1686	1710	1268	3999	4249
11939	9921	6815	877	13636	10970	8223	7278	6180
5776	29051	55879	22206	1586	9713	33242	107	143
510340	788467	605713	26957	278092	296231	283803	26248	24179
468409	702434	555798	23493	227006	269493	253831	15961	10093
133665	350732	331945	20227	150723	151357	182500	43267	38209
12086	10540	9478	5692	5560	6413	4644	2545	2668

（1997

	单位	全市	市区		
			小计	鹿城区	龙湾区
2.工 业					
乡及乡以上工业企业单位数	个	5020	2169	1109	256
*国有经济	个	232	89	1	2
集体经济	个	3911	1551	918	108
私营经济	个	71	13	2	1
股份制经济	个	519	372	146	74
外商及港澳台投资经济	个	201	139	39	69
全部工业总产值(当年价格)	万元	12423975	4755186	1719191	774634
乡及乡以上工业总产值(当年价格)	万元	4485690	2088243	661510	416496
*国有经济	万元	565035	409998	15076	600
集体经济	万元	2796843	926098	476840	111502
私营经济	万元	41021	7900	1019	404
股份制经济	万元	653822	459788	115508	151606
外商及港澳台投资经济	万元	382581	276592	49127	80904
*轻工业	万元	2534192	1088263	427421	205268
全部独立核算工业企业经济指标					
工业增加值(生产法)	万元	1064071	475037	144440	100167
流动资产年平均余额	万元	2022464	1021057	256723	206143
固定资产原价合计	万元	1807468	994572	122453	227463
固定资产净值年平均余额	万元	1506733	858156	101627	207684
产品销售收入	万元	4161261	1872963	570011	398923
*产品销售税金及附加	万元	48984	17195	3328	4570
本年应交增值税	万元	168970	74185	11488	22203
利润总额	万元	141530	57776	19240	11543

本 情 况 （三）

年）

瓯海区	瑞安市	乐清市	洞头县	永嘉县	平阳县	苍南县	文成县	泰顺县
546	717	141	210	344	629	657	97	56
8	26	25	7	13	19	15	27	11
352	564	101	195	320	545	544	51	40
7	1	1		5	31	13	6	1
159	106	1	5		20	2	10	3
19	20	13	3	3	14	5	3	1
1795248	2447022	2037149	95525	825228	1041294	1123618	58338	40615
524719	617936	521540	58572	225561	556860	375438	29244	12296
5327	20083	70481	2125	26438	14571	9925	7560	3854
269520	437457	405773	49240	190637	457683	313330	10670	5955
2721	789	4400		5496	12447	8820	1024	145
198109	126659	620	3332		54139	1180	6463	1641
48652	32948	40266	3875	1742	18020	4911	3527	700
307611	421707	65508	26017	141925	473268	295791	14815	6898
113047	162575	128692	14271	59897	131617	80910	7420	3652
208762	266053	259547	21329	114536	188406	129300	14976	7260
161581	211789	223026	16479	97534	126275	104597	22611	10585
139343	166247	173719	12884	80479	105077	82586	19543	8042
466072	591011	495625	57571	210813	527751	368970	26034	10523
5796	4280	9517	839	2814	8781	4678	407	473
13040	19272	27408	1882	10945	21215	12062	1125	876
15804	19601	31416	2835	15693	6504	6392	1192	121

市、县基

（1997

	单位	全市	市区		
			小计	鹿城区	龙湾区
3.交通、邮电、电力					
民用运输车辆拥有量	辆	84152	30523		924
境内公路里程	公里	4111	366		53
公路客运量	万人	15827	4564.45		713.62
公路货运量	万吨	3374	841		152
水运客运量	万人	1061	182.3		112
水运货运量	万吨	1034	489		64
民用航空货邮运量	吨	20427	20427		
民用航空客运量	人	828400	828400		
邮电局(所)数	个	443	48		5
邮电业务总量	万元	207235	83465		4192
电话交换机装机总容量	门	1194491	442000		38000
电话机数	部	1309982	515701		13766
无线寻呼用户数	户	689656	287439		
移动电话用户数	户	185147	77131		
通电的村数	个	6272	475	47	46
全年用电量	万千瓦时	502310	232986		32613
* 工业用电	万千瓦时	316682	156593		28301
城乡居民生活用电	万千瓦时	103501	37626		2278
4.批发零售贸易与外经					
批发零售贸易业商品销售总额	万元	6150118	3678277	2036735	229771
* 农业生产资料	万元	16509	6657	2974	
社会消费品零售总额	万元	3146311	1473533	987449	35043
* 县以下	万元	1158433	108978		

本 情 况 （四）

年）

瓯海区	瑞安市	乐清市	洞头县	永嘉县	平阳县	苍南县	文成县	泰顺县
7656	10959	9207	1389	12069	5909	8599	2599	2898
313	414	458	83	797	351	464	546	632
1940.5	3454.4	2031.23	256.7	1397.2	1649	2074.22	319.8	80
315	1333	198	85	135	331	354	67	30
84.52	61.11	125.14	49.5	25.51	2.7	614.74		
228	65	121	59	61	7	232		
	56	61	15	57	41	61	52	52
	30753	29715	2075	13955	16437	24840	3210	2785
	203296	207994	15000	80329	91600	115072	18700	20500
	215595	204649	16077	68197	108502	149930	17339	13992
	111300	70595	6363	51157	58817	94128	4267	5590
	29349	22524	2056	10529	17388	21525	3168	1477
382	955	912	92	904	855	975	571	533
80100	78004	55925	2900	34563	37894	47426	7407	5205
57400	49745	36947	1321	16799	23251	24893	4516	2617
10200	13429	16827	1054	10033	8108	11959	2658	1807
256267	1089692	268748	43634	198071	118237	649706	70975	32778
984	2436	2458	1399	993	975	1436	155	
262606	500298	345233	20653	183427	196108	355755	48140	23164
108978	194988	301557	8130	127559	157489	225408	20398	13926

（1997

	单位	全市	市区		
			小计	鹿城区	龙湾区
粮食出售量	吨	201605	35540	661	3818
*国家收购	吨	109630	22093	615	3673
肉类出售量	吨	79711	9450	2915	2772
自营出口总额	万美元	53054	30299	4313	2142
外国和港澳台地区在华直接投资					
新签协议(合同)数	个	81	34	5	11
协议(合同)客商投资额	万美元	7587	4750	278	1620
客商实际投资	万美元	6025	3889	169	1845
年末实有企业单位数	个	536	313	45	82
年末从业人员数	人	42039	25979	4260	7797
5.固定资产投资					
全社会固定资产投资	万元	1781132	931643	95198	145103
*基建投资	万元	469782	276573	20168	20651
更新改造	万元	83589	54204	4709	9192
*住宅建设	万元	739199	340791	32897	38974
房地产开发投资额	万元	380872	312897	37643	41447
*商品住宅	万元	253308	203409	21622	32604
全年新增固定资产	万元	1578547	842191	97393	127250
施工住宅建筑面积	万平方米	597.1	454.31	54.62	62.73
竣工房屋建筑面积	万平方米	524.65	392.55	44.61	81.11
*住　宅	万平方米	339.08	271.53	25.06	47.3
商品房屋销售建筑面积	万平方米	214.9	166.2	8.23	22.3
商品房屋销售额	万元	357412	298318	15976	24089

本　情　况（五）

年）

瓯海区	瑞安市	乐清市	洞头县	永嘉县	平阳县	苍南县	文成县	泰顺县
31061	66410	1331	4663	11799	27947	39766	8223	5926
17805	29160	909		7486	22030	23921	1568	2463
3763	12725	7692	1253	13470	14033	10033	5914	5141
2578	4557	5275	451	7843	2296	1062	810	461
6	9	18	1	8	6	3	2	
390	317	389	16	616	1429	34	36	
512	370	296	26	907	366	167	4	
74	61	74	2	60	19	5	2	
7629	4400	6561	55	3125	1686	132	101	
244990	263514	140847	14497	147332	90226	118517	32607	41949
34227	53096	33690	4677	17283	19861	33063	14379	17160
134	3613	2774	661	3429	3045	15324	293	246
141235	119519	69918	4280	86168	32448	49355	14846	21874
31669	27858	16256	500	11397	8887	3000	77	
23099	20196	12093	500	8277	6256	2500	77	
250089	227860	116598	12916	147561	72106	107622	23394	28299
59.4	61.26	21.92	1.34	20	18.11	13.34	4.58	2.24
49.72	36.02	19.98	2.64	16.85	27.01	19.71	6.52	3.37
37.28	24.03	10.28	0.32	8.74	11.4	7.68	3.56	1.54
30.29	18.94	6.75	0.31	7.27	12.43	3		
49872	27957	7358	257	8426	12396	2700		

（1997

	单位	全市	市区		
			小计	鹿城区	龙湾区
三、教育、科技、文化、卫生					
学校数	个	3331	322	67	38
* 高等学校	个	3	3		
中等专业学校	个	11	8		
普通中学	个	468	68	6	10
职业中学	个	76	23	1	1
小学	个	2773	220	60	27
专任教师数	人	48562	9357	2229	785
* 高等学校	人	717	717		
中等专业学校	人	619	406		
普通中学	人	20581	3746	344	301
职业中学	人	1201	319	24	14
小学	人	25444	4169	1861	470
在校学生数	人	1121986	205970	54563	16551
* 高等学校	人	6492	6492		
中等专业学校	人	11593	7764		
普通中学	人	447009	75387	5631	8278
职业中学	人	33439	11904	436	358
小学	人	623453	104423	48496	7915
成人高等教育学校在校学生数	人	8541	4603	760	
成人中等教育学校在校学生数	人	15009	6500	3518	135
学龄儿童入学率	%	99.85	99.98	100	100
小学毕业升学率	%	99.13	99.5	100	100

本 情 况 （六）

年）

瓯海区	瑞安市	乐清市	洞头县	永嘉县	平阳县	苍南县	文成县	泰顺县
176	472	518	54	379	344	496	332	414
	1	1			1			
38	75	77	13	72	53	81	15	14
5	20	16	1	3	6	4	1	2
133	376	424	40	304	284	411	316	398
3554	7589	7235	978	5563	5390	7446	2556	2448
	77	87			49			
1686	3313	3209	411	2403	2239	3379	958	923
56	256	209	34	104	127	102	42	8
1812	3943	3730	533	3056	2975	3965	1556	1517
89076	177354	194663	16822	115673	122795	188358	51953	48398
	1808	1270			751			
38429	71304	76693	7557	50177	48111	76557	22383	18840
2635	5599	8373	485	1926	1841	2638	428	245
48012	98643	108327	8780	63570	72092	109163	29142	29313
	1060	705	211	983	297	296	253	133
1405	1178	512	188	798	2780	2251	194	608
99.96	99.92	99.92	99.8	99.72	99.81	99.67	99.91	99.78
99.12	98.3	100	97.72	98.82	99.78	96.54	99.34	97.17

市、县基

（1997

	单　位	全　市	市　　区		
			小　计	鹿城区	龙湾区
各类专业技术人员数	人	76745	22803	2902	866
*中级技术职称以上人员	人	18252	7540	891	156
农业技术人员数	人	2830	539	14	302
剧场、影剧院数	个	131	15		
公共图书馆图书藏量	千册	1478	721		
医院、卫生院数	个	582	73	35	5
*医　院	个	49	20	17	1
医院、卫生院床位数	张	11145	4944	4139	147
*医院床位数	张	9216	4448	4098	100
医院、卫生院技术人员数	人	14431	4783	4092	119
*医　生	人	5536	2033	1717	59
四、财政、金融、保险					
中央财政预算内收入	万元	169427	64488	21312	3835
地方财政预算内收入	万元	217639	114248	23532	2388
各项税收	万元	379884	170372	24695	4064
*农牧业税	万元	9911	2030	231	166
工商税收	万元	191642	101355	22193	3898
地方财政预算内支出	万元	250721	83796	16022	4023
*基建支出	万元	3398	1550		113
支农支出	万元	12706	4093	767	221
福利救济费	万元	7768	1942	527	82
科技三项费	万元	2751	1101	195	48
文教科卫事业费	万元	96014	29203	6236	1291
*科学事业费	万元	1450	842	10	45

本　情　况（七）

年）

瓯海区	瑞安市	乐清市	洞头县	永嘉县	平阳县	苍南县	文成县	泰顺县
4352	9425	10922	1885	6641	7648	10194	3829	3398
1036	2071	2240	431	1435	1640	1489	685	721
223	166	478	226	289	172	297	200	463
6	41	15	3	18	13	19	2	5
13	135	122	59	141	102	125	38	35
33	70	66	15	52	87	82	69	68
2	5	4	2	2	4	7	2	3
658	1113	1447	125	795	1079	776	503	363
250	1113	1096	125	420	824	676	300	214
572	2043	2125	231	1009	1516	1467	582	675
257	718	786	87	384	538	520	232	238
17576	25738	28381	2394	12590	14883	14958	1324	4671
19541	27248	25717	3283	13225	12981	15368	2635	2934
38347	54935	55815	5419	22972	28576	32588	3438	5769
823	1834	1515	358	1057	830	1567	254	466
16639	22818	25742	2637	11187	12686	11676	1814	1727
23673	35844	34906	7535	21037	21539	21570	12691	11803
618	249	562	146		640		114	137
825	2399	2041	372	904	1414	971	208	304
472	1069	1223	314	678	908	919	567	148
201	328	412	73	235	331	222	22	27
7684	14488	13858	2134	9247	8182	9848	4875	4179
45	48	77	26	33	67	284	45	28

（1997

	单位	全市	市区		
			小计	鹿城区	龙湾区
*教育事业费	万元	65155	16285	4318	925
金融机构数	个	1488	779	15	7
*保险机构数	个	45	22		2
金融机构存款余额	万元	5025000	2879071	393739	177403
城乡居民储蓄余额	万元	2557000	1339729	255957	83502
金融机构各项贷款余额	万元	2913400	1682464	209943	142974
*农业贷款	万元	62600	8528	810	2942
保险业务承保额	亿元	1259.99	664.94	12.89	10.27
保险业务保费收入	万元	71437	32773	752	589
保险业务已决赔款	万元	21637	8226	267	238
五、人民生活					
全部职工平均人数	万人	53.39	26.41	6.12	1.46
全部职工工资总额	万元	427830	218705	48839	13138
农村居民人均纯收入	元	3658	5724	6510	5532
农村居民人均生活费支出	元	2881	4697	4926	5101
*食品支出	元	1491	2227	2745	2435
衣着支出	元	249	605	738	789
农村钢筋砖木结构住房比例	%	86	92	100	68
职工保险福利费用总额	万元	39346	18185		312
离退休、退职人员数	万人	13.13	6.94	0.34	0.02
离退休、退职人员保险福利费总额	万元	80967	41122	1594	78
社会福利院数	个	287	35	15	
社会福利院床位数	张	5191	1796	1276	

本 情 况（八）

年）

瓯海区	瑞安市	乐清市	洞头县	永嘉县	平阳县	苍南县	文成县	泰顺县
5380	10608	11051	1454	6627	5670	6866	3885	2709
126	92	153	8	72	32	183	100	69
3	2	8	1	2	2	6	1	1
451626	626821	539225	48525	265128	240844	260762	83738	80886
230700	355434	277443	25865	144272	157616	157079	49403	50159
183853	327051	299375	35972	153367	144761	157843	55102	57465
4214	6016	11875	2195	10081	2690	6689	6667	7859
121.76	208.50	220.91	5.29	77.90	46.37	26.16	5.04	4.88
5497	9367	8248	555	6169	7298	5842	755	430
1366	2329	3566	224	2121	2173	2287	501	210
2.93	6.11	4.38	0.95	2.76	5.3	4.7	1.43	1.35
28083	50385	36972	6968	22890	40217	33460	9961	8272
5264	4135	5029	2625	2747	3281	3042	1825	1580
4142	2692	3048	2271	2037	2345	2772	2094	1674
1608	1534	1596	1283	1027	1324	1420	1111	1094
329	218	168	131	97	259	165	107	111
100	94	99	48	95	100	100	70	20
1560	5673	3233	1106	1443	3889	4570	988	259
0.54	1.75	0.96	0.14	0.54	0.96	1.17	0.4	0.27
2758	9575	6456	945	2569	10396	6513	2216	1175
14	45	15	9	36	38	44	30	35
145	828	301	62	570	391	710	245	288

服务业企业和企业化管理

（1997

	单位数（个）	从业人员年末人数（人）	资本金合计	固定资产原价	资产总计	负债总计
总计	447	18256	59198	104558	187216	104083
一、按行业分：						
公共设施服务业	52	3794	4721	11819	20664	12141
居民服务业	70	791	1445	670	2811	1073
旅馆业	147	8055	26508	68750	91544	52825
租赁服务业	15	684	4794	2327	16256	10274
娱乐服务业	23	565	2453	2844	4580	2739
信息、咨询服务业	72	1103	6483	2196	15525	9672
计算机应用服务业	2	17	283	112	280	14
卫生	6	234	1163	1179	1441	178
体育	1	89	1400	1371	1853	853
社会福利保障业	1	35	45	125	156	39
教育	4	289	303	1038	2210	596
文化艺术业	4	273	1612	606	4417	1658
广播电影电视业	12	851	1305	6834	8413	3257
科学研究业	4	568	2331	2865	4756	2534
综合技术服务业	34	908	4352	1821	12310	6229
二、按地区分：						
市区	329	14975	45420	74774	152075	88290
*鹿城区	157	2668	5953	2827	11946	4306
龙湾区	28	417	5927	1564	17935	12389
瓯海区	13	629	2359	4691	7662	5097
瑞安市	12	727	893	4959	5033	2257
乐清市	48	655	2952	7648	9179	5418
洞头县	7	240	649	1460	1683	666
永嘉县	6	255	334	3067	3349	2184
平阳县	8	242	3220	4287	4923	1754
苍南县	20	846	4644	6964	8442	2396
文成县	8	106	639	816	781	54
泰顺县	9	210	446	582	1752	1064

的事业单位主要财务指标

年）

单位：万元

主营业务收入	主营业务成本	业务税金及附加	主营业务利润	利润总额	应交所得税	本年应付工资	本年应付福利费
102294	53962	5313	18323	3451	1514	15518	1934
15717	12950	924	1495	350	94	2966	418
8314	7190	283	325	43	7	367	46
44493	14309	2484	9195	413	397	7672	859
1973	1071	78	694	158	63	241	31
1914	747	213	219	-97	5	217	29
13653	9580	397	2589	821	291	1062	141
79	55	3	20	-3		12	1
1466	735	12	489	15	8	264	45
624		64	-143	-311		168	20
79			79	-11		31	4
1348	890	39	123	168	3	180	23
2415	1119	93	668	542	202	167	23
3389	1627	384	155	308	125	454	64
1430	1214	30	137	4	11	258	36
5398	2474	307	2277	1049	307	1459	194
89679	50232	4623	15504	3124	1385	13176	1615
20699	16372	1199	1199	156	34	1275	178
3086	1752	113	928	-132	55	451	55
4636	2207	197	954	-128	19	1019	58
4249	1358	234	1468	533	30	568	85
2742	742	132	481	-179		600	63
609	366	39	84	-57	1	91	17
585	34	33	-81	-73	1	167	26
1121	575	67	99	-141		236	38
2606	347	159	522	220	87	537	73
313	171	8	35	3	8	55	5
389	138	18	211	21	4	89	12

服务业差额和自收自支单位主要财务指标

（1997年） 单位:万元

	单位数（个）	从业人员年末人数（人）	本年收入	本年支出	拨入差额补助费	专用基金支出	专项资金支出	年末固定资产原价
总计	862	29182	164912	149333	8730	40373	13493	106004
*差额单位	518	23022	127261	114643	6586	27920	8219	73032
一、按行业分:								
公共设施服务业	25	421	1613	1335	93	22	1129	618
居民服务业	2	51	461	503	9		5	328
信息、咨询服务业	29	332	2084	2040	18	59	22	1366
卫生	631	22710	124542	111708	4811	27678	6606	67765
体育	2	50	240	205				32
社会福利保障业	10	177	996	903	36		996	1084
教育	33	1563	8620	7290	243	11760	70	13626
文化艺术业	17	667	1013	1437	561	7	125	1132
广播电影电视业	27	1132	11861	11478	82	9	3	9226
科学研究业	7	315	954	591	338	24	82	709
综合技术服务业	34	615	2762	2611	148	52	94	1970
国家机关	31	1062	9519	8920	2334	762	4360	8133
社会团体	14	87	249	314	60		1	16
二、按地区分:								
市区	164	9831	88488	76877	3375	27680	5904	52989
*鹿城区	38	1659	6574	5501	488	901	78	3391
龙湾区	14	249	1218	1240	310	15		783
瓯海区	40	1286	10895	7543	235	1179	3215	5281
瑞安市	87	5087	22825	20146	880	4098	4305	12064
乐清市	80	3656	18097	17992	2222	4187	1712	11641
洞头县	54	650	1928	2152	221	429	93	2382
永嘉县	74	1640	6138	6328	410	845	161	3858
平阳县	98	2972	10892	10847	519	902	64	7931
苍南县	147	3266	9873	9427	515	1054	135	10976
文成县	78	1067	4209	2905	368	1052	1095	2319
泰顺县	80	1013	2462	2659	221	125	25	1844

服务业全额单位主要财务指标

（1997年）　　单位：万元

	单位数（个）	从业人员年末人数（人）	经费实际支出	预算外支出	专用基金支出	专项资金支出	年末固定资产原价
总计	5131	119705	197506	163950	24058	59727	362964
一、按行业分：							
公共设施服务业	19	1478	2863	823	241	2054	2840
居民服务业	2	14	12	7	1	1	55
信息、咨询服务业	4	20	33	14	1		33
卫生	54	1258	3159	994	108	70	2761
体育	2	28	203	126			
社会福利保障业	11	208	624	202			634
教育	3623	66601	64992	67737	11084	21134	195104
文化艺术业	38	604	1464	578	116	107	3356
广播电影电视业	46	1199	1944	2556	2140	129	7370
科学研究业	14	337	818	330	201	392	1115
综合技术服务业	32	531	907	393	139	215	2874
国家机关	1119	45477	112594	89523	9968	34991	142456
政党机关	117	1673	7019	613	47	598	3741
社会团体	50	277	874	55	14	37	626
二、按地区分：							
市区	742	27523	69797	55257	9712	12644	119559
*鹿城区	158	5711	12902	12520	539	715	16486
龙湾区	62	1714	4133	3814	754	308	13160
瓯海区	348	8319	18397	24023	2086	5056	30205
瑞安市	601	16234	24501	22095	3867	18995	55727
乐清市	653	15657	18727	21852	1118	8185	40712
洞头县	159	2866	4819	1826	95	601	6575
永嘉县	745	12320	15614	14453	3996	9810	31796
平阳县	502	12378	18489	13744	2225	3005	38203
苍南县	647	18221	25859	28542	2562	4023	45384
文成县	478	7171	9734	3157	275	2053	12419
泰顺县	604	7335	9965	3026	209	410	12590

服务业全额单位

（1997

	单位数（个）	从业人员年末人数（人）	经费			
			合计	工资	补助工资	其他工资
总计	5131	119705	197506	44131	27882	5985
一、按行业分：						
公共设施服务业	19	1478	2863	594	415	19
居民服务业	2	14	12	3	3	1
信息、咨询服务业	4	20	33	11	4	2
卫生	54	1258	3159	508	335	32
体育	2	28	203	14	10	
社会福利保障业	11	208	624	85	51	62
教育	3623	66601	64992	22969	13278	1853
文化艺术业	38	604	1464	234	142	26
广播电影电视业	46	1199	1944	442	249	79
科学研究业	14	337	818	184	76	24
综合技术服务业	32	531	907	236	98	21
国家机关	1119	45477	112594	17943	12744	3592
政党机关	117	1673	7019	786	412	245
社会团体	50	277	874	124	66	29
二、按地区分：						
市区	742	27523	69797	11319	8353	2167
*鹿城区	158	5711	12902	1903	1373	806
龙湾区	62	1714	4133	660	583	192
瓯海区	348	8319	18397	3512	2334	681
瑞安市	601	16234	24501	6065	3644	1012
乐清市	653	15657	18727	4625	4493	194
洞头县	159	2866	4819	1153	805	313
永嘉县	745	12320	15614	4835	1297	394
平阳县	502	12378	18489	5152	2158	489
苍南县	647	18221	25859	5800	4179	1029
文成县	478	7171	9734	2389	1718	163
泰顺县	604	7335	9965	2793	1237	224

经费实际支出

年）　　　　　　　　　　　　　　　　　　　　　　　　　　　　　单位：万元

实	际		支		出			
职工福利费	社会保障费	助学金	公务费	设备购置费	修缮费	业务费	差额补助费	其他费用
9046	14402	1293	25968	10586	10775	24481	3787	19171
297	358		232	198	63	636		51
			1			3		1
2	1		4			7		2
116	120		369	292	248	266	546	328
2	8		18	4	14	121		13
25	69		29	40	33	177		55
3876	6510	1136	4087	2697	4641	1595	8	2342
55	127		172	185	113	363	1	47
113	78		249	202	80	396		57
44	144		96	73	49	114		14
65	78	1	108	23	7	157	3	111
4240	6477	156	18604	6414	5094	18583	3209	15538
173	390		1768	433	421	1852	19	521
37	43		231	25	13	213		94
3285	5002	740	9650	5844	5284	12024	1326	4803
632	957	4	1122	793	1825	2492	50	947
116	79		704	294	158	714	240	394
961	1247	13	2450	970	1473	2549	489	1717
882	1718	216	3559	990	1185	2389	117	2722
786	1581	133	1939	599	1085	1657	318	1318
206	212	9	959	191	167	507	4	295
1035	989	38	1998	532	304	1599	661	1931
794	992	66	2304	1105	588	2134	259	2448
1179	1621	41	3425	809	920	2359	600	3897
353	1076	5	939	322	772	869	12	1117
525	1210	45	1195	193	470	944	489	641

分县(市、区)国民经济主要指标(一)

(1997年)　　单位:万元

	国内生产总值	工农业总产值	①工业总产值	②农业总产值	谷物产量(万吨)
全市	6058218	13324454	12423975	900479	131.99
市区	2320398	4858691	4755186	103505	15.20
*鹿城区	784611	1733803	1719191	14612	1.14
龙湾区	298830	788002	774634	13368	1.61
瓯海区	687583	1870773	1795248	75525	12.45
瑞安市	1228087	2609949	2447022	162927	25.85
乐清市	1055599	2222280	2037149	185131	23.80
洞头县	71152	146164	95525	50639	0.11
永嘉县	475418	903561	825228	78333	15.33
平阳县	506140	1144847	1041294	103553	17.91
苍南县	545366	1265295	1123618	141677	23.62
文成县	94588	96432	58338	38094	4.81
泰顺县	89798	77235	40615	36620	5.36

注:本表按当年价格计算。

分县(市、区)国民经济主要指标(二)

(1997年)　　单位:万元

	社会消费品零售总额	全社会固定资产投资	财政预算内收入	城乡居民储蓄余额	年末耕地面积(千公顷)	年末总人口(万人)
全市	3146311	1781132	387066	2557000	170	708.35
市区	1473535	931643	178736	1339729	17	115.28
*鹿城区	987449	95198	44844	255957	1	49.72
龙湾区	35043	145103	6223	83502	1	8.67
瓯海区	262605	244990	37117	230700	14	56.89
瑞安市	500298	263514	52986	355434	32	116.52
乐清市	345232	140847	54098	277443	25	111.37
洞头县	20653	14497	5677	25865	1	12.50
永嘉县	183427	147332	25815	144272	23	85.50
平阳县	196107	90226	27864	157616	24	78.92
苍南县	355755	118517	30326	157079	29	117.43
文成县	48140	32607	3959	49403	10	37.17
泰顺县	23164	41949	7605	50159	10	33.66

历年乡镇企业概况

年　份	乡镇企业 单位数 (个)	乡镇企业 从业人员 (人)	乡镇企业 总产值 (万元)	*乡镇 工业总产值 (万元)
1978	9037	299332	33515	27629
1980	10013	334590	49101	43654
1983	8498	299926	73622	69532
1984	39908	428413	135595	118367
1985	71666	495155	203862	175793
1986	75145	538865	260452	224922
1987	81026	504552	335049	302097
1988	62776	473873	434006	399663
1989	52161	416328	472043	428001
1990	40178	406829	510456	472066
1991	35690	407433	656689	625592
1992	33109	447100	1070252	1033951
1993	50455	615877	2078388	2012340
1994	58022	696709	3351571	3067624
1995	56907	676794	5005978	3623944
1996	63240	747272	6723093	6534288
1997	66081	767616	8404987	8192309

注:①乡镇企业范围:1984以后,包含个体工业。②乡镇企业总产值:1978—1983年为总收入,1984以后为总产值。③总产值指标均按当年价格计算。

历年乡镇企业主要指标发展指数

(以上年为100)　　单位:%

年　份	乡镇企业 单位数	乡镇企业 从业人员	乡镇企业 总产值	*乡镇工 业总产值
1979	117.9	107.4	113.6	115.5
1980	94.0	104.1	129.0	136.9
1983	100.9	97.6	131.6	142.8
1984	469.6	142.8	185.3	171.3
1985	179.6	115.6	149.5	147.7
1986	104.9	108.8	127.2	127.2
1987	107.8	93.6	128.9	134.6
1988	77.5	93.9	129.2	132.0
1989	83.1	87.9	105.7	103.8
1990	77.0	97.7	107.8	109.9
1991	88.8	100.2	130.5	134.6
1992	92.8	109.7	166.1	168.4
1993	152.4	137.7	193.6	193.9
1994	115.0	113.1	161.3	152.4
1995	98.1	97.1	146.0	147.6
1996	111.1	110.4	137.1	136.9
1997	104.5	102.7	125.0	125.4

注:本表产值指数按可比价格计算。

乡镇企业基本情况

（1997年）

	单 位	合 计	1.工业企业	2.交通运输业	3.建筑业	4.商业、饮食业	5.其他企业
企业单位数	个	66081	60505	1480	222	3494	380
1.集 体	个	14475	13787	68	80	497	43
2.私 有	个	51606	46718	1412	142	2997	337
企业年末人数	人	767616	738612	6681	9938	10960	1425
1.集 体	人	454289	438480	3654	8127	3516	512
2.私 有	人	313327	300132	3027	1811	7444	913
企业总产值(现价)	万元	8404987	8192309	40154	66393	104790	1341
1.集 体	万元	5137564	4983664	29734	54373	68452	1341
2.私 有	万元	3267423	3208645	10420	12020	36338	

注：本表及下表根据国年综122表“乡镇企业基本情况”整理。

分县(市、区)乡镇企业基本情况

（1997年） 单位：万元

	企业个数（个）	职工人数（人）	总产值（现价）	*工业总产值	营 业 收 入	利 税 总 额	净利润	出口产品交货总值
全 市	66081	767616	8404987	8192309	8162670	701921	353878	744649
鹿城区	2022	32164	673368	635523	941243	42515	17005	88809
龙湾区	7066	49002	534342	470537	637998	39108	27073	37774
瓯海区	11074	127597	1324521	1322206	1151470	114699	56347	113089
瑞安市	17612	178700	2004353	1996285	1814412	146889	87641	159945
乐清市	15049	174812	1823021	1784399	1687028	179568	90338	182159
洞头县	348	7794	74279	70350	74012	7314	3883	3943
永嘉县	7146	99156	810055	781687	768317	98244	54119	41806
平阳县	1198	41654	490646	483370	444201	34206	6859	79660
苍南县	1516	41482	603151	585927	583334	32788	7745	26293
文成县	2030	7607	34871	32019	32296	2580	1258	4252
泰顺县	1020	7650	32380	30006	28359	4010	1610	6919

乡镇企业主要财务指标(集体)

(1997年)　　单位:万元

	合　计	1.工业企　业	2.交通运输业	3.建筑业	4.商业、饮 食 业	5.其他企　业
1.营业收入	4891608	4429815	25506	44437	384311	7539
2.营业成本及费用	4286479	3848202	21672	39841	370579	6185
3.营业税金及附加	52176	49857	398	913	811	197
4.管理及财务费用	347487	333200	1983	2231	9093	980
5.利润总额	223778	216747	1502	1525	3814	190
6.可供分配利润	178267	173206	1095	970	2755	241
*提取盈余公积	53028	51589	439	253	738	9
扩大再生产	22692	21879	221	206	379	7
7.支援农业生产资金	2775	2689	15	20	50	1
8.亏损企业个数(个)	575	529	3	7	31	5
亏损企业金额	6078	5770	9	74	81	144
9.年末固定资产原价	1176482	1127361	17297	14335	13551	3938
10.固定资产净值平均余额	971259	932265	12683	12121	11061	2631
11.全部流动资产平均余额	1809982	1721574	7302	24830	47712	8564
12.全年工资总额	365247	353455	2437	5440	3199	716

乡镇企业主要财务指标(私有)

(1997年)　　单位:万元

	合　计	1.工业企　业	2.交通运输业	3.建筑业	4.商业、饮 食 业	5.其他企　业
1.营业收入	3271062	3039848	11294	11722	203536	4662
2.成本及费用	2999987	2777913	9389	10772	197639	4274
3.营业税金及附加	35419	34154	287	147	293	38
4.利润总额	191971	185031	1531	794	4317	298
*应交所得税	16360	16080	68	36	143	33
5.流动资产年末余额	841230	811629	1133	10570	16667	1231
6.年末固定资产原价	599902	581570	3734	5539	7214	1845
7.年末固定资产净值	412919	397257	3227	4986	6135	1314
8.所有者权益总额	762688	737749	2972	5642	15088	1237
9.增加值	906433	840075	3759	3306	57923	1370
10.支援农业生产资金	3426	3328	37	25	33	3

主 要 统 计 指 标 解 释

国内生产总值 指一个国家(地区)领土范围内,本国(本地区)居民和外国(外地区)居民在一定时期内所生产和提供最终使用的产品和劳务价值。从生产角度说,是国民经济各部门的增加值之和;从分配角度说,是这些部门的劳动者收入、福利基金、利润、税金、利息、固定资产折旧和大修理基金等项目之和;从使用的角度说,是最终使用于消费、固定资产投资、增加库存及净出口的产品和劳务。

三次产业 是根据社会生产活动历史发展的顺序对国民经济部门的一种划分。我国将农业划为第一产业,工业和建筑业划为第二产业,其他各业均为第三产业,具体分为四个层次:第一层次是流通部门,包括交通邮电业和商业;第二层次是为生产和生活服务的部门,包括金融、保险业、房地产、公用事业和居民服务业等;第三层次是为提高科学文化水平和居民素质服务的部门,包括文教科卫事业等;第四层次是为社会公共需要服务的部门,包括机关团体,军队和警察等。

当年价格 也称现行价格,指报告期的实际价格、如工厂的出厂价格,农产品的收购价格,商业的零售价格等。按当年价格计算,是指一些以货币表现的物量指标,如社会总产值、工农业总产值、国民收入、国内生产总值等,按照当年的实际价格来计算总量。使用当年价格计算的数字,是为了使国民经济各项指标互相衔接,便于考察当年社会经济效益、便于对生产和流通、生产和分配、生产和消费进行经济核算和综合平衡。

按当年价格计算的价值指标,在不同年份之间进行对比时,因为包含有各年间价格变动的因素,不能确切地反映实物量的增减变动。必须消除价格变动因素后,才能真实反映经济发展动态。因此,在计算增长速度时都使用按可比价格计算的数字。

可比价格 指在不同时期的价值指标对比时,扣除了价格变动的因素,以确切表示物量的变化。按可比价格计算有两种方法:一种是直接按产品产量乘其不变价格计算;一种是用物价指数换算。

不变价格 用某一时期的同类产品的平均价格作为固定价格,来计算各个时期的产品价值。新中国成立后,随着工农业产品价格水平的变化,国家统计局先后五次制定了全国统一的工业产品不变价格和农业产品不变价格,从1949年到1957年使用1952年不变价格,从1957年到1971年使用1957年不变价格,从1971年到1981年使用1970年不变价格,从1981年到1990年使用1980年不变价格.1990年开始使用1990年不变价格。

本《年鉴》所列"社会总产值指数"、"工农业总产值指数"、"国民收入指数"等都是按可比价格计算的。如计算有关年份产值增长情况,可用指数直接进行对比。

人口数 指一定时点全市行政管辖范围的有生命的个人的总和。年度统计的年末人口数是指12月31日24时常住和未落常住户口的人口数。

市镇人口 指市,镇辖区内的常住人口数。

乡村人口 指县(不含镇)辖区内的常住人口数。

市 是指当年经国家批准成立建制的城市。

镇 凡经省人民政府批准,设置镇建制的镇均作为镇统计。

农业人口与非农业人口 是按在业人口所从事的工作性质划分,包括其抚养的家属。

农业人口 指凡在农村从事农、林、牧、副、渔的劳动者,以及乡(不包括乡)以下,不直接从事农业生产的各种人员及其抚养的家属。

非农业人口 指从事农、林、牧、副、渔业以外各种行业的人员。包括国营的农、林、牧、副、渔、园艺场、拖拉机站、抽水机站等,在编的行政管理人员,文教卫生、财贸、邮电等人员,以及附属的独立核算的工业企业中常年不从事农业生产的国家职工。包括抚养的家属。

社会

科学技术事业基本情况

项　　目	单　位	1997年	项　　目	单　位	1997年
一、科委机构数	个	12	十、各类基金使用情况		
二、科委机关人员	人	161	年初总额	万元	2774
三、科委机关经费	万元	467	*放出余额	万元	2191
四、财政科技拨款	万元	3455	本年新增额	万元	815
*科学事业费	万元	954	本年发放额	万元	1840
科技三项费	万元	2429	本年回收额	万元	1547
专项经费	万元	43	年末总额	万元	3539
五、市、县级科技计划项目	项	686	*放出余额	万元	2469
*市(地)级	项	180	十一、科技成果鉴定情况		
1.按类别分:			科研成果	项	44
(1)科技计划	项	420	*市及市级以上	项	27
(2)软科学	项	23	新产品	项	87
(3)星火计划	项	85	*市及市级以上	项	75
(4)其　他	项	158	*省　级	项	60
2.按行业分:			推　广	项	34
(1)工　业	项	333	*市级	项	1
(2)农　业	项	276	软科学	项	16
(3)医疗卫生	项	8	*市级	项	11
(4)其　他	项	69	其　他	项	47
六、国家、省级科技计划项目	项	430	十二、科技成果获奖	项	227
*国家级	项	61	*科技进步奖	项	206
七、省级新产品鉴定项目	项	60	*省(部)级	项	27
八、科技贷款合计	万元	9056	市　级	项	81
科技项目	万元	1886	星火奖	项	21
星火项目	万元	520	*省级以上	项	9
推广项目	万元	2550	十三、发明专利累计	项	439
其　　他	万元	4100	实用新型专利累计	项	2504
九、有偿科技经费回收情况			外观设计专利累计	项	994
年初发放余额	万元	2817	十四、技术合同情况		
本年发放额	万元	2062	合同数	项	336
本年回收额	万元	1744	合同金额	万元	2473
本年冲减额	万元	63	*技术贸易额	万元	2393
年末发放余额	万元	3073			

注:科技拨款数为市本级财政拨款。

大中型工业企业科技人员

（1997年）　　单位：人

	企业个数（个）	从事科技活动人员数			企业办科技机构数（个）	企业办科技机构人员数		
		合计	高中级职称人员	初级职称本科及以上人员		合计	高中级职称人员	初级职称本科及以上人员
总　　计	82	2534	707	519	53	849	226	187
一、按经济类型分：								
*国有经济	38	1347	363	184	28	350	88	47
集体经济	21	697	184	229	19	346	105	101
股份经济	13	256	57	47	6	153	33	39
二、按隶属关系分：								
*中央属	2	198	39	18				
省　属	2	273	80	72	2	27	14	11
地区属	35	1006	272	123	26	413	90	56
三、按企业规模分：								
大　型	11	461	113	53	11	96	23	17
中　型	71	2073	594	466	42	753	203	170

大中型工业企业科技活动产出情况

（1997年）　　单位：万元

	新产品开发项目（项）	新产品产值	新产品销售收入	新产品实现利税	项目获奖成果（项）			
					合计	国家级	省部级	市地级
总　　计	133	53578	48974	6795	62	12	19	27
一、按经济类型分：								
*国有经济	44	22980	20715	2981	3		2	1
集体经济	26	9735	8778	1107	33	4	12	13
股份经济	57	18127	17511	2434	16	5	3	8
二、按隶属关系分：								
*中央属	8							
省　属	39	670	670	96	1			1
地区属	57	33845	31358	4471	9		4	5
三、按企业规模分：								
大　型	19				1		1	
中　型	114				61	12	18	27

大中型工业企业科技活动经费(一)

（1997年）　　单位:万元

	本年经费筹集总额	政府财政拨款	企业自筹资金	银行贷款	横向技术收入	其他
总计	9515	994	5415	2692	88	326
一、按经济类型分:						
*国有经济	5394	10	3621	1650	88	26
集体经济	2693	924	655	814		300
股份经济	1043	60	893	90		
二、按隶属关系分:						
*中央属	49		49			
省属	1110		1057		43	10
地区属	4606	10	2886	1650	45	16
三、按企业规模分:						
大型	2372	3	1456	900	9	5
中型	7143	991	3959	1792	79	321

大中型工业企业科技活动经费(二)

（1997年）　　单位:万元

	合计	内部支出			外部支出
		小计	*新产品开发费	*企业办科技机构经费支出	
总计	8971	8239	3512	2448	732
一、按经济类型分:					
*国有经济	5099	4891	1645	1457	208
集体经济	2470	2186	1350	571	1539
股份经济	1025	788	438	419	237
二、按隶属关系分:					
*中央属	48	48			
省属	1055	927	60	50	128
地区属	4342	4243	1843	1644	99
三、按企业规模分:					
大型	2193	2190	653	1134	4
中型	6778	6050	2859	1314	728

文化事业基本情况

	单　位	1980年	1990年	1995年	1996年	1997年
文化事业机构和人员数						
文化事业机构	个			370	376	372
*全民所有制	个			67	59	368
集体所有制	个			7	4	2
文化事业人员	人			1350	2234	1929
*全民所有制	人			1151	2164	1866
集体所有制	人			199	70	63
一、电影事业单位和观众人次						
1.电影放映单位	个	457	612	415	418	410
*影剧院	个	20	207	144	136	131
2.电影演出场次	场次	132500	215616	183451	81975	69141
3.电影观众人次	万人次	12767	9550	3309	2718	1964
二、艺术事业表演团体和观众人次						
1.艺术表演团体	个	20	8	8	8	8
2.艺术表演演出场次	场次		962	1100	1337	8000
3.艺术表演观众人次	万人次		132	1691	190	35.2
三、其他文化事业						
文化馆	个		10	10	10	10
文化站	个			312	313	317
*乡镇文化站	个			31	31	300
图书馆	个	7	11	11	11	11
图书馆藏书	千册	930	1110	1379	1411	1478
群艺馆	个	2	1	1	1	1
文化馆	个	8	10	10	10	10
四、广播、电视事业						
广播人口综合覆盖率	%		91.0	85.4	80.0	86.49
电视人口综合覆盖率	%		85.2	90.0	90.8	92.49

卫生事业机构、床位和人员数

（1997年）

	机构数（个）	床位数（张）	人员数（人）	在人员数中			
				医师（人）	护士（人）	药师（人）	医士（人）
全市总计	4072	11655	23884	4995	3379	522	2437
一、医院合计	582	11145	17606	3970	3234	467	1537
1.县及县以上医院小计	42	8471	11103	3060	2883	368	452
综合医院	27	5465	7055	1907	1829	239	321
中医医院	9	904	1145	325	251	55	66
医学院校附属医院	2	1360	2113	617	636	54	22
精神病医院	2	237	122	15	20	1	14
中西医结核医院	1	255	387	127	86	12	17
肿瘤医院	1	250	281	69	61	7	12
2.区、乡(镇)卫生院	533	1929	6245	855	302	94	1070
3.其他医院	7	745	258	55	49	5	15
二、疗养院、所	1	114	44	8	8	1	2
三、门诊部、所	4		75	8		2	5
四、专科防治所、站	4	130	102	14	20	4	9
五、卫生防疫站	13		682	197	8		75
六、妇幼保健所、站	12	66	308	109	32	5	20
七、药品检验所、站	8		80	1		35	1
八、其他卫生事业机构	58	200	520	31	48	5	83
九、医学科学研究机构	4		53	14	1	2	2
十、高等医药院校	1		726	5	1		
十一、中等医学院校	8		301	47	2	1	3
十二、个体办医院及诊所、保健所、医务室	3377		3387	591	25		700

医院诊疗人次数和入院人数

（1997年）

	诊疗人次（万人次）	*门、急诊（万人次）	入院人数（人）	每百诊疗人次住院人数（人）
一、县及以上医院合计	549.21	544.02	162612	3
1.卫生部门	529.97	524.80	158153	3
综合医院	284.81	281.12	105381	4
中医院	66.88	66.19	11203	2
医学院校附属医院	127.42	127.21	32807	3
精神病院	2.08	1.51	1089	5
肿瘤医院	3.82	3.82	2725	7
2.工业及其他部门	6.23	6.23	696	1
3.集体所有制	13.10	13.00	3763	3
二、区、乡(镇)卫生院	577.26	559.14	56938	1
三、其他医院	8.49	8.05	6651	9

市、县综合医院住院病人前十位死因

（1997年）　　单位:人

城市综合医院			县综合医院		
死亡原因	死亡人数	占死亡人数(%)	死亡原因	死亡人数	占死亡人数(%)
十种死因合计	527	97.05	十种死因合计	100	97.09
①肿　瘤	127	23.39	①循环系统疾病	29	28.16
②循环系统疾病	113	20.81	②损伤和中毒	16	15.53
③损伤和中毒	94	17.31	③起源于围产期的情况	13	12.62
④起源于围产期情况	79	14.55	④传染病和寄生虫病	10	9.71
⑤消化系统疾病	41	7.55	⑤肿　瘤	10	9.71
⑥呼吸系统疾病	20	3.68	⑥消化系统疾病	7	6.80
⑦神经系统和感觉器官疾病	16	2.95	⑦呼吸系统疾病	6	5.83
⑧传染病和寄生虫病	14	2.58	⑧体征症状和不明确情况	5	4.85
⑨体征症状和不明确情况	14	2.58	⑨泌尿生殖系统疾病	2	1.94
⑩先天异常	9	1.66	⑩妊娠、分娩和产褥期并发症	2	1.94

注:起源于围产期情况,主要是新生儿死亡。

教育事业基本情况

	单　位	1980年	1990年	1995年	1996年	1997年
一、学校数						
高等学校	个	2	3	3	3	3
中等专业学校	个	6	12	13	13	11
普通中学	个	243	388	451	455	468
职业中学	个	17	29	70	70	76
技工学校	个		10	13	14	14
小　学	个	5944	4494	3183	3038	2773
聋哑学校	个		3	9	11	11
二、专任教师数						
高等学校	人	346	658	692	695	717
中等专业学校	人	285	535	556	589	619
普通中学	人	8328	11344	16554	18530	20581
职业中学	人	97	449	1017	1102	1201
技工学校	人		140	455	316	292
小　学	人	25343	22473	23466	24347	25444
三、在校学生数						
高等学校	人	1946	4117	5827	6022	6492
中等专业学校	人	2863	5478	11899	16054	11593
普通中学	人	180644	287800	417704	424122	447009
职业中学	人	2039	12049	26119	25856	33439
技工学校	人		2202	3571	8639	9663
小　学	人	738878	729600	656512	634445	623453
聋哑学校	人		532	2370	2363	2519
四、招生数						
高等学校	人	612	1315	1839	2026	2238
中等专业学校	人	1110	1788	5589	6968	3989
普通中学	人	72859	110900	152462	156396	156635
职业中学	人	1203	5905	12267	9129	15802
技工学校	人		854	1609	3229	3914
小　学	人	161790	140100	119762	115416	116730
聋哑学校	人		67	304	278	270
五、毕业生数						
高等学校	人	249	1120	1604	1720	1740
中等专业学校	人	1467	1644	2662	2836	3545
普通中学	人	58521	63400	85580	95917	120572
职业中学	人	1315	3045	6202	7647	9397
技工学校	人		730	6282	1407	2368
小　学	人	87941	144400	138247	138919	131530
聋哑学校	人		23	45	99	102

基础教育及情况

（1997年）　　单位：%

	小学学龄儿童入学率	升学率		巩固率		义务教育人口入学率	实施义务教育人口（万人）
		小学升初中	初中升高中	小学	初中		
全　市	99.85	99.13	54.23	99.97	98.83	99.04	705.02
市　属	100.00	100.00	87.34	100.00	99.71	99.99	
鹿城区	100.00	100.00	86.52	100.00	100.00	100.00	49.12
龙湾区	100.00	100.00	53.00	100.00	99.97	100.00	8.60
瓯海区	99.96	99.12	55.86	100.00	99.06	99.69	56.54
瑞安市	99.92	98.30	52.26	99.99	99.07	99.20	116.30
乐清市	99.92	100.00	46.46	100.00	99.87	99.63	110.31
洞头县	99.80	97.72	54.97	99.98	99.39	98.81	12.97
永嘉县	99.72	98.82	35.25	99.93	97.96	98.08	85.21
平阳县	99.81	99.78	59.40	100.00	100.00	98.60	78.64
苍南县	99.67	96.54	40.32	99.92	97.54	98.35	116.80
文成县	99.91	99.34	39.21	99.85	97.88	99.59	37.03
泰顺县	99.78	97.17	33.44	99.97	97.09	98.69	33.50

体育运动概况

	单　位	1997年		单　位	1997年
一、体育学校概况			二、公共体育场所		
1.体育运动学校	所	1	1.体育场所使用个数	个	24
在校学生	人	250	使用场次	场次	9743
教职工人数	人	4	2.游　泳　池	个	10
*专职教练员	人	1	使用场次	场次	6835
2.业余体校	所	8	3.有固定台、灯光球场	个	3
在校学生	人	1968	使用场次	场次	1073
教职工人数	人	258			

在校学生达标情况

（1997年）

	单位	合计	中学	小学
学校总数	所	3569	471	3098
在校学生总数	万人	97.82	41.71	56.11
应参加达标活动人数	万人	81.27	41.43	39.84
实际参加达标活动人数	万人	79.59	39.97	39.62
达标数	万人	78.23	39.45	38.78
1.及格级	万人	34.48	16.69	17.79
2.良好级	万人	28.41	15.02	13.39
3.优秀级	万人	15.35	7.74	7.61

举办运动会情况

（1997年）

	单位	合计	体委系统	其他系统
举办运动会情况(县以上)				
1.举办运动会次数	次	541	124	92
* 乡镇运动会次数	次	325		325
2.参加运动人员人数	人	136955	39150	30058
* 乡镇运动会人数	人	67747		67747
3.体委系统举办赞助性比赛				
比赛次数	次	74	74	
赞助经费	万元	100.6	100.6	

环境污染及治理情况

	单　位	1980年	1990年	1995年	1996年	1997年
一、废水排放总量	万吨	5881	8877	13505	13907	16136
*工业废水	万吨	3792	3120	3081	2645	6703
工业废水处理量	万吨	455	1064	1452	1051	2096
工业废水达标量	万吨	366	1202	1464	1349	2959
工业废水经过处理达标量	万吨		512	340	496	1044
二、废气排放总量	亿标立方米	72.39	88.87	250.08	121.83	136.37
燃料燃烧过程中废气排放量	亿标立方米	58.19	75.11	118.19	111.63	124.65
*经过消烟除尘的	亿标立方米		41.04	115.93	108.25	116.62
生产工艺过程中废气排放量	亿标立方米	16.20	13.76	12.56	10.20	11.71
*经过净化处理的	亿标立方米		5.09	7.39	2.70	7.34
在废气中：二氧化硫	万吨	1.88	1.98	1.83	1.79	2.82
烟　尘	万吨	1.93	1.54	3.71	0.79	2.42
三、工业粉尘排放量	万吨		0.084	0.06	0.03	0.22
工业粉尘回收量	万吨		0.327	0.26	0.20	0.03
四、工业固体废物产生量	万吨	42.04	39.5	44.33	48.32	53.61
工业固体废物排放量	万吨		8.28	5.76	3.27	0.45
历年工业固体废物堆存总量	万吨	22.00	81.06	101.04	109.57	123.88
工业固体废物占地面积	万平方米		11.99	10.50	50.86	18.84
工业固体废物处置量	万吨		13.66	13.73	2.60	2.42
工业固体废物综合利用量	万吨	4.00	10.89	23.66	28.23	41.92
五、市区交通噪声：等效声级	分贝		81.5	75.2	72.5	68.1
六、"三废"综合利用产品产值	万元	45.00	705.26	3277	2510	3451
"三废"综合利用利润	万元	3.00	206.44	619	402	167
七、当年竣工"三废"治理项目	个	5	75	72	35	59
*治理废水	个	4	40	48	24	39
治理废气	个	1	23	18	6	14
治理废物	个		6	4	1	1
八、竣工项目新增设计处理能力						
1.治理废水	吨/日					25911
2.治理废气	标立米/时					37785
3.治理废物	吨/日					15
九、污染治理完成投资	万元					4995
*治理废水	万元					3516
治理废气	万元					1404

标准计量和质量监督概况

	单　位	1990年	1994年	1995年	1996年	1997年
技术监督机构	个	10	10	23	23	23
技术监督部门职工	人	275	383	671	440	478
＊专业技术人员	人	101	96	171	179	190
技术监督经费收入	万元	350	916	1325	1565	1586
＊国家固定拨款	万元	107	395	701	701	716
质量检验	万元	100	115	230	308	427
技术监督经费支出	万元	266	876	1246	1435	1499
＊工　资	万元	39	157	253	332	362
设备费	万元	70	121	154	202	115
固定资产总额	万元	481	955	1051	1447	1779
＊仪器设备	万元	176	475	548	509	623
强制检定计量器具检出数	项	27	21	25	19	22
	种	47	35	39	33	37
	台	33386	32459	29640	37862	28751
发放计量器具许可证单位	个	105	154	78	75	60
技术监督执法人员	人		194	178	260	297
＊质量监督	人		111		38	50
受理行政案件	起		918	163	1286	2002
调解仲裁案件	起			108	121	111
为消费者挽回经济损失	万元		784	200	7491	6980
企业标准备案	个	590	858	1113	1141	1299
市局质量监督检查情况						
产品质量监督检验受检企业	个	1315	3779	851	4019	2973
产品质量监督检验批次	批次	2196	4039	325	4479	3166
产品质量监督检验合格批次	批次	1376	2442	535	3337	2241
产品质量监督检验批次合格率	%	62.7	60	62.0	74.5	71.0
商品质量监督受检企业	个		1273	951	972	806
商品质量监督检验批次	批次		10817	1819	1825	1196
商品质量监督检验合格批次	批次		4228	1434	1086	865
商品质量监督检验批次合格率	%		39.0	79.0	59.5	72.0

档案事业基本情况

	单　位	1990年	1992年	1994年	1995年	1996年	1997年
一、机　　构							
档案事业管理机构(局、处、科)	个	12	12	12	12	12	12
档案馆	个	11	11	14	12	12	12
二、工作人员							
档案事业管理机构	人	50	32	34	32	38	35
档案馆	人	51	75	95	92	79	99
三、档案管面积	平方米	7354	8525	7125	14003	13405	13405
* 库房面积	平方米	2872	4669	3854	7729	7051	7051

档案资料馆藏和利用情况

	单　位	1990年	1992年	1994年	1995年	1996年	1997年
一、馆藏档案							
全　宗	个	735	1182	1125	1353	1393	1396
案　卷	万卷	21.03	26	22.12	31.82	33.13	33.25
录音、录像片	盒	1376	1512	627	840	759	759
照　片	万张	5.46	4.52	4.45	4.81	5.29	5.28
二、馆藏资料册数	万册	5.71	6.67	5.23	7.19	7.49	7.52
三、档案馆藏资料利用							
利用人次	人次	17847	1093	440	628	1588	7019
利用档案	卷、件次	96485	71680	26076	22287	36240	32746
利用资料	册、份次	6866	4485	842	1356	1078	859
复　制	页	86574	81192	36458	38473	38165	38560

民政福利事业概况

	单　位	1980年	1985年	1995年	1996年	1997年
一、机构数						
1.优扶休(疗)养院	个	4	3	6	6	6
2.社会福利事业单位	个	4	3	3	3	3
＊社会福利院	个	3	2	2	2	2
儿童福利院	个	1	1	1	1	1
3.社会办敬老院	个	13	32	129	221	277
4.非收养事业单位(殡葬)	个	1	1	1	1	1
5.福利生产单位	个	13	223	424	468	22
二、收养人数						
1.优扶休(疗)养院人数	人	25	34	96	89	88
2.社会福利事业单位收养	人	391	391	568	498	692
＊社会福利院	人	236	248	378	378	474
儿童福利院	人	155	143	190	120	218
3.社会办敬老院收养	人	104	309	1396	2092	2686
三、福利生产单位全部职工	人	1071	5052	9229	10612	892
＊残疾人数	人	322	1733	4260	5095	377
四、享受国家抚恤补助及救济情况						
1.烈属享受定期抚恤人数	人		1501	1632	1635	1393
2.革命伤残人员抚恤人数	人	1721	2173	2445	2460	2478
3.享受定期补助优抚对象	人	664	5247	13158	14277	14856
＊在乡复员军人	人	664	3358	6828	6695	6516
在乡退伍军人	人		1791	5378	6673	6943
4.临时救济的社会困难户	人	8451	332159	83926	125641	73500
定期定量救济的社会困难户	人	501	906	14970	15571	15971
5.救济退职老弱残职工	人	1152	3023	3117	3087	3009
享受原工资40%救济人数	人	651	1108	856	839	807
享受定期定量救济人数	人	501	1915	2261	2248	2202
6.社会孤老残幼人员数	人	36629	17839	9143	9345	13379
享受定期定量救济的孤老残幼人员	人	37427	8072	717	744	571
7.本年新增扶贫户数	户	3482	16372	5983	8740	6280
本年新增脱贫户数	户	1950	2621	4237	6689	15347
年末在扶户数	户	9032	22785	31464	33515	24448
五、婚姻登记情况						
1.准予登记结婚数	对	11683	23900	52188	55716	53439
＊初　婚	人	22827	46899	102421	109107	104457
再　婚	人	539	901	1955	2325	2421
＊女	人		482	940	1010	1283
2.准予登记离婚数	对	387	1082	1092	1362	1652

律师、公证及调解工作概况

	单　位	1985 年	1990 年	1995 年	1996 年	1997 年
一、律师工作						
行政代理	件		97	258	231	262
律师事务所(法律顾问处)	个	12	15	30	33	33
律师工作人员	人	56	111	229	255	443
*专职律师	人			133	154	178
兼职律师	人			43	54	44
特邀律师	人			36	47	43
聘请担任常年法律顾问单位	家	91	719	1255	2027	2192
民事代理	件	544	2174	2594	2606	3214
刑事辩护	件	982	2089	2524	2956	2801
非诉讼代理	件	31	152	2376	2133	2451
经济代理	件			1350	1943	2603
二、公证工作						
公证处	个	11	12	12	12	12
公证人员	人	44	77	92	97	92
*公证员	人	27	38	82	87	54
办理国内公证文书	件	4973	11207	36633	45128	50836
*经济合同公证	件	4030	6453	16227	25615	20123
办理涉外公证文书	件	2948	30461	36254	38442	56842
三、人民调解工作						
专职司法助理员	人	50	98	135	201	196
人民调解委员会	个	7282	7045	7066	7141	7188
调解民事纠纷	件	34306	32754	30660	29742	27143
人民调解委员	人	26885	23108	21316	26732	25593
四、基层法律工作						
法律服务所	个			331	331	331
调解民间纠纷	件			1393	1998	359
聘请担任法律顾问单位	家			938	1154	2192
代理民事诉讼	件			1455	2305	3214
办理非诉讼法律事务	件			576	431	2451

共青团、妇联组织和工作概况

	单　位	1990年	1992年	1994年	1995年	1996年	1997年
一、共青团组织							
1.团支部	个	12378	13426	14259	14552	26835	14012
2.共青团员	万人	20.24	32.27	35.03	34.12	34.20	34.86
*女团员	万人	8.48	9.85	10.44	11.57	11.48	14.76
3.共青团员占总人口的比例	%	3.0	4.9	5.8	4.9	4.9	4.9
4.团员入党数	人			1779	4776	4080	4255
5.发展新团员	人			20725	48679	43041	45169
6.已建团单位	个			12645	10637	11428	11905
7.专职干部	人			460	581	570	584
*女干部	人			105	83	151	156
8.青年星火带头人	人			435	1169	1289	1058
二、妇联组织							
1.妇联干部	人	650	532	493	488	492	500
*乡、镇、街道妇联干部	人	568	447	410	412	412	392
2.基层妇代会	个	6783	6609	6712	6948	7241	6677
基层妇代会人数	万人	359	3.72	3.82			3.34
三、妇联工作							
1.扫盲参学人数	人			66162	86000	27722	22344
*脱盲人数	人			21841	52000	23228	19478
2.扶贫情况							
扶贫人数	人				18281	28792	37215
扶贫项目	个				201	158	84
3."三八"绿色工程							
获得绿色奖章人数	人			4	11	14	578
建"三八"绿色基地	个			129	84	94	475

主要统计指标解释

专　利　是对发明人的发明创造经审查合格后，由专利局依据专利法授于发明人和设计人对该项发明创造享有的专有权。从类型来看，包括发明、实用新型和外观设计。

普通高等学校　指按照国家规定的审批程序批准举办，通过全国统一招生考试，招收高级中等学校毕业生和具有同等学历者，实施高等教育，培育高等专门人才的学校。包括大学、专门学院、专科学校等。

中等专业学校　指经国务院各部委或省人民政府批准举办，招收初中（或部分高中）毕业生或具有同等学历者，实施中等专业教育、培养中等专门人才的学校。具体又可分为中等技术学校和中等师范学校两大类。

小学学龄儿童入学率　指调查范围内已入小学学习的学龄儿童占校内外学龄儿童总数（包括弱智儿童在内，但不包括盲聋哑儿童）的比重。计算公式是：

$$\text{小学学龄儿童入学率} = \frac{\text{已入学的小学学龄儿童数}}{\text{校内外小学学龄儿童总数}} \times 100\%$$

文化事业机构　指从事专业文化工作和为专业文化工作服务的独立核算、独立建制的单位。不包括文化主管部门直属单位举办的其他行业和各部门的业余文化组织。

电影放映单位　指拥有放映机器设备，有固定或不固定的放映场所，有专职或兼职的放映技术人员，经文化行政部门登记批准，经常为一定的观众对象放映电影的机构。包括电影院、影剧院、开放礼堂、俱乐部、放映队、对内礼堂俱乐部。不包括未经登记批准或已取消登记的。

广播(电视)人口覆盖率　指广播（或电视）覆盖人口与总人口的比率。广播（或电视）覆盖，目前是按某套节目来计算的。广播覆盖人口是指能够用普通收音机在中午收听中波广播节目，并且收听效果能达到听清完整的节目内容的地区的人口数，包括只能收听外省的中波广播的人口数在内。电视覆盖人口是指能够用普通电视接收机，室外天线在离地面四米高处，在晚上收看电视，并且收看效果能达到图像基本稳定、清晰，能看清人物的形象、动作的地区内的人口数。

指标计算公式：

$$\text{广播(电视)人口覆盖率} = \frac{\text{年末广播(电视)覆盖人口数}}{\text{年末总人口数}} \times 100\%$$

医　院　指名称为医院，设有固定床位能收容病人住院并能为病人提供医疗和护理服务的医疗机构。包括县及县以上医院、农村乡卫生院、其他医院三部分。

卫生技术人员　指卫生事业机构中现任职务为卫生技术工作的人员。包括中医师、西医师、中西医结合高级医师、护师、中药师、西药师、检验师、其他技师、中医士、西医士、护士、助产士、中药剂士、西药剂士、检验士、其他技士、其他中医、护理员、中药剂员、西药剂员、检验员、其他初级卫生技术人员。

医　生　指经卫生部门审查合格，从事医疗工作的专业人员。分为中医医生和西医医生，包括中医师、西医师、中西医结合高级医师、中医士、西医士和其他中医。

废水排放总量　包括生产废水和生活污水。生产废水指企、事业单位在生产、科研、医疗等过程中，向外环境排放的所有排放口的废水量总和。生活污水指城镇居民区和企、事业单位职工集中居住区排放的污水量。

废气排放总量　指燃料燃烧和生产工艺过程中排放的各种废气总量。以标准状态下每年亿标立方米表示。

工业固体废物产生量　指工矿企业、事业单位在生产（试验）过程中产生的固体废弃物总量。不包括矿山开采的剥离及掘进时产生的废石。

社会福利事业机构　指集中收养社会孤老、残、幼的机构，包括民政部门管理的社会福利院、儿童福利院和社会办集体教老院等。

法律顾问处　指律师执行职务的工作机构，它是受国家司法行政机关的组织领导和业务监督的事业单位。

公证处　指代表国家行使公证职能的机关，根据当事人（公民、法人、非法人团体）的申请，对法律行为和有法律意义的文书、事实、依法证明它的真实性和合法性的非诉讼活动，以保护公共财产，保护公民身份上、财产上的权利和合法利益。

农业

农业主要指标(一)

	单 位	1980 年	1990 年	1995 年	1996 年	1997 年
乡村户数	万户	119.16	146.03	152.17	153.65	153.63
乡村人口	万人	519.24	582.05	601.88	604.55	604.90
乡村劳动力	万人	150.02	281.01	318.34	323.55	329.44
农林牧渔业总产值	万元	93595	368388	719984	817927	900479
1.农 业	万元	69005	241663	368076	410626	420628
*家庭兼营工业	万元	…	109225	65276	74523	78250
2.林 业	万元	2653	7521	16344	18716	19115
3.牧 业	万元	13886	69120	137249	141135	149060
4.渔 业	万元	8051	50084	198315	247450	311676
年末耕地面积	万亩	295.39	273.83	257.06	255.20	255.19
1.水 田	万亩	222.66	211.32	198.44	196.98	196.58
2.旱 地	万亩	72.73	62.51	58.62	58.22	58.61
农作物播种总面积	万亩	641.63	647.46	549.36	558.53	562.26
1.粮食作物面积	万亩	480.05	496.85	432.83	439.67	441.29
2.工业原料面积	万亩	41.49	29.99	15.83	15.93	16.73
3.其他作物面积	万亩	120.09	120.62	100.70	102.93	104.24
粮食总产量	吨	1753085	1413392	1471619	1584490	1549209
*谷物	吨	1351345	1199679	1318862	1367623	1319933
在粮食总产量中:						
1.春粮	吨	43510	91471	73937	85290	95429
2.早稻及早中稻	吨	621455	541952	520106	535567	553140
3.秋粮	吨	1088120	779969	877576	963633	900640
蔬菜产量	吨	366275	843585	758270	798801	854789
瓜类产量	吨	20788	48619	136453	133826	140290
油料	吨	19729	16070	10123	10368	9852
*油菜籽	吨	17940	15586	8570	8988	8416
茶园面积	万亩	27.50	23.15	20.15	18.70	17.67
茶叶产量	吨	4744	4039	3416	2921	2487
果园总面积	万亩	12.10	41.74	36.99	38.64	40.02
*柑桔园	万亩	8.00	21.50	14.36	13.96	13.22
水果总产量	吨	15165	83902	95694	102680	124461
*柑 桔	吨	8406	65165	68265	67602	78624
造林面积	万亩	57.27	34.45	13.85	13.85	11.93
农村木材采伐量	立方米	15547	77847	191893	106766	105184
农村毛竹采伐量	万根	237.23	301.10	315.1	337.7	327.3

注:①农业总产值按当年价格计算。

②1993 年开始农民家庭兼营工业产值按新的口径统计,1993 年以前尚未作调整。

农业主要指标(二)

	单　位	1980年	1990年	1995年	1996年	1997年
年末生猪存栏头数	万头	104.52	103.41	80.61	74.59	76.64
年内肥猪出栏头数	万头	81.08	97.14	87.70	83.83	88.69
生猪全年饲养量	万头	185.60	200.55	168.31	158.42	165.33
年末牛存栏头数	头	119043	100831	64354	61523	59607
年内牛出栏头数	头	8407	10277	13425	11787	11918
年末羊存栏总只数	万只	16.49	8.59	10.01	11.00	11.56
年内羊出栏只数	万只	7.46	5.88	5.89	7.37	7.51
年末家禽存栏总只数	万只		808.06	689.53	847.79	718.43
年内家禽出栏只数	万只		897.68	1019.78	1067.51	1105.89
当年出售和自宰的肉产量	吨	57884	96139	92101	88538	94813
1.猪肉产量	吨	56376	83028	76289	72358	78009
2.羊肉产量	吨	670	510	667	780	876
3.牛肉产量	吨	838	1078	1776	1628	1471
4.兔肉产量	吨		434	740	758	799
5.禽肉产量	吨		11089	12629	13014	13658
禽蛋产量	吨		21439	27866	25145	26216
牛奶产量	吨	11698	31800	13460	12065	9388
蜂蜜产量	吨	7288	14410	5887	4814	3856
水产品总产量	吨	127788	184904	348136	408552	469988
1.海水产品产量	吨	125883	178720	336626	394132	453192
2.淡水产品产量	吨	1905	6184	11510	14420	16796
农、渔业机械总动力	万千瓦	37.79	117.46	155.93	161.76	160.66
1.农业机械总动力	万千瓦	28.45	82.23	112.77	115.18	115.65
2.渔业机械总动力	万千瓦	9.34	35.23	43.16	46.58	45.01
农村用电量	万千瓦小时	26883	46601	146076	175311	196553
农用化肥施用量(折纯)	吨	41667	68993	92048	90973	92958
1.氮肥	吨	28873	47276	68022	66420	66217
2.磷肥	吨	12144	10230	10242	10294	11309
3.钾肥	吨	408	6011	5468	5087	5691
4.复合肥	吨	242	5476	8316	9172	9741
有效灌溉面积	万亩	201.66	203.14	195.50	195.23	195.60
机电排灌面积	万亩	159.14	159.09	136.68	158.01	159.89
旱涝保收面积	万亩	104.16	109.47	108.35	100.31	93.65

农村基层组织和乡村劳动力

	单　位	1985 年	1990 年	1995 年	1996 年	1997 年
一、农村基层组织						
1.乡政府	个	429	384	174	172	170
2.镇政府	个	83	119	140	142	144
3.村民委员会	个	6189	6256	6263	6264	6267
4.村民小组	万个	6.64	6.63	6.55	6.53	6.48
二、乡村劳动力合计	万人	258.31	281.01	318.34	323.55	329.44
按性别分:						
男	万人	152.78	170.12	181.65	183.43	185.07
女	万人	105.53	110.89	136.69	140.12	144.36
按部门分:						
1.农、林、牧、副、渔业	万人	162.00	173.74	153.31	152.96	147.70
农　业	万人	127.89	128.51	128.07	127.43	123.04
林　业	万人	3.09	1.75	1.99	1.92	1.90
牧　业	万人	23.13	21.50	15.99	16.27	15.29
副　业	万人		18.53			
渔　业	万人	7.89	6.45	7.26	7.34	7.47
2.工　业	万人	43.78	57.32	61.10	62.60	66.51
乡镇办工业	万人	11.38	10.92	10.43	12.02	11.54
村办工业	万人	8.97	6.15	6.99	6.94	5.55
村以下工业	万人	23.43	40.25	43.68	43.64	49.42
3.建筑业	万人	8.67	9.64	11.97	12.74	12.47
4.交通运输仓储业及邮电通讯业	万人	3.97	5.32	8.93	9.60	9.67
5.批发、零售贸易业及餐饮业	万人	7.31	12.31	24.70	25.89	32.21
6.卫生、体育、社会福利事业	万人	0.61	0.77			
7.金融保险事业	万人	0.04	0.07			
8.其他非农产业	万人	31.93	37.37	58.33	59.76	60.88
* 外出合同工、临时工	万人	3.89	3.21	13.00	14.35	12.52

注:1991 年以后乡镇个数减少是由于“撤区、扩镇、并乡”所致。1994 年起,卫生、体育、社会福利事业以及金融保险事业劳动力归于其他非农产业。

历年农村社会总产值

单位:万元

年份	农村社会总产值	1.农林牧渔业总产值	2.农村工业总产值	3.农村建筑业总产值	4.农村运输业总产值	5.农村商、饮业总产值
1978	121900	77762	24835	13992	1325	3986
1980	163358	91958	41511	23254	1578	5057
1985	415534	194348	165818	30958	9444	14966
1986	493215	219696	207090	35885	11580	18964
1987	635805	267400	282211	47579	12366	26249
1988	807194	318565	363362	64739	17803	42725
1989	861557	332353	384781	70844	20568	53011
1990	937212	349175	440995	76281	20848	49913
1991	1137889	399322	555309	101833	24377	57048
1992	1677596	484418	925491	136422	27844	103421
1993	2879788	445268	1996234	249782	33180	155324
1994	4573512	531375	3326425	357218	64863	293631
1995	5980303	719984	4369345	483217	84878	322879
1996	7361004	817927	5500007	536368	104217	402485
1997	8905001	900479	6875672	568232	113526	447092

注:农林牧渔业产值从1993年开始,农村工业总产值从1995年开始新规定统计。

历年农村社会总产值构成

单位:%

年份	农村社会总产值	1.农林牧渔业总产值	2.农村工业总产值	3.农村建筑业总产值	4.农村运输业总产值	5.农村商、饮业总产值
1978	100.00	63.79	20.37	11.48	1.09	3.27
1980	100.00	56.29	25.41	14.23	0.97	3.10
1985	100.00	46.77	39.90	7.45	2.27	3.61
1986	100.00	44.54	41.99	7.28	2.35	3.84
1987	100.00	42.06	44.39	7.48	1.94	4.13
1988	100.00	39.47	45.02	8.02	2.20	5.29
1989	100.00	39.03	44.66	8.22	2.39	5.70
1990	100.00	37.26	47.05	8.14	2.22	5.33
1991	100.00	35.09	48.80	8.95	2.14	5.02
1992	100.00	28.88	55.17	8.13	1.66	6.16
1993	100.00	15.46	69.32	8.67	1.15	5.40
1994	100.00	11.62	72.73	7.81	1.42	6.42
1995	100.00	12.04	73.06	8.08	1.42	5.40
1996	100.00	11.11	74.72	7.28	1.42	5.47
1997	100.00	10.11	77.21	6.38	1.28	5.02

注:本表按当年价格计算。

历年农业总产值

单位:万元

年　份	农林牧渔业总产值	1.农业	*农民家庭兼营工业	2.林业	3.牧业	4.渔业
1978	77762	58029	4468	2310	10819	6604
1980	91958	67407	6218	2592	13653	8306
1985	194348	135404	49085	4424	34073	20447
1986	219696	153605	63814	4527	37203	24361
1987	267400	179648	79042	5450	50214	32088
1988	318565	207660	95417	6529	64375	40001
1989	332353	221088	98111	6083	66923	38259
1990	349175	222446	90012	7521	69124	50084
1991	399322	258489	104286	10854	72315	57664
1992	484418	322767	179982	11369	76797	73485
1993	445268	252253	78442	13333	81274	98408
1994	531375	274160	62365	18338	108137	130740
1995	719984	368076	65276	16344	137249	198315
1996	817927	410626	74523	18716	141135	247450
1997	900479	420628	78250	19115	149060	311676

注:本表按当年价格计算;从1993年开始农林牧渔业产值按新的口径统计,以前尚未调整。

历年农业总产值发展指数

(以上年为100)

单位:%

年　份	农业总产值	1.农业	2.林业	3.牧业	4.渔业
1978	114.12	116.87	145.15	109.10	112.49
1980	108.39	105.80	86.81	110.53	120.22
1985	107.93	95.70	94.35	105.26	103.70
1986	108.66	95.70	92.33	103.65	110.81
1987	108.71	98.24	110.28	98.55	104.42
1988	110.47	102.01	94.79	104.03	109.23
1989	102.53	107.61	88.78	99.70	95.46
1990	102.45	89.89	105.35	105.32	101.79
1991	112.63	116.65	141.20	102.49	107.25
1992	114.39	84.10	98.79	100.80	119.66
1993	108.70	114.26	108.78	96.78	105.79
1994	96.55	88.38	118.18	92.17	122.09
1995	115.28	111.90	81.89	105.79	135.28
1996	108.23	107.58	111.20	95.06	116.78
1997	106.25	102.80	96.56	103.56	114.25

注:本表按可比价格计算。1993年以前,农业只含农作物种植业。

历年耕地面积和农作物播种面积

单位:万亩

年份	年末耕地面积合计	*水田	农作物播种面积合计	1.粮食作物	2.工业原料作物	3.其他作物
1949	319.04	247.35	585.99	514.85	37.96	33.18
1951	334.38	256.23	682.50	612.69	48.29	21.52
1952	343.34	257.42	691.93	617.47	50.70	23.76
1955	345.39	257.32	701.42	623.15	38.88	39.39
1957	339.69	248.66	667.69	570.70	42.49	54.50
1958	333.09	241.50	681.29	586.13	31.85	63.31
1959	323.15	234.51	673.91	553.68	46.22	74.01
1960	319.43	232.27	661.82	546.17	29.14	86.51
1961	316.94	230.91	629.59	543.54	16.28	69.77
1962	319.80	229.24	612.17	514.22	17.18	80.77
1963	318.44	229.62	597.11	500.89	20.20	76.02
1964	316.25	229.34	603.73	488.70	32.75	82.28
1965	312.24	227.20	631.27	481.67	33.59	116.01
1966	311.94	227.93	613.54	473.27	12.68	127.59
1967	310.22	226.56	620.09	484.71	15.98	119.40
1968	309.26	226.27	611.69	481.95	16.23	114.11
1969	303.72	223.92	589.56	474.88	19.99	94.69
1970	302.23	222.12	616.71	481.88	19.14	115.69
1971	301.54	222.91	641.16	494.66	20.42	126.08
1972	300.86	223.27	662.45	504.46	23.08	134.91
1973	300.42	224.65	656.09	496.04	22.26	137.79
1974	300.17	225.16	634.49	486.65	23.30	124.54
1975	299.90	225.59	619.89	479.90	18.36	121.63
1976	299.54	226.05	611.84	480.66	16.07	115.11
1977	299.21	225.35	623.54	486.19	18.52	118.82
1978	298.02	224.77	645.11	485.23	32.20	127.68
1979	296.73	223.24	647.10	485.58	34.50	127.02
1980	295.39	222.66	641.63	480.05	41.49	120.09
1981	294.38	222.09	681.34	515.85	53.01	112.48
1982	293.71	222.17	680.88	528.65	41.48	110.75
1983	293.17	222.55	662.88	531.31	33.40	98.17
1984	290.98	221.75	636.68	528.18	32.07	76.43
1985	283.67	217.20	626.73	505.06	34.26	87.41
1986	280.27	215.07	627.22	494.36	32.37	100.49
1987	277.90	214.01	624.28	503.11	26.71	94.46
1988	276.74	213.35	594.79	483.21	17.50	94.08
1989	276.03	212.82	617.77	488.98	23.73	105.06
1990	273.83	211.32	647.46	496.85	29.99	120.62
1991	273.29	210.98	642.31	496.61	31.95	113.75
1992	270.21	207.66	624.83	484.32	33.41	107.10
1993	266.04	205.24	564.30	446.34	16.46	101.50
1994	260.07	201.14	537.33	427.43	11.41	98.49
1995	257.06	198.44	549.36	432.83	15.83	100.70
1996	255.20	196.98	558.53	439.67	15.93	102.93
1997	255.19	196.58	562.26	441.29	16.73	104.24

乡村人口和劳动力(一)

（1997年末）　　单位:万人

	乡村户数（万户）	乡村人口	乡村劳动力	1.农林牧渔业	2.工业	①乡镇办工业	②村办工业
全　市	153.63	604.9	329.44	147.70	66.51	11.54	5.55
鹿城区	1.93	7.04	4.86	1.14	1.61	0.13	0.78
龙湾区	1.81	7.44	4.78	0.83	2.20	0.27	0.21
瓯海区	12.85	51.80	31.31	10.84	12.24	2.21	1.86
瑞安市	25.82	103.83	60.96	28.47	14.39	2.93	1.18
乐清市	26.77	101.36	54.69	21.05	9.98	0.64	0.27
洞头县	2.89	10.45	5.85	2.43	0.80	0.14	0.38
永嘉县	19.57	79.27	43.71	21.30	4.43	1.26	0.11
平阳县	17.77	69.87	35.65	19.45	5.31	1.29	0.20
苍南县	26.23	106.97	53.26	23.27	12.76	2.34	0.32
文成县	9.57	35.21	18.32	8.91	1.85	0.14	0.17
泰顺县	8.42	31.66	16.05	10.01	0.94	0.19	0.07

乡村人口和劳动力(二)

（1997年末）　　单位:万人

	③村以下工业	3.建筑业	4.运输、仓储邮电业	5.批零贸易业及餐饮业	6.其他非农行业	合计中	
						外出的	*出省的
全　市	49.42	12.47	9.67	32.21	60.88	63.83	35.32
鹿城区	0.70	0.21	0.27	0.56	1.07	0.34	0.16
龙湾区	1.72	0.30	0.23	0.36	0.86	0.25	0.11
瓯海区	8.17	1.64	1.10	2.20	3.29	3.78	0.88
瑞安市	10.28	1.60	1.57	5.00	9.93	10.09	4.48
乐清市	9.07	1.90	1.47	12.31	7.98	16.16	12.02
洞头县	0.28	0.42	0.23	0.30	1.67	1.14	0.70
永嘉县	3.06	1.10	0.88	3.24	12.76	11.37	7.26
平阳县	3.82	1.75	1.03	2.72	5.39	4.87	2.17
苍南县	10.10	1.87	2.20	3.71	9.45	5.03	2.89
文成县	1.54	0.59	0.39	1.20	5.38	6.42	1.84
泰顺县	0.68	1.09	0.30	0.61	3.10	4.38	2.81

农村社会总产值

（1997年）　　单位：万元

	农村社会总产值	1. 农林牧渔业总产值	2. 农村工业总产值	3. 农村建筑业总产值	4. 农村运输业总产值	5. 农村商、饮业总产值
全　市	8905001	900479	6875672	568232	113526	447092
鹿城区	792870	14612	672203	22539	1459	82057
龙湾区	455976	13368	420723	8386	10308	3191
瓯海区	1625046	75525	1340856	77827	1042	129796
瑞安市	2382304	162927	1996284	109176	38818	75099
乐清市	980063	185131	607956	122142	12157	52677
洞头县	130377	50639	70599	5906	2052	1181
永嘉县	529063	78333	279521	98101	28084	45024
平阳县	777836	103553	617585	28901	6992	20805
苍南县	1058768	141677	809574	75708	9690	22119
文成县	88542	38094	32293	15195	1188	1772
泰顺县	84156	36620	28078	4351	1736	13371

注：本表按当年价格计算。

农村社会总产值构成

（1997年）　　单位：%

	农村社会总产值	1. 农林牧渔业总产值	2. 农村工业总产值	3. 农村建筑业总产值	4. 农村运输业总产值	5. 农村商、饮业总产值
全　市	100.00	10.11	77.21	6.38	1.28	5.02
鹿城区	100.00	1.84	84.78	2.84	0.19	10.35
龙湾区	100.00	2.93	92.27	1.84	2.26	0.70
瓯海区	100.00	4.65	82.51	4.79	0.06	7.99
瑞安市	100.00	6.84	83.80	4.58	1.63	3.15
乐清市	100.00	18.89	62.03	12.46	1.24	5.38
洞头县	100.00	38.84	54.15	4.53	1.57	0.91
永嘉县	100.00	14.81	52.83	18.54	5.31	8.51
平阳县	100.00	13.31	79.40	3.72	0.90	2.67
苍南县	100.00	13.38	76.46	7.15	0.92	2.09
文成县	100.00	43.03	36.47	17.16	1.34	2.00
泰顺县	100.00	43.52	33.36	5.17	2.06	15.89

注：本表按当年价格计算。

农业总产值(一)

(1997年)　　单位:万元

	农林牧渔业总产值	一、农业产值	1.种植业	*粮食	*油料	*棉花
全市	472500	236616	155046	92098	1450	402
鹿城区	7249	5237	2234	699	7	
龙湾区	8366	6218	1576	962	3	18
瓯海区	37915	24280	14226	8076	136	212
瑞安市	82448	44110	28213	17785	543	93
乐清市	77463	39782	26314	15732	94	36
洞头县	45015	691	502	262	34	
永嘉县	37172	24277	16976	11358	108	33
平阳县	54409	31301	18923	12179	150	
苍南县	85472	39830	31174	15658	125	
文成县	18599	11191	7992	4596	43	1
泰顺县	18392	9699	6916	4791	207	9

注:本表按1990年不变价格计算,(一)至(六)表同。

农业总产值(二)

(1997年)　　单位:万元

	*甘蔗	*药材	*蔬菜、瓜类	*茶叶	*水果	*饲料、绿肥作物
全市	365	863	32109	1597	15116	646
鹿城区			1478	1	39	10
龙湾区			280	2	259	24
瓯海区	8		2705	21	2886	53
瑞安市	225	539	7918	82	856	120
乐清市	6	119	4549	48	5086	114
洞头县			202		3	1
永嘉县	7	120	2428	163	2662	46
平阳县	88	32	4054	146	831	68
苍南县	29	30	5422	387	1230	77
文成县	2	23	2310	55	896	49
泰顺县			763	692	368	84

农业总产值(三)

（1997年） 单位:万元

	2. 其它农业	①采集野生植物	②农民家庭兼营工业	二、林业产值	1. 人造林木生长	2.林产品
全市	81570	5376	76194	12540	3271	3757
鹿城区	3003		3003	28	18	3
龙湾区	4642		4642	11	8	
瓯海区	10054	146	9908	395	87	23
瑞安市	15897	179	15718	591	242	
乐清市	13468	668	12800	659	149	268
洞头县	189		189	37	25	
永嘉县	7301	980	6321	1549	798	457
平阳县	12378	971	11407	983	434	329
苍南县	8656	656	8000	925	280	272
文成县	3199	615	2584	3024	628	517
泰顺县	2783	1161	1622	4338	602	1888

农业总产值(四)

（1997年） 单位:万元

	3. 村及村以下竹木采伐	三、牧业产值	1. 牲畜繁殖、增长增重	①牛	②猪	③羊
全市	5512	66995	40108	531	39189	388
鹿城区	7	1883	1202	6	1195	1
龙湾区	3	1260	927	9	914	4
瓯海区	285	9275	5203	24	5143	36
瑞安市	349	9721	5169	88	5015	66
乐清市	242	7085	3846	37	3784	25
洞头县	12	569	390		376	14
永嘉县	294	9870	7381	91	7214	76
平阳县	220	10746	4831	62	4728	41
苍南县	373	8091	5262	77	5143	42
文成县	1879	4285	2768	59	2661	48
泰顺县	1848	4210	3129	78	3016	35

农业总产值(五)

（1997年）　　单位:万元

	2.家禽饲养	3.活的畜禽产品	4.其他动物饲养	①家兔	②其他
全　市	10972	12728	3187	1410	1777
鹿城区	541	140			
龙湾区	135	188	10		10
瓯海区	2337	1646	89		89
瑞安市	2469	1717	366	16	350
乐清市	698	2497	44	14	30
洞头县	54	125			
永嘉县	569	1145	775	113	662
平阳县	1848	3131	936	412	524
苍南县	1116	1511	202	145	57
文成县	676	476	365	310	55
泰顺县	529	152	400	400	

农业总产值(六)

（1997年）　　单位:万元

	四、渔业产值	1.海水产品	①捕捞	②养殖	2.淡水产品
全　市	156349	146458	121956	24502	9891
鹿城区	101				101
龙湾区	877	781	776	5	96
瓯海区	3965	2687	1315	1372	1278
瑞安市	28026	27269	25579	1690	757
乐清市	29937	26482	12902	13580	3455
洞头县	43718	43717	40842	2875	1
永嘉县	1476				1476
平阳县	11379	10637	10067	570	742
苍南县	36626	34885	30475	4410	1741
文成县	99				99
泰顺县	145				145

农业总产值(一)

（1997年）　　单位:万元

	农林牧渔业总产值	一、农业产值	1.种植业	*粮食	*油料	*棉花
全市	900479	420628	329688	201264	2519	901
鹿城区	14612	10046	7043	2137	11	
龙湾区	13368	8679	4037	2318	5	43
瓯海区	75525	41973	29607	17349	286	520
瑞安市	162927	80462	64022	41572	942	228
乐清市	185131	74079	60200	35341	133	36
洞头县	50639	1499	1310	601	52	
永嘉县	78333	46183	36298	26704	197	52
平阳县	103553	60040	46863	28297	301	
苍南县	141677	53378	44478	25074	163	
文成县	38094	22454	18470	9815	52	1
泰顺县	36620	21835	17360	12056	377	21

注:本表按当年价格计算,(一)至(六)表同。

农业总产值(二)

（1997年）　　单位:万元

	*甘蔗	*药材	*蔬菜、瓜类	*茶叶	*水果	*饲料、绿肥作物
全市	1501	917	81645	4177	22033	796
鹿城区			4767	1	117	10
龙湾区			722	6	821	26
瓯海区	22		7071	48	3870	113
瑞安市	1062	588	17931	203	1275	120
乐清市	13	119	15815	300	7499	119
洞头县			653		3	1
永嘉县	20	120	4379	610	4052	65
平阳县	309	32	14116	285	1490	97
苍南县	70	30	6706	482	1344	82
文成县	4	28	7307	86	1079	78
泰顺县	1		2178	2156	483	85

农业总产值(三)

（1997年）　　单位:万元

	2.其它农业	①采集野生植物	②农民家庭兼营工业	二、林业产值	1.人造林木生长	2.林产品
全　市	90940	12690	78250	19115	4623	6817
鹿城区	3003		3003	40	23	6
龙湾区	4642		4642	19	16	
瓯海区	12366	402	11964	629	148	101
瑞安市	16440	722	15718	1419	956	
乐清市	13879	1079	12800	1269	290	531
洞头县	189		189	54	38	
永嘉县	9885	3564	6321	2131	856	883
平阳县	13177	1770	11407	1947	606	1027
苍南县	8900	900	8000	1438	427	519
文成县	3984	1400	2584	4391	628	792
泰顺县	4475	2853	1622	5778	635	2958

农业总产值(四)

（1997年）　　单位:万元

	3.村及村以下竹木采伐	三、牧业产值	1.牲畜繁殖、增长增重	①牛	②猪	③羊
全　市	7675	149060	113001	756	111281	964
鹿城区	11	4411	3665	6	3656	3
龙湾区	3	3221	2713	11	2687	15
瓯海区	380	23025	16765	36	16638	91
瑞安市	463	20496	14443	96	14159	188
乐清市	448	13983	10100	41	10017	42
洞头县	16	1628	1278		1218	60
永嘉县	392	27220	23669	138	23339	192
平阳县	314	21451	13400	82	13210	108
苍南县	492	13751	10729	87	10589	53
文成县	2971	11066	8462	172	8138	152
泰顺县	2185	8808	7777	87	7630	60

农业总产值(五)

(1997年)　　单位:万元

	2.家禽饲养	3.活畜禽产品	4.其他动物饲养	①家兔	②其他
全　市	15164	16194	4701	1787	2914
鹿城区	552	194			
龙湾区	206	276	26		26
瓯海区	3816	2280	164		164
瑞安市	3023	2353	677	15	662
乐清市	1068	2744	71	20	51
洞头县	132	218			
永嘉县	871	1492	1188	151	1037
平阳县	2646	4118	1287	453	834
苍南县	1139	1664	219	150	69
文成县	1172	673	759	690	69
泰顺县	539	182	310	308	2

农业总产值(六)

(1997年)　　单位:万元

	四、渔业产值	1.海水产品	①捕捞	②养殖	2.淡水产品
全　市	311676	286628	197217	89411	25048
鹿城区	115				115
龙湾区	1449	1312	1297	15	137
瓯海区	9898	6083	2016	4067	3815
瑞安市	60550	58399	51953	6446	2151
乐清市	95800	85394	24774	60620	10406
洞头县	47458	47457	38854	8603	1
永嘉县	2799				2799
平阳县	20115	18621	17516	1105	1494
苍南县	73110	69362	60807	8555	3748
文成县	183				183
泰顺县	199				199

农林牧渔业增加值

（1997年） 单位:万元

	农林牧渔业增加值	1.固定资产折旧	2.劳动者报酬	3.生产税净额	4.营业盈余
全市	524130	29412	444921	9234	40563
鹿城区	6723	57	6671	-5	
龙湾区	7109	213	5828	187	881
瓯海区	43578	6283	36398	132	765
瑞安市	88888	7399	69670	1908	9911
乐清市	117941	4146	101669	1570	10556
洞头县	23968	2412	17873	760	2923
永嘉县	46325	1621	37988	999	5717
平阳县	58552	2045	48340	1355	6812
苍南县	79063	3587	72426	2082	968
文成县	25073	630	23537	46	860
泰顺县	26910	1019	24521	200	1170

注:本表按当年价格计算。

农林牧渔业增加值率

（1997年） 单位:%

	农林牧渔业	1.农业	2.林业	3.牧业	4.渔业
全市	58.21	64.45	80.82	53.13	50.82
鹿城区	46.01	51.84	40.00	32.46	58.26
龙湾区	53.18	51.41	78.95	62.65	42.37
瓯海区	57.70	60.25	91.10	51.85	58.36
瑞安市	54.56	60.62	80.06	48.40	47.98
乐清市	63.71	73.29	75.18	48.74	58.33
洞头县	47.33	56.17	79.63	53.87	46.79
永嘉县	59.14	63.70	79.12	50.10	56.66
平阳县	56.54	60.22	87.83	51.14	48.29
苍南县	55.81	68.06	88.18	59.80	45.47
文成县	65.82	60.96	91.07	65.77	58.47
泰顺县	73.48	76.20	70.08	69.03	71.86

农村能源和农业物质消耗情况(一)

(1997年)

	1. 农村用电量(万千瓦时)	2. 沼气池年末实有数(个)	3.农用塑料薄膜使用量(吨)	4. 农用柴油(吨)	5. 农药使用量(吨)
全　市	196553	7944	1451	208615	4673
鹿城区	4844	390	75	133	208
龙湾区	11007		42	285	92
瓯海区	39490	786	201	2500	701
瑞安市	45416	602	127	52072	502
乐清市	40054	600	286	4591	862
洞头县	868		23	54556	12
永嘉县	20268	445	102	661	663
平阳县	10615	140	208	18450	331
苍南县	13934	518	211	73139	917
文成县	6089	4000	160	35	222
泰顺县	3968	463	16	2193	163

农村能源和农业物质消耗情况(二)

(1997年)　　单位:吨

	6. 农用化肥施用量	①氮　肥	②磷　肥	③钾　肥	④复合肥
全　市	447350	315322	62825	22753	46450
鹿城区	11775	8737	1454	878	706
龙湾区	3187	1905	944	262	76
瓯海区	38644	22668	10904	2202	2870
瑞安市	75929	55252	6641	4206	9830
乐清市	83439	65215	12579	3816	1829
洞头县	1308	882	177	134	115
永嘉县	50963	33686	6345	2478	8454
平阳县	65693	46078	9101	3164	7350
苍南县	59287	45829	7892	3566	2000
文成县	31856	19960	4610	1614	5672
泰顺县	25269	15110	2178	433	7548

注:本表按标准量计算。

农村能源和农业物质消耗情况(三)

(1997年)　　单位:吨

	7.农用化肥施用量	①氮肥	②磷肥	③钾肥	④复合肥
全市	92958	66217	11309	5691	9741
鹿城区	2465	1835	262	220	148
龙湾区	650	400	170	66	14
瓯海区	7877	4760	1963	551	603
瑞安市	15914	11603	1195	1052	2064
乐清市	17281	13695	2264	954	368
洞头县	279	185	32	33	29
永嘉县	10611	7074	1142	620	1775
平阳县	13649	9676	1638	791	1544
苍南县	12357	9624	1421	892	420
文成县	6617	4192	830	404	1191
泰顺县	5258	3173	392	108	1585

注:本表按折纯法计算。

农田水利基本情况

(1997年)

	有效灌溉面积(千公顷)	旱涝保收面积(千公顷)	机电排灌面积(千公顷)	已建成水库		农田基建完成土石方(万立方米)
				座数(座)	总容量(万立方米)	
全市	130.40	62.43	106.59	182	45819	4786
鹿城区	1.18	0.83	1.02	2	1362	91
龙湾区	1.31	0.32	1.31	1	10	72
瓯海区	12.28	7.10	12.28	16	1603	370
瑞安市	23.50	16.29	21.06	23	3642	1043
乐清市	20.96	10.13	20.96	16	10316	619
洞头县	0.11	0.03	0.03	6	206	73
永嘉县	15.98	6.20	12.50	38	5024	666
平阳县	18.99	10.49	14.98	17	829	570
苍南县	22.98	5.83	20.67	14	11498	751
文成县	4.98	1.64	1.32	26	8629	240
泰顺县	8.13	3.55	0.46	23	2700	291

主要农机具拥有量(一)

（1997年）

	农业机械总动力（千瓦）	一、耕作机械台数（台）	耕作机械动力（千瓦）	*小型拖拉机台数（台）	小型拖拉机动力（千瓦）
全　　市	1156497	23625	215612	22342	192512
鹿城区	15029	418	4000	400	3528
龙湾区	24863	475	4134	468	4102
瓯海区	165064	2265	20167	2161	18180
瑞安市	261827	4172	38791	3865	34138
乐清市	124514	4252	38200	4138	36497
洞头县	33529	311	2790	308	2781
永嘉县	122790	2654	24759	2521	22229
平阳县	102329	3173	34110	2748	23644
苍南县	174056	3843	31048	3695	29872
文成县	50950	486	3946	468	3896
泰顺县	81546	1576	13667	1570	13645

主要农机具拥有量(二)

（1997年）

	二、收获机械台数（台）	收获机械动力（千瓦）	*机动打稻机台数（台）	机动打稻机动力（千瓦）	三、植保机械台数（台）	植保机械动力（千瓦）
全　　市	31821	70599	31270	61124	1396	2632
鹿城区	838	1617	835	1587	20	33
龙湾区	1417	2952	1402	2390	6	14
瓯海区	4460	11999	4405	11435	267	569
瑞安市	5626	13263	5525	11520	361	624
乐清市	4655	13790	4463	9817	249	386
洞头县	4	9	4	9	7	8
永嘉县	1049	3264	994	2808	99	214
平阳县	5654	10135	5599	9051	76	127
苍南县	7542	12463	7467	11400	240	387
文成县	414	760	414	260	20	45
泰顺县	162	347	162	347	51	223

主要农机具拥有量(三)

(1997年)

	四、排灌机械台数(台)	排灌机械动力(千瓦)	*电动机台数(台)	电动机动力(千瓦)	五、农副产品加工机械台数(台)	农副产品加工机械动力(千瓦)
全市	19048	98666	11610	44620	21225	179649
鹿城区	187	1534	143	1373	390	3147
龙湾区	310	2406	236	1696	217	1570
瓯海区	1504	12481	721	6202	1924	15085
瑞安市	2619	22751	1288	11372	3045	26117
乐清市	1835	15912	620	5505	1580	14891
洞头县	17	142	2	6	646	5873
永嘉县	1222	11802	479	5270	2494	22484
平阳县	4220	11357	3005	5311	1505	12838
苍南县	4463	14038	3055	5224	4893	41697
文成县	1306	2772	1066	1345	1784	12961
泰顺县	1365	3471	995	1316	2747	22986

主要农机具拥有量(四)

(1997年)

	六、运输机械台数(台)	运输机械动力(千瓦)	*农用汽车辆数(辆)	农用汽车动力(千瓦)	七、其他机械台数(台)	其他机械动力(千瓦)
全市	24569	380316	1999	126347	31997	209025
鹿城区	205	4468	25	2532	26	230
龙湾区	829	9687	4	160	518	4100
瓯海区	3647	58070	230	15826	7676	46693
瑞安市	4872	56547	204	13171	14313	103734
乐清市	2829	32579	103	5355	915	8756
洞头县	374	22656	14	1343	161	2051
永嘉县	3464	54341	224	17697	1045	5926
平阳县	1726	24159	141	7486	1156	9603
苍南县	4354	56544	357	17377	4391	17879
文成县	960	27268	343	21068	565	3198
泰顺县	1309	33997	354	24332	1231	6855

耕地面积(一)

（1997年） 单位:公顷

	上年年末数	本年内增加数	本年内减少数	1.国家基建占地	2.乡村基建占地
全市	170147	1452	1470	456	422
鹿城区	1423	21	99	79	18
龙湾区	1490	32	42	24	10
瓯海区	14175	380	301	79	104
瑞安市	31487	248	158	122	36
乐清市	25275	167	296	40	112
洞头县	891		6	3	3
永嘉县	22682	53	213	29	59
平阳县	24210	143	211	43	79
苍南县	28698	254	93	12	3
文成县	9832	73	37	12	18
泰顺县	9984	81	14	13	

耕地面积(二)

（1997年） 单位:公顷

	*农户建房占地	农村乡镇企业占地	3.改林、桑、茶、果园占地	4.挖鱼塘占地	5.其他占地
全市	72	121	261	6	305
鹿城区	5	3	2		
龙湾区	1	3	7		1
瓯海区	24	38	63	3	52
瑞安市		17			
乐清市	18	17	23	2	119
洞头县		1			
永嘉县	6	14	87	1	37
平阳县	18	27	57		32
苍南县		1	22		56
文成县					7
泰顺县					1

耕地面积(三)

（1997年末） 单位:公顷

	耕地总面积	1. 水田	2. 旱地	*水浇地面积	当年灾害毁耕地面积
全市	170129	131054	39075	11410	33
鹿城区	1345	1215	130	30	
龙湾区	1480	1346	134		
瓯海区	14254	11660	2594		
瑞安市	31577	22911	8666	2180	1
乐清市	25146	21462	3684	1300	
洞头县	885	95	790	30	
永嘉县	22522	17442	5080		17
平阳县	24142	18278	5864	1250	3
苍南县	28859	21805	7054	4970	3
文成县	9868	6493	3375		5
泰顺县	10051	8347	1704	1030	4

历年主要农作物产量

单位:吨

年份	粮食总产量	油料产量	*油菜籽	水果产量	糖料产量
1978	1581135	11528	10844	9463	108943
1980	1750470	19729	17940	15161	198674
1983	1759155	12537	11592	24799	158643
1984	1822530	14401	13549	30979	158012
1985	1672826	13823	12858	43821	165169
1986	1527917	15040	14228	60198	125038
1987	1516174	9575	8799	66152	77106
1988	1542198	7767	6855	59407	54061
1989	1638973	10179	9458	79607	50688
1990	1413392	16070	15586	83902	35087
1991	1748541	18861	18259	103798	66839
1992	1465556	16549	15953	93537	46529
1993	1458485	8388	7567	82474	50935
1994	1276314	6094	4702	91300	37917
1995	1471619	10123	8570	95694	37220
1996	1584490	10368	8988	102680	32392
1997	1549209	9852	8416	124461	25596

农作物播种面积和产量(一)

(1997年)

	农作物总播种面积(千公顷)	粮食总产量(吨)	粮食耕地面积(千公顷)	1. 谷物		
				播种面积(千公顷)	公顷产量(公斤)	总产量(吨)
全市	374.84	1549209	157.15	233.78	5646	1319933
鹿城区	3.76	11749	1.04	1.88	6083	11436
龙湾区	3.89	16156	1.29	2.56	6274	16061
瓯海区	31.72	135996	12.73	21.38	5821	124461
瑞安市	72.19	297621	27.23	42.72	6051	258491
乐清市	55.92	264810	23.64	39.53	6021	238002
洞头县	1.83	4663	0.83	0.20	5360	1072
永嘉县	49.17	188691	20.92	34.64	4423	153256
平阳县	49.72	205640	21.79	32.11	5579	179149
苍南县	62.27	265109	27.00	40.61	5815	236212
文成县	21.36	77768	9.61	8.72	5522	48149
泰顺县	23.01	81006	11.07	9.43	5689	53644

农作物播种面积和产量(二)

(1997年)

	①早稻及早中稻			*杂交稻		
	播种面积(千公顷)	公顷产量(公斤)	总产量(吨)	播种面积(千公顷)	公顷产量(公斤)	总产量(吨)
全市	90.53	6110	553140	22.39	6502	145584
鹿城区	0.84	6157	5172	0.30	6230	1869
龙湾区	1.27	6246	7932	0.59	6581	3883
瓯海区	9.21	6202	57119	6.07	6467	39255
瑞安市	19.09	6472	123557	7.88	6828	53806
乐清市	16.99	6322	107412	0.81	6869	5564
洞头县	0.09	5611	505	0.05	6060	303
永嘉县	8.02	4963	39802	0.59	5329	3144
平阳县	14.18	5886	83465	1.18	6153	7260
苍南县	19.00	6227	118310	3.76	6437	24227
文成县	1.51	5138	7758	1.06	5285	5602
泰顺县	0.33	6388	2108	0.10	6710	671

农作物播种面积和产量(三)

(1997年)

	②晚稻及迟中稻			*杂交稻		
	播种面积(千公顷)	公顷产量(公斤)	总产量(吨)	播种面积(千公顷)	公顷产量(公斤)	总产量(吨)
全　市	126.20	5739	724250	115.30	5793	667894
鹿城区	0.97	6275	6087	0.89	6356	5657
龙湾区	1.27	6372	8093	1.16	6460	7494
瓯海区	11.03	5851	64542	10.48	5896	61789
瑞安市	22.40	5908	132343	19.68	6047	119002
乐清市	20.44	6144	125592	18.66	6208	115848
洞头县	0.09	5933	534	0.07	5714	400
永嘉县	16.79	5218	87606	15.81	5241	82863
平阳县	17.66	5371	94857	16.16	5387	87057
苍南县	21.29	5495	116984	19.05	5514	105034
文成县	6.09	6277	38226	5.54	6376	35321
泰顺县	8.17	6045	49386	7.80	6081	47429

农作物播种面积和产量(四)

(1997年)

	③小麦			④大麦		
	播种面积(千公顷)	公顷产量(公斤)	总产量(吨)	播种面积(千公顷)	公顷产量(公斤)	总产量(吨)
全　市	13.62	2425	33032	1.47	2340	3440
鹿城区				0.07	2529	177
龙湾区				0.02	1800	36
瓯海区	0.63	3002	1891	0.37	1832	678
瑞安市	1.08	2075	2241	0.11	1927	212
乐清市	1.43	2123	3036	0.64	2898	1855
洞头县	0.02	1600	32	…	…	1
永嘉县	9.18	2550	23406	0.08	1900	152
平阳县	0.02	1750	35	0.03	2067	62
苍南县	0.02	2200	44	0.05	1420	71
文成县	0.89	1840	1638	0.05	1940	97
泰顺县	0.35	2026	709	0.05	1980	99

农作物播种面积和产量(五)

(1997年)

	⑤ 玉 米			⑥其他谷物		
	播种面积(千公顷)	公顷产量(公斤)	总产量(吨)	播种面积(千公顷)	公顷产量(公斤)	总产量(吨)
全　市	1.49	2805	4180	0.47	4023	1891
鹿城区						
龙湾区						
瓯海区	0.14	1650	231			
瑞安市	0.04	3450	138			
乐清市				0.03	3567	107
洞头县						
永嘉县	0.49	3465	1698	0.08	7400	592
平阳县	0.08	2650	212	0.14	3700	518
苍南县	0.25	3212	803			
文成县	0.15	2320	348	0.03	2733	82
泰顺县	0.34	2206	750	0.19	3116	592

农作物播种面积和产量(六)

(1997年)

	2. 大 豆			3. 蚕(豌)豆		
	播种面积(千公顷)	公顷产量(公斤)	总产量(吨)	播种面积(千公顷)	公顷产量(公斤)	总产量(吨)
全　市	2.96	1809	5355	9.10	1362	12391
鹿城区						
龙湾区				…	…	3
瓯海区	0.28	1086	304	0.59	1068	630
瑞安市	0.60	1625	975	2.70	1505	4063
乐清市	0.13	1831	238	1.22	1615	1970
洞头县	…	…	2	0.24	1046	251
永嘉县	0.47	2081	978	0.57	1449	826
平阳县	0.17	1600	272	0.87	1702	1481
苍南县	0.11	1455	160	1.62	970	1572
文成县	0.55	2485	1366	0.69	1303	899
泰顺县	0.65	1631	1060	0.60	1160	696

农作物播种面积和产量(七)

(1997年)

	4. 杂 豆			5. 蕃 薯 (干)		
	播种面积(千公顷)	公顷产量(公斤)	总 产 量(吨)	播种面积(千公顷)	公顷产量(公斤)	总 产 量(吨)
全 市	0.98	2196	2152	30.94	5262	162812
鹿城区				0.07	4471	313
龙湾区				0.02	4600	92
瓯海区	0.01	500	5	1.69	5522	9333
瑞安市	0.53	2308	1223	4.83	5741	27731
乐清市	0.05	1780	89	3.20	6177	19765
洞头县			11	0.74	3714	2748
永嘉县	0.08	2175	174	4.13	5610	23170
平阳县	0.07	1800	126	4.13	4469	18456
苍南县	0.02	1350	27	5.71	3813	21771
文成县	0.16	2463	394	3.52	6116	21527
泰顺县	0.06	1717	103	2.90	6175	17906

农作物播种面积和产量(八)

(1997年)

	6. 马 铃 薯 (干)			7. 糖 料		
	播种面积(千公顷)	公顷产量(公斤)	总 产 量(吨)	播种面积(千公顷)	公顷产量(公斤)	总 产 量(吨)
全 市	16.43	2834	46566	0.52	49223	25596
鹿城区						
龙湾区						
瓯海区	0.63	2005	1263	0.01	55300	553
瑞安市	1.94	2648	5138	0.29	54003	15661
乐清市	1.31	3623	4746	0.02	21750	435
洞头县	0.21	2757	579			
永嘉县	2.22	4634	10287	0.01	48300	483
平阳县	2.20	2798	6156	0.14	44093	6173
苍南县	2.38	2255	5367	0.04	51250	2050
文成县	2.26	2404	5433	0.01	20200	202
泰顺县	3.28	2316	7597	…	…	39

农作物播种面积和产量(九)

(1997年)

	* 糖蔗			8. 油 料		
	播种面积(千公顷)	公顷产量(公斤)	总 产 量(吨)	播种面积(千公顷)	公顷产量(公斤)	总 产 量(吨)
全　　市	0.13	43931	5711	8.56	1151	9852
鹿 城 区				0.07	671	47
龙 湾 区				0.04	475	19
瓯 海 区	0.01	55300	553	0.97	962	933
瑞 安 市	0.06	57017	3421	3.52	1050	3696
乐 清 市	0.02	21750	435	0.53	1215	644
洞 头 县				0.21	1090	229
永 嘉 县	…	…	112	0.49	1480	725
平 阳 县	0.03	28533	856	0.74	1358	1005
苍 南 县	0.01	27700	277	0.78	1095	854
文 成 县	…	…	33	0.20	1475	295
泰 顺 县	…	…	24	1.01	1391	1405

农作物播种面积和产量(十)

(1997年)

	* 油菜籽			9. 蔬 菜		
	播种面积(千公顷)	公顷产量(公斤)	总 产 量(吨)	播种面积(千公顷)	公顷产量(公斤)	总 产 量(吨)
全　　市	7.93	1061	8416	38.60	22145	854789
鹿 城 区	0.07	671	47	1.38	34544	47671
龙 湾 区	0.04	475	19	0.35	25437	8903
瓯 海 区	0.96	961	923	3.25	21570	70103
瑞 安 市	3.40	991	3369	8.71	24057	209540
乐 清 市	0.48	1127	541	4.85	26273	127424
洞 头 县	0.21	1090	229	0.21	31095	6530
永 嘉 县	0.34	1118	380	3.29	16600	54614
平 阳 县	0.57	1089	621	5.48	18527	101530
苍 南 县	0.76	1066	810	6.14	22155	136028
文 成 县	0.16	1300	208	3.31	21359	70698
泰 顺 县	0.94	1350	1269	1.63	13342	21748

农作物播种面积和产量(十一)

(1997年)

	10. 瓜类			* 西瓜		
	播种面积(千公顷)	公顷产量(公斤)	总产量(吨)	播种面积(千公顷)	公顷产量(公斤)	总产量(吨)
全　市	6.72	20876	140290	4.99	20834	103964
鹿城区						
龙湾区	0.01	10400	104	…	…	38
瓯海区	0.57	23338	13303	0.22	16809	3698
瑞安市	1.62	21944	35550	1.32	21784	28755
乐清市	0.58	25840	14987	0.47	27613	12978
洞头县	…	…	3			
永嘉县	1.15	15969	18364	1.05	16327	17143
平阳县	1.14	19892	22677	0.76	19171	14570
苍南县	1.37	21992	30129	1.07	22504	24079
文成县	0.14	21136	2959	0.07	26571	1860
泰顺县	0.14	15814	2214	0.03	28100	843

农作物播种面积和产量(十二)

(1997年)

	11. 棉花		12.黄红麻	13. 烟叶		14.药材类
	播种面积(千公顷)	总产量(吨)	播种面积(千公顷)	播种面积(千公顷)	总产量(吨)	面积(千公顷)
全　市	0.65	606	…	0.01	12	0.94
鹿城区						
龙湾区	0.03	26				
瓯海区	0.35	320				
瑞安市	0.12	140	…			0.18
乐清市	0.08	55				0.04
洞头县						
永嘉县	0.05	50	…			0.23
平阳县						0.02
苍南县				…	2	0.17
文成县	…	1		0.01	10	0.03
泰顺县	0.02	14				0.27

农作物播种面积和产量(十三)

（1997年）

	15.其他农作物面积（千公顷）	①绿肥播种面积（千公顷）	②席草			③花卉面积（千公顷）
			播种面积（千公顷）	公顷产量（公斤）	总产量（吨）	
全　市	24.65	22.97	0.47	12174	5722	0.07
鹿城区	0.36	0.36				
龙湾区	0.88	0.87				
瓯海区	1.99	1.89				0.02
瑞安市	4.43	4.28				
乐清市	4.38	4.05	0.01	79500	795	0.04
洞头县	0.02	0.02				
永嘉县	1.84	1.63				
平阳县	2.65	2.42	0.14	13893	1945	
苍南县	3.32	2.74	0.32	9319	2982	0.01
文成县	1.76	1.73				
泰顺县	3.02	2.98				

农作物播种面积和产量(十四)

（1997年）

	④黄花菜		⑤荸荠			⑥其他作物面积（千公顷）
	播种面积（千公顷）	总产量（吨）	播种面积（千公顷）	公顷产量（公斤）	总产量（吨）	
全　市	0.01	13	0.12	23792	2855	1.03
鹿城区						
龙湾区			…	…	2	0.01
瓯海区			0.02	19750	395	0.06
瑞安市			0.01	26100	261	0.14
乐清市			0.05	25180	1259	0.23
洞头县						
永嘉县	…	8	…	…	1	0.21
平阳县			…	…	83	0.09
苍南县			0.04	21350	854	0.21
文成县	0.01	4				0.02
泰顺县	…	1				0.04

历年茶叶生产情况

年份	茶园总面积（公顷）	＊本年采摘面积（公顷）	茶叶产量（吨）	1. 春茶（吨）	2. 夏茶（吨）	3. 秋茶（吨）
1985	16068		3743	2296	937	510
1986	16085	13294	4134	2496	1099	539
1987	16205	13192	4270	2485	1153	632
1988	16018	12963	4487	2635	1244	608
1989	15823	13010	4139	2634	1045	460
1990	15434	12957	4039	2559	1050	430
1991	14891	12561	4121	2632	1006	483
1992	13997	11928	4325	2703	1092	530
1993	13596	11693	4100	2400	1114	586
1994	13557	10127	3509	2421	744	344
1995	13435	10246	3416	2484	659	273
1996	12461	9463	2921	2201	495	225
1997	11782	9195	2487	1792	443	252

茶叶生产

（1997年）

	茶园总面积（公顷）	＊本年采摘面积（公顷）	茶叶产量（吨）	1. 春茶（吨）	2. 夏茶（吨）	3. 秋茶（吨）
全市	11782	9195	2487	1792	443	252
鹿城区	1	1	1	1		
龙湾区	27	18	3	3		
瓯海区	200	181	32	23	8	1
瑞安市	530	371	127	103	19	5
乐清市	313	268	75	66	7	2
洞头县	1	1	…	…		
永嘉县	1138	848	254	235	14	5
平阳县	1715	1186	228	194	22	12
苍南县	2657	2089	603	337	154	112
文成县	1064	631	86	63	21	2
泰顺县	4136	3601	1078	767	198	113

果园面积

（1997年） 单位:公顷

	果园总面积	*柑桔园	梨园	桃园	枇杷园	杨梅园
全市	26678	8813	680	641	1152	8480
鹿城区	69	32				37
龙湾区	371	152				201
瓯海区	3458	2309	7	27	36	951
瑞安市	2010	550	20	100	43	1037
乐清市	5058	2368	68	62	617	1201
洞头县	17	4		1		
永嘉县	6270	1418	103	90	332	1845
平阳县	1592	166	7	89	23	780
苍南县	3468	595	27	158	27	805
文成县	2715	520	393	53	68	1286
泰顺县	1650	699	55	61	6	337

水果产量

（1997年） 单位：吨

	水果总产量	*柑桔	梨头	桃子	枇杷	杨梅
全市	124461	78624	3491	2165	3812	21327
鹿城区	330	224			1	104
龙湾区	2013	1123				632
瓯海区	24874	22743	10	61	40	1914
瑞安市	7033	4502	16	261	153	1902
乐清市	41471	32409	414	366	2534	4022
洞头县	24	13		3		
永嘉县	22227	9134	475	228	797	5755
平阳县	5837	1296	38	348		2445
苍南县	10157	2873	50	733	126	2085
文成县	7425	2549	2340	71	147	1651
泰顺县	3070	1758	148	94	14	817

畜牧业生产(一)

(1997年)　　单位:万头

	一、生猪年末存栏总头数	*能繁殖的母猪	其他生猪	年内肥猪出栏头数	全年饲养量
全　市	76.64	3.79	72.85	88.69	165.33
鹿城区	2.74	0.14	2.60	2.77	5.51
龙湾区	1.74	0.03	1.71	2.82	4.56
瓯海区	8.56	0.57	7.99	11.33	19.89
瑞安市	9.22	0.32	8.90	11.64	20.86
乐清市	7.50	0.34	7.16	8.55	16.05
洞头县	0.87	0.02	0.85	1.23	2.10
永嘉县	14.39	0.59	13.80	15.72	30.11
平阳县	8.62	0.38	8.24	11.03	19.65
苍南县	9.18	0.36	8.82	11.03	20.21
文成县	6.69	0.51	6.18	6.38	13.07
泰顺县	7.13	0.53	6.60	6.19	13.32

畜牧业生产(二)

(1997年)　　单位:头

	二、牛年末存栏总头数	*能耕田的牛	1.黄牛	2.水牛	3.良种及改良种乳牛	年内出栏头数
全　市	59607	40664	39232	17427	2948	11918
鹿城区	162	48	35	27	100	13
龙湾区	397	26	20	15	362	42
瓯海区	3094	1724	2250	250	594	438
瑞安市	7003	4332	4881	1556	566	2655
乐清市	4622	2721	3646	332	644	756
洞头县	36	33	36			3
永嘉县	19368	15368	17034	2092	242	1733
平阳县	5511	2926	3317	1922	272	1974
苍南县	6029	3889	1717	4147	165	1979
文成县	6568	4707	3878	2687	3	1451
泰顺县	6817	4890	2418	4399		874

畜牧业生产(三)

（1997年）　　单位:万只

	三、羊年末存栏只数	年内出栏只数	四、家禽年末存栏只数	年内出栏只数	禽蛋产量(吨)
全　市	11.56	7.51	718.43	1105.89	26216
鹿城区	0.01	0.01	19.54	55.23	256
龙湾区	0.04	0.07	5.60	14.33	277
瓯海区	0.95	0.53	94.70	238.48	3214
瑞安市	1.36	1.15	103.63	254.03	3499
乐清市	0.86	0.52	115.77	71.23	5199
洞头县	0.38	0.30	6.48	5.49	272
永嘉县	2.71	1.38	67.58	58.04	2390
平阳县	1.13	0.79	115.64	188.58	6618
苍南县	1.09	0.77	89.23	105.77	3130
文成县	1.45	1.09	52.14	66.21	1031
泰顺县	1.58	0.90	48.12	48.50	330

畜牧业生产(四)

（1997年）　　单位:万只

	五、兔年末存栏只数	1.肉用兔	2.长毛兔	年内出栏只数	兔毛产量(吨)
全　市	65.93	36.81	29.12	60.65	83
鹿城区					
龙湾区	0.01	0.01			
瓯海区	0.01	0.01		0.01	
瑞安市	0.78	0.27	0.51	0.33	1
乐清市	0.64	0.43	0.21	0.05	1
洞头县					
永嘉县	2.92	0.22	2.70	0.79	8
平阳县	14.23	6.91	7.32	8.55	27
苍南县	5.80	0.54	5.26	4.49	9
文成县	26.91	22.86	4.05	39.34	10
泰顺县	14.63	5.56	9.07	7.09	27

畜牧业生产(五)

（1997年）　　单位:吨

	六、养蜂年末箱数（箱）	蜂蜜产量	蜂皇浆产量（公斤）	七、当年出售和自宰的肉产量	1.猪　肉
全　　市	73808	3856	19758	94813	78009
鹿城区				2916	2222
龙湾区	360	22	110	2884	2660
瓯海区	843	21	106	12167	9038
瑞安市	12066	797	3952	12860	9315
乐清市	2063	70	350	8547	7268
洞头县				1253	1108
永嘉县	25700	1535	7675	14470	13322
平阳县	26995	1285	5623	14033	11172
苍南县	1833	60	245	11144	9637
文成县	3798	65	1697	7212	5832
泰顺县	150	1		7327	6435

畜牧业生产(六)

（1997年）　　单位:吨

	2.牛　肉	3.羊　肉	4.兔　肉	5.禽　肉	八、牛奶产　　量
全　　市	1471	876	799	13658	9388
鹿城区	2	1		691	306
龙湾区	6	9		209	846
瓯海区	53	63		3013	2344
瑞安市	332	98	4	3111	1493
乐清市	115	110	1	1053	1474
洞头县	1	62		82	
永嘉县	168	107	18	855	642
平阳县	284	123	192	2262	1264
苍南县	255	91	49	1112	989
文成县	149	113	442	676	30
泰顺县	106	99	93	594	

水产品产量(一)

（1997年） 单位:吨

	水产品总产量	一、海水产品产量	1.鱼　类	2.虾蟹类	3.贝　类	4.藻　类
全　市	469988	453192	284057	74698	86777	7391
鹿城区	408	150	25		125	
龙湾区	2462	2259		3	2256	
瓯海区	7839	5642	3142	1149	1351	
瑞安市	88330	86700	57993	18768	9939	
乐清市	70284	66661	20916	2398	43347	
洞头县	126041	126040	108222	9496	4546	3507
永嘉县	2768					
平阳县	32827	30512	23937	2398	4147	30
苍南县	138550	135228	69822	40486	21066	3854
文成县	237					
泰顺县	242					

水产品产量(二)

（1997年） 单位:吨

	5.其　他	二、淡水产品产量	1.鱼　类	2.虾蟹类	3.贝　类	4.其　他
全　市	269	16796	13452	1460	1439	445
鹿城区		258	230	9	15	4
龙湾区		203	152	23	20	8
瓯海区		2197	1727	376		94
瑞安市		1630	1357	157	65	51
乐清市		3623	2820	407	380	16
洞头县	269	1				1
永嘉县		2768	2320	253	159	36
平阳县		2315	1652	8	650	5
苍南县		3322	2717	225	150	230
文成县		237	236	1		
泰顺县		242	241	1		

渔业机动渔船

（1997年）

	渔业机动渔船艘数（艘）	机动渔船吨位（吨）	机动渔船动力（千瓦）	*海洋机动渔船艘数（艘）	海洋机动渔船吨位（吨）	海洋机动渔船动力（千瓦）
全市	7205	192146	450067	6258	189696	443739
鹿城区	75	841	4314	4	738	3849
龙湾区	219	4426	7423	11	4033	6064
瓯海区	759	3186	10520	749	3166	10402
瑞安市	1079	64571	139319	1077	64569	139302
乐清市	261	8879	20659	221	8772	20103
洞头县	1414	38739	76207	1414	38739	76207
永嘉县	468	907	2322			
平阳县	798	15281	38069	779	15228	37904
苍南县	2129	55308	151197	2003	54451	149908
文成县	2	6	8			
泰顺县	1	2	29			

造林面积

（1997年）　　单位:公顷

	造林总面积	*用材林	经济林	薪炭林	封山育林	零星（四旁）植树株数（万株）
全市	7956	1621	4875	512	68227	483
鹿城区						2
龙湾区	3					8
瓯海区	374	122	154	15	402	45
瑞安市	1281	234	578		867	51
乐清市	393	167	200		1890	51
洞头县	53		5			6
永嘉县	1610	450	1100		26681	70
平阳县	989	189	628	119	3608	86
苍南县	1402	336	482	378	1141	47
文成县	228		228		22351	38
泰顺县	1623	123	1500		11287	79

主要林产品及竹木产量(一)

(1997年)　　单位:吨

	主要林产品					
	油茶籽	油桐籽	乌桕籽	笋干	香菇	箬叶
全市	994	185	45	1536	904	225
鹿城区				5		
龙湾区						
瓯海区				9		
瑞安市						
乐清市	5	5	1	500		10
洞头县						
永嘉县	6	4	3	80	110	190
平阳县	5	8	18	350	50	
苍南县	150	1	2	370	1	2
文成县	430	102	21	64	138	12
泰顺县	398	65		158	605	11

主要林产品及竹木产量(二)

(1997年)　　单位:吨

	主要林产品				农村木材采伐量(立方米)	农村毛竹采伐量(立方米)
	毛料	竹壳	杂竹	人造板原料		
全市	3143	264	6103	3013	105184	327
鹿城区	7		68		135	…
龙湾区					116	
瓯海区	800		350		4520	16
瑞安市					5104	30
乐清市	30	10	11	200	7200	20
洞头县					268	
永嘉县	200	18	150	1670	1556	56
平阳县	392	82	2934	1143	5323	13
苍南县		3	2100		12580	18
文成县		18	128		7350	56
泰顺县	1714	133	362		61032	118

农村经济收入分配和效益(一)

(1997年)

	农村常住人口(万人)	总收入(万元)	第一产业		第二产业	
			收入(万元)	比重(%)	收入(万元)	比重(%)
全　市	604.98	10598347	844806	7.97	8110764	76.52
鹿城区	7.04	877420	10079	1.15	573287	65.34
龙湾区	7.42	516172	9177	1.78	438088	84.87
瓯海区	51.90	1877845	86984	4.63	1598257	85.11
瑞安市	103.68	2188342	161791	7.39	1757048	80.29
乐清市	101.53	1999445	154401	7.72	1495328	74.79
洞头县	10.45	148475	58068	39.11	76503	51.53
永嘉县	79.32	835442	62792	7.52	668688	80.04
平阳县	69.54	700988	78107	11.14	537112	76.62
苍南县	107.54	1317742	164028	12.45	913400	69.32
文成县	35.24	70742	30797	43.53	25585	36.17
泰顺县	31.61	65734	28582	43.48	27468	41.79

农村经济收入分配和效益(二)

(1997年)

	第三产业		各项费用(万元)	税金(万元)	提留(万元)	农民所得收入(万元)
	收入(万元)	比重(%)				
全　市	1642777	15.51	8022030	270671	54219	2094111
鹿城区	294054	33.51	784851	17775	10052	44018
龙湾区	68907	13.35	453240	5930	753	40329
瓯海区	192604	10.26	1530932	39884	11665	222816
瑞安市	269503	12.32	1669666	42743	11440	408360
乐清市	349716	17.49	1340713	93426	9522	510236
洞头县	13904	9.36	108370	3996	1023	31869
永嘉县	103962	12.44	609628	20981	3184	214738
平阳县	85769	12.24	491400	16668	1500	204060
苍南县	240314	18.23	969127	26024	3506	319825
文成县	14360	20.30	31399	1019	606	56670
泰顺县	9684	14.73	32704	2225	968	41187

此表根据市农业局提供。

乡镇基本情况(一)

(1997年)

	乡镇总人口(人)	乡镇户数(户)	年末耕地面积(亩)	粮食总产量(吨)	农林牧渔业总产值(万元)	乡镇工业总产值(万元)
鹿城区仰义乡	15632	3838	8938	5550	2937	60738
鹿城区双屿镇	21927	4287	7956	5234	3724	169154
鹿城区南郊乡	17184	3743	1158	85	4930	122676
鹿城区黎明乡	15096	3008	1180	790	2109	128000
鹿城区城郊乡	11537	4424	952	90	1456	176423
龙湾区蒲州镇	19426	4746	2178	1377	2051	156889
龙湾区状元镇	24377	3707	3298	2130	4667	123000
龙湾区龙湾镇	16131	3657	4386	3020	3145	91706
龙湾区瑶溪镇	12400	2758	5300	3950	2279	55431
龙湾区龙水镇	14031	3195	7052	5679	1675	28500
瓯海区南白象镇	15616	3732	3784	2543	1954	50016
瓯海区三垟乡	17769	4289	2767	2208	4211	33118
瓯海区茶山镇	26583	6338	2751	1744	3366	32008
瓯海区瞿溪镇	23770	4478	7331	4816	2500	123110
瓯海区娄桥镇	24645	5978	14289	9707	3679	106082
瓯海区郭溪镇	34528	8416	16305	13114	5315	125101
瓯海区潘桥镇	38303	9177	20838	14280	6421	59000
瓯海区永中镇	28794	5303	5271	4118	1464	132342
瓯海区永昌镇	20012	4824	5610	5567	1428	72000
瓯海区永兴镇	30824	7110	11579	7799	7280	82058
瓯海区海滨镇	26450	5974	10132	7025	5818	105023
瓯海区天河镇	21961	5027	9606	5503	3091	63193
瓯海区沙城镇	30650	6764	12347	8814	3721	93538
瓯海区灵昆镇	19379	4582	9194	5985	3662	15247
瓯海区藤桥镇	21223	6952	12266	8903	4837	22100
瓯海区双潮乡	15286	3579	5102	3321	1613	2756
瓯海区临江镇	18567	5532	4119	3422	2341	4580
瓯海区岙底乡	9001	2232	6155	2596	1869	345
瓯海区上戍乡	15133	3975	9682	6273	4236	8271
瓯海区泽雅镇	30069	6943	13702	5953	4378	9560
瓯海区五凤垟乡	8655	2111	8221	2891	1312	705
瓯海区北林垟乡	8460	1958	6122	1681	1005	1250
瓯海区西岸乡	13876	3712	5231	2048	767	455
瓯海区新桥镇	17139	3738	3766	1106	2235	140600
瓯海区梧埏镇	42711	9142	7457	4579	5478	228183
瑞安市城关镇	133111	10522	8511	6575	11753	272569
瑞安市塘下镇	40946	9968	10356	8453	2805	197701
瑞安市鲍田镇	46392	11521	15021	12303	5560	164599
瑞安市场桥镇	17883	3916	4355	3835	1231	95846

乡镇基本情况(二)

（1997年）

	乡镇总人口（人）	乡镇户数（户）	年末耕地面积（亩）	粮食总产量（吨）	农林牧渔业总产值（万元）	乡镇工业总产值（万元）
瑞安市海安镇	14010	3261	3893	3529	907	70744
瑞安市梅头镇	26582	6483	8008	6190	3704	148023
瑞安市罗凤镇	26532	6670	9749	6936	1518	63418
瑞安市仙岩镇	38980	8792	10951	8305	4136	49062
瑞安市丽岙镇	26853	6944	13616	8437	3069	51436
瑞安市莘塍镇	76907	15690	22632	12703	13509	202813
瑞安市上望镇	42950	10815	17126	9842	33458	37054
瑞安市汀田镇	42320	9957	16392	12280	7252	160511
瑞安市阁巷镇	17878	4584	12491	8180	4038	29930
瑞安市林垟镇	11319	3049	8750	7813	3904	38138
瑞安市飞云镇	28567	6645	19255	15965	3895	49651
瑞安市云周乡	22081	5391	17338	14766	2788	41830
瑞安市仙降镇	25917	6408	13835	10574	3160	128962
瑞安市马屿镇	48877	11123	22991	13377	4648	71420
瑞安市篁社镇	17656	4195	12192	7566	1738	4150
瑞安市曹村镇	25675	6103	15745	9105	2149	2532
瑞安市江溪镇	11969	2662	6560	4486	1436	2435
瑞安市荆谷乡	22859	5393	12071	6001	1891	369
瑞安市梅屿乡	22890	5494	12420	6120	2358	2682
瑞安市顺泰乡	10166	2502	5376	3451	849	1005
瑞安市大南乡	12827	3305	8025	3510	1191	0
瑞安市陶山镇	39162	8300	21314	10204	3217	20118
瑞安市碧山镇	30933	7558	17244	11947	4016	22100
瑞安市桐浦乡	32016	7698	20142	12829	2600	12091
瑞安市潘岱乡	18370	4630	10151	7544	1561	25050
瑞安市湖岭镇	22081	5214	6868	4250	1819	10322
瑞安市永安乡	14658	3677	4914	2900	1158	0
瑞安市桂峰乡	5449	1428	3151	1108	448	0
瑞安市芳庄乡	21752	5439	9052	2741	1717	0
瑞安市林溪乡	22633	5411	8851	3705	1372	6301
瑞安市金川乡	15365	4054	7558	2844	1582	0
瑞安市潮基乡	10324	2616	4321	2276	914	402
瑞安市鹿木乡	12456	2971	5969	2852	1053	0
瑞安市高楼乡	16729	4102	7192	4303	1715	0
瑞安市龙湖镇	18379	4641	7490	3283	1000	711
瑞安市营前乡	13375	3249	4975	2489	915	1538
瑞安市东岩乡	9548	2556	3847	1441	530	0
瑞安市宁益乡	8230	1778	3637	1884	591	0
瑞安市枫岭乡	5749	1364	2778	1555	555	0

乡镇基本情况(三)

(1997年)

	乡镇总人口(人)	乡镇户数(户)	年末耕地面积(亩)	粮食总产量(吨)	农林牧渔业总产值(万元)	乡镇工业总产值(万元)
瑞安市平阳坑镇	29659	7215	11856	6549	1978	10100
瑞安市北龙乡	2241	562	403	41	4725	0
瑞安市北麂乡	3906	986	267	6	5315	175
洞头县北岙镇	16612	142	81	48	899	15619
洞头县大门镇	26147	5875	6139	2453	5219	13571
洞头县东屏镇	17525	5237	956	259	7640	16925
洞头县元角乡	9316	2590	410	163	9120	3517
洞头县霓北乡	6535	1788	722	265	3382	1507
洞头县霓南乡	5620	1640	592	146	5089	2115
洞头县三盘乡	4763	1185	179	63	4136	3347
洞头县北沙乡	8478	2472	756	269	3983	7295
洞头县双朴乡	16219	4479	1761	653	361	15548
洞头县半屏乡	4662	1535	377	85	7076	1382
洞头县鹿西乡	8224	1974	1300	259	15093	3891
乐清市乐成镇	134461	23718	37879	25825	20547	315042
乐清市大荆镇	65139	16880	19145	11286	8821	24890
乐清市仙溪镇	26804	7761	6556	3599	2519	1800
乐清市湖雾镇	19952	5655	7998	4221	2838	13098
乐清市雁荡镇	50095	14185	15494	10128	15675	6254
乐清市芙蓉镇	24514	7392	6939	4074	1569	6795
乐清市清江镇	34102	10012	14518	7100	11262	28104
乐清市南塘镇	21537	5888	8258	5840	3589	16211
乐清市虹桥镇	91247	19180	32635	25717	14235	326904
乐清市淡溪乡	24635	6020	7970	5546	2924	13798
乐清市南岳镇	24403	5478	9429	6470	8177	2633
乐清市蒲岐镇	33134	7901	9930	6787	5174	21770
乐清市石帆乡	30256	7750	16799	13613	5677	14755
乐清市白石镇	27315	6908	8235	5392	2797	33930
乐清市柳市镇	96017	21636	27113	20494	8984	478423
乐清市北白象镇	94690	22424	37306	30704	10779	255307
乐清市象阳镇	33977	8088	13856	11317	3616	38550
乐清市翁垟镇	54564	13144	17539	14579	23537	47078
乐清市磐石镇	35954	8075	12224	9145	4233	39056
乐清市慎江镇	24108	5752	7245	6271	1355	34850
乐清市黄华镇	16344	3956	8593	6963	1919	27483
乐清市智仁乡	14672	4220	4936	2838	840	270
乐清市镇安乡	6614	1811	1941	842	540	23
乐清市福溪乡	23569	6511	6727	3746	1589	2330
乐清市双峰乡	19325	5033	5111	3431	3052	783

乡镇基本情况(四)

(1997年)

	乡镇总人口(人)	乡镇户数(户)	年末耕地面积(亩)	粮食总产量(吨)	农林牧渔业总产值(万元)	乡镇工业总产值(万元)
乐清市龙西乡	12914	3850	3016	1131	749	2000
乐清市雁芙乡	15200	3928	3969	1805	665	1150
乐清市岭底乡	15771	3788	3808	2073	509	1831
乐清市四都乡	14449	3384	6144	3228	1399	4648
乐清市天成乡	18078	4671	8651	6947	4598	19200
乐清市城北乡	10446	2719	5610	2588	1064	5456
永嘉县上塘镇	69935	11521	20178	10148	4934	89718
永嘉县瓯北镇	60047	11024	19507	13702	7300	350188
永嘉县桥头镇	62108	14587	17363	9163	4850	172000
永嘉县黄田镇	28610	7722	12827	7803	2116	108261
永嘉县乌牛镇	36250	7995	18714	9582	3108	67830
永嘉县七都镇	11200	2998	9565	6135	1488	10052
永嘉县桥下镇	36974	8314	19739	9580	4023	67025
永嘉县大若岩镇	26463	6148	9734	6338	2947	800
永嘉县碧莲镇	18851	4802	5319	3412	1641	245
永嘉县巽宅镇	19454	4341	7012	3717	1640	2551
永嘉县岩头镇	39289	10116	10338	6458	3758	5291
永嘉县枫林镇	38268	8684	12458	7809	6334	350
永嘉县岩坦镇	11296	2750	4454	3735	2064	2202
永嘉县沙头镇	24512	6331	8606	4558	1652	12460
永嘉县罗东乡	24816	6450	12632	8476	3046	2035
永嘉县西溪乡	37689	8949	18126	7464	3680	12940
永嘉县徐岙乡	14558	3230	7177	3082	996	2100
永嘉县昆阳乡	18758	4458	7990	4764	1162	0
永嘉县茗岙乡	16468	3871	7775	3822	1114	0
永嘉县山坑乡	7930	1969	3279	2170	1265	100
永嘉县应坑乡	7253	1789	4011	2303	791	200
永嘉县大岙乡	7813	2022	3189	1186	306	300
永嘉县溪下乡	7752	1684	4679	2105	1043	813
永嘉县界坑乡	8807	2135	5450	2024	786	135
永嘉县西岙乡	5980	1478	3634	1150	502	110
永嘉县石染乡	7399	1719	3086	1236	550	510
永嘉县五㵎乡	11663	2823	4026	2967	975	120
永嘉县表山乡	6683	1622	2602	1806	987	23
永嘉县东皋乡	13672	3164	3999	2542	2077	180
永嘉县鹤盛乡	14471	3320	4818	3106	1480	210
永嘉县西源乡	9111	2258	3807	2298	1107	285
永嘉县岭头乡	14359	3499	6953	3693	1332	266
永嘉县溪口乡	13248	3193	3823	2375	1698	0

乡镇基本情况(五)

（1997年）

	乡镇总人口(人)	乡镇户数(户)	年末耕地面积(亩)	粮食总产量(吨)	农林牧渔业总产值(万元)	乡镇工业总产值(万元)
永嘉县鲤溪乡	15270	3766	4493	2799	1508	450
永嘉县张溪乡	10559	2509	4026	2144	1179	265
永嘉县黄南乡	8510	2042	4044	1462	675	75
永嘉县潘坑乡	10895	2675	4910	2958	1442	165
永嘉县峙口乡	12030	2817	5204	2598	1706	1750
永嘉县陡门乡	11992	2655	6103	3225	1029	12
永嘉县花坦乡	22927	5552	9233	7173	1495	0
永嘉县渠口乡	19750	4903	7465	3610	1230	28
永嘉县下寮乡	7399	1810	5028	2013	864	180
平阳县昆阳镇	56746	7979	17244	11961	5218	77506
平阳县鳌江镇	87152	11413	19682	12618	14179	111642
平阳县水头镇	51431	11127	16138	6917	3435	147548
平阳县萧江镇	50445	11812	22731	19110	6776	42058
平阳县麻步镇	42298	11678	23613	12981	6383	17130
平阳县腾蛟镇	41613	9250	16280	5717	2552	26329
平阳县钱仓镇	39188	10416	16866	11543	3860	6455
平阳县山门镇	25273	6115	11280	5098	2551	192
平阳县顺溪镇	14237	3889	6126	2731	1254	618
平阳县南雁镇	23955	5529	9184	5042	2081	2545
平阳县凤卧镇	24123	6139	12058	3982	2430	21
平阳县鹤溪镇	23748	5987	11055	5489	2547	2900
平阳县宋桥镇	25082	6228	20859	16202	5964	2386
平阳县宋埠镇	15697	3651	12726	7710	3578	2214
平阳县榆垟镇	11847	2862	8580	6252	2110	4130
平阳县郑楼镇	18889	4971	15247	11325	2532	16978
平阳县万全乡	26144	6421	20881	14552	3903	7913
平阳县水亭乡	10687	2444	6833	4678	1376	965
平阳县西湾乡	15047	3484	3881	1899	7736	83
平阳县务垟乡	24603	6265	12416	8067	2357	10730
平阳县梅溪乡	14647	3869	8731	3871	3947	425
平阳县梅源乡	13585	3427	8218	3155	2292	143
平阳县桃源乡	10199	2483	5354	2226	1226	2626
平阳县凤巢乡	15780	4033	7628	2582	2483	1175
平阳县龙尾乡	9285	2484	5842	1850	756	160
平阳县南湖乡	17473	4337	11796	5365	1786	1006
平阳县朝阳乡	5689	1340	3200	856	496	0
平阳县闹村乡	23651	5848	11171	4708	2062	685
平阳县晓坑乡	16782	3934	5550	1902	1098	127
平阳县怀溪乡	10527	2585	3021	1418	622	102

乡镇基本情况(六)

(1997年)

	乡 镇 总人口 (人)	乡 镇 户 数 (户)	年 末 耕地面积 (亩)	粮 食 总产量 (吨)	农林牧渔业 总产值 (万元)	乡镇工业 总产值 (万元)
平阳县青街乡	11184	2602	3611	1890	877	1030
平阳县维新乡	6226	1589	2506	1090	506	0
平阳县吴垟乡	4139	921	1654	854	380	0
平阳县南麂乡	1831	550	160	0	2200	0
苍南县龙港镇	142774	35100	26836	15636	11664	437643
苍南县湖前镇	28015	6662	13081	10571	2936	40348
苍南县宜山镇	36709	8040	8735	7273	892	58599
苍南县钱库镇	68137	13212	18564	14472	6741	162030
苍南县芦浦镇	22155	4739	7118	4868	3723	11416
苍南县望里镇	33580	7607	10229	6518	3087	41817
苍南县金乡镇	76322	16310	25845	19687	6816	100520
苍南县舥艚镇	55793	12445	13048	10112	19486	13965
苍南县炎亭镇	16287	3557	1886	623	3238	4641
苍南县大渔镇	19794	4979	2631	1209	9018	2025
苍南县灵溪镇	112103	20013	32340	24157	10851	194766
苍南县灵江镇	15973	3780	9727	7868	1673	15227
苍南县藻溪镇	36274	8768	24073	10525	2768	2253
苍南县桥墩镇	41927	7786	18252	6267	2606	4318
苍南县莒溪镇	16395	3978	5852	2899	956	62
苍南县观美镇	25780	6393	14165	5958	1521	5047
苍南县矾山镇	43000	6335	8322	2598	2322	5948
苍南县赤溪镇	21911	5168	10362	3936	3012	422
苍南县马站镇	29595	6861	17256	11306	6083	1637
苍南县霞关镇	21305	6240	7690	3092	9125	518
苍南县沿浦镇	21568	5885	10781	5900	4011	214
苍南县沪山镇	21785	5153	13605	10357	3328	12366
苍南县平等乡	21899	5490	10497	8179	861	12598
苍南县江山乡	28227	6653	14053	12101	2012	28578
苍南县云岩乡	18035	4379	8036	5480	1357	2750
苍南县仙居乡	18318	4289	8595	6432	1315	3046
苍南县新安乡	19629	4167	7585	6145	689	5905
苍南县括山乡	21388	4825	8952	5297	1210	4063
苍南县石坪乡	13444	3338	1330	453	2052	7024
苍南县凤池乡	11145	2996	6014	3676	743	3500
苍南县渎浦乡	19638	4682	10974	9261	1711	12088
苍南县浦亭乡	13062	3579	10078	5224	1233	2816
苍南县五凤乡	11675	2725	8061	1825	786	26
苍南县腾垟乡	7775	1696	3882	1277	581	11
苍南县南宋乡	12395	3035	4140	1575	1101	1418

乡镇基本情况(七)

（1997年）

	乡镇总人口（人）	乡镇户数（户）	年末耕地面积（亩）	粮食总产量（吨）	农林牧渔业总产值（万元）	乡镇工业总产值（万元）
苍南县昌禅乡	6450	1638	2912	1160	411	700
苍南县中墩乡	9124	2428	2271	655	3162	495
苍南县龙沙乡	13527	2710	8852	3495	1345	1413
苍南县凤阳乡	5144	1196	3248	1278	622	0
苍南县蒲城乡	6744	1806	3919	2334	1293	59
苍南县岱岭乡	6260	1671	4057	1728	715	0
苍南县渔寮乡	8655	2280	4490	1643	2263	0
文成县大峃镇	35408	6061	4981	2191	4281	17238
文成县百丈漈镇	11493	3143	4010	2165	920	1428
文成县南田镇	21919	5800	11920	7409	2955	733
文成县西坑镇	11821	3111	6095	2999	1138	316
文成县黄坦镇	22150	5627	13614	6949	3243	2931
文成县珊溪镇	34001	9500	7970	5293	3768	1201
文成县巨屿镇	20212	5636	6337	3558	1528	660
文成县玉壶镇	19125	5363	9014	5126	2603	908
文成县樟台乡	16350	4129	5290	2856	1411	1711
文成县金炉乡	6121	1399	2377	1068	705	52
文成县龙川乡	15857	4329	4781	2221	1366	1719
文成县里阳乡	5729	1504	2656	1703	439	53
文成县二源乡	11888	3267	7121	4950	1833	812
文成县黄寮乡	1839	441	1034	497	299	80
文成县十源乡	7400	1930	4366	1952	580	100
文成县石垟乡	4287	759	1615	727	347	230
文成县下垟乡	1685	397	912	440	259	51
文成县岭后乡	2731	537	1249	369	171	51
文成县富岙乡	7057	1915	4086	2178	773	9
文成县双溪乡	3581	1110	1038	582	346	22
文成县汇溪乡	6247	1575	2675	1535	476	55
文成县东龙乡	8998	2388	2321	1283	565	30
文成县仰山乡	4229	1395	1225	626	274	180
文成县桂山乡	5872	1383	2244	891	419	40
文成县峃口乡	7217	2142	1760	937	335	418
文成县金垟乡	8901	2461	3475	2459	769	52
文成县双桂乡	9189	2456	3448	1639	619	202
文成县周山乡	5249	1337	2497	1539	735	82
文成县公阳乡	7046	1904	3460	1762	633	60
文成县平和乡	8750	2328	3731	1434	503	80
文成县周壤乡	16760	4285	7859	2444	1021	298
文成县上林乡	3469	800	1401	838	215	51
文成县东溪乡	10058	2778	5081	2504	856	51

乡镇基本情况(八)

（1997年）

	乡镇总人口（人）	乡镇户数（户）	年末耕地面积（亩）	粮食总产量（吨）	农林牧渔业总产值（万元）	乡镇工业总产值（万元）
文成县金星乡	5017	1476	2754	1313	427	60
文成县朱雅乡	4061	992	2286	958	397	55
泰顺县罗阳镇	31442	4904	8502	4647	2476	4770
泰顺县岭北乡	4367	1120	1552	1096	933	219
泰顺县仙稔乡	5317	1421	3190	1439	487	52
泰顺县南院乡	6895	1662	4031	2021	750	801
泰顺县司前镇	12169	2682	5230	2977	1395	2199
泰顺县碑排乡	3585	895	1925	898	730	0
泰顺县竹里乡	3313	883	1800	865	416	44
泰顺县黄桥乡	2670	603	981	585	518	0
泰顺县百丈镇	10297	2527	3942	2092	993	120
泰顺县洪口乡	4768	1452	2114	1288	426	18
泰顺县峰门乡	2839	658	1295	684	201	9
泰顺县莒江乡	7423	2631	3210	2671	879	100
泰顺县包垟乡	8439	1841	4062	2295	720	30
泰顺县筱村镇	15251	4278	6671	3793	1841	952
泰顺县新浦乡	10140	3060	4053	2310	1112	224
泰顺县联云乡	4759	1220	1928	1521	389	57
泰顺县翁山乡	6516	1640	2119	1515	423	92
泰顺县泗溪镇	15231	3848	6203	2821	1234	770
泰顺县凤垟乡	8708	2100	3795	1869	1063	0
泰顺县横坑乡	5689	1605	2519	1328	379	0
泰顺县九峰乡	5470	1454	2649	1383	373	46
泰顺县彭溪镇	10685	2353	4166	2663	1130	1391
泰顺县峰文乡	2531	597	1333	676	349	0
泰顺县月湖乡	4679	1248	1878	1167	507	750
泰顺县雅阳镇	16711	4590	9447	4209	1841	2535
泰顺县松垟乡	5114	1332	2941	1823	655	134
泰顺县柳峰乡	7877	2294	4446	1975	754	241
泰顺县仕阳镇	21144	5082	8661	5106	2128	4874
泰顺县雪溪乡	9037	2311	4725	2152	569	1576
泰顺县万排乡	3707	900	1716	978	479	63
泰顺县龟湖镇	8876	2343	4088	2352	1038	2589
泰顺县东溪乡	10078	2375	4954	2677	1097	218
泰顺县三魁镇	20545	5594	9652	4567	2218	502
泰顺县大安乡	8505	2281	3743	1867	791	277
泰顺县西旸镇	8713	2354	4851	2400	770	181
泰顺县垟溪乡	6905	1723	3553	1686	803	78
泰顺县洲岭乡	8217	2026	4513	2223	759	80
泰顺县下洪乡	8618	2285	4230	2389	722	574

主 要 统 计 指 标 解 释

农村社会总产值 指在一定时期内，农村各物质生产部门的以货币表现的全部产品价值总量。根据我国目前的农村经济现状，农村社会总产值包括的范围是：乡、村及村以下各级合作经济组织和农户从事农业、工业、建筑业、运输业、商业、饮食业所生产的产值和国营农场的农业总产值。凡是在农村的国营工业、建筑业、运输业、商业、饮食业所生产的产值均不包括在内。国营农场及县镇的工业、建筑业、运输业、商业、饮食业、产值也不包括在内。集体和国营联营的企业产值，凡场址在农村，又以乡镇合作经济组织的劳力、资金、土地或生产用房为主的企业，其产值包括在农村社会总产值中。

农业总产值 是以货币表现的农林牧渔业全部产品的总量，它反映一定时期内农业生产的总规模和总成果，1993年起改称为"农林牧渔业产值"。

农、林、牧、渔业的统计范围是：

(1)种植业：包括粮食、棉花、油料、糖类、麻类、烟叶、蔬菜、药材、瓜类和其他农作物的种植，以及茶园、桑园、果园的生产经营。

(2)林业：包括林木的栽培(不包括茶园、桑园和果园的栽培、管理和收获等活动)、林产品的采集和村及村以下的竹木采伐。

(3)牧业：包括除渔业养殖以外的一切动物饲养和放牧。

(4)渔业：包括水生动物和海藻类植物的养殖和捕捞。

从所有制看，包括全民所有制的各种专业农、林、牧、渔场和农业试验场、所；集体所有制的农村各种经济组织经营的农林牧副渔业；农民自营的农作物栽培和动物饲养等。

农业总产值的计算方法，通常是以农林牧渔业产品及其副产品的产量乘以该项产品的单位价格，而得该项产品的产值。少数生产周期较长，当年没有产品或产品产量不易统计的，则采用间接方法匡算产值。

1957年以前的农业总产值包括了厩肥和农民自给性手工业(如农民自制衣服、鞋、袜，自己从事粮食初步加工等)。1958年及以后的农业总产值，林业中增加了村及村以下竹木采伐产值；牧业中取消了厩肥产值；副业中取消了农民自给性手工业产值，增加了村及村以下办的工业产值；渔业中增加了机械化捕鱼产值。1980年及以后的农业总产值，在副业中增加了农民商品性家庭手工业的产值。从1985年起村及村以下办工业产值划归工业，并对1985年以前的农业总产值均按此口径作了调整，表中出现的都是调整后的数值。1993年起原包括在副业产值中的农民家庭兼营工业产值的统计口径作了调整，即专营性质的农民家庭无证个体工业产值划归工业，并取消副业产值指标。

农村工业总产值 以货币表现的乡办工业、村办工业、村以下办工业企业生产的产品总量包括成品价值和对外承做的工业性作业价值两部分。出售的半成品的价值也计入总产值。

农村工业总产值按"工厂法"计算，即按每个企业工业生产活动的最终成果计算，在企业内部不允许重复，即不能将企业内部各个车间生产的成果相加，工业总产值包括各工业企业生产入库的成品价值(无论自备原料的产品或来料加工的半成品都按全价计算)和对外承做的工业性作业价值。工业性作业只恢复或提高原来产品使用价值或只完成成品生产中的个别工序，应按加工费计算总产值，不包括原材料的价值。

农村建筑业总产值 是以货币表现的农村各种合作经济组织的建筑队(组)和个体的专业人员的农村从事建筑生产活动的总成果。建筑生产活动包括各种建筑物的建筑工程、各种机械设备的安装工程(不包括被安装的机械设备本身的价值)、建筑物和房屋修理以及与工程项目有关的勘察设计和地质勘探活动。

农村建筑业总产值主要兴建房屋、农田水利建设及开垦荒地的产值。为了避免重复和遗漏，建筑工程和安装工程产值合并在一起计算。其产值按兴工动料的全部投资额(但不包括被安装设备本身的价值)计算。只有劳动力投入，没有工程设施的农田基本建设，暂不计算。

农村运输业总产值 指农村各级合作经济组织和农户从事货物运输活动的产值，包括水运(装卸驳运和堆存活动)、汽车运输、拖拉机运输、兽力车运输、人力车运输和装卸搬运等货物运输活动。其产值按这些农村运输单位的全部货运收入计算。

农村邮电业总产值，数量很少，暂时没有计算。

农村饮食业总产值 指农村各种合作经济组织和农户从事饮食业活动的产值。其产值按饮食业的营业额计算。

农业净产值 指在一定时期内农业劳动者从事农业(包括农作物种植业、林业、牧业、副业、渔业)生产劳动中新创造的价值。

农业净产值是采用生产法计算的,即先根据各种物质消耗的数量,分别乘各种物质消耗平均价格,加总计算出农业物质消耗,再从农业总产值中扣除农业物质消耗来求得农业净产值。

农业物质消耗的计算范围包括三大部分:

(1)生产过程中实际消耗的劳动对象(种籽、饲料、肥料、燃料、农药、用电量、畜禽育种防疫费、小农具购置费、副业生产原料材料消耗等)。

(2)生产过程中使用的固定资产的磨损(各种农机具、设备、役畜和生产用房屋、仓库、畜圈等生产性固定资产,受到磨损而提取的折旧费)。

(3)生产过程中劳务费用支出(在农业生产过程中,修理农机具和设备的修理费、生产管理费和外雇运输费、邮电费及其他生产性劳动服务支出)。

农村经济总收入 指农村集体经济组织和农民在一年之中经营生产性和服务性活动所得到的可以用于抵偿本年开支,并在国家、集体和农民个人之间进行分配的全部收入。包括农林牧副渔业、农村工业、建筑业、运输业、商业、饮食业、服务业、劳务等各项经营收入和利息、租金等收入,不包括那些不能用来分配,属于借贷性质或暂收性质的收入、预购定金、国家投资、农民投资等。

农村经济总收入和农业总产值是两个不同的概念:第一、两者的统计范围不同。总产值是以农、林、牧、副、渔五业为统计范围;总收入除了包括农、林、牧、副、渔五业收入外,还包括工业、建筑业、交通运输业、商业、饮食业、服务业生产性劳务收入以及一些非生产性的收入。第二、两者的计算口径不同,总产值要计算的是当年全部生产成果,而总收入要计算的是当年可以支配的部分。例如,总产值要计算人造林木的生长量、大小家禽的繁殖、增长和增重的产值,总收入则不包括。又当年实现能支配的收入,不一定是当年的生产成果。第三,两者的计算价格不同,计算总产值,全部产品都按统一的不变价格或当年价格计算。而计算总收入一般按当年价格计算,产品中的出售部分按实际出售价格计算。

粮食产量 指全社会的产量。包括国营农场等全民所有制经营的、集体统一经营的和农民家庭经营的产量,还包括工矿企业家属办的农场和其他生产单位的产量。粮食除包括稻谷、小麦、玉米、高梁、谷子及其他杂粮外,还包括薯类和大豆。其产量计算方法,豆类按去豆荚后的干豆计算,薯类按5公斤鲜薯折1公斤粮食计算,其他粮食一律按脱粒后的原粮计算。

造林面积 指本年度内在荒山、荒地、沙丘等一切可以造林的土地上,采用人工播种、植苗、飞机播种等方法,新植的成片乔木林和灌木林,经过检查验收,符合"造林技术规程"要求的株数,成活率达85%以上(1986年以前成活率按40%以上计算)的面积。四旁植树在四行以上,连续面积在一亩以上,应统计在造林面积内,但不包括补植面积、重造面积、迹地更新面积、低产林改造面积和零售植树折算面积。

当年出栏肥猪头数 指年内农村合作社经济组织、农民、国营农场、机关团体、工矿企业、部队等单位以及城镇居民饲养的,供屠宰并已出栏的全部肉猪头数,包括交售给国家、集市上出售和农民自食的部分。

猪、牛、羊肉产量 指当年出栏已屠宰的猪、牛、羊的肉产量。即屠宰后除去头蹄下水后带骨的(即胴体重)重量。

水产品产量 指本年度内捕捞的水产品(包括人工养殖和天然生长)产量。它可分为海水产品和淡水产品两大类。海水产品包括海水的鱼类、虾蟹类、贝类和藻类;淡水产品包括淡水的鱼类、虾蟹类和贝类,不包括淡水水生植物。

有效灌溉面积 指具有一定的水源,地块比较平整,灌溉工程或设备已经配套,在一般年景下当年能够进行正常灌溉的耕地面积。

农业机械总动力 指主要用于农、林、牧、副、渔业的耕作机械、排灌机械、收获机械、牧业机械、林业机械、渔业机械和其他农业机械等各种动力机械的动力总和。电动机功率按千瓦计算,内燃机功率按引擎马力折成千瓦计算。

农用化肥施用量 指在本年度内实际用于农业生产的化肥数量。包括氮肥、磷肥、钾肥及复合肥。施用量按标准量及折纯量两种方法计算。按折纯量计算化肥数量,即把氮肥、磷肥、钾肥分别按氮、含五氧化二磷、含氧化钾百分之百计算。

农村用电量 指本年度内，扣除在农村中的全民所有制工业、交通、基建单位的用电量以后的农村生产上和生活上的全年用电总度数(全年累计数)，包括国家电网的供电量，也包括农村自办电站的供电量。

乡镇企业 即原来农村人民公社和生产大队两级集体经济创办的社队企业。在农村政社组织管理体制分设以后，除了乡、村合作组织办企业外、又出现了部分社员联营或其他形式的合作企业和个体企业，1984 年 3 月确定这类企业统称“乡镇企业”。

乡镇企业单位一般应拥有固定的组织、生产场所、生产设备和人员；有核算制度，承担经济责任和纳税义务；是一个比较稳定的经济实体。

农林牧渔业增加值 指在报告期内农林牧渔业生产单位和农户从事农林牧渔业生产经营活动所提供的最终成果的货币表现。计算方法：

农林牧渔业增加值 = 农林牧渔业总产值 - 农林牧渔业中间消耗。

工业、建筑业、交通和邮电

历年工业企业单位数

单位:个

年　份	合　计	国　有	集　体	*乡办	其他经济类型	村及村以下和城镇个体
1949	7	6	1			
1952	101	55	46			
1955	714	81	633			
1957	1285	258	1027			
1958	2024	416	1608			
1959	2010	400	1610			
1960	1168	330	838			
1961	1724	263	1461			
1962	1251	217	1034			
1963	1132	202	930			
1964	1066	183	883			
1965	1041	188	853			
1966	1114	190	924			
1967	1163	196	967			
1968	1174	190	984			
1969	1607	198	1409			
1970	2112	218	1894	928		
1971	2187	257	1930	906		
1972	2363	272	2091	986		
1973	2409	272	2137	957		
1974	2560	277	2283	1041		
1975	3108	274	2834	1501		
1976	3053	266	2787	1407		
1977	3559	280	3279	1618		
1978	4085	294	3791	2053		
1979	4528	299	4228	2332	1	
1980	6477	302	4801	2786	2	1372
1981	6837	307	4898	2755	1	1631
1982	6627	314	4895	2726	3	1415
1983	8314	317	5337	2975	4	2656
1984	13613	321	8006	4735	4	5282
1985	65045	321	9292	5364	6	55426
1986	54131	331	10497	6367	8	43295
1987	64044	329	8365	4393	22	55328
1988	50065	330	8104	4054	89	41542
1989	46000	336	8748	3701	30	36886
1990	41741	336	7606	3394	34	33765
1991	34034	332	7920	3583	53	25729
1992	41021	330	7056	3072	72	33563
1993	86740	314	7110	3091	151	79165
1994	152688	295	6988	3151	298	145107
1995	117829	296	4786	1995	515	112232
1996	127253	278	4558	1990	890	121527
1997	121253	232	3911	1843	877	116233

注:1949—1979年合计数仅指乡及乡以上企业。

各种经济类型工业企业单位数

单位:个

	1980年	1990年	1995年	1996年	1997年
总　　计	6477	41741	117829	127253	121253
*乡及乡以上工业	5105	7976	5597	5726	5020
大中型工业	5	45	62	83	84
一、按经济类型分:					
1.国有经济工业	302	336	296	278	232
2.乡以上集体经济工业	4801	7606	4786	4558	3911
*乡办工业	2786	3394	1995	1990	1843
街道工业	419	1980	592	568	476
3.村(居委会)办工业		3019	2143	2123	2275
*村办工业		2857	2143	2123	2275
4.城乡合作经营工业		8058	19941	21328	18126
城镇合作经营		1186	9187	9474	9256
农村合作经营		6872	10754	11854	8870
5.城乡个体工业	1372	22688	88442	98076	95832
城镇个体	1372	6845	21645	25865	26450
农村个体		15834	66797	72211	69382
6.其他经济类型工业	2	34	515	890	877
*“三资”企业		24	290	217	201
二、按轻重工业分:					
轻工业	4434	26820	81370	92090	86207
重工业	2043	14921	36459	35163	35046
三、按行政区域分:					
市　　区	2177	13038	26622	27758	28050
*鹿城区		7003	6550	8775	8304
龙湾区		1474	4487	4104	4245
瓯海区		4067	15106	14560	15243
瑞 安 市	1101	3260	18893	20311	21565
乐 清 市	983	13023	14777	15439	15528
洞 头 县	170	653	648	650	643
永 嘉 县	558	5025	7732	7133	7065
平 阳 县	1118	2987	10436	12497	12789
苍 南 县		2172	37039	38786	33313
文 成 县	204	707	870	3956	1195
泰 顺 县	166	876	812	723	1105

历年工业总产值

单位:万元

年份	合计	国有	集体	*乡办	其他经济类型	村及村以下和城镇个体
1949	4467	44				4423
1952	8544	1275	187			7082
1955	14068	4177	1675			8216
1957	22183	13653	6378			2152
1958	32183	23318	8157			708
1959	53878	35835	17469			574
1960	58311	38709	18831			771
1961	35256	23101	10965			1190
1962	33199	19990	11647			1562
1963	31904	19735	10303			1866
1964	36140	21515	12522			2103
1965	39582	23607	13157			2818
1966	39095	21682	14336			3077
1967	33469	17189	13395			2685
1968	31312	14923	13785			2604
1969	39694	18686	18319			2689
1970	44801	22278	19549	1830		2974
1971	55933	28970	23581	3129		3382
1972	67898	32005	31437	4382		4456
1973	68756	29748	33360	5722		5648
1974	56763	19003	32007	5767		5753
1975	58558	16809	34562	7751		7187
1976	59409	14185	37031	8647		8193
1977	90025	27467	53384	10569		9174
1978	111211	39709	61263	12234		10239
1979	128070	45155	70117	13430		12798
1980	165086	53937	88902	20062	218	22029
1981	172897	55538	93772	20283	131	23456
1982	177293	58548	94408	21921	312	24025
1983	213053	63179	115260	30309	1014	33600
1984	290698	71176	160788	47727	1101	57633
1985	421070	81726	233105	70531	3213	103026
1986	489874	90100	272174	95438	4772	122828
1987	622054	101155	331106	117211	5689	184104
1988	807160	134674	421936	152874	5003	245547
1989	898850	152700	464721	165244	10385	271044
1990	950717	156702	483310	182474	15660	295044
1991	1233678	203639	640110	261947	25485	364444
1992	1829943	251519	887223	429860	40109	651092
1993	3433775	323200	1317000	661200	98200	1695375
1994	5273389	391181	1716006	1448862	229793	2936409
1995	7194505	477094	1850503	1094841	406169	4460739
1996	10039423	462958	2263008	1238249	738556	6574901
1997	12423975	565034	2796843	1538484	1123813	7938285

注:本表工业总产值绝对数指标1995年起按新规定当年价格计算。(下同)

历年工业总产值发展指数(一)

(以 1952 年为 100)　　单位:%

年　份	合　计	国　有	集　体	* 乡 办	其他经济类型	村及村以下和城镇个体
1949	63	4				76
1952	100	100	100			100
1955	187	372	1013			132
1957	256	1069	3415			26
1958	372	1812	4318			8
1959	576	2568	8505			7
1960	646	2880	9505			9
1961	357	1572	5065			14
1962	319	1287	5108			19
1963	310	1283	4559			22
1964	354	1411	5588			25
1965	395	1581	5984			34
1966	415	1551	6972			37
1967	362	1254	6731			32
1968	337	1087	6807			31
1969	426	1355	9009			32
1970	483	1622	9659	100		35
1971	548	1900	10524	155		40
1972	661	2085	13950	216		53
1973	670	1937	14807	282		67
1974	553	1237	14224	285		69
1975	579	1113	15562	388		86
1976	582	927	16535	429		98
1977	888	1816	24008	528		109
1978	1090	2605	27377	608		122
1979	1241	2923	30911	659		153
1980	1598	3527	39531	890	100	197
1981	1663	3634	40481	914	66	280
1982	1729	3853	41768	1013	157	284
1983	2105	4180	52201	1412	539	393
1984	2898	4672	73800	2402	614	687
1985	4173	5139	107002	3543	2083	1228
1986	4764	5444	122170	4754	2946	1465
1987	5964	5737	147674	5839	2711	2190
1988	7428	6493	182351	7610	2379	2910
1989	7930	6231	195541	8100	4324	3167
1990	8466	6854	202568	8788	7182	3447
1991	11100	8749	271541	12992	12487	4331
1992	16518	10852	380384	21894	16977	7802
1993	28485	12628	560912	34512	33954	16948
1994	42651	13815	718503	48070	79400	28752
1995	57788	16571	857749	58198	149439	41101
1996	81056	18303	1017224	67155	277231	60931
1997	101142	23241	1226569	81850	353192	76682

注:本表按可比价格计算。

历年工业总产值发展指数(二)

(以上年为100)　　单位:%

年份	合计	国有	集体	*乡办	其他经济类型	村及村以下和城镇个体
1949						
1952	109.09	222.90	740.00			97.89
1955	123.09	175.03	268.38			97.59
1957	114.46	117.14	116.95			91.85
1958	145.46	169.41	126.45			32.90
1959	154.73	141.83	196.95			81.07
1960	112.21	112.10	111.76			134.32
1961	55.34	54.58	53.29			154.35
1962	89.39	81.86	100.84			131.26
1963	96.97	99.67	89.26			119.46
1964	114.24	110.03	122.57			112.70
1965	111.63	112.06	107.09			134.00
1966	104.99	98.09	116.50			109.19
1967	87.09	80.82	96.55			87.26
1968	93.34	86.67	101.13			96.98
1969	126.44	124.68	132.35			103.26
1970	113.34	119.71	107.21			110.60
1971	113.35	117.16	108.96	155.23		113.72
1972	120.69	109.73	132.55	139.26		131.76
1973	101.29	92.91	106.15	130.60		126.75
1974	82.66	63.88	96.06	100.92		101.86
1975	104.52	89.97	109.40	136.17		124.93
1976	100.61	83.27	106.25	110.62		114.00
1977	152.62	195.92	145.20	123.11		111.97
1978	122.75	143.44	114.03	115.02		111.61
1979	113.78	112.19	112.91	108.45		124.99
1980	128.84	120.68	127.88	134.98		129.27
1981	104.06	103.02	102.40	102.71	65.83	141.78
1982	103.97	106.04	103.18	110.85	238.17	101.39
1983	121.75	108.48	124.98	139.40	343.91	138.70
1984	137.64	111.78	141.38	170.10	113.79	174.71
1985	144.03	110.00	144.99	147.50	339.56	178.76
1986	114.16	105.93	114.18	134.19	141.41	119.22
1987	125.18	105.38	120.88	122.83	92.02	149.51
1988	124.55	113.17	123.48	130.32	87.75	132.89
1989	106.76	95.97	107.89	106.44	181.77	108.86
1990	106.75	110.00	103.59	108.49	166.10	108.83
1991	131.11	126.14	134.05	147.84	173.86	125.63
1992	148.81	124.03	140.08	168.52	135.96	180.13
1993	172.45	116.37	147.46	157.63	200.00	217.22
1994	149.73	109.36	128.10	139.28	233.85	169.65
1995	135.49	119.95	119.38	121.07	188.21	142.95
1996	140.26	110.45	118.59	115.39	185.51	148.25
1997	124.78	126.98	120.58	121.88	127.40	125.85

注:本表按可比价格计算。

历年乡办以上工业总产值和发展指数

年份	工业总产值（万元）	轻工业	重工业	发展指数（以上年为100%）	轻工业	重工业
1949	44	40	4			
1952	1462	1302	160	244.84	244.37	248.68
1955	5852	5189	663	194.38	195.10	188.96
1957	20031	12126	7905	117.08	81.76	347.05
1958	31475	22134	9341	155.68	180.83	117.08
1959	53304	37457	15847	156.14	156.03	156.40
1960	57540	40434	17106	111.97	111.99	111.99
1961	34066	23938	10128	54.16	54.16	54.16
1962	31637	25158	6479	87.96	99.54	60.59
1963	30038	23066	6972	95.83	92.54	108.60
1964	34037	26944	7093	114.33	117.86	102.66
1965	36764	28231	8533	110.23	110.68	122.77
1966	36018	26372	9646	104.68	99.81	120.78
1967	30784	22909	7875	87.08	88.51	83.18
1968	28708	22482	6226	93.05	97.92	78.90
1969	37005	26400	10605	128.36	116.93	169.61
1970	41827	27706	14121	113.53	105.41	133.73
1971	52551	36461	16090	113.33	118.71	102.78
1972	63442	42398	21044	119.97	115.56	129.98
1973	63108	43017	20091	99.47	101.46	95.48
1974	51010	33609	17401	80.92	78.21	86.70
1975	51371	34588	16783	102.18	104.42	97.86
1976	51216	33425	17791	98.73	95.70	104.98
1977	80851	49898	30953	159.19	150.54	175.45
1978	100972	63048	37924	124.02	125.48	121.67
1979	115272	74291	40981	112.63	116.25	106.61
1980	143057	93295	49762	125.24	127.44	121.25
1981	149441	99541	49900	102.58	104.86	98.25
1982	153268	98198	55070	104.38	100.18	112.94
1983	179453	106089	73364	119.08	111.57	132.63
1984	230349	135275	95074	130.84	128.52	134.36
1985	318044	171600	146444	135.53	125.72	149.76
1986	367046	203045	164001	112.53	115.19	109.28
1987	437948	244235	193713	116.86	117.22	116.40
1988	561613	319896	241717	120.90	121.69	119.87
1989	627806	363506	264300	105.93	107.46	103.51
1990	655673	398682	256991	105.72	113.13	95.61
1991	869234	524248	344986	133.45	133.06	134.08
1992	1178851	692371	486479	136.22	133.23	142.70
1993	1738400	1007700	730600	144.07	143.12	145.51
1994	2336980	1448862	888118	130.61	138.25	119.12
1995	2733766	1652747	1081019	126.12	123.74	130.29
1996	3464522	2128279	1336243	127.26	126.47	128.57
1997	4485690	2534192	1951498	122.92	117.96	130.18

各种经济类型工业总产值(一)

单位:万元

	1980年	1990年	1995年	1996年	1997年
总　　计	165086	950717	7194505	10039423	12423975
*乡及乡以上工业	143057	655673	2733766	3464522	4485690
大中型工业	2494	93925	459327	611267	810795
一、按经济类型分:					
1.国有经济工业	53937	156702	477094	462958	565034
2.乡及乡以上集体经济工业	88902	483310	1850503	2263008	2796843
*乡办工业	20062	182474	1094841	1238249	1538484
街道工业	4579	92794	244075	250339	272386
3.村(居委会)办工业	15590	92145	340261	569432	794417
*村办工业	15590	87765	340261	569432	794417
4.城乡合作经营工业	5772	124369	1926296	2955539	2811602
城镇合作经营		22960	356993	1392176	1384147
农村合作经营	5772	101409	1419295	1563363	1427455
5.城乡个体工业	667	78530	2194182	3049930	4332266
城镇个体	667	28395	813985	1171102	1484430
农村个体		50135	1380197	1878828	2847836
6.其他经济类型工业	218	15660	406169	738556	1123813
*“三资”企业		6840	234807	266687	382581
二、按行政区域分:					
市　　区	86792	457582	2685419	3834909	4755186
*鹿城区		136391	822952	1375834	1719191
龙湾区		30016	440139	626214	774634
瓯海区		111679	1006628	1424255	1775843
瑞 安 市	25722	115669	1351606	2050374	2447022
乐 清 市	18730	108829	1148850	1560164	2037149
洞 头 县	2378	20004	61679	85374	95525
永 嘉 县	7741	72973	531416	672989	825228
平 阳 县	19200	74283	645137	860256	1041294
苍 南 县		82879	707818	897458	1123618
文 成 县	2841	8227	34711	44751	58338
泰 顺 县	1682	10272	27871	33150	40615

各种经济类型工业总产值(二)

单位:万元

	1980年	1990年	1995年	1996年	1997年
三、按轻重工业分:					
1.轻工业	105053	596306	4355841	6105212	7482315
①国有经济工业	34757	87671	193344	162442	165589
②乡及乡以上集体经济工业	58365	299023	1195604	1457804	1611869
*乡办工业	12975	121408	765225	869117	1002294
街道工业	1903	53556	170593	175711	177454
③村(居委会)办工业	7918	60873	214366	404104	526920
*村办工业	7918	57504	214366	404104	526920
④城乡合作经营工业	3440	80039	1016419	1578246	1615763
*农村合作	3440	64387	764239	852213	849081
⑤城乡个体工业	400	56712	1446268	1994583	2805440
*农村个体		37132	1014411	1312625	1965310
⑥其他经济类型工业	173	11989	289840	508033	756734
*"三资"企业		5236	178478	211227	294386
2.重工业	60033	354411	2838664	3934211	4941660
①国有经济工业	19180	69031	283750	300516	399445
②乡及乡以上集体经济工业	30537	184288	654899	805204	1184974
*乡办工业	7087	61763	329616	369132	536190
街道工业	2676	39238	73482	74628	94932
③村(居委会)办工业	7672	31272	125895	165328	267497
*村办工业	7672	30261	125895	165328	267497
④城乡合作经营工业	2332	44330	909877	1377293	1195839
*农村合作	2332	27022	655056	711150	578374
⑤城乡个体工业	267	21818	747914	1055347	1526826
*农村个体		13003	365786	566203	882526
⑥其他经济类型工业	45	3672	116329	230523	367079
*"三资"企业		1604	56329	55460	88195

独立核算乡属、村办工业企业主要经济指标

	单　位	1980年	1990年	1995年	1996年	1997年
一、乡属工业						
企业单位数	个	2786	3395	1995	2078	1951
*亏损企业数	个	497	195	252	235	181
工业总产值(当年价)	万元	20062	183170	1094841	1488379	1805874
轻工业	万元	12975	121408	765225	1044681	1176494
重工业	万元	7087	61763	329616	443698	629380
全部职工平均人数	人		109819	131796	154518	142364
产品销售收入	万元	18700	171842	1030413	1362035	1692513
*产品销售税金	万元	730	11248	13777	14744	19479
利润总额	万元	1229	7356	41140	41929	62640
年末固定资产原价	万元	7206	35252	267435	337699	450035
年末固定资产净值	万元	5946	28853	227319	273197	374992
流动资金平均余额	万元	5087		415847	530129	684656
工业增加值	万元	7597		289401	409080	436771
二、村办工业						
企业单位数	个		2857	2142	2123	2275
工业总产值(当年价)	万元	15590	87765	340261	569432	794417
轻工业	万元	7918	57504	214366	404104	526920
重工业	万元	7672	30261	125895	165328	267497
年末从业人员	人		61221	41906	40970	52908
产品销售收入	万元		81174	302101	638542	778185
上缴税金	万元		5546	12683	21493	24969
利润总额	万元		4509		26188	32319
流动资产年末占用数	万元		34564		203012	209804
年末固定资产原价	万元		13900	67421	102375	130142

乡办以上工业企业单位数和工业总产值

	企业单位数（个）	工业总产值（亿元）		
		1996年	1997年	1997年比1996年 ±%
总　　计	5020	346.45	448.57	22.92
一、按经济类型分：				
国有经济工业	232	46.30	56.50	26.98
集体经济工业	3911	226.30	279.68	20.58
*乡属工业	1843	123.82	153.85	21.88
其他经济类型	877	73.85	112.39	27.40
*"三资"企业	201	26.67	38.26	31.12
二、按轻、重工业分：				
轻工业	3028	212.83	253.42	17.96
以农产品为原料	1441	101.01	125.27	26.82
以非农产品为原料	1587	111.82	128.15	11.18
重工业	1992	133.62	195.15	30.18
采掘工业	23	0.77	1.36	68.16
原料工业	222	37.77	52.95	46.90
加工工业	1747	95.08	140.84	25.35
三、按企业规模分：				
大型企业	11	23.08	31.67	31.57
中型企业	73	39.90	49.41	18.04
小型企业	4936	283.47	367.49	22.83
四、按行政区域分：				
市　　区	2169	168.50	208.83	26.77
*鹿城区	1109	59.25	66.15	6.99
龙湾区	256	28.83	41.65	54.71
瓯海区	546	39.57	52.47	49.40
瑞 安 市	717	51.97	61.79	18.76
乐 清 市	141	40.74	52.15	28.02
洞 头 县	210	5.25	5.86	24.91
永 嘉 县	344	17.10	22.56	34.66
平 阳 县	629	48.28	55.69	10.60
苍 南 县	657	32.66	37.54	16.88
文 成 县	97	2.33	2.92	22.13
泰 顺 县	56	1.12	1.23	17.02

注：本表按当年价格计算，增长率按可比价格计算．

分行业乡办以上工业企业单位数和工业产销总值

（1997年）

	企业单位数（个）	工业总产值不变价（万元）	工业总产值当年价（万元）	工业销售产值当年价（万元）
非金属矿采选业	21	11231	13231	12556
木材及竹材采运业	4	350	466	433
食品加工业	138	95346	116734	115267
食品制造业	62	65210	71721	70108
饮料制造业	54	40390	50956	48384
纺织业	143	101554	99869	91381
服装及其他纤维制品制造业	174	123877	126993	122396
皮革、毛皮、羽绒及其制品业	467	537076	587499	568321
木材加工及竹、藤、棕、草制品业	20	8937	7941	7742
家具制造业	37	26703	27420	27251
造纸及纸制品业	98	50807	52175	49873
印刷业及记录媒介的复制业	237	100571	105269	103238
文教体育用品制造业	104	42885	46071	42499
石油加工及炼焦业	1	2453	18715	18786
化学原料及化学制品制造业	157	214280	217189	204811
医药制造业	20	61941	35952	34115
化学纤维制造业	22	12165	11715	10634
橡胶制品业	139	166709	185311	175867
塑料制品业	641	611649	564304	538727
非金属矿物制品业	134	238109	236816	229142
黑色金属冶炼及压延加工业	38	71759	72315	62426
有色金属冶炼及压延加工业	20	21179	26502	25242
金属制品业	336	211544	211979	201812
普通机械制造业	478	268586	271605	257092
专用设备制造业	272	168412	168969	161750
交通运输设备制造业	227	139730	141304	130628
电气机械及器材制造业	417	570760	566204	532476
电子及通信设备制造业	87	103983	102928	94423
仪器仪表及文化、办公用机械制造业	149	74867	74689	72066
其他制造业	223	131237	134391	128695
电力、蒸汽、热水生产和供应业	67	68941	124569	116918
煤气生产及供应业	3	2990	3063	2905
自来水生产和供应业	30	4632	10811	10461

主要工业产品产量(一)

	单　位	1990年	1995年	1996年	1997年
化学纤维	吨	1081	5180	2074	1940
纱	吨	1992	8769	7011	8318
布	万米	2739.07	8052	3929.17	9026.77
呢　绒	万米	26.41	406.67	70.00	123.57
毛　线	吨	1902	7372	5374	4480
服　装	万件	1748.67	24194	16233.36	9241.42
麻　袋	万条	1704.10	255	107	637
机制纸及纸版	吨	32819	97915	92041	112187
缝纫机	架	88902	260933	142926	93817
电风扇	万台	1.70	15.93	13.79	4.71
干电池	万只	1274	8758	71	37
肥　皂	吨	16101	8018	3944	2692
食　盐	吨	19257	4295	6998	5231
糖	吨	1138	1369	130	32
罐　头	吨	13185	11765	8520	8478
饮料酒	吨	71529	177943	157861	190214
*啤酒	吨	42709	150885	127205	161149
皮　鞋	万双	6087	11506.99	11142.29	11813.61
皮　革	万张	22.92	2326.52	1213.70	1763.05
丝织品	万米	1632.65	4076.22	5851.59	22725.33
塑料制品	吨	53113	973377	452920	692803
日用精铝制品	吨	637	138	992	1687
打火机	万个	…	…	8273.59	7899.71
中小农具	万件	90.62	2.84	2.04	…
人造板	立方米	6485	9926	6871	6826
食用植物油	吨	2942	2372	233	13
配混合饲料	吨	143279	228298	215778	222002
电解铅	吨	2284	657	181	1540
电解锌	吨	2562	7856	9407	10662
发电量	万千瓦小时	67342	199742	176457	196812
*水电	万千瓦小时	32661	37114	16818	33912
硫　酸	吨	29714	43554	52229	50817
烧　碱	吨	6235	10816	11088	10777

主要工业产品产量(二)

	单　　位	1990年	1995年	1996年	1997年
合成氨	吨	14940	9393	9960	11430
酒　　精	吨	948	209	300	36
农用化肥	吨	19020	12652	12576	11267
氮肥	吨	10345	6315	6052	5964
磷肥	吨	8675	6337	6524	5303
化学农药	吨	4913	843	1451	7693
塑　　料	吨	1241	11470	7473	15155
染　　料	吨	2017	6061	9879	6724
化学原药	吨	2227	3410	3740	3527
中成药	吨	422	1060	444	608
矿山设备	吨	512	950	136	103
工业锅炉	蒸发量吨	93.40	290	293	262
工业锅炉	台	93	294	179	135
变压器	万千伏安	4.12	15.95	47.02	78.80
内燃机(生产量)	万千瓦	5.70	16	3.00	2.30
泵	万台	5.26	28.72	35.13	73.91
锻压设备	台	597	9844	1888	724
交流电动机	万千瓦	7.66	14.57	19.59	14.62
电冰箱	台	…	18585	13590	9150
民用钢质船舶	艘	7	77	57	10
电度表	万只	15.52	26.21	232.62	924.03
水　　泥	万吨	1.42	3.48	5.96	3.92
锯　　材	平方米	10195		1442	35341
砖	万块	16278	31709	102675	265882
耐火材料	吨	9793	25712	8553	942
剪　　刀	万把	2209.51	4858.49	3442.77	2542.18
锁	万把	1612.54	3881.38	5156.41	4466.68
乳制品	吨	9575	24228	12059	14470
味　　精	吨	4400	9556	10540	11073
面　　砖	万平方米	406.59	3451.83	2589.86	4639.26
地　　砖	万平方米	59.11	1315.58	400.94	1764.46
明　　矾	吨	49533	29717	33956	38382
炭　　黑	吨	5598	10004	10242	12067
茶　　叶	吨	2019	2744	1265	700
玻璃钢制品	吨	805	1174	4471	13803

工业经济效益

（1997

	工业经济效益综合指数(%)	总资产贡献率(%)		资本保值增值率(%)	
		实　绩	得　分	实　绩	得　分
1994年全市	96.38	10.37	19.37	111.92	14.92
1995年全市	100.49	10.67	19.95	93.33	12.44
1996年全市	108.81	11.75	21.97	129.18	17.22
1997年全市	119.83	12.94	24.19	139.47	18.60
一、1997年按类型考核:					
国有经济工业	92.35	7.31	13.66	122.20	16.29
集体经济工业	127.93	15.50	28.98	149.24	19.90
其它经济工业	127.62	13.93	26.04	140.69	18.76
乡属工业	135.62	17.19	32.14	138.97	18.53
轻　工　业	119.67	13.81	25.82	129.02	17.20
重　工　业	121.23	12.16	22.72	149.22	19.90
大型工业企业	112.52	7.81	14.60	134.43	17.92
中型工业企业	119.70	11.14	20.83	132.58	17.68
小型工业企业	122.35	14.33	26.79	142.66	19.02
二、1997年按行政区域考核:					
市　直　属	95.44	10.57	19.76	117.36	15.65
鹿　城　区	107.28	10.65	19.90	116.91	15.59
龙　湾　区	134.75	12.12	22.65	140.40	18.72
瓯　海　区	125.63	14.56	27.22	167.77	22.37
瑞　安　市	119.17	13.92	26.02	120.52	16.07
乐　清　市	167.97	20.39	38.10	252.14	33.62
洞　头　县	140.18	20.63	38.57	108.06	14.41
永　嘉　县	146.06	17.32	32.36	147.79	19.71
平　阳　县	124.44	17.24	32.22	127.24	16.97
苍　南　县	126.06	16.91	31.61	125.10	16.68
文　成　县	116.55	11.74	21.95	135.81	18.11
泰　顺　县	100.32	15.20	28.40	159.80	21.31

评价考核一览表

年)

单位:万元

资产负债率(%)		流动资产周转率(次)		成本费用利润率(%)		全员劳动生产率(元/人)		产品销售率(%)	
实绩	得分	实绩	得分	实绩	得分	实绩	得分	实绩	得分
64.26	10.72	1.88	18.55	3.03	11.44	14056.27	8.52	94.94	12.86
61.06	11.68	1.99	19.64	3.31	12.50	18906.56	11.46	94.66	12.82
58.77	12.37	1.97	19.44	2.65	10.00	24799.72	15.03	94.39	12.78
55.52	13.34	2.06	20.33	3.59	13.54	27966.48	16.95	95.13	12.88
55.18	13.45	1.41	13.91	2.41	9.09	21347.83	12.94	96.09	13.01
55.08	13.48	2.24	22.11	3.66	13.80	27686.65	16.78	95.10	12.88
56.82	12.95	2.13	21.02	4.04	15.26	34248.76	20.76	94.72	12.83
51.89	14.43	2.47	24.38	3.92	14.78	30679.88	18.59	94.32	12.77
57.02	12.89	2.39	23.59	2.90	10.93	26807.85	16.25	95.89	12.99
54.23	13.73	1.74	17.17	4.50	17.00	29640.60	17.96	94.13	12.75
48.48	15.46	1.54	15.20	3.22	12.13	39562.35	23.98	97.73	13.23
53.57	13.93	1.66	16.38	5.36	20.22	29604.00	17.94	93.95	12.72
57.21	12.84	2.20	21.71	3.37	12.71	27072.98	16.41	95.06	12.87
54.60	13.62	1.25	12.34	2.51	9.47	19084.68	11.57	96.26	13.03
64.91	10.53	2.22	21.91	2.20	8.31	28890.83	17.51	99.91	13.53
62.35	11.30	1.94	19.14	5.99	22.59	45079.84	27.32	96.24	13.03
54.04	13.79	2.23	22.01	2.92	11.02	28253.30	17.12	89.37	12.10
56.62	13.01	2.22	21.91	3.46	13.06	26652.56	16.15	95.60	12.95
44.54	16.64	1.91	18.85	6.96	26.28	36565.89	22.16	90.99	12.32
53.25	14.03	2.70	26.64	5.28	19.92	22197.54	13.45	97.21	13.16
45.07	16.48	1.84	18.16	8.31	31.35	25462.00	15.43	92.81	12.57
58.13	12.56	2.80	27.63	1.27	4.79	28583.89	17.32	95.65	12.95
57.01	12.90	2.85	28.13	1.78	6.72	27702.26	16.79	97.66	13.23
61.50	11.55	1.74	17.17	4.86	18.32	28022.66	16.98	92.06	12.47
63.83	10.85	1.45	14.31	1.20	4.54	13544.51	8.21	93.79	12.70

全部独立核算工业

（1997

	企业单位数（个）	亏损企业	工业总产值（当年价）	工业增加值（生产法）	工业销售产值（当年价）
总计	4990	758	4465377	1064114	4247794
在总计中：国有经济	206	88	549005	136355	527516
集体经济	3908	558	2795661	660865	2658743
其它经济	876	112	1120711	266894	1061534
在总计中：乡属工业	1951	181	1805873	436771	1703218
股份合作企业	2351	266	2001139	476103	1872591
在总计中：轻工业	3012	464	2523337	602813	2419740
以农产品为原料	1428	202	1244482	291162	1200221
以非农产品为原料	1584	262	1278854	311651	1219518
重工业	1978	294	1942040	461302	1828054
采掘工业	19	9	13097	5394	12436
原料工业	220	34	527348	117765	502244
加工工业	1739	251	1401594	338141	1313372
在总计中：大型企业	11	2	316672	71955	309481
中型企业	72	11	492246	131947	462488
小型企业	4907	745	3656459	860211	3475824
在总计中按行业大类分：					
非金属矿采选业	21	10	13231	5471	12556
食品加工业	126	27	108691	21759	106252
食品制造业	61	15	71552	17450	69940
饮料制造业	54	16	50956	17347	48384
纺织业	143	30	99869	24259	91381
服装及其他纤维制品制造业	174	11	126993	32994	122396
皮革、毛皮、羽绒及其制品业	467	37	587499	133673	568321
木材加工及竹、藤、棕、草制品业	20	7	7941	2041	7742
家具制造业	37	3	27420	5202	27251
造纸及纸制品业	98	17	52175	11738	49873
印刷业	237	33	105269	23031	103238
文教体育用品制造业	103	19	45393	11453	41821
石油加工及炼焦业	1		18715	2199	18786
化学原料及化学制品制造业	155	30	214436	50482	201812

主要经济指标(一)

年)　　　　单位:万元

工业中间投入合计	本年应付工资总额	全部职工年平均人数(人)	资本金合计	流动资产合计	流动资产年平均余额	固定资产合计	固定资产原价合计	固定资产净值年平均余额	资产合计
3570232	287702	380481	1320571	2123305	2022463	1634040	1807467	1506732	4153290
448822	40400	63873	235652	378492	374736	588938	628594	519534	1043255
2233313	179302	238684	715394	1230092	1159428	687574	784654	651224	2121020
888096	67999	77924	368985	514720	488299	357527	394218	335974	989015
1430290	116355	142364	460986	729366	684655	392852	450034	372992	1220577
1596618	126163	157891	577706	837211	790613	459771	519139	435874	1423738
2005047	171656	224861	627778	1039108	987581	695834	791706	647409	1919445
996860	75529	99430	321651	495108	472426	367385	405905	340053	956473
1008186	96127	125431	306127	544000	515154	328449	385801	307355	962972
1565184	116046	155620	692793	1084197	1034882	938206	1015761	859323	2233844
8594	2741	5011	7845	6865	6190	9144	11998	8269	16092
440333	20636	23340	165614	294448	286640	464841	493506	420421	816457
1116257	92667	127269	519334	782883	742051	464220	510255	430632	1401294
263753	14861	18188	102536	190990	188110	265025	258961	221640	488770
386821	33501	44571	251723	305468	288215	359713	395666	326905	759635
2919657	239338	317722	966312	1626847	1546137	1009301	1152840	958187	2904885
8663	2824	5204	8398	7007	6343	9719	12654	8882	16808
89860	4566	7235	19085	34848	33710	31950	33106	30266	71942
57198	4530	5799	19788	26732	24403	28045	35194	26603	61278
37495	4844	5960	38760	26304	25145	42402	45163	35118	95645
78887	7160	11749	36903	58299	56080	62223	65436	56967	130704
98697	9635	12075	40246	66588	62507	33365	38390	31838	108591
472694	33558	40144	116243	193120	186159	114798	127180	107203	337349
6287	1099	1725	3146	10406	9930	12777	14589	11630	23956
22610	1110	1320	6470	8913	9365	9118	9358	8980	18680
42291	3543	5289	16400	26261	24390	19087	20860	17802	48531
86180	5476	7750	25993	45624	42095	19304	23651	18625	66895
35295	3687	5043	16577	20292	20110	10800	12276	10322	34568
16626	70	50	994	1033	1101	1210	1563	1201	2497
171888	13050	18198	59116	131243	123438	102296	100985	91277	267639

全部独立核算工业

（1997

	企业单位数（个）	亏损企业	工业总产值（当年价）	工业增加值（生产法）	工业销售产值（当年价）
医药制造业	20	6	35952	8191	34115
化学纤维制造业	22	5	11715	3225	10634
橡胶制品业	139	15	185311	48165	175867
塑料制品业	641	108	564304	134863	538727
非金属矿物制品业	132	25	235594	41477	228028
黑色金属冶炼及压延加工业	38	2	72315	12334	62426
有色金属冶炼及压延加工业	20	2	26502	6225	25242
金属制品业	335	47	211010	49649	200822
普通机械制造业	478	49	271605	66498	257092
专用设备制造业	272	51	168969	41511	161750
交通运输设备制造业	223	46	139688	33744	128972
电气机械及器材制造业	416	41	563102	137078	529792
电子及通信设备制造业	87	20	102928	23373	94423
仪器仪表及文化、办公用机械制造业	149	27	74689	18748	72066
其他制造业	222	31	133395	32930	128074
电力、蒸汽、热水的生产和供应业	66	13	124272	42898	116631
煤气生产和供应业	3		3063	618	2905
自来水的生产和供应业	30	15	10811	3471	10461
在总计中按行政区域分：					
市直属	246	102	469351	117403	451774
鹿城区	1108	74	660513	144461	659928
龙湾区	256	45	416496	100167	400843
瓯海区	546	52	524719	113047	468918
瑞安市	710	99	616084	162598	588989
乐清市	141	16	521539	128671	474540
洞头县	210	20	58571	14270	56936
永嘉县	344	27	225561	59896	209333
平阳县	629	143	556860	131617	532617
苍南县	657	127	375437	80910	366666
文成县	88	29	28624	7420	26351
泰顺县	55	24	11617	3651	10896

主 要 经 济 指 标（二）

年）　　　　　　　　　　　　　　　　　　　　　　　　单位：万元

工业中间投入合计	本年应付工资总额	全部职工年平均人数(人)	资本金合计	流动资产合计	流动资产年平均余额	固定资产合计	固定资产原价合计	固定资产净值年平均余额	资产合计
29569	2878	4471	9480	26203	25643	17757	19737	16259	49602
8773	927	1396	6211	6463	6456	10561	11921	9636	18843
141918	17941	24627	40270	65139	60359	41277	47276	38828	114105
447268	38596	46636	109462	197570	185746	111246	133693	107789	326324
197823	7172	8934	56552	70408	70683	73192	72627	64171	156737
60970	1778	1747	15404	31671	29461	16286	18382	16491	50127
21480	1711	2183	6529	12850	12593	23814	24574	22615	38097
167619	12908	18277	44610	80207	77009	45569	54801	43615	138776
216376	19302	24544	94005	163796	154548	84465	96487	79449	278319
134086	14993	23232	64134	103783	100570	74050	89221	69610	190008
111111	10681	13751	36417	81468	75945	38271	43447	36757	127018
447897	29783	38501	210919	287912	271752	147762	158954	133330	509322
83720	7285	11376	42777	55678	54524	39192	35325	34148	102949
59107	5651	7894	27855	46714	43996	16916	21143	15978	80253
104246	10631	15138	29469	63044	59572	41788	47542	39547	120000
103271	8595	8155	83035	153326	149761	312603	342763	283614	500267
2541	56	64	2282	889	803	3419	2924	3035	4918
7772	1646	2014	33028	19501	18250	38762	46231	35133	62529
379546	36391	61517	203167	355830	349430	478446	483073	409500	917119
535292	36374	49995	88533	269002	256723	108153	122452	101627	438736
327871	23899	22220	163836	218932	206142	215547	227463	207684	503566
427476	32023	40012	130660	217399	208761	145298	161581	139343	383102
472758	47076	60998	175189	287428	266053	174649	211788	166247	490483
420276	26894	35189	225513	275070	259546	187714	223025	173718	539757
46182	4984	6429	15337	21967	21328	13252	16478	12883	37857
176609	19720	23524	87535	121711	114535	86717	97533	80478	218482
446457	35588	46046	115667	195732	188406	110381	126274	105077	331372
306589	20975	29207	93450	137581	129299	85549	104599	82586	236258
22329	2284	2648	16336	15190	14975	20249	22611	19543	40917
8841	1490	2696	5344	7457	7259	8079	10585	8042	15637

全部独立核算工业

（1997

	流动负债合计	流动负债年平均余额	负债合计	所有者权益合计	产品销售收入
总计	1877347	1778998	2305826	1847464	4161260
在总计中：国有经济	412403	390025	575669	467586	527659
集体经济	989999	939027	1168160	952859	2594458
其它经济	474944	449945	561996	427018	1039143
在总计中：乡属工业	570597	538011	633397	587180	1692513
股份合作企业	648390	613567	714069	709668	1865611
在总计中：轻工业	944738	898057	1094453	824992	2363426
以农产品为原料	453600	433441	527136	429337	1167635
以非农产品为原料	491138	464615	567317	395655	1195791
重工业	932608	880940	1211372	1022472	1797834
采掘工业	6729	6400	8937	7155	12974
原料工业	299760	279545	451545	364912	505476
加工工业	626118	594995	750890	650404	1279383
在总计中：大型企业	197712	182437	236968	251801	289521
中型企业	277028	263115	406906	352728	477195
小型企业	1402606	1333445	1661951	1242934	3394543
在总计中按行业大类分：					
非金属矿采选业	6822	6499	9068	7739	13094
食品加工业	35544	33877	41088	30853	105060
食品制造业	27353	25564	36157	25120	68694
饮料制造业	32526	30729	40982	54663	47580
纺织业	63961	62538	80080	50623	88588
服装及其他纤维制品制造业	51764	48523	56195	52395	118185
皮革、毛皮、羽绒及其制品业	162396	157469	179941	157407	549244
木材加工及竹、藤、棕、草制品业	10531	9592	13258	10698	11968
家具制造业	9161	9233	12260	6419	25069
造纸及纸制品业	27461	24805	32056	16475	49440
印刷业	35766	33183	38232	28663	103059
文教体育用品制造业	18022	17502	20790	13778	41044
石油加工及炼焦业	1245	1426	1245	1252	18786
化学原料及化学制品制造业	127945	122534	173332	94306	199145

主 要 经 济 指 标（三）

年）

单位:万元

产品销售成本	产品销售费用	产品销售税金及附加	产品销售利润	管理费用	财务费用		利润总额	利税总额	本年应交增值税
						利息支出			
3463885	122021	48984	476338	219772	139710	117112	141530	359483	168969
447630	8295	5124	62964	48019	19154	18681	12597	53894	36171
2153364	82416	32400	291574	122595	84954	68872	89349	220266	98517
862891	31309	11459	121798	49157	35602	29559	39582	85323	34280
1431097	49390	19478	181541	66392	52348	41705	62640	143307	61188
1554132	61074	24778	215020	80022	60119	48315	70675	167036	71582
2000429	66251	29009	238632	110525	74458	61963	65243	178776	84523
976899	37870	17615	122840	56687	35706	28775	37829	98984	43540
1023529	28380	11393	115792	53838	38752	33188	27414	79791	40983
1463455	55770	19975	237705	109247	65252	55149	76286	180707	84446
8126	850	403	2536	2188	529	439	447	1742	891
441682	7180	3566	51327	20106	17378	16188	20845	55162	30750
1013647	47739	16004	183841	86952	47344	38521	54993	123802	52804
260155	3569	818	24978	13727	5991	5910	9113	28968	19036
380834	14130	5295	75256	37579	22083	21082	24357	56176	26523
2822894	104322	42870	376103	168465	111636	90120	108059	274339	123409
8248	853	405	2530	2210	533	443	428	1737	904
92579	3096	1060	8305	4070	3344	3000	1869	5858	2928
56009	2079	601	8976	5665	2453	2326	2210	5909	3097
29651	2048	4818	10735	6441	1717	1492	3999	12704	3887
74805	1246	668	10439	5724	3975	3290	2913	6859	3277
93673	5837	1238	16512	6682	3221	2615	6603	12540	4698
465524	18596	7128	50632	19413	14454	10924	16823	42820	18868
9066	816	86	1829	1302	1199	1163	230	705	388
22434	436	250	1644	695	516	302	562	1205	393
42925	813	467	4902	2878	2156	1799	531	2853	1855
88379	3115	1297	9669	4224	3735	2996	2099	7338	3942
33912	1551	449	4858	2496	1383	1208	969	2774	1355
16739	1668	10	367	293	184	184	209	330	110
157943	6610	2271	27371	16793	8064	7368	5287	15493	7935

	流动负债合计	流动负债年平均余额	负债合计	所有者权益合计	产品销售收入
医药制造业	30365	29516	34131	15470	33221
化学纤维制造业	8118	7844	10466	8376	10398
橡胶制品业	56265	53568	62877	51228	175964
塑料制品业	170143	159216	195236	131087	535388
非金属矿物制品业	64093	54829	81834	74903	222368
黑色金属冶炼及压延加工业	32006	29612	34700	15427	62458
有色金属冶炼及压延加工业	14866	14862	24214	13882	25031
金属制品业	71870	68177	80662	58114	199062
普通机械制造业	124272	120785	154710	123609	252449
专用设备制造业	95253	90464	114525	75482	151073
交通运输设备制造业	64109	60735	74319	52699	124061
电气机械及器材制造业	208372	193635	234615	274707	506270
电子及通信设备制造业	42192	39053	52297	50652	94405
仪器仪表及文化、办公用机械制造业	38398	36200	45829	34423	68763
其他制造业	65903	63952	79132	40867	126783
电力、蒸汽、热水的生产和供应业	161499	155309	268093	232174	121184
煤气生产和供应业	1265	1186	2484	2433	2868
自来水的生产和供应业	17848	16566	21004	41524	10544
在总计中按行政区域分：					
市直属	381779	358287	500767	416351	437959
鹿城区	244029	231457	284790	153945	570010
龙湾区	218865	213698	313964	189601	398922
瓯海区	190023	179383	207036	176065	466071
瑞安市	237273	222196	277731	212751	591010
乐清市	187522	175734	240417	299340	495624
洞头县	17864	17469	20157	17699	57571
永嘉县	89557	85942	98475	120007	210812
平阳县	171144	161750	192640	138731	527751
苍南县	118387	111971	134698	101560	368970
文成县	14075	14502	25166	15751	26033
泰顺县	6823	6604	9980	5656	10522

主要经济指标（四）

年）

单位:万元

产品销售成本	产品销售费用	产品销售税金及附加	产品销售利润	管理费用	财务费用	利息支出	利润总额	利税总额	本年应交增值税
25748	1376	194	5860	3916	1974	1904	676	2680	1809
8411	165	90	1731	677	778	763	402	776	283
157623	3155	917	13817	5810	4568	4030	4076	9765	4772
474051	9224	5642	44125	15470	19668	17010	9682	33153	17827
201790	2259	1184	15438	5761	2638	1805	8481	13372	3706
55094	752	841	5719	1560	2836	2419	1389	3219	988
21915	125	162	2716	1713	1111	1060	354	1720	1203
166783	5672	1539	20216	9164	5645	4705	6221	14019	6258
199367	8476	3093	36796	15324	11055	8972	11059	25422	11269
117870	5246	1243	23294	14041	6804	6055	3141	11014	6629
100060	4499	1599	17277	7454	5291	4589	4620	11387	5166
403275	18668	4346	71415	32370	12331	10190	25746	51966	21873
68334	5174	3671	16400	7924	3484	2012	6941	14777	4165
52538	3015	788	11346	6260	2830	2141	2877	6831	3166
106366	3489	1445	13358	7022	3738	2617	3623	8850	3781
100670	1414	1350	17446	4547	8070	7825	8061	31309	21898
2468	140	17	241	34	100	98	175	288	95
9619	394	102	359	1824	-158	-204	-737	-202	432
374132	8447	3501	50911	44013	13589	13265	11045	42145	27598
470138	11507	3328	53258	27816	12106	9393	11488	34056	19240
321471	13520	4569	54402	18748	17114	14072	22202	38315	11543
402573	10940	5795	45928	18011	14967	10918	13039	34639	15804
505280	13770	4280	64661	26293	20953	19227	19601	43153	19272
383008	20681	9516	78626	31404	16083	12791	31416	68340	27408
40571	5519	839	10411	4985	2645	2125	2835	5556	1881
163250	9410	2814	31977	11185	5053	3580	15692	29451	10944
454679	16729	8781	46725	21788	19491	15868	6504	36499	21214
320577	10439	4678	33089	12602	15281	13600	6391	23131	12062
20234	631	407	4753	1864	1826	1709	1192	2724	1124
7968	424	472	1592	1060	598	560	121	1469	875

（1997

	企业单位数（个）	亏损企业	工业总产值（当年价）	工业增加值（生产法）	工业销售产值（当年价）
总计	206	88	549005	136355	527516
在总计中：轻工业	118	53	160892	37894	155769
以农产品为原料	84	37	87937	21573	84560
以非农产品为原料	34	16	72954	16320	71208
重工业	88	35	388112	98460	371747
采掘工业	1		4481	2829	4067
原料工业	32	6	315984	78360	304472
加工工业	55	29	67646	17270	63207
在总计中：大型企业	7		270462	61717	265985
中型企业	31	8	145484	41453	133084
小型企业	168	80	133058	33184	128446
在总计中按行业大类分：					
非金属矿采选业	2	1	4545	2848	4122
食品加工业	33	11	26466	4396	26494
食品制造业	9	4	27236	7669	26530
饮料制造业	19	7	19461	5733	18491
纺织业	10	8	9363	2003	8277
服装及其他纤维制品制造业	1		130	31	120
木材加工及竹、藤、棕、草制品业	1		2188	655	2041
造纸及纸制品业	4	3	3020	976	2484
印刷业	8	4	1594	508	1530
化学原料及化学制品制造业	20	6	80842	20981	76281
医药制造业	8	4	23413	5060	22544
化学纤维制造业	1	1	753	169	718
塑料制品业	1		9966	2869	9430
非金属矿物制品业	5	3	179509	27199	178585
有色金属冶炼及压延加工业	1		12075	3119	11600
金属制品业	3		812	306	796
普通机械制造业	10	4	8107	2171	7933
专用设备制造业	13	6	13022	3822	12752
交通运输设备制造业	8	6	3323	711	2948
电气机械及器材制造业	5	2	18019	3949	18011
电子及通信设备制造业	7	4	12786	2164	11143
仪器仪表及文化、办公用机械制造业	5	4	283	63	276
其他制造业	2	1	1336	435	1308
电力、蒸汽、热水的生产和供应业	15	1	81677	35578	74036
自来水的生产和供应业	15	8	9067	2929	9056

主要经济指标（一）

年）　　　　　　　　　　　　　　　　　　　　　　　　　　　　　　单位：万元

工业中间投入合计	本年应付工资总额	全部职工年平均人数(人)	资本金合计	流动资产合计	流动资产年平均余额	固定资产合计	固定资产原价合计	固定资产净值年平均余额	资产合计
448822	40400	63873	235652	378492	374736	588938	628594	519534	1043255
130724	15088	25948	82944	119184	111251	140031	157634	126316	293889
70465	8867	16259	33509	56538	53186	76168	82791	70040	154530
60258	6221	9689	49435	62646	58065	63862	74842	56275	139359
318098	25311	37925	152707	259307	263484	448907	470960	393217	749365
2169	1704	3294	5443	4152	3555	7044	9565	6183	11219
262856	13933	15703	103340	177198	179962	348844	369468	305776	553079
53072	9673	18928	43923	77957	79967	93018	91926	81258	185066
226373	10509	12086	78313	157031	158968	243774	233688	201594	426972
115524	15530	26664	78931	120407	118896	211281	234846	193881	361392
106923	14360	25123	78407	101053	96871	133883	160059	124059	254890
2222	1741	3355	5714	4205	3615	7365	9929	6543	11593
22397	1587	2805	8179	12325	11830	19158	18887	17526	34267
21294	2813	3648	6760	11908	10437	16792	21580	15625	31091
15159	1981	3854	9618	15388	14656	15593	15547	14433	44508
7690	1529	4001	3285	9905	10420	20806	21325	18792	31891
105	7	30	40	36	32	37	43	37	73
1677	613	1083	1182	5982	5678	10292	11574	9123	16920
2217	482	1064	1539	2610	2163	1910	2585	1756	6456
1153	411	832	3973	3548	2738	1482	2230	1455	5083
63755	8076	11891	27235	70516	66354	73993	68519	64892	157361
19731	1886	3097	6240	20350	20115	14018	14878	12626	39132
620	74	166	761	800	760	1238	2066	1272	2041
7588	645	756	1148	4612	4352	2781	3890	2764	7581
153973	2096	2542	30624	32061	35289	39246	32181	29895	76808
9707	1068	1352	827	4626	4922	19327	19568	18352	24442
567	161	238	2197	562	573	754	969	702	4616
6350	974	2569	6606	9585	9005	7689	8736	6066	19665
10090	3164	6536	15980	25677	24896	26882	34681	24477	55838
2737	350	546	1070	2881	2958	2581	2903	2425	6371
15137	1525	2723	3050	4402	4531	6115	7864	5542	10841
10693	929	2020	6907	12160	13960	20615	13505	16011	34338
241	105	665	279	427	435	504	700	531	1003
952	172	265	716	1183	1306	1282	1620	1221	2630
66270	6648	6108	61699	105632	107741	243895	271677	216217	363696
6488	1354	1727	30012	17099	15962	34571	41126	31245	55001

独立核算国有工业

（1997

	流动负债合计	流动负债年平均余额	负债合计	所有者权益合计	产品销售收入
总计	412403	390025	575669	467586	527659
在总计中：轻工业	127584	122098	162687	131202	150022
以农产品为原料	67216	64303	93603	60926	81449
以非农产品为原料	60367	57795	69083	70275	68573
重工业	284818	267926	412981	336384	377636
采掘工业	4119	3907	5960	5259	4617
原料工业	190954	177366	283376	269703	309076
加工工业	89745	86652	123644	61421	63942
在总计中：大型企业	168593	156237	198399	228573	245962
中型企业	129947	125540	232250	129142	143812
小型企业	113862	108247	145019	109870	137884
在总计中按行业大类分：					
非金属矿采选业	4187	3983	6067	5526	4672
食品加工业	15206	14599	18214	16053	25376
食品制造业	14882	13415	20985	10105	25149
饮料制造业	16427	15827	21626	22881	17825
纺织业	15316	15513	24780	7111	8274
服装及其他纤维制品制造业	41	46	41	32	120
木材加工及竹、藤、棕、草制品业	7204	6328	9670	7250	6349
造纸及纸制品业	3435	2862	5116	1339	2459
印刷业	1385	1453	1503	3580	1604
化学原料及化学制品制造业	74083	71648	105592	51768	76242
医药制造业	23563	22829	26619	12512	21270
化学纤维制造业	783	801	1045	996	720
塑料制品业	4999	4870	6088	1493	9430
非金属矿物制品业	23742	18820	31503	45304	173750
有色金属冶炼及压延加工业	8130	8519	17330	7112	11407
金属制品业	2245	2640	2274	2342	766
普通机械制造业	10007	9568	11892	7772	9717
专用设备制造业	26902	25668	37340	18497	11910
交通运输设备制造业	3558	3238	4859	1511	2913
电气机械及器材制造业	4387	3902	6088	4752	15645
电子及通信设备制造业	13533	11906	21041	13297	12100
仪器仪表及文化、办公用机械制造业	547	545	707	296	280
其他制造业	975	1067	1807	822	1310
电力、蒸汽、热水的生产和供应业	122044	116356	175586	188109	79212
自来水的生产和供应业	14811	13612	17885	37115	9146

主要经济指标（二）

年）

单位:万元

产品销售成本	产品销售费用	产品销售税金及附加	产品销售利润	管理费用	财务费用	
						利息支出	利润总额	利税总额	本年应交增值税
447630	8295	5124	62964	48019	19154	18681	12597	53894	36171
117811	3799	2968	22134	21819	5460	5341	2088	12783	7726
64819	1663	2359	11368	12402	3042	3019	1387	7847	4101
52992	2135	609	10766	9416	2417	2322	701	4935	3624
329818	4496	2155	40830	26200	13693	13339	10509	41110	28445
3070	399	55	1092	1517	192	192	8	581	517
276177	1828	1690	29367	12940	9204	9045	10707	37629	25232
50570	2268	410	10370	11742	4297	4102	-206	2899	2696
222260	2204	669	20827	11283	3564	3548	9259	27557	17628
116264	2705	1187	23355	17726	10311	10282	3296	15977	11493
109104	3386	3267	18781	19009	5278	4851	42	10359	7049
3133	399	57	1082	1536	195	195	-11	571	525
23141	402	53	1779	1983	604	594	31	411	327
18661	461	151	4875	3939	1026	1021	1130	3009	1727
11143	637	2087	3722	3100	503	501	1488	5006	1431
7931	54	33	252	1996	604	604	-748	-385	330
100	1	0	17	8	8	8	0	8	7
4619	525	20	1184	981	928	928	101	266	143
1865	66	19	507	649	166	154	-252	-58	173
1484	30	8	81	630	99	99	-279	-203	67
59576	1575	785	14304	11224	3920	3848	1724	6404	3893
16007	1021	66	4173	3109	1433	1415	311	1755	1377
593	2	3	120	116	89	89	-16	22	35
6973	450	50	1957	1022	633	633	400	942	492
165741	382	301	7325	2550	322	321	5555	7520	1663
9757	1	72	1575	1353	626	626	31	854	751
603	14	6	142	203	21	15	38	104	60
8094	176	53	1374	1491	639	484	-3	465	415
9122	696	66	2024	3650	1116	1108	-1089	-132	890
2019	320	26	547	419	307	282	-130	22	126
9955	284	152	2953	2371	99	45	603	1822	1066
9950	284	152	1713	1414	522	522	896	1120	71
247	2	1	26	211	18	18	-32	-9	21
1080	114	6	109	152	38	38	-10	46	50
67421	29	874	10874	2344	5392	5304	3578	24623	20171
8406	361	72	238	1559	-163	-182	-718	-295	350

（1997

	企业单位数（个）	亏损企业	工业总产值（当年价）	工业增加值（生产法）	工业销售产值（当年价）
总计	3908	558	2795661	660865	2658743
在总计中：轻工业	2282	338	1611187	385384	1549834
以农产品为原料	980	128	706022	162993	680930
以非农产品为原料	1302	210	905164	222391	868903
重工业	1626	220	1184473	275479	1108908
采掘工业	15	8	6758	1801	6572
原料工业	153	21	153074	26626	141776
加工工业	1458	191	1024640	247051	960559
在总计中：大型企业	3	1	40915	9637	39105
中型企业	22	2	195913	48003	186275
小型企业	3883	555	2558832	603224	2433361
在总计中按行业大类分：					
非金属矿采选业	16	8	6828	1859	6637
食品加工业	75	14	64248	13472	62095
食品制造业	38	7	25509	5748	24877
饮料制造业	27	7	10472	2449	9601
纺织业	102	19	59321	14860	53505
服装及其他纤维制品制造业	112	7	73557	19337	69683
皮革、毛皮、羽绒及其制品业	310	22	345770	78349	336821
木材加工及竹、藤、棕、草制品业	12	3	2974	767	2936
家具制造业	22	2	6836	1514	6719
造纸及纸制品业	76	11	37990	8322	37072
印刷业	195	29	73912	16808	72539
文教体育用品制造业	84	17	25470	6618	23093
石油加工及炼焦业	1		18715	2199	18786
化学原料及化学制品制造业	110	16	100978	22526	95205
医药制造业	9	1	8769	2301	7836
化学纤维制造业	19	4	8817	2479	7981
橡胶制品业	129	14	177249	45851	168150
塑料制品业	552	99	415411	98238	401988
非金属矿物制品业	106	15	32775	8517	29372
黑色金属冶炼及压延加工业	30	1	48245	7714	38986
有色金属冶炼及压延加工业	14	2	8152	1920	7668
金属制品业	275	43	126569	29458	122104
普通机械制造业	414	41	196346	47943	184869
专用设备制造业	222	38	115209	27698	110561
交通运输设备制造业	179	33	95751	22496	88428
电气机械及器材制造业	355	35	453519	111417	424979
电子及通信设备制造业	65	12	70672	16456	65772
仪器仪表及文化、办公用机械制造业	125	18	63050	15792	60883
其他制造业	174	24	79275	20190	76664
电力、蒸汽、热水的生产和供应业	45	9	41515	7012	41515
自来水的生产和供应业	15	7	1743	541	1405

主要经济指标（一）

年）

单位：万元

工业中间投入合计	本年应付工资总额	全部职工年平均人数(人)	资本金合计	流动资产合计	流动资产年平均余额	固定资产合计	固定资产原价合计	固定资产净值年平均余额	资产合计
2233313	179302	238684	715394	1230092	1159428	687574	784654	651224	2121020
1279682	109049	144249	309633	593546	563562	334037	388974	317467	1001275
567848	40420	53714	136204	244888	232272	143204	161788	137197	417204
711833	68629	90535	173429	348657	331290	190833	227186	180269	584070
953631	70252	94435	405761	636546	595865	353536	395680	333756	1119745
5225	651	1270	2187	2051	1999	1669	1967	1656	3776
130461	4880	5822	37686	86848	78049	84047	88971	81718	194395
817944	64720	87343	365887	547647	515816	267820	304741	250381	921574
32502	3922	5659	19152	26164	22755	16572	19386	15569	47291
156038	9788	10915	102629	112323	103555	66677	72361	59298	223501
2044772	165591	222110	593612	1091604	1033117	604325	692906	576356	1850227
5241	697	1402	2469	2139	2093	1922	2259	1909	4117
52327	2241	3372	8313	17324	16847	10780	12042	10862	29397
20540	934	1300	5811	9447	8678	5708	7630	5822	15455
8405	701	909	4380	4683	4632	4237	4849	4032	9168
46600	3995	5899	19497	29282	27508	23433	25007	21263	59085
56596	5875	7617	19386	35551	33584	17259	19804	16582	57179
280167	19265	23380	53247	93104	89212	51467	58248	49969	158144
2364	239	416	601	1635	1629	584	706	613	2268
5470	517	723	1341	2338	2225	2928	3060	2924	5350
30948	2454	3551	7529	17921	16876	10024	10961	9152	28148
60139	3824	5418	16890	31380	28594	13376	16440	13041	46205
19845	2085	3263	11294	11972	11854	4724	5802	4545	18796
16626	70	50	994	1033	1101	1210	1563	1201	2497
81460	3883	4959	14611	37073	35671	17269	19933	15699	58210
6831	832	1206	1763	5069	4739	2457	3295	2220	8294
6525	758	1110	4985	4700	4641	8725	9172	7879	15241
135899	17092	23579	38424	62186	57432	39990	45767	37563	109361
330685	29377	35496	75434	140067	132974	76490	93684	74546	228191
25398	3701	4942	9839	18520	18134	12012	15012	11470	32882
41236	1070	1209	8465	17858	15429	6771	7640	6552	24802
6581	333	497	2408	4165	3977	2941	3315	2762	7201
101142	8774	13337	22925	46919	45527	22540	28994	21431	73804
156629	14586	18201	62176	126473	119046	52341	61835	50084	192756
91946	8532	13261	33003	55160	53678	32384	37789	30601	91694
76891	6922	9237	22090	54926	51960	25009	28332	24151	85172
359686	23315	30608	184593	239281	224452	114365	121969	102246	422443
57751	4788	6331	30146	31802	29946	14667	17632	14452	52454
49997	4757	6360	18616	38662	36045	12807	16150	11741	63338
61937	5541	8852	12382	40157	37404	29132	32796	27530	79171
36155	1837	1912	18755	46850	41238	65817	67850	64479	132657
1284	292	287	3016	2402	2288	4190	5104	3888	7528

独立核算集体工业

（1997

	流动负债合计	流动负债年平均余额	负债合计	所有者权益合计	产品销售收入
总计	989999	939027	1168160	952859	2594458
在总计中：轻工业	510471	482721	579076	422198	1514061
以农产品为原料	198577	187856	220997	196207	664669
以非农产品为原料	311893	294865	358079	225991	849392
重工业	479527	456306	589084	530661	1080397
采掘工业	1880	1792	2246	1529	6549
原料工业	74025	70500	130534	63860	141091
加工工业	403621	384013	456302	465271	932756
在总计中：大型企业	22532	20957	26514	20777	39227
中型企业	72112	66519	86876	136624	187317
小型企业	895354	851550	1054770	795457	2367913
在总计中按行业大类分：					
非金属矿采选业	1904	1815	2271	1846	6614
食品加工业	15581	15066	17865	11531	62104
食品制造业	6961	6728	8124	7331	25089
饮料制造业	3953	3679	4085	5083	9575
纺织业	26112	25159	30214	28871	52212
服装及其他纤维制品制造业	29699	28138	31475	25703	68095
皮革、毛皮、羽绒及其制品业	68673	65073	74045	84098	325474
木材加工及竹、藤、棕、草制品业	1214	1175	1475	792	2920
家具制造业	1494	1436	3927	1422	5915
造纸及纸制品业	17017	15538	19088	9060	36663
印刷业	24658	22726	26131	20073	71864
文教体育用品制造业	10285	9933	11574	7221	23203
石油加工及炼焦业	1245	1426	1245	1252	18786
化学原料及化学制品制造业	33514	31564	38322	19888	93233
医药制造业	5485	5358	6001	2292	8258
化学纤维制造业	6476	6115	8461	6779	7742
橡胶制品业	53641	50942	60012	49349	168306
塑料制品业	118614	111910	136798	91392	399474
非金属矿物制品业	16417	15451	20576	12305	29164
黑色金属冶炼及压延加工业	15552	13686	16913	7889	38955
有色金属冶炼及压延加工业	3750	3583	3899	3302	7787
金属制品业	40320	38029	44410	29394	117697
普通机械制造业	94515	91492	105822	86933	179034
专用设备制造业	48205	46236	52366	39327	103745
交通运输设备制造业	43024	41674	49592	35580	84183
电气机械及器材制造业	164379	152197	184208	238234	406532
电子及通信设备制造业	21519	20915	23494	28960	65577
仪器仪表及文化、办公用机械制造业	32232	30321	38286	25052	58113
其他制造业	42264	40928	53092	26079	75842
电力、蒸汽、热水的生产和供应业	38248	37767	91257	41399	40892
自来水的生产和供应业	3036	2953	3119	4409	1398

主要经济指标（二）

年）　　　　单位:万元

产品销售成本	产品销售费用	产品销售税金及附加	产品销售利润	管理费用	财务费用	利息支出	利润总额	利税总额	本年应交增值税
2153364	82416	32400	291574	122595	84954	68872	89349	220266	98517
1297404	41267	18461	140340	56914	47473	38958	39292	111634	53879
559593	23170	10287	66357	25532	19865	15198	22085	57191	24819
737811	18097	8174	73983	31382	27607	23760	17207	54442	29060
855959	41149	13938	151234	65681	37480	29914	50056	108632	44637
3718	365	164	1242	621	311	223	318	751	268
120424	4277	1326	13417	5061	5266	4517	6239	11578	4013
731816	36506	12447	136574	59998	31902	25173	43499	96302	40355
34133	1137	149	3807	1571	2074	2010	779	2153	1224
151049	5108	1382	29766	11689	5046	4512	13646	23157	8128
1968181	76170	30868	258001	109335	77833	62349	74923	194955	89164
3776	368	164	1246	624	311	223	319	756	272
54278	2082	854	4880	1555	2229	1971	1214	3620	1551
21573	399	262	2829	1022	1053	985	904	1947	780
6849	619	635	1378	578	673	460	187	1205	382
42320	796	490	7213	2447	2025	1812	3248	5877	2138
55043	2819	902	8684	3356	1971	1686	3311	6589	2376
274967	12777	5524	29990	11325	7744	5176	10505	28776	12746
2303	202	53	356	175	148	143	43	254	157
4981	122	122	447	317	143	108	118	389	148
32054	604	375	3493	1712	1454	1126	754	2410	1280
60443	2587	1059	7187	2704	2702	2008	1822	5917	3034
19488	957	238	2311	1476	690	597	221	1453	993
16739	1668	10	367	293	184	184	209	330	110
73566	4292	1185	9299	4156	3071	2711	2385	6579	3008
6647	269	43	1297	673	422	413	231	639	363
6294	91	77	1278	458	536	521	342	608	187
151202	3027	834	13228	5470	4369	3889	3833	9170	4502
353879	7150	4484	31975	10737	14979	13220	6715	24712	13512
22060	1336	557	3617	1433	1085	663	1346	3043	1140
35279	374	520	2731	852	1085	761	763	1989	705
6783	93	53	745	209	315	269	256	658	349
99773	2404	960	11011	5421	3519	2981	2749	7741	4031
142136	5744	2140	24832	10282	7176	5596	7278	17645	8226
80587	3468	984	15707	7658	4176	3457	2895	8314	4435
67993	2955	931	11793	5384	3474	2910	3069	7636	3636
325585	14871	3622	57339	25806	9641	7831	20163	41370	17584
44102	4391	3279	13298	5560	2623	1415	5461	12276	3535
44498	2598	667	9378	5029	2334	1790	2443	5849	2738
64219	1926	881	7473	3599	2404	1731	2191	5926	2853
32717	1380	450	6057	2007	2402	2245	4378	6480	1652
1213	33	30	120	265	4	-22	-19	93	82

独立核算大中型工

（1997

	企业单位数（个）	亏损企业	工业总产值（当年价）	工业增加值（生产法）	工业销售产值（当年价）
总计	83	13	808918	203903	771969
在总计中：国有经济	38	8	415946	103170	399070
集体经济	25	3	236828	57640	225381
在总计中：轻工业	36	7	243726	63510	233654
以农产品为原料	20	5	113896	32218	107707
以非农产品为原料	16	2	129830	31291	125947
重工业	47	6	565192	140393	538315
采掘工业	1		4481	2829	4067
原料工业	12	1	298401	72756	287156
加工工业	34	5	262309	64807	247090
在总计中：大型企业	11	2	316672	71955	309481
中型企业	72	11	492246	131947	462488
在总计中按行业大类分：					
非金属矿采选业	1		4481	2829	4067
食品制造业	4	1	22303	6223	22152
饮料制造业	2		16674	7724	16004
纺织业	8	3	23332	6748	19584
服装及其他纤维制品制造业	1	1	79	37	69
皮革、毛皮、羽绒及其制品业	4		50817	11227	49236
木材加工及竹、藤、棕、草制品业	1		2188	655	2041
化学原料及化学制品制造业	10	3	70001	17906	66298
医药制造业	2		20823	4346	20234
化学纤维制造业	2		4413	1437	4015
橡胶制品业	3	1	43387	10159	41970
塑料制品业	5	1	34861	9529	32738
非金属矿物制品业	2	1	183549	27557	181825
黑色金属冶炼及压延加工业	1		8974	2111	8838
有色金属冶炼及压延加工业	1		12075	3119	11600
金属制品业	3		21798	6092	21673
普通机械制造业	6		31425	7939	30488
专用设备制造业	8	2	23013	6023	21607
交通运输设备制造业	1		7970	2256	7584
电气机械及器材制造业	11		140630	34875	132895
电子及通信设备制造业	1		11651	1907	10021
仪器仪表及文化、办公用机械制造业	1		6920	1754	7202
其他制造业	2		2249	841	2175
电力、蒸汽、热水的生产和供应业	2		60427	29142	52776
自来水的生产和供应业	1		4866	1456	4866

业主要经济指标（一）

年）　　　　单位：万元

工业中间投入合计	本年应付工资总额	全部职工年平均人数(人)	资本金合计	流动资产合计	流动资产年平均余额	固定资产合计	固定资产原价合计	固定资产净值年平均余额	资产合计
650574	48363	62759	354259	496458	476326	624739	654627	548545	1248405
341898	26040	38750	157245	277439	277865	455055	468534	395475	788364
188540	13711	16574	121782	138488	126310	83249	91748	74868	270793
191577	18999	23835	125043	151663	138790	162509	181054	142024	364742
88067	8820	9760	60924	61182	58499	85507	93085	73255	179127
103510	10178	14075	64118	90480	80291	77001	87969	68769	185615
458996	29364	38924	229216	344795	337535	462230	473572	406520	883663
2169	1704	3294	5443	4152	3555	7044	9565	6183	11219
248894	11729	12417	82972	157752	160586	312203	322431	272787	495612
207933	15930	23213	140801	182890	173394	142981	141575	127549	376831
263753	14861	18188	102536	190990	188110	265025	258961	221640	488770
386821	33501	44571	251723	305468	288215	359713	395666	326905	759635
2169	1704	3294	5443	4152	3555	7044	9565	6183	11219
17452	1930	2378	5304	9290	8244	14134	17905	13286	24264
10724	1877	2228	23092	7566	7657	24100	26274	18519	52856
17525	1370	2141	11531	18699	17363	29951	28460	25646	51544
49	81	212	1700	430	528	401	711	381	2378
41846	3445	2666	18771	24322	23745	15796	18355	14346	46070
1677	613	1083	1182	5982	5678	10292	11574	9123	16920
55212	6655	9393	23146	62530	58546	65792	56848	57328	140547
17686	1491	2138	2551	17000	17131	9869	9920	8434	31235
3041	446	604	3332	2387	2467	6630	6811	5926	10729
34557	4344	6468	16244	26653	23191	12378	14606	11227	43632
26314	1365	1539	6795	18098	14913	8537	11082	8067	27506
157795	2433	2744	34760	39167	40991	42943	36601	33390	89125
7039	484	286	4179	8442	8396	6396	7394	6872	16025
9707	1068	1352	827	4626	4922	19327	19568	18352	24442
16633	790	840	9951	9011	7584	11095	12717	11144	22841
25192	1976	2795	15722	16923	15960	17939	18086	16030	40777
18223	3256	5767	18345	25124	24505	27660	35437	25729	55787
6023	665	616	2200	6314	4426	1466	1963	1303	7882
111433	6260	7855	78770	83786	77751	40784	43591	36733	157089
9743	596	1358	6080	10341	12144	19315	11380	14782	30941
5551	330	190	5140	5364	5095	2949	3294	2820	11684
1558	271	256	1222	1229	1261	5092	5568	5126	6482
49796	4612	4031	39009	82349	84380	204979	223431	180418	299899
3619	290	525	18956	6663	5885	19860	23476	17371	26523

独 立 核 算 大 中 型 工

（1997

	流动负债合计	流动负债年平均余额	负债合计	所有者权益合计	产品销售收入
总　　计	474741	445552	643875	604530	766717
在总计中：国有经济	298540	281778	430649	357715	389774
集体经济	94645	87477	113390	157402	226545
在总计中：轻工业	144603	137092	179092	185649	236136
以农产品为原料	65376	62732	84588	94538	106550
以非农产品为原料	79226	74359	94503	91111	129586
重工业	330138	308460	464782	418880	530580
采掘工业	4119	3907	5960	5259	4617
原料工业	175465	161935	258087	237525	278546
加工工业	150552	142618	200734	176096	247417
在总计中：大型企业	197712	182437	236968	251801	289521
中型企业	277028	263115	406906	352728	477195
在总计中按行业大类分：					
非金属矿采选业	4119	3907	5960	5259	4617
食品制造业	12073	11012	17890	6373	20757
饮料制造业	14434	13594	17032	35824	16009
纺织业	23178	23169	31601	19942	19073
服装及其他纤维制品制造业	204	218	204	2174	80
皮革、毛皮、羽绒及其制品业	14851	14041	16392	29677	49966
木材加工及竹、藤、棕、草制品业	7204	6328	9670	7250	6349
化学原料及化学制品制造业	65343	63445	94791	45756	66503
医药制造业	19304	18911	21876	9358	18890
化学纤维制造业	4024	3877	5868	4860	3845
橡胶制品业	22331	20798	24889	18742	42066
塑料制品业	16465	14399	18201	9305	32738
非金属矿物制品业	29340	23162	41944	47180	177101
黑色金属冶炼及压延加工业	11270	11070	12018	4006	8838
有色金属冶炼及压延加工业	8130	8519	17330	7112	11407
金属制品业	7164	6429	8938	13903	26504
普通机械制造业	14776	14613	21875	18901	31984
专用设备制造业	22855	22276	33917	21870	20579
交通运输设备制造业	3907	2902	3907	3975	7209
电气机械及器材制造业	52564	48816	61396	95693	132362
电子及通信设备制造业	11910	10293	18558	12383	10983
仪器仪表及文化、办公用机械制造业	4374	4475	5207	6477	7202
其他制造业	775	840	5272	1209	2178
电力、蒸汽、热水的生产和供应业	100564	95228	145550	154348	44602
自来水的生产和供应业	3575	3219	3580	22943	4866

业主要经济指标（二）

年）　　　　　　　　　　　　　　　　　　　　　　　　　　　　单位:万元

产品销售成本	产品销售费用	产品销售税金及附加	产品销售利润	管理费用	财务费用	利息支出	利润总额	利税总额	本年应交增值税
640990	17699	6114	100234	51307	28074	26992	33471	85144	45559
338525	4909	1856	44183	29009	13875	13830	12555	43535	29122
185182	6246	1532	33573	13260	7120	6522	14425	25310	9353
188639	7416	3235	35818	18542	9355	8644	12922	27519	11362
82337	2052	2511	18682	9213	3615	3017	8980	17881	6389
106302	5363	724	17136	9329	5740	5626	3941	9638	4972
452350	10283	2878	64416	32764	18718	18348	20548	57625	34197
3070	399	55	1092	1517	192	192	8	581	517
249067	1685	1312	26481	9948	9573	9568	9695	34257	23249
200213	8199	1510	36842	21299	8953	8588	10844	22786	10431
260155	3569	818	24978	13727	5991	5910	9113	28968	19036
380834	14130	5295	75256	37579	22083	21082	24357	56176	26523
3070	399	55	1092	1517	192	192	8	581	517
16107	297	133	4218	3104	847	844	1036	2542	1372
8803	635	1755	4815	3044	71	71	2659	6189	1774
14279	298	62	4431	1879	1355	1023	2356	3361	942
109	1		－29	142	－19	－19	－102	－95	7
42483	811	554	5151	930	1326	1064	3011	5822	2256
4619	525	20	1184	981	928	928	101	266	143
53198	885	272	12146	8928	3384	3378	2195	5585	3117
14106	938	31	3814	2517	1252	1239	410	1651	1209
3025	14	7	797	331	287	285	282	356	65
36905	1299	140	3720	1634	1874	1779	683	2153	1328
27779	1122	143	3691	1769	1124	1122	968	2093	981
168532	585	296	7686	3354	605	603	4719	6818	1803
6684	273	70	1811	380	1274	1273	255	501	176
9757	1	72	1575	1353	626	626	31	854	751
20834	1994	271	3404	1283	662	659	1555	2754	928
24981	1437	187	5377	2444	1676	1560	1715	3609	1706
16561	849	97	3071	3426	1132	1127	－190	1139	1232
5403	405	171	1169	469	371	371	307	788	309
106530	3899	888	20392	9341	3358	3122	8197	14764	5678
9002	210	144	1627	1028	434	434	1038	1182	
5180	549	30	1441	717	423	417	355	772	386
1418	74	17	667	327	379	377	31	199	150
37078		662	6860	0	4792	4792	1770	20944	18511
4536	191	24	115	399	－284	－284	72	305	209

独立核算三资工业

（1997

	企业单位数（个）	亏损企业	工业总产值（当年价）	工业增加值（生产法）	工业销售产值（当年价）
总计	201	43	382580	93041	358618
在总计中：外商投资经济	142	28	272465	68384	255203
中外合资经营企业	120	24	223453	55669	209084
中外合作经营企业	12	1	21297	5246	19387
外资企业	10	3	27715	7469	26731
港、澳、台投资经济	59	15	110114	24657	103414
与大陆合资经营企业	39	7	80037	17757	75491
与大陆合作经营企业	1		1147	328	1147
港、澳、台独资企业	19	8	28930	6571	26775
在总计中：轻工业	150	31	294386	72477	276342
以农产品为原料	95	17	195219	48043	186966
以非农产品为原料	55	14	99166	24433	89376
重工业	51	12	88194	20564	82275
原料工业	7	1	14265	2867	14048
加工工业	44	11	73928	17695	68227
在总计中：大型企业	1	1	5295	600	4389
中型企业	6	1	32480	12275	30938
小型企业	194	41	344805	80165	323290
在总计中按行业大类分：					
食品加工业	4		7049	1157	7032
食品制造业	5	3	5586	1413	5617
饮料制造业	4	1	20519	9040	19807
纺织业	10	1	13998	3384	13606
服装及其他纤维制品制造业	17	3	16893	4267	16460
皮革、毛皮、羽绒及其制品业	49	7	124364	27174	118117
木材加工及竹、藤、棕、草制品业	2	1	1577	329	1709
家具制造业	1		2598	626	2568
造纸及纸制品业	2	1	1511	318	1195
文教体育用品制造业	6	1	9619	2507	8463
化学原料及化学制品制造业	12	2	28063	5848	26001
医药制造业	1	1	162	44	130
橡胶制品业	2		2642	873	2522
塑料制品业	11	1	21253	5058	18899
非金属矿物制品业	5	5	6947	923	6023
金属制品业	10	2	27655	6440	23913
普通机械制造业	6	1	9304	2365	9203
专用设备制造业	4	1	4680	1204	4674
交通运输设备制造业	4	2	5504	1518	5089
电气机械及器材制造业	14		37774	9623	35392
电子及通信设备制造业	6	3	10554	2752	9375
仪器仪表及文化、办公用机械制造业	6	2	1873	523	1862
其他制造业	19	5	21987	5512	20494
电力、蒸汽、热水的生产和供应业	1		458	135	458

主要经济指标（一）

年）

单位:万元

工业中间投入合计	本年应付工资总额	全部职工年平均人数(人)	资本金合计	流动资产合计	流动资产年平均余额	固定资产合计	固定资产原价合计	固定资产净值年平均余额	资产合计
300409	25354	26137	135320	207158	196727	137540	155295	123355	402082
212839	18702	19564	102294	146308	139428	99768	114693	87200	292495
175192	15239	16482	81472	124731	117995	78848	90825	69725	246329
16970	1283	1587	6936	8224	8319	6727	7894	6303	16520
20676	2179	1495	13885	13353	13112	14192	15973	11171	29645
87569	6651	6573	33025	60849	57299	37772	40602	36154	109587
63884	4314	4356	19107	44256	41422	21046	23386	20328	73522
885	142	200	108	326	278	105	142	105	432
22798	2194	2017	13809	16266	15599	16620	17072	15720	35632
230254	19839	19015	107543	148630	143932	105294	117365	91902	304286
153054	12445	11551	76667	95482	92004	80100	88209	68188	203707
77200	7393	7464	30876	53147	51928	25194	29155	23714	100578
70154	5514	7122	27776	58527	52795	32246	37930	31452	97796
11748	322	403	3433	5469	4739	3650	4179	3525	9900
58406	5192	6719	24342	53058	48055	28595	33751	27927	87895
4877	429	443	5069	7793	6387	4679	5886	4476	14505
22658	3004	2097	25090	16913	16356	32786	34603	25964	59096
272872	21920	23597	105159	182451	173984	100074	114806	92914	328480
5999	227	415	929	2227	2140	887	955	811	4180
4352	236	208	3784	2476	2401	2905	3100	2805	9136
13535	2130	1158	24299	5788	5419	22270	24452	16351	41162
10944	545	625	7071	10083	9519	10446	10762	9707	21137
13288	1340	1341	5481	10096	9956	5515	6721	4985	16754
99579	7535	7466	29862	60804	58665	33617	37272	29210	102565
1271	137	98	798	1605	1549	890	1144	895	2535
1995	94	71	831	548	536	613	662	603	1162
1255	135	128	3108	1187	1179	2467	2603	2346	3845
7267	1039	1174	1513	4739	4697	2932	3203	2769	8817
23103	748	930	13470	18578	16918	6119	7428	5937	40844
134	19	23	602	138	159	659	890	802	848
1874	385	462	711	1220	1167	276	327	255	1691
16625	1175	1158	5812	11649	10724	8532	10064	8275	20881
6213	523	569	6143	8920	7488	5913	7306	5596	17002
21697	1377	1358	3512	11494	11437	5212	6101	5039	17710
7252	548	500	2761	4971	4774	4125	4619	4140	9813
3641	791	935	1865	4265	3950	1442	1908	1265	5860
4229	339	319	1635	4416	4280	2174	2387	2004	6796
29535	2332	2276	5062	20172	19449	9092	10075	8252	30797
8121	979	2358	2729	6725	5511	2609	2835	2592	9711
1402	186	140	3239	3089	3192	1550	1868	1606	5820
16746	2501	2395	9262	11513	11172	6090	7204	5900	21366
342	22	30	830	445	435	1196	1402	1200	1642

独立核算三资工业

（1997

	流动负债合计	流动负债年平均余额	负债合计	所有者权益合计	产品销售收入
总计	207690	199107	245987	156095	347396
在总计中：外商投资经济	143332	136543	175221	117274	245863
中外合资经营企业	119559	112860	147997	98332	201254
中外合作经营企业	7890	7324	8579	7940	18283
外资企业	15882	16358	18643	11002	26326
港、澳、台投资经济	64357	62563	70766	38820	101533
与大陆合资经营企业	44309	43321	49651	23870	73179
与大陆合作经营企业	304	257	304	127	1144
港、澳、台独资企业	19742	18984	20810	14822	27209
在总计中：轻工业	155117	150736	180037	124249	266097
以农产品为原料	106285	103812	121188	82519	178640
以非农产品为原料	48832	46924	58848	41730	87457
重工业	52572	48370	65950	31845	81299
原料工业	5570	5182	5829	4071	13589
加工工业	47001	43188	60121	27774	67710
在总计中：大型企业	6587	5241	12055	2450	4331
中型企业	26246	25312	27855	31241	29986
小型企业	174856	168553	206077	122402	313079
在总计中按行业大类分：					
食品加工业	2164	1883	2367	1812	6977
食品制造业	3589	3502	4498	4637	5540
饮料制造业	11869	10954	14892	26269	19695
纺织业	13118	12815	14335	6802	11876
服装及其他纤维制品制造业	8831	8334	10102	6651	15882
皮革、毛皮、羽绒及其制品业	62885	62745	70923	31642	112459
木材加工及竹、藤、棕、草制品业	1421	1409	1421	1113	1709
家具制造业	721	713	913	248	2568
造纸及纸制品业	1290	1118	1290	2554	1202
文教体育用品制造业	3954	3914	4379	4437	8448
化学原料及化学制品制造业	15264	14961	22375	18468	25514
医药制造业	486	510	486	362	135
橡胶制品业	799	829	1039	652	2463
塑料制品业	11197	10612	13567	7314	18023
非金属矿物制品业	7955	6500	13448	3553	5462
金属制品业	10952	10593	12511	5199	23329
普通机械制造业	3968	4056	5845	3968	9196
专用设备制造业	4304	4055	4364	1496	4591
交通运输设备制造业	4119	3704	5186	1610	5549
电气机械及器材制造业	18251	16935	20188	10608	35217
电子及通信设备制造业	5844	4971	6144	3567	9181
仪器仪表及文化、办公用机械制造业	2038	1856	2526	3294	1754
其他制造业	11902	11370	12419	8946	20160
电力、蒸汽、热水的生产和供应业	759	758	759	882	458

主要经济指标（二）

年）

单位：万元

产品销售成本	产品销售费用	产品销售税金及附加	产品销售利润	管理费用	财务费用	利息支出	利润总额	利税总额	本年应交增值税
278768	12657	3872	43870	19501	12491	10237	13752	28494	10870
194633	9065	3527	31919	14181	8401	6961	10202	22487	8758
158373	7256	3063	26505	11962	6847	5607	8220	18692	7408
15152	377	184	2421	1057	661	571	915	2017	918
21107	1430	279	2992	1161	892	782	1066	1776	431
84134	3592	344	11951	5320	4090	3275	3550	6007	2112
60387	2839	246	8927	3340	3298	2811	3098	4950	1605
1022	25		96	67	8	8	12	79	66
22724	728	98	2927	1912	783	455	438	977	439
213750	9351	3339	33011	13966	9133	7558	10569	22255	8346
141924	6662	3113	22407	9419	6493	5251	7170	16162	5878
71825	2688	226	10603	4547	2640	2307	3399	6093	2467
65018	3306	532	10859	5534	3358	2678	3182	6239	2524
11411	390	81	1651	603	445	298	579	1011	350
53606	2916	451	9208	4931	2913	2380	2603	5228	2173
3761	227		342	872	352	352	－925	－742	183
18993	1084	1755	6846	3153	1409	1092	2320	6530	2454
256013	11345	2116	36682	15475	10729	8792	12357	22706	8232
5867	311	28	770	275	250	174	264	399	106
4177	676	151	531	275	167	127	87	418	178
11321	770	2074	5528	2738	493	490	2291	6423	2057
10329	230	6	1277	645	638	289	－122	213	330
13012	820	99	1791	836	343	158	669	1430	662
92316	3638	668	11868	4264	4328	3835	3751	6808	2388
1361	56		127	57	63	63	70	93	23
1968	83	85	373	86	92	50	193	302	23
1076	33		－54	161	61	61	－88	－26	62
6749	353		1345	636	331	320	345	500	154
21362	651	122	3319	1112	820	653	1276	2287	888
152			－16	31	14	14	－63	－47	16
1931	55	32	189	143	52	35	3	140	105
15603	313		2106	899	877	550	345	776	431
4596	309	0	452	965	469	373	－1024	－834	189
19190	466	27	2629	854	707	597	1009	1519	482
6688	364	157	1557	396	458	413	675	1146	313
3231	164	1	795	569	231	229	47	214	165
4327	261	3	956	260	388	376	304	551	243
27742	1706	129	4989	1813	898	831	3029	4543	1384
8351	355	175	299	493	111	44	165	659	319
1022	186	1	494	361	153	115	17	70	51
16114	850	102	2357	1595	487	380	402	775	271
272		6	178	29	50	50	98	125	20

独立核算乡属工业

（1997

	企业单位数（个）	亏损企业	工业总产值（当年价）	工业增加值（生产法）	工业销售产值（当年价）
总计	1951	181	1805873	436771	1703218
在总计中：股份合作制企业	1153	113	980821	238647	925712
在总计中：轻工业	1259	141	1176493	287614	1118998
以农产品为原料	524	53	536036	127773	513847
以非农产品为原料	735	88	640456	159841	605150
重工业	692	40	629380	149156	584219
采掘工业	12	6	4134	1343	3856
原料工业	74	3	84022	14810	73285
加工工业	606	31	541222	133003	507077
在总计中：大型企业	1		33249	8265	32098
中型企业	16		178556	43167	171092
小型企业	1934	181	1594067	385338	1500026
在总计中按行业大类分：					
非金属矿采选业	13	6	4204	1401	3921
食品加工业	54	11	43055	9276	41509
食品制造业	26	2	21707	4729	21147
饮料制造业	21	3	9920	2495	9034
纺织业	61	9	42403	9684	38375
服装及其他纤维制品制造业	67	4	57409	15185	54207
皮革、毛皮、羽绒及其制品业	166	10	292316	69494	283682
木材加工及竹、藤、棕、草制品业	6	1	2228	590	2217
家具制造业	5		4514	1294	4535
造纸及纸制品业	39	2	17113	4130	15722
印刷业	82	11	43997	10448	42402
文教体育用品制造业	27	4	19995	5123	17873
化学原料及化学制品制造业	49	9	44440	10785	42194
医药制造业	1		152	43	136
化学纤维制造业	16	4	5252	1216	4643
橡胶制品业	120	12	165072	42874	156623
塑料制品业	343	48	330536	78922	312516
非金属矿物制品业	66	5	23681	6235	21271
黑色金属冶炼及压延加工业	30	1	57595	9054	47864
有色金属冶炼及压延加工业	12		9721	2086	9056
金属制品业	101	6	76607	18779	71072
普通机械制造业	208	7	125633	31083	116671
专用设备制造业	77	8	56752	14296	53029
交通运输设备制造业	64	5	45330	11639	39303
电气机械及器材制造业	147	5	227935	55880	218483
电子及通信设备制造业	10		2490	674	2404
仪器仪表及文化、办公用机械制造业	34	1	23193	6193	22367
其他制造业	85	4	47949	11767	46449
电力、蒸汽、热水的生产和供应业	13		2451	776	2451
煤气生产和供应业	1		1812	444	1650
自来水的生产和供应业	7	3	399	162	399

主要经济指标（一）

年）

单位:万元

工业中间投入合计	本年应付工资总额	全部职工年平均人数(人)	资本金合计	流动资产合计	流动资产年平均余额	固定资产合计	固定资产原价合计	固定资产净值年平均余额	资产合计
1430290	116355	142364	460986	729366	684655	392852	450034	372992	1220577
777689	66953	81550	281918	406390	380760	222757	254540	211948	689007
927356	80131	99885	244663	409593	389190	230577	267332	221512	680913
427689	30684	36597	118690	190953	181913	105550	117736	101451	315668
499666	49446	63288	125973	218639	207276	125027	149596	120060	365244
502934	36224	42479	216322	319772	295465	162274	182701	151480	539664
2984	657	879	1290	1478	1400	1137	1360	1135	2675
71050	2367	2858	17139	32582	29594	18177	20900	17472	53346
428899	33199	38742	197892	285712	264470	142959	160440	132872	483642
26033	2986	4100	10796	14842	11713	5863	6755	5342	22410
142525	9263	9805	88646	99404	89698	49255	53061	43916	182738
1261732	104105	128459	361543	615119	583243	337733	390218	323733	1015428
3000	703	1011	1572	1566	1494	1391	1652	1388	3017
35171	1697	2505	5687	12272	12185	6344	6713	6391	19907
17552	845	1103	6281	8140	7343	4835	6648	4985	13327
7794	658	753	4277	3805	3723	3976	4415	3801	8101
33892	2932	3945	11790	18906	18262	11298	12648	11002	34936
43880	4234	4928	15277	30794	28586	13334	14862	12503	45882
234294	16372	18808	60538	88676	85104	50897	55964	48628	148843
1759	179	298	453	1314	1322	518	609	548	1841
3348	363	277	848	1380	1291	527	608	521	1908
13598	1108	1337	5174	7135	6785	5046	5817	4964	12226
35414	2407	2902	10464	18267	16771	8250	9983	7926	27368
15427	1688	2190	9635	9263	9207	5441	6110	5240	16159
34920	1663	1939	6127	14964	14517	7506	9292	7118	23234
115	16	40	90	157	122	34	81	42	192
4179	353	554	1788	2644	2615	2420	2674	2168	5169
126293	15655	21163	33486	49945	45569	32324	36873	30670	86561
261533	23653	28303	61527	109084	102666	54736	67247	53158	173993
18287	2801	3289	6858	10038	9896	6139	8089	5968	16479
49293	1102	1295	9824	21256	19031	8256	9212	7969	30305
8018	447	564	2296	4348	4103	3100	3263	2889	7538
60116	3923	5351	14506	27773	27155	17105	19403	16371	47841
99931	8671	9703	42623	80448	75743	37303	44345	36001	123462
44508	4213	4661	18980	32707	31039	17769	20105	17237	55511
35256	4400	5479	14150	27182	25601	14756	16601	14055	43196
181280	11031	13492	92701	109366	99761	48259	50673	42168	192927
2030	237	257	599	1668	1587	506	595	508	2184
18162	1760	1809	9190	15174	13764	5403	6729	5063	27994
37721	2736	3804	9437	18278	16928	18581	20676	17300	39362
1792	384	485	2377	1876	1698	4401	5963	4548	7341
1450	25	22	1272	560	434	991	650	693	1984
262	87	97	1147	367	339	1393	1523	1152	1776

独立核算乡属工业

(1997

	流动负债合计	流动负债年平均余额	负债合计	所有者权益合计	产品销售收入
总计	570597	538011	633397	587180	1692513
在总计中：股份合作制企业	303899	287299	333874	355132	925207
在总计中：轻工业	331690	315812	367341	313571	1112369
以农产品为原料	145066	138342	158884	156784	509458
以非农产品为原料	186623	177469	208457	156787	602911
重工业	238907	222198	266055	273609	580143
采掘工业	1254	1213	1254	1420	3868
原料工业	27801	24987	29890	23456	73525
加工工业	209851	195998	234910	248732	502749
在总计中：大型企业	9829	9323	10237	12173	32098
中型企业	66877	62082	75347	107390	169719
小型企业	493890	466605	547812	467616	1490695
在总计中按行业大类分：					
非金属矿采选业	1279	1236	1279	1737	3933
食品加工业	10910	10400	12638	7268	41688
食品制造业	5962	5756	7620	5707	21387
饮料制造业	2805	2543	3030	5071	9014
纺织业	18939	17907	21017	13918	36499
服装及其他纤维制品制造业	24227	22464	26062	19820	52757
皮革、毛皮、羽绒及其制品业	61363	59976	65698	83145	282679
木材加工及竹、藤、棕、草制品业	977	945	1197	644	2228
家具制造业	870	819	906	1001	4224
造纸及纸制品业	5525	5201	5787	6439	15846
印刷业	13336	12346	14691	12677	42275
文教体育用品制造业	7775	7629	8302	7856	17917
化学原料及化学制品制造业	12930	12050	14973	8261	42811
医药制造业	66	63	66	125	204
化学纤维制造业	2827	2718	3068	2101	4574
橡胶制品业	40500	39224	44286	42274	156636
塑料制品业	91105	85341	100927	73066	311524
非金属矿物制品业	7580	7250	8239	8240	21115
黑色金属冶炼及压延加工业	18306	16173	20004	10300	47927
有色金属冶炼及压延加工业	4345	4032	4345	3192	9022
金属制品业	23890	23004	26654	21187	70860
普通机械制造业	60582	58322	67233	56228	115165
专用设备制造业	25615	23486	30005	25506	49842
交通运输设备制造业	22782	21416	25532	17664	40158
电气机械及器材制造业	67919	62219	77526	115401	216663
电子及通信设备制造业	1292	1248	1354	830	2379
仪器仪表及文化、办公用机械制造业	12811	11720	14369	13624	22376
其他制造业	21844	20455	24154	15207	46660
电力、蒸汽、热水的生产和供应业	1401	1311	1498	5842	2087
煤气生产和供应业	457	378	557	1427	1650
自来水的生产和供应业	362	363	365	1410	399

主要经济指标（二）

年）　　　　单位：万元

产品销售成本	产品销售费用	产品销售税金及附加	产品销售利润	管理费用	财务费用	利息支出	利润总额	利税总额	本年应交增值税
1431097	49390	19478	181541	66392	52348	41705	62640	143307	61188
781838	26306	10085	102194	36479	27187	21901	38244	83845	35515
954881	31766	13557	104698	37228	33497	26569	33194	85229	38477
424159	20998	7843	51784	18326	15140	11150	17643	44912	19426
530722	10768	5714	52913	18901	18356	15419	15551	40316	19050
476215	17624	5920	76843	29164	18851	15136	29445	58078	22711
2672	272	216	706	384	144	97	172	581	192
64704	861	952	5539	1931	2038	1597	1967	4757	1838
408838	16490	4752	70597	26848	16668	13441	27306	52739	20680
28533	467	69	3028	768	1262	1198	1005	2123	1049
139532	4640	945	23284	9384	4224	3852	9898	17979	7135
1263031	44282	18464	155228	56239	46861	36655	51736	123203	53003
2730	275	216	710	387	144	97	173	586	196
35908	1754	566	3452	988	1526	1328	957	2917	1393
18346	315	231	2484	846	922	896	697	1504	574
6308	606	623	1385	479	583	413	309	1302	369
30868	604	363	3279	1381	1274	1078	678	2214	1173
41087	2805	738	7922	2602	1637	1379	3516	5912	1657
236142	12344	4449	26767	9853	7288	4968	9103	25025	11472
1695	197	52	282	108	124	114	48	222	121
3613	124	31	454	145	114	93	196	356	128
13345	360	240	1898	596	472	347	839	1694	614
35622	1817	567	4268	1350	1564	948	1319	3752	1866
14641	695	111	2461	1142	609	570	650	1316	554
36100	1161	492	4014	1528	1475	1216	1021	2780	1266
172	11	1	19	13	4		1	9	6
3791	73	69	639	178	362	351	54	266	142
141580	2042	757	11805	4410	3589	3173	3940	8793	4095
279807	4428	2973	22900	7548	9798	8144	5459	18350	9918
15758	1216	387	2596	945	599	288	1187	2417	842
43542	347	668	3340	968	1405	1078	934	2356	753
7910	123	76	800	259	307	256	318	779	383
59913	1689	611	8386	2905	2460	1950	3040	5940	2288
91878	3951	1431	17841	6237	5264	4183	6052	12866	5381
39804	1679	545	7751	3223	2267	2118	2118	4715	2051
32027	1625	618	5711	1675	2024	1697	2041	4225	1566
177164	6641	1607	30777	12829	4392	3593	13742	24575	9225
2034	42	21	281	129	98	46	53	290	215
16600	1336	178	4239	1768	931	712	1805	3146	1162
39623	1044	725	4486	1549	1051	636	1859	4124	1540
1417		93	290	269	9	-0	321	532	117
1387	58	10	195	12	20	20	158	250	82
271	15	17	95	56	24	0	38	81	25

年销售收入500万元及以上

（1997

	企业单位数（个）	亏损企业	工业总产值（当年价）	工业增加值（生产法）	工业销售产值（当年价）
总计	2011	179	4086756	978767	3874749
在总计中：国有经济	206	88	549005	136355	527516
集体经济	1339	63	2457789	583673	2327049
其它经济	466	28	1079961	258738	1020182
在总计中：乡属工业	782	31	1525551	368243	1443594
股份合作企业	1042	42	1948965	466385	1818063
在总计中：轻工业	1227	119	2214757	531393	2121059
以农产品为原料	605	66	1122508	263440	1081874
以非农产品为原料	622	53	1092248	267952	1039184
重工业	784	60	1871999	447375	1753690
采掘工业	6		11662	4962	11123
原料工业	102	8	506742	112565	482830
加工工业	676	52	1353595	329847	1259735
在总计中：大型企业	11	2	316672	71955	309481
中型企业	70	10	492166	131910	462419
小型企业	1930	167	3277918	774901	3102849
在总计中按行业大类分：					
非金属矿采选业	7	1	11725	4981	11178
食品加工业	83	15	115386	23203	112529
食品制造业	28	6	67525	16470	66097
饮料制造业	28	7	47493	16540	45121
纺织业	62	13	87990	21912	79293
服装及其他纤维制品制造业	84	4	118390	30593	114086
皮革、毛皮、羽绒及其制品业	199	8	532497	122237	516074
木材加工及竹、藤、棕、草制品业	6		6704	1723	6593
家具制造业	11		25310	4666	25090
造纸及纸制品业	44	7	42795	9138	40652
印刷业	56	6	73341	15588	71761
文教体育用品制造业	25	1	33910	8810	30828
石油加工及炼焦业	1		18715	2199	18786
化学原料及化学制品制造业	70	8	197794	46844	186067

工业企业主要经济指标(一)

年）

单位:万元

工业中间投入合计	本年应付工资总额	全部职工年平均人数(人)	资本金合计	流动资产合计	流动资产年平均余额	固定资产合计	固定资产原价合计	固定资产净值年平均余额	资产合计
3263351	243402	304382	1186466	1884733	1787714	1495405	1635001	1368002	3753551
448822	40400	63873	235652	378492	374736	588938	628594	519534	1043255
1960353	139757	169803	628418	1037743	970478	588688	656217	552228	1815522
854176	63244	70706	322396	468497	442499	317778	350189	296239	894773
1208012	90128	104688	360099	565816	527191	303773	343095	286383	955681
1553242	113383	136763	557197	805624	756034	426353	472947	400088	1365476
1754866	139947	173349	512491	860936	815143	596110	672627	549042	1618154
896861	63362	77704	268496	425436	404072	320579	352745	293032	829876
858005	76584	95645	243995	435500	411071	275531	319881	256010	788277
1508484	103455	131033	673974	1023796	972570	899294	962373	818959	2135396
7491	2418	4256	7298	6072	5466	8862	11582	7981	14964
424161	18762	20570	152695	279513	272220	448893	474904	404686	782748
1076831	82273	106207	513980	738210	694883	441538	475886	406291	1337683
263753	14861	18188	102536	190990	188110	265025	258961	221640	488770
386772	33420	44359	250023	305038	287687	359312	394954	326523	757256
2612826	195120	241835	833907	1388705	1311915	871067	981085	819838	2507524
7544	2455	4317	7570	6125	5526	9183	11946	8341	15339
94761	4662	6642	16723	33056	31648	29691	30464	28187	67763
54001	4142	5087	16406	24850	22564	24540	31158	23171	54903
34704	4539	5529	36486	23810	22623	40706	43180	33446	91018
68933	5996	9646	28479	48318	45993	55149	57616	50018	112100
91925	8558	9681	29303	52220	48277	26909	30722	25508	84694
426956	28445	31733	99364	171534	165629	102660	113190	93945	301153
5277	1025	1510	2328	8461	8000	11319	12841	10142	20448
20990	792	748	10322	10326	10777	7391	8015	7260	18515
35063	2181	3305	13449	20878	19080	15390	17144	14319	39315
60411	3303	4433	16827	34266	31129	12858	15737	12264	48331
25984	2626	3134	12182	12842	12895	7939	8731	7584	22442
16626	70	50	994	1033	1101	1210	1563	1201	2497
158151	11656	15931	51417	118301	111237	94062	91398	83266	243898

年销售收入500万元及以上

（1997

	企业单位数（个）	亏损企业	工业总产值（当年价）	工业增加值（生产法）	工业销售产值（当年价）
医药制造业	14	4	35354	8060	33538
化学纤维制造业	7	1	9623	2745	8808
橡胶制品业	104	4	177671	46218	169521
塑料制品业	263	21	479290	114842	457501
非金属矿物制品业	31	4	220372	37635	214406
黑色金属冶炼及压延加工业	21		66307	11130	57256
有色金属冶炼及压延加工业	17	1	28199	6543	26654
金属制品业	103	5	170061	40384	161066
普通机械制造业	140	8	218903	53399	206871
专用设备制造业	89	9	135911	33909	129867
交通运输设备制造业	77	10	121282	29982	111174
电气机械及器材制造业	215	9	610872	150481	567842
电子及通信设备制造业	67	5	137875	32936	125565
仪器仪表及文化、办公用机械制造业	41	7	53182	13640	50877
其他制造业	79	6	109597	26994	105182
电力、蒸汽、热水的生产和供应业	20	1	119305	41135	111664
煤气生产和供应业	2		2816	539	2658
自来水的生产和供应业	17	8	10548	3279	10128
在总计中按行政区域分：					
市直属	103	34	448744	111884	432476
鹿城区	234	3	408528	90433	408205
龙湾区	151	11	387262	92728	372547
瓯海区	253	13	509817	107662	461847
瑞安市	327	26	563912	150599	536643
乐清市	292	14	743412	184947	677077
洞头县	45	4	53350	12228	52189
永嘉县	119	8	172131	45145	161721
平阳县	248	27	477843	113864	458713
苍南县	194	23	291185	60596	285101
文成县	30	10	22546	5884	20692
泰顺县	15	6	8020	2792	7534

工业企业主要经济指标(二)

年）

单位:万元

工业中间投入合计	本年应付工资总额	全部职工年平均人数(人)	资本金合计	流动资产合计	流动资产年平均余额	固定资产合计	固定资产原价合计	固定资产净值年平均余额	资产合计
29074	2775	4297	8455	25996	25368	16449	18146	14804	47397
7113	702	998	4846	4790	4956	8864	9986	8026	15422
135944	16970	22291	36452	59388	54673	37733	43251	35428	104598
378769	29452	33616	85966	155887	145825	92199	108256	88688	261027
186087	4884	5358	47646	55535	56624	65012	61843	56151	132490
56047	1505	1426	13191	28580	26546	13482	15171	13720	43957
22921	1750	2148	6192	13122	12957	23726	24643	22535	38292
134561	8931	12021	32303	57553	54945	35534	42643	33946	103535
174776	13883	16437	71731	127254	119414	69035	77575	63747	223270
107328	11005	16175	53067	82771	79340	63687	75189	59233	156540
95868	8621	10381	30421	70295	64285	32706	36710	31449	108829
485707	31510	40008	246119	312464	292348	161816	173232	146327	560783
110632	9602	13462	52158	73628	71966	43766	39930	38421	126118
41907	3959	4731	23876	33939	31754	13309	16250	12550	59904
85465	7970	10081	22064	49086	46593	35497	39717	33421	98818
99783	7857	7277	77596	149223	145742	306500	335108	277540	489310
2365	43	42	1325	722	636	1504	1008	1120	2659
7665	1518	1887	31193	18464	17251	35563	42620	32231	58174
363519	32243	49307	188922	330304	323840	464425	465308	395999	874046
329181	19046	24598	49616	158734	150886	73602	81527	67869	275951
305063	20895	19097	138597	195027	182916	194483	204428	187224	451061
416817	27310	32309	109578	186714	178442	124505	137266	118466	329792
430295	40286	50787	144409	242744	221726	150204	179679	141907	416073
595862	41036	53319	316780	405716	382743	245212	284747	227456	749465
42218	3748	4020	8025	13313	12650	7974	10456	7835	23325
135673	13969	15119	63575	86007	80748	64610	72371	59226	159647
381962	28025	35196	89192	153150	147444	86396	98350	81605	262719
239380	13940	17179	62157	97638	91093	61336	74811	58469	168412
17485	1767	1819	12204	11282	11284	16714	18507	16013	32925
5890	1133	1632	3406	4098	3936	5940	7545	5928	10131

年销售收入500万元及以上

（1997

	流动负债合计	流动负债年平均余额	负债合计	所有者权益合计	产品销售收入
总计	1638314	1546812	2039272	1714278	3861733
在总计中：国有经济	412403	390025	575669	467586	527659
集体经济	792395	748163	950848	864674	2323550
其它经济	433516	408624	512755	382017	1010524
在总计中：乡属工业	438310	411360	488834	466846	1438025
股份合作企业	595857	562683	661830	703645	1820913
在总计中：轻工业	782483	741068	912590	705563	2104277
以农产品为原料	386845	368077	452922	376953	1072195
以非农产品为原料	395637	372991	459668	328609	1032081
重工业	855831	805744	1126681	1008714	1757456
采掘工业	5970	5695	8177	6787	11661
原料工业	284606	265526	434066	348682	487122
加工工业	565255	534522	684437	653245	1258672
在总计中：大型企业	197712	182437	236968	251801	289521
中型企业	276824	262896	406702	350554	477114
小型企业	1163777	1101478	1395601	1111922	3095097
在总计中按行业大类分：					
非金属矿采选业	6037	5771	8284	7054	11716
食品加工业	33860	32215	39067	28696	111316
食品制造业	25518	23734	33115	21787	64854
饮料制造业	30252	28495	38524	52494	44339
纺织业	52905	51304	68453	43646	78345
服装及其他纤维制品制造业	39508	36920	43074	41619	112895
皮革、毛皮、羽绒及其制品业	142614	138012	159125	142028	512590
木材加工及竹、藤、棕、草制品业	8792	7862	11338	9110	10902
家具制造业	8443	8609	9098	9417	23322
造纸及纸制品业	21606	19040	25511	13804	41369
印刷业	27451	25085	29887	18443	72310
文教体育用品制造业	11454	11159	12378	10064	30860
石油加工及炼焦业	1245	1426	1245	1252	18786
化学原料及化学制品制造业	114875	110587	158284	85613	184399

工业企业主要经济指标(三)

年）

单位:万元

产品销售成本	产品销售费用	产品销售税金及附加	产品销售利润	管理费用	财务费用	利息支出	利润总额	利税总额	本年应交增值税
3198875	117916	48414	454475	196151	126165	105415	152789	356566	155362
447630	8295	5124	62964	48019	19154	18681	12597	53894	36171
1912405	78411	32379	273512	103738	73005	58161	98619	217236	86237
838840	31209	10910	117998	44393	34005	28572	41572	85435	32953
1224906	40378	15541	148170	52341	41325	33192	53985	120232	50704
1495937	62456	26966	221587	80366	56572	44858	80436	178065	70662
1780138	60128	25266	214978	93636	63777	53485	67583	164352	71502
896246	34981	16110	113759	49051	31895	25918	39065	92969	37792
883892	25146	9155	101219	44585	31881	27567	28517	71382	33709
1418737	57788	23148	239497	102515	62388	51929	85205	192214	83860
7141	763	357	2342	2030	436	367	510	1660	792
426867	6847	3257	48583	18399	16492	15561	20478	53720	29984
984728	50177	19532	188571	82086	45459	36001	64216	136832	53083
260155	3569	818	24978	13727	5991	5910	9113	28968	19036
380725	14129	5295	75286	37437	22103	21102	24460	56272	26516
2557995	100217	42300	354210	144986	98071	78403	119215	271325	109809
7204	763	359	2331	2049	439	370	490	1650	800
96191	4145	1175	9267	4031	3217	2905	2957	6711	2578
52861	1998	566	8418	5367	2226	2139	2162	5674	2945
27225	1933	4679	10265	6166	1523	1328	3997	12428	3751
66351	1033	492	9280	4817	3540	2954	2734	6082	2855
90167	5591	1031	15549	5585	2789	2379	7007	12167	4129
435557	16437	6847	47255	16986	13480	10259	16980	40524	16696
8192	711	50	1784	1218	1061	1052	372	719	296
21059	414	223	1566	584	436	233	576	1146	346
36038	559	351	3977	2130	1718	1441	514	2271	1405
61842	2318	667	7070	2793	2928	2346	1683	5010	2658
25522	1213	347	3604	1712	985	846	877	2109	885
16739	1668	10	367	293	184	184	209	330	110
146111	6384	2133	25767	15590	7306	6854	5458	14793	7201

年销售收入500万元及以上

(1997

	流动负债合计	流动负债年平均余额	负债合计	所有者权益合计	产品销售收入
医药制造业	28911	28030	32677	14720	32571
化学纤维制造业	6397	6289	8733	6689	8681
橡胶制品业	51273	48791	57026	47572	169669
塑料制品业	134037	125209	155049	105977	455573
非金属矿物制品业	49156	40490	65773	66717	209302
黑色金属冶炼及压延加工业	28616	26441	31204	12752	57279
有色金属冶炼及压延加工业	15647	15677	24847	13445	26367
金属制品业	53691	50255	60887	42647	165884
普通机械制造业	93049	90335	121907	101363	208624
专用设备制造业	75074	71203	92288	64251	124886
交通运输设备制造业	53766	50714	62605	46223	110562
电气机械及器材制造业	216063	199739	243550	317233	561493
电子及通信设备制造业	52230	47891	62437	63680	125830
仪器仪表及文化、办公用机械制造业	26752	25103	32211	27692	50573
其他制造业	55261	53969	67570	31248	106950
电力、蒸汽、热水的生产和供应业	157307	151220	263291	226018	116583
煤气生产和供应业	989	911	1089	1570	2658
自来水的生产和供应业	15518	14311	18732	39442	10228
在总计中按行政区域分:					
市直属	359972	337180	473396	400649	418977
鹿城区	149328	139758	177036	98914	387403
龙湾区	195035	190660	286524	164536	370968
瓯海区	156599	146398	171635	158156	460752
瑞安市	196705	183373	235291	180781	539477
乐清市	270123	254176	331757	417707	698064
洞头县	12214	11921	13335	9990	52992
永嘉县	65989	64234	72161	87486	163499
平阳县	132984	124902	151934	110785	454179
苍南县	84644	79280	99139	69273	287485
文成县	10979	11332	21232	11692	20357
泰顺县	3737	3593	5827	4304	7575

工业企业主要经济指标(四)

年）

单位:万元

产品销售成本	产品销售费用	产品销售税金及附加	产品销售利润	管理费用	财务费用	利息支出	利润总额	利税总额	本年应交增值税
25043	1381	228	5877	3802	1980	1919	798	2807	1780
6933	226	77	1444	888	793	782	350	663	235
152397	3058	806	13212	5522	4243	3750	4078	9376	4491
402841	8282	4164	38085	11912	15688	13595	10827	29313	14321
191435	1479	1037	13985	4894	1992	1228	8365	12751	3349
50456	728	790	5254	1373	2660	2275	1284	2946	870
23106	156	193	2800	1705	1157	1096	387	1845	1265
139929	4823	1221	17059	6931	4825	3955	5744	11849	4884
165460	8152	2481	30083	11708	9613	7816	9402	21155	9271
96467	4404	1199	20975	10904	5674	4892	3986	10512	5326
87028	4210	1832	16401	6511	5057	4479	4770	11171	4568
440680	21987	7357	83149	35778	13494	10709	32650	65324	25316
88363	6873	5191	22232	9017	4394	2516	10650	21535	5693
38570	2336	544	9079	4787	2030	1516	2702	5612	2365
90047	2858	1104	11458	5500	3050	2151	3538	7505	2862
97588	1284	1157	16256	3866	7743	7529	7752	30522	21613
2311	129	16	201	12	98	98	158	261	87
9149	369	75	411	1708	-170	-190	-680	-209	395
358234	8048	3381	48394	38814	12310	11991	12234	42275	26659
321241	7524	2076	36451	16149	8431	6845	9862	23025	11086
298074	12865	4259	51185	16709	15753	12866	22312	37101	10529
401087	10165	5401	43725	15999	13716	9959	14078	34142	14662
461622	12988	3354	58628	22729	19128	17706	18673	39011	16982
527920	29989	16015	114550	45307	22644	17260	46845	100258	37397
38662	5213	849	8163	3583	1731	1467	2889	4835	1096
127370	7317	2221	23862	8262	3528	2542	12101	23011	8687
392127	14825	7125	39510	17876	15393	12476	6689	31798	17983
251037	8302	3080	24954	8446	11669	10524	5913	17785	8790
15946	418	229	3763	1536	1414	1339	943	1996	823
5549	256	420	1284	735	444	435	244	1327	662

重点骨干企业生产经营情况(一)

（1997年）　　单位：千元

	工业总产值	工业增加值	产品销售收入	利税总额	资产总计
温州快鹿集团公司	182019	53318	167965	25148	132927
浙江东方集团公司	1782544	269567	1727697	75611	746193
温州西山特种陶瓷工业企业集团公司	116510	19073	109830	11820	309410
浙江显光集团公司	128690	28559	116114	10386	95156
温州市工程机械厂	12379	3667	12391	3855	17309
温州西山联合陶瓷有限公司	52950	6006	43315	－7423	145059
浙江康乐集团有限公司	168535	33106	161248	12834	215166
浙江瑞邦大药厂	39698	10358	27659	3683	97184
温州市第三制药厂	51843	13713	45539	4436	39160
温州华利医疗器械有限公司	13300	3411	10084	1170	15317
浙江康德莱医械塑料有限公司	52570	14703	43878	3382	38141
温州三维集团公司	75853	14645	72603	3262	223569
温州华华集团公司	63831	26031	50633	21748	114858
永嘉化工厂	97514	28696	99930	6800	109377
温州乐斯染料有限公司	72500	17696	59900	9494	43000
温州天盛企业集团有限公司	197105	37978	198582	13480	321156
温州电化集团公司	47545	18134	48632	4613	104434
平阳化工厂	38770	11390	38670	860	87530
温州化工总厂	71798	17695	54756	3340	298742
温州市国工实业公司	34693	13657	31575	5804	33579
温州木材集团公司	21888	6557	63494	2662	169201
浙江佑利工程塑料管道总厂	20832	5946	17073	2664	49735
温州华峰工业集团有限公司	165444	45232	156111	6584	105783
浙江乐吉化工厂	57356	14596	56077	11346	37538
温州市长城鞋业公司	110090	30219	100502	10280	59505
达得利企业集团公司	51120	11147	51790	1061	52923
浙江岩林轻工集团有限公司	12412	2917	12389	860	57201
温州月兔电器集团有限公司	116400	48986	82160	4033	276489
温州市华威电器公司	150761	28763	128813	15877	36469
温州市力西特企业集团公司	194050	44471	210947	19154	121865
浙江双剑工业集团公司	14959	3242	9054	597	29377
浙江虎豪实业有限公司	16550	4107	20245	2391	36556
浙江赛纳集团有限公司	48426	13646	43902	1788	89315
荣光集团有限公司	332498	82656	320987	21238	224106
温州人造革有限公司	58480	12473	60507	1014	34311

重点骨干企业生产经营情况(二)

（1997年） 单位:千元

	工业总产值	工业增加值	产品销售收入	利税总额	资产总计
浙江三星洗衣机配件厂	33788	7096	31218	2136	42267
温州耐宝鞋业有限公司	55100	16464	44733	4004	82091
瑞安市华滨渔网厂	23615	7607	22016	2918	66092
温州市恒丰灯饰有限公司	19000	3280	17634	－4	7445
温州天龙塑料企业集团公司	95681	28462	81391	4076	51508
温州光华塑料企业集团公司	99660	28691	94300	9420	75810
温州市雪山胶鞋厂	43652	5877	44671	1971	71786
浙江鹏昌皮革有限公司	53032	9457	50042	4228	22443
温州迪马炊具有限公司	70548	24507	50426	6926	63909
温州鸿升集团有限公司	50260	13980	51170	5930	44070
浙江红蜻蜓集团有限公司	110070	27921	95420	14155	93194
奥康集团有限公司	210600	37690	200080	33280	167430
浙江大隆机器厂	4881	1173	4785	799	1907
天龙网球有限公司	56800	15016	49980	2743	42259
温州市热水器总厂	65011	14666	55066	3500	45016
温州市大虎打火机厂	42003	13554	42003	1398	9275
温州五洲集团有限公司	39200	9200	31200	4689	21078
浙江瑞星集团有限公司	17792	6837	20476	3598	117134
人本集团有限公司	146129	37152	141028	21687	174537
正泰集团公司	535180	121327	519216	55354	439112
德力西集团公司	545932	130619	530328	67149	246796
欧利机电工具有限公司	27700	8230	27667	3698	45455
温州印刷机械厂	24491	9958	23040	3880	32170
温州方正企业集团公司	20853	6419	16735	1851	73254
温州黄龙企业集团公司	20501	6852	38992	1582	75726
浙江电站阀门厂	32000	8449	31120	3500	90144
新华电器集团有限公司	161212	41433	155804	19557	221084
浙江嘉陵立锋摩托车有限公司	79705	22566	72094	7885	78828
温州金瓯集团有限责任公司	42371	10443	40087	3922	60690
天正集团有限公司	158300	46700	155910	21280	177710
温州市开元开关厂	50184	12854	50546	4484	12557
温州市金田集团有限公司	102250	21933	95010	10590	57470
温州威尔鹰集团有限公司	189510	48799	171650	17417	142630
浙江华仪电器集团有限公司	65951	11102	55740	4786	122146
温州市轻型摩托车厂	54103	11948	53954	3733	12373

重点骨干企业生产经营情况(三)

（1997年）　　单位:千元

	工业总产值	工业增加值	产品销售收入	利税总额	资产总计
温州广银集团公司	62910	18117	49361	3355	60880
天力管件有限公司	33580	9046	31733	5713	52310
长城电器集团有限公司	91520	25258	80262	9842	144748
三洲集团有限公司	12518	3500	16000	1700	24888
浙江瑞立实业集团有限公司	34775	10377	29722	3379	32168
浙江凯泉泵业制造公司	40530	6530	53030	4740	75880
温州海米特集团公司	69200	17542	72020	7728	116848
温州吴泰集团有限公司	155311	44031	201486	20756	127142
温州现代集团有限公司	23150	6066	20855	3250	42225
温州南方工业集团有限公司	36089	11460	35285	3767	38821
浙江国光集团有限公司	304400	65980	280801	74646	115778
温州法拿达电子有限公司	54737	12168	48078	5365	35222
浙江瓯联通讯设备有限公司	15440	3058	12754	957	14973
浙江申瓯通信设备有限公司	11078	2568	11078	434	5344
温州市信泰光学眼镜有限公司	50090	9613	49790	3078	30698
浙江乐穗电子股份有限公司	27658	6704	28290	4376	41973
温州市海螺工业集团公司	25973	6578	18623	286	44352
文成帝师集团有限公司	10833	1706	8810	－623	20375
浙江雁荡山啤酒厂	65838	19451	65092	20620	86860
浙江大仙自行车制造有限公司	25246	5981	25610	2454	26451
泰顺县天关山集团有限公司	10420	3897	8984	3528	11641
苍南县富康包装印刷有限公司	100245	15553	107898	3996	28410
浙江熊猫乳品有限公司	65549	12918	64330	5270	33890
瑞安市编织装饰用品厂	79280	30787	61345	30888	134492
温州市瓯海夏梦服饰有限公司	23643	6323	23578	5153	21429
温州市宇宙集团有限公司	50060	11428	49500	2910	62420
浙江报喜鸟服饰集团有限公司	92331	27692	85425	17937	55937
温州庄吉集团有限公司	135660	40679	150823	24751	110772
温州冶炼总厂	120755	31197	114072	8547	244428
浙江丰业集团有限公司	89744	21118	88380	5014	160254
浙江永上不锈钢产业有限公司	71000	9619	69000	2878	42495
温州神力集团有限公司	77300	22837	63520	6771	137418
浙江金泰集团有限公司	8123	2246	9577	2241	9335
浙江昌泰电力集团有限公司	15524	5690	15101	8359	17087
温州金可达集团有限公司	182975	105534	183675	28776	470758

历年建筑业生产情况

	单　位	1991 年	1992 年	1994 年	1995 年	1996 年	1997 年
企业个数	个	130	127	209	197	247	326
单位工程施工个数	个			3214	3795	6548	5844
职工平均人数	万人	3.79	3.95	6.40	7.75	8.93	11.02
建筑业总产值	万元	52341	68533	261853	371343	484720	612661
房屋建筑施工面积	万平方米	209.02	240.54	661.56	927.50	930.09	999.76
房屋建筑竣工面积	万平方米	111.31	101.64	251.11	366.54	427.86	522.86
*优良竣工面积	万平方米			54.38	86.26	137.18	185.98
建筑业增加值	万元			51298	94263	107469	158640
利润总额	万元	516	1168	2022	2104	5664	7067
税金	万元	1725	2317	381	261	302	857

历年国有建筑企业生产情况

	单　位	1991 年	1992 年	1994 年	1995 年	1996 年	1997 年
企业个数	个	9	9	13	8	11	23
单位工程施工个数	个			208	459	253	525
职工平均人数	万人	0.51	0.57	0.79	0.83	1.26	1.69
建筑业总产值	万元	7751	10256	30429	44523	61962	94592
房屋建筑施工面积	万平方米	20.03	25.72	50.91	72.19	86.06	122.70
房屋建筑竣工面积	万平方米	8.60	11.52	16.16	21.47	35.89	50.78
*优良竣工面积	万平方米			10.14	8.45	16.68	24.26
建筑业增加值	万元			8308	9731	14338	25318
利润总额	万元	175	337	498	237	385	617
税金	万元	196	249	32	24	40	87

建 筑 业 企 业

（1997

	单 位	合 计	大中型企 业	经 国 有	济 城镇集体
企业个数	个	326	37	23	188
建筑业总产值	万元	612661	233702	94592	375885
1.建筑工程	万元	530678	222021	86473	339579
2.安装工程	万元	68820	7309	7730	26568
3.房屋构筑物修理	万元	11462	4038		8426
4.非标准设备制造	万元	1701	334	389	1312
竣工产值	万元	471704	183288	79255	291917
单位工程施工个数	个	5844	1176	525	3565
*本年新开工个数	个	3184	524	285	1809
*投标承包个数	个	2094	659	199	1510
*本年新开工	个	1144	336	109	819
单位工程竣工个数	个	3734	659	361	2215
竣工的优良单位工程个数	个	936	207	74	510
房屋建筑施工面积	万平方米	999.76	453.30	122.70	718.77
*本年新开工面积	万平方米	458.86	206.72	67.38	309.71
*投标承包的面积	万平方米	648.97	329.19	121.23	439.03
*本年新开工	万平方米	346.94	174.15	67.08	231.20
房屋建筑竣工面积	万平方米	522.86	209.98	50.78	385.25
房屋建筑优良工程竣工面积	万平方米	185.98	83.14	24.26	133.81
自有机械设备年末总台数	台	40394	12899	6780	26787
自有机械设备年末总功率	万千瓦	43.66	15.10	8.56	26.65
*施工机械功率	万千瓦	39.49	13.37	7.64	24.14
自有机械设备净值	万元	86161	31816	13394	49843
平均职工人数	万人	11.02	4.07	1.69	7.34

生 产 情 况

年）

类		型		行	业	类别
城镇私营	联营	股份制	外商投资	土木工程建筑业	线路管道设备安装业	装修装饰业
6	2	105	1	246	35	45
7883	2431	130154	1196	527323	58417	26921
7391	2431	93088	1196	494380	14953	21345
492		34029		20923	43104	4793
		3036		10319	360	783
				1701		
5395	2240	91527	850	398368	48813	24523
38	29	1679	1	3999	1493	352
32	23	1031		2026	918	240
14	3	365		1942	110	42
9	3	202		1053	55	36
28	20	1105	1	2419	1013	302
9	4	339		668	219	49
9.54		148.75		975.77	20.15	3.84
7.55		74.21		444.33	12.53	2.00
1.50		87.21		637.79	9.86	1.32
1.50		47.15		339.59	6.48	0.87
6.43		80.40		508.83	11.51	2.52
4.07		23.83		184.19	1.02	0.78
196	287	6284	35	37679	1515	1200
0.12	0.29	7.38	0.51	41.35	1.58	0.73
0.11	0.29	6.66	0.50	37.88	1.26	0.35
782	119	20825	1030	77325	8106	730
0.08	0.03	1.84	0.01	10.03	0.51	0.48

建　筑　业　企　业

（1997

	合　计	经	济	
		国　有	城镇集体	城镇私营
一、资本金合计	172652	21844	106595	5546
二、年末资产负债				
流动资产合计	622119	70009	436758	4743
＊存货	317169	17698	246047	980
＊在建工程	269765	12211	218266	749
固定资产合计	142500	21245	87158	1387
固定资产原价合计	168009	28017	102694	1590
＊生产经营用	135693	20969	82082	388
累计折旧	29801	6857	16720	209
＊本年折旧	7240	1567	3557	119
资产总计	787783	92527	539386	7259
流动负债合计	580946	64921	415460	1551
长期负债合计	9163	2525	3851	
所有者权益合计	197674	2508	120074	5709
＊股本	23382	771	11031	156
三、损益及分配				
工程结算收入	466814	88434	269679	5420
工程结算成本	419413	82093	244073	3814
工程结算税金及附加	16035	2580	9925	206
工程结算利润	31366	3760	15682	1401
其他业务利润	2015	411	1325	98
管理费用	24270	3136	13722	820
＊税金	857	87	570	6
＊劳动、待业保险费	1758	653	954	33
利润总额	7067	617	2809	593
应交所得税	1900	64	893	200
转作奖金的利润	378	44	122	122
应付利润	2066	127	978	156
四、工资、福利费				
本年应付工资总额	93866	15133	60548	346
本年应付福利费总额	7896	1582	4616	195
五、建筑业增加值	158640	25318	95731	2183
六、亏损企业个数(个)	61	3	30	

财　务　情　况

年）　　　　　　　　　　　　　　　　　　　　　　　　　单位：万元

类型			行业类别		
联营	股份制	外商投资	土木工程建筑业	线路管道设备安装业	装修装饰业
615	35552	1500	150138	13193	9321
654	107953	1306	547074	51570	23475
46	51845	313	290080	20789	6301
22	38023	282	252448	14840	2478
578	30699	999	123009	13628	5864
1183	33044	1118	147255	14367	6387
1109	29964	1014	118771	13426	3495
606	5193	120	27041	2208	552
54	1849	61	6206	840	195
138310	143719	2376	686359	71246	30178
739	97357	798	512373	49052	19520
20	2767		6105	2884	174
621	43595	1578	167880	19310	10483
	9924	1500	18452	1866	3064
2709	99132	919	385886	58079	22849
2433	85965	710	349570	50197	19647
100	3177	28	13513	1592	930
176	9991	181	22803	6290	2273
-4	182	3	1368	434	213
149	6178	97	19311	3109	1851
2.1	191	0.1	602	186	68
	114	4	1570	130	59
-11	2978	74	3405	3168	494
9	732		1021	809	70
	90		331	37	11
	797		1026	908	132
231	16009	1398	84253	5340	4274
31	1452	20	7132	485	278
596	32694	1691	135748	14825	8066
1	27		50	7	4

分县(市、区)建筑业生产情况

(1997年)

	企业个数(个)	建筑总产值(万元)	*建筑工程(万元)	竣工产值(万元)	施工面积(万平方米)
全　　市	326	612661	530678	471704	999.76
市　　区	130	339270	294178	266855	625.87
*鹿城区	24	71197	65259	53907	173.66
龙湾区	22	36696	33004	34297	76.81
瓯海区	16	62992	58100	49061	151.42
瑞安市	32	39411	34998	29825	71.06
乐清市	40	50658	43010	45175	96.89
洞头县	4	6271	4652	3515	9.82
永嘉县	25	50206	36418	36467	58.85
平阳县	30	48835	46332	37883	46.73
苍南县	41	44697	40176	32695	50.93
文成县	11	16794	15378	9374	19.23
泰顺县	13	16519	15536	9915	20.38

分县(市、区)分行业建筑总产值

(1997年)　　单位:万元

	土木工程建筑业	*房屋建筑业	线路管道设备安装业	*设备安装业	装修装饰业
全　　市	527323	402004	58417	14184	26921
市　　区	287721	236552	30292	2089	21258
*鹿城区	65264	62096	1426		4507
龙湾区	35574	27436	456	200	666
瓯海区	62475	55859			517
瑞安市	26808	21240	11504	10196	1099
乐清市	46486	42387	4172		
洞头县	4652	4652	626	626	992
永嘉县	44079	32447	3267		2860
平阳县	46898	20939	1317	1161	620
苍南县	39288	19864	5317	112	92
文成县	15673	13621	1121		
泰顺县	15718	10302	801		

分县(市、区)竣工房屋情况

(1997年)　　　　单位:万平方米

	合计	厂房	住宅	办公用房	商业用房	文化教育用房	医疗用房	其他
全市	522.86	77.10	282.00	59.26	36.90	44.65	3.31	19.64
市区	294.42	45.59	195.04	19.31	11.35	18.64	2.16	2.33
*鹿城区	74.16	12.67	50.89	5.16	2.07	3.30		0.07
龙湾区	37.33	9.82	23.96	1.44	1.09	0.89		0.13
瓯海区	80.76	15.27	52.82	3.55	0.76	6.53	0.81	1.02
瑞安市	37.40	8.12	16.98	4.90	3.66	1.76	0.20	1.78
乐清市	65.57	10.79	24.53	13.66	6.81	6.62	0.24	2.92
洞头县	3.61		1.82	0.84		0.95		
永嘉县	37.01	5.69	9.26	7.59	8.40	3.60	0.71	1.76
平阳县	29.15	0.35	18.78	3.08	1.28	3.61		2.05
苍南县	32.72	6.51	5.11	6.35	0.93	6.26		7.56
文成县	12.03		4.72	1.60	4.38	1.15		0.18
泰顺县	10.95	0.05	5.76	1.93	0.09	2.06		1.06

分县(市、区)建筑业财务情况

(1997年)　　　　单位:万元

	资本金	流动资产	固定资产	工程结算收入	工程结算利润	利润总额	建筑业增加值
全市	172652	622119	142500	466814	31366	7067	158640
市区	75429	428356	64340	256542	14348	2822	85052
*鹿城区	13876	108607	12317	48275	1768	274	15693
龙湾区	11369	56059	7916	26233	1635	-57	9490
瓯海区	9867	102577	7456	42607	1661	389	14353
瑞安市	13186	33403	14211	40249	3187	957	10685
乐清市	14558	46431	10961	38324	3080	796	14787
洞头县	2431	5546	943	3888	391	50	1708
永嘉县	14568	32103	12430	28466	2663	659	12112
平阳县	19172	30348	16244	33942	1830	100	12556
苍南县	16257	27255	14480	39849	3218	745	12986
文成县	9834	11926	3409	10557	1909	748	3880
泰顺县	7217	6751	5482	14997	740	190	4874

年份	煤炭（吨）	生铁（吨）	钢材（吨）	铜材（吨）	铝材（吨）
1952	…	105	64	…	…
1955	3300	128	182	…	…
1960	194770	9699	9109	159	63
1965	163023	5184	8779	71	39
1970	130653	3305	6821	60	95
1971	229122	4105	9787	87	76
1972	322082	12605	19935	446	497
1973	325432	14538	22232	601	554
1974	132532	11285	16914	415	482
1975	124640	8203	15588	508	766
1976	…	11200	14222	430	417
1977	240789	12698	24506	425	1239
1978	625399	19869	33617	706	1587
1979	456845	19937	47524	938	1428
1980	384708	21411	58216	1048	1656
1981	473940	15356	50764	926	1374
1982	520963	15426	56543	1092	2123
1983	553198	16600	64372	1166	2311
1984	349104	20362	69609	1868	2690
1985	1070571	25864	81094	2015	2850
1986	605303	24378	92188	1400	3261
1987	838187	27982	103097	2815	3048
1988	841838	27529	95841	178	3293
1989	792428	26676	70592	487	2348
1990	697586	19036	51056	1245	1824
1991	693595	21398	76677	2050	462
1992	659740	29618	95267	1604	1143
1993	1390682	48331	181712	5530	1514
1994	1191397	39845	230072	5578	3481
1995	1244433	32151	404274	13591	6389
1996	1062630	50230	419954	11695	4440
1997	1570250	46173	445945	13449	7762

能 源 消 费 量

铅（吨）	锌（吨）	硫酸（吨）	烧碱（吨）	纯碱（吨）	水泥（吨）	原木（立方米）
…	…	…	45	16	…	8776
…	…	…	172	98	…	28437
48	7	1232	1422	1163	16219	
109	60	3604	2027	2700	18583	54235
25	29	1112	1741	2757	4757	8846
31	116	5388	2303	2651	9330	18208
164	200	8814	3428	3191	14521	25307
204	175	5075	7176	2790	18179	29917
72	109	718	1941	770	12450	22085
134	210	632	1582	789	7466	28101
71	134	747	1172	628	…	22033
555	256	4492	3325	1603	15112	42905
486	261	9127	4201	2287	20892	30425
725	621	15215	5499	…	71758	61353
764	486	20254	6397	4096	101780	53358
514	611	21943	8273	2975	105215	40886
827	829	18828	6399	3592	99756	43331
1288	521	22210	8486	5647	108219	54749
1304	537	22906	12474	3712	142346	60628
1576	945	23710	10098	6504	152734	54249
3535	1875	25779	11791	7504	180547	55444
1595	847	34494	9039	8539	206541	56855
1437	1009	3856	5354	7330	167663	46654
1576	1175	26807	6641	8033	31142	16982
1886	1082	29201	8387	6975	27500	14151
2623	1721	36791	7522	9025	145584	22272
2968	1490	40063	9566	10482	190652	19029
5714	4322	40494	9350	19284	407296	36110
6132	4092	30092	12430	10073	1044828	62842
7406	7118	35917	16326	12731	1240255	82105
8777	4264	39672	74743	11306	1399885	90656
8629	3597	34297	18263	8999	1416860	83795

主要原材料、能源消费与库存

（1997年）

	单位	本年消费量				年末库存
		合计	*工业用	建筑用	运输邮电用	
原煤	吨	1570250	1568022	993	113	27185
焦炭	吨	5854	5854			169
燃料油	吨	6528	1073		5455	511
汽油	吨	29641	2221	262	26678	787
煤油	吨	42461	1650	69	40592	2141
柴油	吨	77090	31633	6438	38217	3850
润滑油	吨	1559	1405	33	118	246
生铁	吨	46173	42892	3281		3373
钢材	吨	445945	234733	207063	3788	26407
铜	吨	5575	5568	6		359
铝	吨	4372	4363	4		342
铅	吨	8629	8613	13		230
锌	吨	3597	3400	182	1	272
锡	吨	280	278	2		71
铜材	吨	13449	13161	284		651
铝材	吨	7762	3151	4603	3	986
硫酸(折100%)	吨	34297	33951	193	1	1204
烧碱(折100%)	吨	18263	18260	3		504
纯碱	吨	8999	8980	17	2	416
橡胶	吨	9954	9284	39		586
水泥	吨	1416860	41608	1366537	8705	46906
平板玻璃	重量箱	120967	102513	18194	126	1582
原木	立方米	83795	13706	64455	5590	20764
*原木直接消费	立方米	53800	10799	37402	5587	
锯材	立方米	47412	15665	31747		9706
电力	万千瓦小时	91904	85982	4185	697	

原材料、能源消费与库存总值

（1997年）　　单位：万元

	企业个数（个）	本年消费			年末库存
		合计	工业生产消费	建筑施工消费	
总计	2972	918953	721728	160601	58622
一、按隶属关系分：					
*中央	21	38296	22608	722	976
省、自治区、直辖市	8	32396	28549	220	3299
地区	694	349047	295077	46845	21928
县	2249	499214	375493	112814	32420
乡（镇）					
二、按主要行业类型分：					
*国有经济	327	354806	297954	31199	16316
集体经济	2227	412483	286856	115067	30865
私营经济	12	367	367		66
股份制经济	258	106819	92235	14221	6725
中外合资经营企业	51	15765	15703	62	2010
三、按国民经济主要行业分：					
*采掘业	3	988	746		44
制造业	2524	660337	656843	2808	42714
电力、煤气有及水的生产和供应业	41	50490	50315	166	2461
建筑业	224	171657	11974	157132	12239
交通运输仓储及邮电业	154	33824	193	496	1090
四、按类值分：					
*黑色金属材料类		134306	80050	54054	9719
有色金属材料类		92907	87773	2822	4337
化工类		201986	198831	3001	8921
建材类		90404	15739	74382	3076
木材类		19383	3206	16170	5196

主要原材料消费量

（1997年）

	钢　材（吨）	铜　材（吨）	铝　材（吨）	原木直接消　费（立方米）	锯　材（立方米）
总　　计	445945	13449	7762	53800	47412
采掘业	147				
＊非金属矿采选业	147				
制造业	226413	13158	2735	9343	12728
＊皮革、毛皮、羽绒及其制品业	231	2	88	150	
木材加工及竹、藤、棕、草制品业	199			1282	315
印刷业	341	2	18	3	
化学原料及化学制品制造业	3335	…	310	253	
医药制造业	91	…	41	12	
塑料制品业	966	74	76		
非金属矿物制品业	46084	4098	3	1113	203
有色金属冶炼及压延加工业	60	139	641		
金属制品业	42268	213	295		
普通机械制造业	65323	239	13	91	11916
专用设备制造业	24293	190	251	226	34
交通运输设备制造业	11328	150	35	194	2
电气机械及器材制造业	7044	6339	61	18	
电子及通信设备制造业	1228	883	618		
仪器仪表机械制造业	4332	309	284	618	
其他制造业	2227	473		906	205
电力	1500	31	340	2	17
＊电力生产和供应业	1487	31	1	2	17
建筑业	214201	260	4687	38923	34667
＊土木工程建筑业	203818	254	3630	36182	34616
交通运输、邮电通信业	3684			5532	
＊邮电通信业	3482				

主要能源消费量

（1997年）

	原　煤 （吨）	汽　油 （吨）	煤　油 （吨）	柴　油 （吨）	电　力 （万千瓦时）
总　　计	1570250	29641	42461	77090	91904
采掘业	14084	37		173	1007
＊非金属矿采选业	14084	37		173	1007
制造业	322470	2122	1647	26348	60434
＊皮革、毛皮、羽绒及其制品业	12745	110		269	1207
木材加工及竹、藤、棕、草制品业	4028	2			87
印刷业	1198	5	5	122	671
化学原料及化学制品制造业	117035	251	6	2166	10673
医药制造业	16284	36		76	1439
塑料制品业	7021	26		12357	6322
非金属矿物制品业	7349	53	1452	2510	2079
有色金属冶炼及压延加工业	5245			165	5460
金属制品业	4976	69	42	734	5029
普通机械制造业	4076	289	94	1684	2928
专用设备制造业	756	71	3	637	1921
交通运输设备制造业	1079	115	12	464	606
电气机械及器材制造业	1982	79	16	1740	1598
电子及通信设备制造业	5718	20		484	1687
仪器仪表机械制造业	49	79	11	204	456
其他制造业	56354	55		989	5506
电力	1233033	12	1	4585	25164
＊电力生产和供应业	1233033	10	1	4578	19840
建筑业	520	469	71	6519	4535
＊土木工程建筑业	520	267	70	6402	4411
交通运输、邮电通信业	143	27001	40742	39465	764
＊公路运输业		25184		32156	274
水上运输业		1301	150	6452	6
邮电通信业		123		469	484

分县(市、区)主要

(1997

	计量单位	全 市	市 区			
			小 计	鹿城区	龙湾区	瓯海区
钢 材	吨	445945	287364	53766	90336	34865
生 铁	吨	46173	26914	1928	21495	1491
铜	吨	5575	1662	241	1074	132
铝	吨	4372	1907	55	506	219
铅	吨	8629	8332	36	194	3988
锌	吨	3597	1750	535	826	192
锡	吨	280	84	60	9	
铜 材	吨	13449	7919	346	2244	279
铝 材	吨	7762	3009	285	1702	63
硫 酸	吨	34297	17808	34	25	417
烧 碱	吨	18263	7471	74	10	433
纯 碱	吨	8999	5304	380	37	611
天然橡胶	吨	1716	959	99	284	181
合成橡胶	吨	8238	1588		963	393
水 泥	吨	1416860	1023132	283149	210957	204076
平板玻璃	重量箱	120967	112801	4168	5711	14
原 木	立方米	83795	50782	16774	15017	3145
锯 材	立方米	47412	41083	4505	316	20346
润滑油	吨	1559	956	13	17	33
原 煤	吨	1570250	728584	1218	12431	9365
煤制品	吨	6463	599	411		100
焦 炭	吨	5854	3475		4	1799
原 油	吨	88	77	17		1
汽 油	吨	29641	24267	36	894	567
煤 油	吨	42461	42412	85	239	8
柴 油	吨	77090	30059	120	2174	3705
燃料油	吨	6528	6371	6		
液化石油气	吨	803	799		2	
热 力	百万千焦	62	6	6		
电 力	万千瓦时	91904	53479	4738	3017	6409
其他能源	吨标准煤	32927	31170	395		675

原材料能源消费量

年）

瑞安市	乐清市	洞头县	永嘉县	平阳县	苍南县	文成县	泰顺县
72545	13962	2021	16331	30010	16562	3316	3834
3441	2354	77	3273	8986	1010	118	
3396	138	5	86	35	250	2	
1675	13		33	380	362		4
279	1	4	12	2			
1844		1	2				
194				2			
4305	144	212	97	24	748		
563	1363	145	99	1315	642	601	25
744	48	121	1745	13828	3		
739	38	122	9100	109	62		622
96	36	929	2582	51	1		
599		2	40			116	
6279	8	2	13	227		121	
64566	80813	13551	71002	72957	63920	15410	11509
50	877	5454	1067	374	301	43	
6268	7960	122	5310	5608	3302	1011	3432
2543	15	384	1280	687	1030	86	304
78	24	33	7	360	99	2	
32713	732400	3913	17063	28742	23865	1344	1626
4715	743			394	12		
1160	131		366	580	46	78	18
3			8				
845	641	57	196	1067	2231	297	40
28	1	1	7	5	1	6	
13912	3710	1552	2349	9509	14575	757	667
15	14		6		122		
4							
			56				
6208	14256	434	2483	8013	5241	1531	259
439			18	177	1123		

全行业客货运输量

	单　位	1990年	1994年	1995年	1996年	1997年
一、旅客运输量	万人	12701	16993	12134	17256	16888
	万人公里	418858	676046	512904	552939	709831
*交通部门	万人	1803	1950	2183	3104	2968
	万人公里	168684	227470	212673	229273	260375
个体联户	万人	8950	11294	7787	6443	6752
	万人公里	210655	327011	235454	128862	199970
1.公　路	万人	9650	15051	10595	15997	15827
	万人公里	382433	650462	483798	536003	692760
*交通部门	万人	1409	1655	1998	2953	2828
	万人公里	161645	221352	208504	226847	256652
2.内　河	万人	2911	1676	1307	1069	928
	万人公里	29775	15613	19560	11381	10182
*交通部门	万人	326	149	90	73	82
	万人公里	3636	1526	977	568	918
3.沿　海	万人	139	264	232	190	133
	万人公里	6649	9971	9546	5555	6889
*交通部门	万人	68	145	95	77	58
	万人公里	3402	4591	3191	1857	2805
二、货物运输量	万吨	1985	3887	3336	4411	4408
	万吨公里	354519	634309	617004	794334	766589
*交通部门	万吨	383	414	425	562	400
	万吨公里	240794	367290	384414	494897	393141
个体联户	万吨	1452	3134	2684	3168	2705
	万吨公里	89704	201769	201570	138754	195498
1.公　路	万吨	1218	2112	2177	3291	3374
	万吨公里	83964	186181	165190	315866	290566
*交通部门	万吨	83	92	103	156	107
	万吨公里	15365	24165	21618	41337	23791
2.内　河	万吨	402	1253	674	652	547
	万吨公里	9526	22374	15966	16908	11019
*交通部门	万吨	54	8		15	1
	万吨公里	1300	133		360	14
3.沿　海	万吨	364	521	484	468	487
	万吨公里	261028	425754	435847	461560	465004
*交通部门	万吨	245	314	322	391	292
	万吨公里	224129	342991	362795	453199	389936

全行业旅客运输量

	单　位	1990 年	1994 年	1995 年	1996 年	1997 年
一、全市客运量	万人	12701	16993	12134	17256	16888
*交通部门	万人	1803	1950	2183	3104	2968
个体联户	万人	8950	11294	7787	6443	6752
1.公路运输	万人	9650	15051	10595	15997	15827
*交通部门	万人	1409	1655	1998	2953	2828
个体联户	万人	6403	9773	6551	5469	5899
*汽车运输	万人	5903	10370	7130	10765	11290
*交通部门	万人	1408	1655	1998	2953	2828
个体联户	万人	2656	5575	3136	2618	2652
2.内河运输	万人	2911	1676	1307	1069	928
*交通部门	万人	326	149	90	73	82
3.沿海运输	万人	139	264	232	190	133
*交通部门	万人	68	145	95	77	58
4.民航运输	万人	3	111	155	168	164
二、全市旅客周转量	万人公里	418858	676046	512904	552939	709831
*交通部门	万人公里	168684	227470	212673	212673	260375
个体联户	万人公里	216055	327011	235454	235454	199970
1.公路运输	万人公里	382433	650462	483798	536003	692760
*交通部门	万人公里	161645	221352	208504	226847	256652
个体联户	万人公里	182494	308820	211644	116974	187313
*汽车运输	万人公里	344473	502810	441384	489011	616688
*交通部门	万人公里	1408	221352	208504	226847	256652
个体联户	万人公里	145546	170684	169914	93909	128015
2.内河运输	万人公里	29775	15613	19560	11381	10182
*交通部门	万人公里	3636	1526	977	568	918
3.沿海运输	万人公里	6649	9971	9546	5555	6889
*交通部门	万人公里	3402	4591	3191	1857	2805

全行业货物运输量

	单　位	1990 年	1994 年	1995 年	1996 年	1997 年
一、全市货运量	万吨	1985	3887	3336	4411	4408
* 交通部门	万吨	383	414	425	562	400
个体联户	万吨	1452	3134	2684	3168	2705
1.公路运输	万吨	1218	2112	2177	3291	3374
* 交通部门	万吨	83	92	103	156	107
个体联户	万吨	999	1692	1867	2334	1973
* 汽车运输	万吨	423	776	767	1160	1446
* 交通部门	万吨	64	81	98	148	103
个体联户	万吨	224	419	502	627	716
2.水路运输	万吨	767	1774	1159	1120	1034
* 交通部门	万吨	299	322	322	406	293
①内　河	万吨	402	1253	674	652	547
* 交通部门	万吨	54	8		1	1
②沿　海	万吨	364	521	484	468	487
* 交通部门	万吨	245	314	322	391	292
二、货物周转量	万吨公里	354519	634309	617004	794334	766589
* 交通部门	万吨公里	240794	367290	384414	494897	393141
个体联户	万吨公里	89704	201769	201570	138754	195498
1.公路运输	万吨公里	83964	186181	165190	315866	290566
* 交通部门	万吨公里	15365	24165	21618	41337	23791
个体联户	万吨公里	47531	100383	117843	80479	92535
* 汽车运输	万吨公里	74683	169573	152207	291040	268091
* 交通部门	万吨公里	15246	24099	21586	41276	23769
个体联户	万吨公里	38368	84801	105427	71999	79174
2.水路运输	万吨公里	270555	448128	451813	478468	476023
* 交通部门	万吨公里	225429	343125	362795	453559	389950
①内　河	万吨公里	9526	22374	15966	16908	11019
* 交通部门	万吨公里	1300	133		360	14
②沿　海	万吨公里	261028	425754	435847	461560	465004
* 交通部门	万吨公里	224129	342991	362795	453199	389936

全行业交通营运工具

	单　位	1996年	1997年	1. 交通部门	2. 非交通部门	3. 个体联户
一、公　路						
1.民用汽车	辆	19963	50503	3309	25350	21844
载客汽车	辆	9938	27046	2185	13752	11109
	客位	133635	250616	58762	106203	85651
*大型	辆	922	1299	988	197	104
	客位	36140	50419	37580	8616	4223
载货汽车	辆	10025	23090	1040	11315	10735
	吨位	56105	50971	4387	26813	19771
*大型	辆	579	6385	564	3145	2676
	吨位	4075	36263	3793	18309	14161
2.运输用拖拉机	辆	13176	12215		1438	10777
	吨位	13478	12562		1691	10871
3.其他货运机动车	辆	4613	4465	10	539	3916
	吨位	4207	3689	10	514	3165
4.其他客运机动车	辆	4155	4590		485	4105
	客位	37598	42763		4772	37991
5.专用汽车	辆	89	157	84	73	
	吨位	940	1413	800	613	
6.载货挂车	辆	39	544	21	142	381
	吨位	105	2724	73	755	1896
二、水路运输						
1.客运合计	艘	1220	1222	53	25	1144
	客位	36626	47803	15423	1783	30597
内河	艘	1192	1044	33	23	988
	客位	33131	38568	13004	1643	23921
沿海	艘	28	178	20	2	156
	客位	3495	9235	2419	140	6678
2.货运合计	艘	4969	4222	164	22	4036
	吨位	318131	268569	112391	5894	150284
内河轮驳船	艘	4426	3749	43	4	3702
	吨位	55916	43492	263	150	43079
沿海轮驳船	艘	543	473	121	18	334
	吨位	262215	225077	112128	5744	107205

沿海主要港口货物吞吐量

单位:万吨

	1996年	1997年	进口		出口	
			1996年	1997年	1996年	1997年
全　市	848.57	897.13	737.8	703.81	88.9	193.32
温州港	610.7	616.75	543.6	471.03	67.1	145.72
鳌江港	55.13	45.34	49.7	41.68	2.3	3.66
龙江港	42.91	20.93	30.3	20.65	0.9	0.28
瑞安港	66.30	88.39	65.9	63.74	0.4	24.65
清水埠港	17.38	11.59	11	11.24	6.4	0.35
磐石港	35.04	33.90	25.5	32.73	2.5	1.17
水桶雷港	21.11	22.06	11.8	13.00	9.3	9.06

分县(市、区)运输线路长度

(1997年)

单位:公里

	公路总里程	建养的县乡公路		
		期末总里程	当年新建里程	期末好路率(%)
全　市	4111	3306.2	158.6	32.0
龙湾区	53.3	53.6	6.3	39.0
瓯海区	313	267.4	13.0	37.6
瑞安市	414	292.9	14.4	28.4
乐清市	458	381.9	9.5	37.1
洞头县	83	83.4	2.4	30.6
永嘉县	797	646.4	30.7	33.5
平阳县	351	287.6	16.5	30.7
苍南县	464	371.2	13.2	32.7
文成县	546	469.0	36.5	30.8
泰顺县	632	452.8	16.1	32.4

邮电事业主要指标

	单　位	1990年	1994年	1995年	1996年	1997年
一、邮电局(所)	处	440	445	455	456	443
二、单程邮路总长度	公里	6415	16058	18987	20030	23332
单程农村投递线路	公里	14517	15354	14700	14622	16045
三、电报电路总数	路	130	178	182	182	197
四、长途电话电路总数	路	1540	10297	5598	9064	11771
*自动电路	路	895	10193	5583	9033	11771
五、市话交换总容量	门	59600	216387	313397	443029	495025
农话交换总容量	门	67740	344211	464217	586350	699466
长途交换机总容量	路	2000	20830	21050	29690	22000
六、市话电话机总数	部	81975	179151	338017	392317	496300
农话电话机总数	部	38782	206177	381677	478659	604253
移动电话用户数	户		9551	36140	87670	185147
无线传呼用户数	户	4045	210261	347821	509869	689656
七、邮电计费业务总量	万元	6122	64519	101912	148565	203799
*全年函件数	万件	957	6919	7074	7094	6045
长途电话张数	万张	1371	6708	7412	9551	13439
国际电话张数	万张	168	65	71	50	70
八、出口函件	万件	10763	7076	7242	6989	6311
*计　费	万件	10628	6919	7074	6751	6044
九、订销报纸期发份数	万份	27.3	36.3	40.7	40.7	48.2
订销报纸累计份数	万份	3968.3	5402.4	6509.7	7259.9	9282.1
十、订销杂志期发份数	万份	35	52.1	34.2	27.6	28.1
订销杂志累计份数	万份	432.6	452.4	420.3	376.3	413.1
十一、邮政储蓄年末收储余额	万元	1418	31777	62857	95683	125723
十二、报刊流转额	万元	930	2279.6	2880.7	3790.7	4886.8
十三、市话年末户数	户	34347	122203	181121	219541	275321
农话年末户数	户	27501	138798	211843	260850	330277

注:邮电计费业务总量按90年不变价计算。

主要统计指标解释

工　业　我国的工业,包括①对自然资源的开采,如采矿、晒盐、森林采伐等(但不包括禽兽捕猎和水产捕捞);②对农副产品的加工、再加工,如碾米、磨粉、酿酒、榨油、轧花、缫丝、屠宰、药材加工等;③对采掘品的加工、再加工,如炼铁、炼钢、轧钢、炼焦、化工生产、机器制造、木材加工、纺织印染、服装加工、造纸等;④对工业品的修理、翻新,如修理机械设备、交通运输工具等。

国有经济工业　是指生产资料归国家所有的工业企业。是社会主义公有制经济的重要组成部分。

集体经济工业　是指生产资料归公民集体所有的工业企业。可分为城镇集体经济工业(包括各级大集体工业,城市、县、镇以及街道集体工业)和乡村集体经济工业(包括农村乡办集体工业和农村村办工业)。

其他经济类型工业　包括国有与集体合营、国有与私人合营、集体与私人合营、中外合营、华侨或港澳工商业者经营,外资经营等工业。

个体经济工业　指生产资料归劳动者个人所有,以个体劳动为基础,劳动成果归劳动者个人占有和支配的一种经济形式。包括城镇闲散劳动力,待业青年等自筹资金开业兴办,经工商行政管理部门批准开业领取《营业执照》的个体工业和手工业。多人合股经营仍领取个体营业执照的也包括在本项内。

工业总产值　是以货币表现的工业企业生产的产品总量,反映一定时期工业生产的总规模和总水平。工业总产值目前采用"工厂法"计算,包括各工业企业生产经检验包装入库的成品价值、对外加工费收入和自制半成品、在产品期末期初差额价值。一个企业内部自产自用的产品、半成品不允许重复计算产值,但各企业之间存在着重复计算。

工业增加值　指工业企业在一定时期内以货币表现的工业生产活动的最终成果。其计算方法有两种:一是生产法,即工业总产出减去工业中间投入;二是收入法,即从收入角度出发,根据生产要素在生产过程中应得的收入份额计算。

工业总产出　是工业企业在一定时期内工业生产活动的总成果。包括产成品生产价值、对外加工费收入和自制半成品、在产品期末期初差额价值。

工业中间投入　指工业企业在工业生产活动中消耗或转换的外购货物和对外支付的服务费用。

轻工业　指提供生活的消费品和制作手工工具的工业。按其所使用的原料不同,可分为两大类:

①以农产品为原料的轻工业,是指直接或间接以农产品为基本原料的轻工业。主要包括食品制造、饮料制造、烟草加工、纺织、缝纫、毛皮制作、造纸以及印刷等工业。

②以非农产品为原料的轻工业,是指以工业品为原料的轻工业。主要包括文教用品、工艺美术用品制造、化学药品制造、合成纤维制造、日用化学制品、日用玻璃品、日用金属制品、手工工具制造、医疗器械制造、文化和办公用机械制造等工业。

重工业　指生产生产资料的工业,是为国民经济各部门提供物质技术基础的工业。按其生产和产品用途,可以分为下列三类:

①采掘(伐)工业,是指对自然资源的开采,包括石油开采、煤炭开采、金属矿开采、非金属矿开采和木材采伐等工业。

②原料工业,是指提供国民经济各部门使用的原料、动力和燃料的工业。包括金属冶炼及加工、炼焦及焦炭、化学、化工原料、水泥、人造板、电力、石油加工等。

③制造工业,是指对原材料进行加工制造的工业。包括装备国民经济各部门的机械设备制造工业金属结构、水泥制品等工业,以及为农业提供的生产资料和化肥、农药等工业。

根据上述划分原则,修理业中修理作业对象是重工业的划为重工业,否则划为轻工业。

轻重工业总产值的划分按"工厂法"计算即一个工业企业在正常情况下生产的主要产品的性质属于轻工业,则该企业的全部总产值作为轻工业总产值;一个工业企业生产的主要产品的性质属于重工业,则该企业的全部总产值作为重工业总产值。

大、中、小型企业　大、中、小型企业的划分标准有下列两类:(1)按企业产品的年生产能力划分。凡产品比较单一的行业,能以产品能力划分的必须按产品设计能力或查定生产能力划分,如电力、原煤、石油、钢铁、有色金属、硫酸、烧碱、纯碱、合成氨、发电设备、汽车、拖拉机、木材采伐、水泥、平板玻璃、纺织、造纸、制糖、手表、缝纫机、自行车等均以产品生产能力作为划分大、中、小型的标准(生产多种产品的企业,以其主要产品的生产能力来划分)。

(2)按企业拥有的生产经营用固定资产原价划分。凡产品种类繁多,难以按生产能力划分的,则以企业拥有生产用固定资产原价(即依上年度财务决算数据)作为划分大、中、小型的标准。

独立核算法人工业企业 工业企业按其行政和财务核算是否独立,分为独立核算法人工业企业和工业活动单位(即非独立核算工业企业)。

独立核算法人工业企业,应同时具备下列三个条件:(1)依法成立,有自己的名称、组织机构和场所,能够承担民事责任;(2)独立核算盈亏,并能够编制资产负债表;(3)独立拥有和使用资产,承担负债,有权与其他单位签订合同。独立核算法人工业企业不论是单一性生产或联合性生产的企业,均以整个企业作为一个基层单位进行统计。

工业企业主要财务指标 (1)固定资产原价,是指工业企业所拥有的全部固定资产的原来价值。它是按购买和建设各种固定资产时所实际支付的金额计算的。固定资产的来源包括解放后接收的原有固定资产,通过基本建设完成交付使用的固定资产,通过更新改造措施而增加的固定资产等等。

(2)固定资产净值,是指固定资产原价扣除历年提取折旧后的净额。

(3)流动资产,是指在一年内或者超过一年的一个营业周期内变现或耗用的资产,包括现金及各种存款、短期投资,应收及预付款项、存货等。

(4)资金总额,是固定资产净值年末数加上流动资产年末数之和。

(5)利税总额,指工业企业的产品销售税金及附加、资源税、利润总额和本年应交增值税之和。

(6)企业资本金,是指企业在工商行政部门登记的注册资金。分为国家资本金、法人资本金、个人资本金及外商资本金等。

(7)流动负债,是指将在一年或者超过一年的一个营业周期内偿还的债务。

(8)管理费用,指企业行政管理部门为组织和管理生产经营活动而发生的费用。

(9)财务费用,指企业为筹集资金等财务活动中所发生的各项费用。包括利息净支出、汇兑净损失及相关的手续等。

建筑业总产值(自行完成施工产值) 是以货币表现的建筑安装企业和附营施工单位在一定时期内生产的建筑业产品的总和。它是反映建筑业生产规模、发展速度、经营成果的重要标志,也是用以计算建筑业经济效益、劳动生产率和建筑业在国民经济中所占比重的依据。它包括施工产值、建筑安装附属生产外销构件产值和建筑安装附属勘察设计产值。

建筑增加值 是建筑业企业在报告期货币表现的建筑业生产经营活动的最终成果。有两种计算方法:

一是生产法,计算公式为:

建筑业增加值 = 建筑业总产出 - 建筑业中间投入

二是分配法,计算公式为:

建筑业增加值 = 固定资产折旧 + 劳动者报酬 + 生产税净额 + 营业盈余

竣工产值 是指以货币表现的建筑业生产所形成的成品的价值,反映建筑业的成就、是考核建筑业施工速度和经济效益的依据之一。包括报告期内竣工单位工程从开工到竣工的全部自行完成的价值。

自有机械设备年末总台数 是指归本企业(或单位)所有,属于本企业(或单位)固定资产的生产性机械设备年末总台数。包括施工机械、生产设备、运输设备以及其他设备。

自有机械设备年末总功率 是指归本企业(或单位)所有,自有施工机械、生产设备、运输设备以及其他设备等列为在册固定资产的生产性机械设备年末总功率,按设定能力或查定能力计算。

自有施工机械设备年末总功率 是指年末本企业(单位)自有的直接用于工程施工的各种机械设备的千瓦数。但不包括附属辅助生产机械设备、运输机械设备、生产试验机械设备的千瓦数。

自有机械设备净值 是指本企业(单位)自有机械设备经过使用、磨损后实际存在的价值。即原值减去折旧后的净额。

工程结算收入 指本企业承包工程实现的工程价额结算收入以及向发包单位收取的除工程价款以外规定列作营业收入的各种款项。

工程结算成本 指在报告期内与发包单位办理工程价款结算的已完工程实际成本。

工程结算税金及附加 指因从事建筑业生产活动,取得工程价款结算收入而按规定应该交纳的营业税、城市维护建设税以及随同营业税金一并计算交纳的教育费附加等。

工程结算利润 指已结算工程实现的利润。其计算公式为:

工程结算利润=工程结算收入-工程结算成本-工程结算税金及附加

能源消费量 指报告期内实际消费的全部原料、材料、燃料等数量。包括用于产品生产、经营维修、更新改造措施、科学试验以及基本建设消费,不包括生活消费。消费量按照“谁消费谁统计”的原则填报,即物资在哪个企业消费,就由哪个企业统计。凡属本企业消费的物资,不论物资属于计划分配或计划外调拨,也不论属于自有物资或外借物资,只要在本单位消费的都要统计消费量。

能源消费总量 是指报告期内实际消费的各种能源的总和。包括用于生产和生活消费。

购入能源实际消费量 是指报告期内企业在生产过程中,实际消费的本年及本年以前购入的(包括借入和调剂串换)各种一次能源和二次能源数量。

它包括的范围:产品生产过程中用作原料、材料、燃料动力和工艺的能源;用于加工转换二次能源的消费量;辅助生产系统和附属生产系统消费的能源以及更新改造措施消费、新产品试制的能源。

一次能源生产企业用于本企业生产方面的自用量(如煤矿自用原煤、油气田自用原油和天然气等)视同购入量统计在购入能源消费量中。

购入能源消费量不包括:自产自用的二次能源;各种余热余能;可燃性气体的回收利用量和耗能工质(如外购水、压缩空气、氧气等);非生产用能。

公路里程 也称“公路通车里程”,是指实际达到公路工程技术标准等级的公路长度。它包括大中城市的郊区公路以及通过小城镇街道的公路里程,也包括桥梁、渡口的长度,但不包括城市的街道以及厂矿、林区和农业生产用道的里程。两条或多条公路共同经由同一条路段,只计算一次,不得重复计算里程长度。公路里程是反映公路建设发展规模的重要指标,也是计算运输网密度等指标的基础资料。

货(客)运量 指运输业实际运送的货物(旅客)数量。货运按吨计算,客运按人计算。货物不论运输距离长短,货物类别,均按实际重量统计;旅客不论行程远近或票价多少,均按一人一次作为客运量统计。半价票、小孩票也按一人统计。货(客)运量反映运输业为国民经济和人民生活服务的数量指标,也是制定和检查运输生产计划,研究运输发展规模和速度的重要指标。

货物(旅客)周转量 指运输业运送的货物(旅客)数量与相应运输距离的乘积之总和,通常以吨公里和人公里为计算单位。计算货物周转量通常按发出站与到达站之间的最短距离,也就是计费距离计算。它是反映运输业生产总成果的重要指标,也是编制和检查运输生产计划,计算运输效率、劳动生产率以及核算运输单位成本的主要基础资料。

主要港口货物吞吐量 指由水运进出主要港口港区范围、并经过装卸的货物数量。吞吐量可以分为进口、出口,又可以分为国内贸易和对外贸易。货物吞吐量的货种分类及其主要流向流量,反映了港口在国内外物资交流和对外贸易运输中的地位和作用。

邮电业务总量 指以货币表现的邮电部门为用户传递信息和提供其他邮电服务的总量(包括计费和不计费两部分)。它用各种邮电分类业务量,如函件件数、电报份数、长话张数、市内电话和农村电话的年平均户数、订销报刊累计份数等,分别乘以相应的平均单价(不变价格),加总后再加上出租电路和设备的收入、代用户维护电话交换机和线路等设备的收入、其他业务收入求得。邮电业务总量综合反映了一定时期邮电工作的总成果,是研究邮电业务量构成和发展趋势的重要指标。

温州统计年鉴

固定资产投资

历年国有经济单位固定资产投资

单位:万元

年份	合计	基建	更改	房地产开发
1950	10	10		
1951	55	55		
1952	131	131		
1955	335	335		
1957	938	938		
1958	4701	4701		
1959	5171	5171		
1960	5648	5648		
1961	2221	2221		
1962	1447	1447		
1963	1530	1530		
1964	1831	1831		
1965	2171	2171		
1966	1484	1484		
1967	1143	1143		
1968	708	708		
1969	1663	1663		
1970	2936	2936		
1971	3385	3385		
1972	3021	3021		
1973	2218	2218		
1974	2077	2077		
1975	1887	1887		
1976	1602	1602		
1977	2560	2560		
1978	3599	3599		
1979	6612	5113	1499	
1980	9367	7537	1830	
1981	9198	6503	2695	
1982	11357	7866	3491	
1983	14805	9249	4665	
1984	14439	7778	4967	
1985	22577	14524	7174	
1986	31744	19219	11620	
1987	34381	25135	8658	
1988	47409	35323	11783	
1989	45660	34223	10919	
1990	59100	37639	10919	9981
1991	62211	41783	11218	7891
1992	108347	58935	26149	23118
1993	169353	84846	46006	38501
1994	262169	137731	38577	81469
1995	419280	246203	47032	123018
1996	523623	293030	58775	165369
1997	592620	363271	63511	162560

历年全社会固定资产投资完成情况

单位:万元

年　　份	总投资	1. 国有单位投资	* 国有基建投资	2. 集体单位投资	* 农村集体投资	3. 城乡私人投资	* 农村私人投资
1978	3762	3599	3599	163			
1980	35052	9367	7537	4560	3078	21125	19615
1985	76768	22577	14524	12452	4906	41739	30738
1986	105934	31744	19219	15199	6952	58991	35778
1987	127320	34381	25135	20522	11042	72417	44575
1988	172822	47409	35323	29219	16443	96194	56822
1989	168225	45660	34223	29767	21124	92798	57427
1990	176254	59100	37639	30603	22094	86551	49105
1991	200438	62211	41783	42266	30287	95961	62915
1992	283411	108347	58935	59410	33575	115654	72051
1993	595548	169353	84846	143384	88104	221641	128241
1994	914253	262169	137731	241993	153773	284788	110829
1995	1288227	419280	246203	269045	140231	357872	147364
1996	1570165	523623	293030	258426	141790	436520	153751
1997	1781132	592620	363271	291204	208084	505713	230618

分县(市、区)全社会固定资产投资完成情况

(1997年)

单位:万元

	总投资	1. 国有单位投资	* 国有基建投资	2. 集体单位投资	* 农村集体投资	3. 城乡私人投资	* 农村私人投资
全　市	1781132	592620	363271	291204	208084	505713	230618
市　区	931643	366724	190823	112877	68135	141851	86112
*鹿城区	95198	17706	8535	22206	11510	14060	13750
龙湾区	145103	27281	9500	20332	1585	5997	5190
瓯海区	244990	41012	33933	63534	55040	121794	67172
瑞安市	263514	68365	53096	56306	44481	114468	11612
乐清市	140847	39259	33690	32717	30769	56378	44488
洞头县	14497	5842	4677	4955	3155	3700	1900
永嘉县	147332	23956	17283	43525	37107	78071	59730
平阳县	90226	23767	19861	15985	3402	28990	6974
苍南县	118517	43062	22626	17652	14251	47366	4117
文成县	32607	9517	9177	3472	3277	14061	7685
泰顺县	41949	12128	12038	3715	3507	20828	8000

历年分县(市、区)全社会投资完成情况

单位:万元

	1991年	1992年	1993年	1994年	1995年	1996年	1997年
全　　市	200438	283411	595548	914253	1288227	1570165	1781132
市　　区	73835	101701	244934	439608	680228	874119	931643
*鹿城区	9973	12591	23753	45050	76876	90831	95198
龙湾区	4343	7444	20473	44735	136325	177217	145103
瓯海区	21603	25696	78494	162507	155252	186655	244990
瑞 安 市	39257	51330	120937	145683	191612	211254	263514
乐 清 市	25628	36842	72659	84642	111332	118426	140847
洞 头 县	4821	5380	6359	7694	9879	13406	14497
永 嘉 县	15623	29749	46381	69728	98089	131999	147332
平 阳 县	16949	21066	35202	52949	65095	75949	90226
苍 南 县	14708	26049	40901	76623	79355	84969	118517
文 成 县	5987	7234	16518	20347	24564	23285	32607
泰 顺 县	3630	4060	11657	16979	28075	36758	41949

历年分县(市、区)国有单位投资完成情况

单位:万元

	1991年	1992年	1993年	1994年	1995年	1996年	1997年
全　　市	60892	108202	169353	262169	419280	523623	592620
市　　区	39422	66067	92859	112975	259121	350805	366724
*鹿城区	5511	4717	5247	5418	4257	12970	17706
龙湾区	1369	1701	6357	18931	61360	45726	27281
瓯海区	2738	5879	6011	17630	26653	35345	41012
瑞 安 市	5476	9659	14552	23957	33367	40945	68365
乐 清 市	3497	8334	14588	15521	31062	31835	39259
洞 头 县	1208	1403	2609	2052	2874	4388	5842
永 嘉 县	2759	6352	10621	17984	22710	24429	23956
平 阳 县	3218	5228	11146	18964	29934	25600	23767
苍 南 县	2869	7594	13599	21937	22921	28860	43062
文 成 县	1586	2346	5410	5011	7280	7373	9517
泰 顺 县	855	1219	3969	7549	10011	9388	12128

历年分县(市、区)基本建设投资完成情况

单位:万元

	1991年	1992年	1993年	1994年	1995年	1996年	1997年
全　　市	41783	58935	94167	154649	253874	335686	469782
市　　区	26748	35173	46888	88535	14528	191767	276573
*鹿城区	1985	2306	4154	2878	2111	12474	20168
龙湾区	918	1484	6416	18007	38003	22147	20651
瓯海区	1908	1969	6552	10837	17251	27375	34227
瑞安市	3168	2783	7354	11531	14898	31492	53096
乐清市	2815	6454	10951	11795	26931	30680	33690
洞头县	960	1257	1443	1537	1854	2676	4677
永嘉县	1784	4891	5992	9932	14790	21975	17283
平阳县	2022	2754	5869	10083	17043	18792	19861
苍南县	2087	2299	8446	9130	14920	17349	33063
文成县	1427	2123	3477	4785	8179	8737	14379
泰顺县	772	1201	3747	7321	9831	12218	17160

历年分县(市、区)房地产投资完成情况

单位:万元

	1991年	1992年	1993年	1994年	1995年	1996年	1997年
全　　市	7891	23118	107430	217146	381195	423158	380872
市　　区	4385	16721	82315	155344	29749	370304	312897
*鹿城区	2981	2373	3580	14435	35749	30494	37643
龙湾区	168	217	3470	10868	39902	68700	41447
瓯海区	476	3485	17233	33348	48170	40554	31669
瑞安市	1305	1643	5233	24864	45800	20831	27858
乐清市	499	1636	8360	9305	11772	9913	16256
洞头县				200		406	500
永嘉县	703	497	4463	9123	9609	5345	11397
平阳县	569	1505	5564	12833	12626	14729	8887
苍南县	358	1082	1344	542	3814	1630	3000
文成县	67	34	151				77
泰顺县							

城镇集体以上单位固定资产投资主要指标

（1997年）

	单　位	总　计	基本建设	更新改造	其他投资	房地产开发
一、个　数						
本年施工项目个数	个	1396	716	145	328	207
*本年新开工	个	715	384	85	246	
本年投产项目个数	个	663	399	75	189	
二、投资额和新增固定资产						
计划总投资	万元	3637282	1557834	145841	217891	1715716
实际需要总投资	万元	3796644	1655047	154759	223007	1763831
累计完成投资	万元	2108361	774120	118077	174508	1041656
本年完成投资	万元	1067335	469782	83589	133092	380872
按构成分：						
1.建筑工程	万元	684294	329228	17465	70621	266980
2.安装工程	万元	79543	34224	12002	6687	26630
3.设备工器具购置	万元	126640	29695	47372	44646	4927
4.其他费用	万元	176858	76635	6750	11138	82335
*土地购置费	万元	57781	16978	1556	8061	31186
按工程用途分：						
1.农林牧渔业用	万元	11511	9798		1713	
2.工业建筑业用	万元	282378	138952	39807	103619	
3.商业运输邮电业	万元	260181	164723	43780	9094	42584
4.住　宅	万元	264340	7009		4023	253308
5.其　他	万元	220183	149300	2	14643	56238
本年新增固定资产	万元	882831	220405	74319	100050	488057
三、房屋建筑面积						
本年施工房屋面积	万平方米	1027.81	213.86	4.43	73.43	736.09
*住　宅	万平方米	597.08	18.72		5.66	572.70
本年竣工房屋面积	万平方米	524.64	93.02	3.24	40.98	387.40
*住　宅	万平方米	339.09	11.80		3.39	323.90
本年竣工房屋价值	万元	557415	93737	4303	37740	421635
*住　宅	万元	350553	8576		4384	337593

城镇集体以上单位固定资产投资分组完成额

（1997年）　　　　单位：万元

	合　计	基本建设	更新改造	其他投资	房地产开发
总　计	1067335	469782	83589	133092	380872
一、按经济类型分：					
1.国有经济	592620	363271	63511	3278	162560
2.城镇集体经济	83120			47300	35820
3.联营经济	5083	3757		1326	
4.股份制经济	257730	73654	12523	46136	125417
5.中外合资经营	90731	23820	7287	18203	41421
6.港澳台独资	1376				1376
7.其他经济	36675	5280	268	16849	14278
二、按建设性质分：					
1.新　建	745145	289193	1429	73651	380872
2.扩　建	237049	129239	60274	47536	
3.改　建	49875	30843	15729	3303	
4.单纯建造生活设施	824	710	24	90	
5.迁　建	22663	18875	2218	1570	
6.单纯购置	11779	922	3915	6942	
三、按行业分：					
1.农、林、牧、渔业	3341	1673		1668	
2.采掘业	151		89	62	
3.制造业	146391	18588	39705	88098	
4.电力、煤气及水的生产和供应业	84880	66122	15	18743	
5.建筑业	6974	4619		2355	
6.地质勘查业、水利营理业	66682	66640		42	
7.交通运输、仓储及邮电通信业	188857	142535	42666	3656	
8.批发和零售贸易、餐饮业	13419	9577		3842	
9.金融、保险业	6395	4727		1668	
10.房地产业	381602	730			380872
11.社会服务业	56361	49827	1114	5420	
12.卫生、体育和社会福利业	18732	18120		612	
13.教育、文化艺术及广播电影电视业	44080	38652		5428	
14.科学研究和综合技术服务业	182	182			
15.国家机关、政党机关和社会团体	48521	47540		981	
16.其他行业	767	250		517	

固定资产投资主要新增生产能力或效益

（1997年）

	计量单位	本年底新增生产能力	国有单位	城镇集体单位
输电线路长度(11万伏及以上)	公里	8	8	
变电设备能力(11万伏及以上)	万千伏安	18	18	
合成氨	吨/年	15000	15000	
染料	吨/年	800		800
水轮机制造(500千瓦及以上)	万千瓦/年	3567	3567	
铸铁件能力	吨/年	20		
铸钢件能力	吨/年	2000		
啤酒	吨/年	30000	30000	
白酒	吨/年	7002		
皮鞋	万双/年	120		
服装	万件/年	106		
自行车	万辆/年	23		
载客汽车购置	辆	42	42	
小汽车购置	辆	14	14	
新建公路	公里	61	61	
改建公路	公里	85	85	
新建独立公路桥梁	延长米	2414	2414	
	座	2	2	
长途电缆	延长公里	1211	1211	
市内电话自动交换机	门	65056	65056	
商业饮食服务网点	处	3	1	2
	平方米	22376	14064	8312
高等院校:学生席位	个	800	800	
建筑面积	平方米	2992	2992	
中等学校:学生席位	个	37836	32186	850
建筑面积	平方米	116823	102548	2000
小学校:学生席位	个	11571	11571	
建筑面积	平方米	51235	51235	
其他院校:学生席位	个	150	150	
建筑面积	平方米	2220	2220	
医院病床	张	215	215	
宾馆、旅馆、招待所客房数	间	99	99	
	平方米	7876	7876	
办公用房	平方米	89655	78467	2123
厂房	平方米	96628	6420	39852
仓库	平方米	10324	3894	2950
城市公共交通车辆购置	辆	51	51	
城市道路扩建长度	公里	11	11	
城市道路扩建面积	万平方米	6	6	
城市永久性桥梁	座	6	6	

农村集体固定资产投资情况

	本年施工项目个数(个)	本年新开工项目个数(个)	本年完成投资(万元)	本年新增固定资产(万元)	房屋竣工面积(万平方米)	＊住宅(万平方米)
合计	2106	1795	208084	190003	81.78	4.45
一、按建设性质分:						
1.新建	809	743	77158	68641	38.07	2.14
2.扩建	1080	867	111634	104866	38.81	2.26
3.改建	165	150	17071	14528	4.26	0.05
4.其他	52	35	2221	1968	0.64	
二、按国民经济行业分:						
1.农、林、牧、渔业	297	285	62390	61361	4.38	0.23
2.非金属矿采选业	4	3	461	456		
3.其他矿采选业						
4.食品加工业	14	14	1477	1477	1.05	
5.食品制造业	4	2	208	70	0.45	
6.饮料制造业	10	5	745	560	1.8	
7.纺织业	7	6	1448	1360	1.00	
8.服装及其他纤维制品制造业	51	43	11527	10475	5.67	
9.皮革、毛皮、羽绒及其制品业	8	7	284	254	0.28	
10.家具制造业	1	1	50	50	0.11	
11.造纸及纸制品业	2	2	301	301	0.52	
12.印刷业、记录媒介的复制	4	3	388	328	0.35	
13.化学原料及化学制品制造业	4	3	160	125	0.21	0.02
14.橡胶制品业	17	12	2890	2920	2.06	
15.塑料制品业	70	62	5049	3304	2.46	
16.非金属矿物制品业	9	9	3287	3287		
17.金属制品业	10	8	884	864	0.59	
18.普通机械制造业	66	54	7926	7067	5.77	
19.专用设备制造业	1		31			
20.交通运输设备制造业	3	1	100	70	0.12	
21.电气机械及器材制造业	14	12	710	730	0.74	
22.电子及通信设备制造业	34	26	2267	1177	2.10	
23.仪器仪表及文化、办公用机械制造业	50	33	3400	3510	3.42	0.26
24.其他制造业	202	161	28595	21858	17.92	0.05
25.电力、蒸汽、热水生产和供应业	48	38	10492	9056	0.41	0.13
26.自来水的生产和供应业	17	17	615	415	0.12	0.06
27.建筑业	69	56	2948	3053	0.49	0.03
28.地质勘查业、水利管理业	86	68	6783	7303	0.28	0.05
29.交通运输、仓储及邮电通信业	441	367	18722	18179	0.92	0.09
30.批发和零售贸易、餐饮业	38	29	6442	5772	5.02	2.03
31.金融、保险业	2	2	105	105	0.15	0.05
32.房地产业	3	3	25	20	0.05	0.05
33.社会服务业	22	22	693	693	0.43	0.01
34.卫生、体育和社会福利业	78	74	2440	2177	1.47	0.21
35.教育、文化艺术及广播电影电视业	84	51	4072	3337	4.71	0.14
36.科学研究和综合技术服务业	5	3	610	610	0.78	
37.国家机关、政党机关和社会团体	56	52	2315	1695	3.00	0.56
38.其他行业	275	261	17244	15984	12.95	0.48

分县(市、区)基本建设投资完成情况

(1997年)

	施工项目个数(个)	本年底全部建成投产项目(个)	计划总投资(万元)	本年完成投资(万元)	本年新增固定资产(万元)	竣工面积(万平方米)	* 住宅(万平方米)
全　市	716	399	1557834	469782	220405	93.02	11.80
市　区	218	91	987668	276573	108169	44.53	5.13
* 鹿城区	38	23	51686	20168	12369	9.58	0.38
龙湾区	18	7	27746	20651	18279	13.73	3.21
瓯海区	38	33	48230	34227	26011	5.87	
瑞安市	110	41	132557	53096	15875	6.02	0.10
乐清市	59	51	128224	33690	15541	7.58	0.39
洞头县	28	21	9012	4677	3819	2.11	
永嘉县	41	27	42092	17283	22848	6.12	
平阳县	67	44	76847	19861	14038	5.91	
苍南县	82	61	59120	33063	28474	11.30	1.31
文成县	60	34	55758	14379	5565	6.14	3.33
泰顺县	51	29	66556	17160	6076	3.31	1.54

分县(市、区)更新改造投资完成情况

(1997年)

	施工项目个数(个)	本年底全部建成投产项目(个)	计划总投资(万元)	本年完成投资(万元)	本年新增固定资产(万元)	施工面积(万平方米)	竣工面积(万平方米)
全　市	145	75	145841	83589	74319	4.43	3.24
市　区	100	48	99503	54204	57720	2.98	2.45
* 鹿城区	12	4	12331	4709	3714	0.93	0.67
龙湾区	22	5	18803	9192	9192		
瓯海区	1		84	134	134	0.06	0.06
瑞安市	7	1	6066	3613	964	0.72	0.10
乐清市	3	1	3500	2774	1718	0.68	0.68
洞头县	5	5	758	661	703	0.01	0.01
永嘉县	8	8	3429	3429	3429		
平阳县	5		9746	3045	401		
苍南县	9	8	21525	15324	8674		
文成县	1		910	293	576		
泰顺县	7	4	404	246	134	0.04	

分县(市、区)房地产投资情况

(1997年)

	投资完成额(万元)	商品房销售额(万元)	商品房销售建筑面积(万平方米)	竣工面积(万平方米)	*住宅(万平方米)
全市	380872	357412	214.90	387.41	323.90
市区	312897	298318	166.20	319.65	265.37
*鹿城区	37643	15976	8.23	30.79	24.69
龙湾区	41447	24089	22.30	45.56	43.02
瓯海区	31669	49872	30.29	43.40	37.28
瑞安市	27858	27957	18.94	28.04	23.90
乐清市	16256	7358	6.75	10.67	9.89
洞头县	500	257	0.31	0.31	0.31
永嘉县	11397	8426	7.27	10.73	8.74
平阳县	8887	12396	12.43	12.79	10.47
苍南县	3000	2700	3.00	5.00	5.00
文成县	77			0.22	0.22
泰顺县					

分县(市、区)城镇集体固定资产投资情况

(1997年)

	施工项目个数(个)	施工房屋面积(万平方米)	实际需要投资(万元)	本年完成投资额(万元)	竣工房屋面积(万平方米)	*住宅(万平方米)
全市	172	120.50	232061	83120	74.17	52.54
市区	74	64.36	136618	44747	41.1	30.22
*鹿城区	25	20.66	45803	10701	12.47	5.85
龙湾区	27	11.05	25085	18747	7.08	4.8
瓯海区	9	20.63	33610	8494	10.54	8.85
瑞安市	12	13.93	40643	11825	8.30	6.5
乐清市	6	3.23	3540	1948	3.23	2.18
洞头县	13	1.53	3561	1800	0.51	0.31
永嘉县	12	15.10	17343	6418	7.20	6.35
平阳县	38	17.94	24449	12583	9.97	5.39
苍南县	10	3.73	5395	3401	3.41	1.37
文成县	3	0.43	304	190	0.39	0.22
泰顺县	4	0.25	208	208	0.06	

分县(市、区)农村集体固定资产投资情况

（1997年）　　单位:万元

	本年完成投资				本年新增固定资产
	合　计	建筑工程	安装工程	设备购置	
全　　市	208084	134847	7189	41414	190003
市　　区	68135	29310	2059	15763	64560
* 鹿城区	11510	8768	1336	541	10984
龙湾区	1585	1082	28	230	1310
瓯海区	55040	19460	695	14992	52266
瑞 安 市	44481	39883		4598	37788
乐 清 市	30769	27195	2121	180	29361
洞 头 县	3155	548	38	2517	3155
永 嘉 县	37107	23507	1474	11307	34784
平 阳 县	3402	2729	160	370	2718
苍 南 县	14251	7307	753	5233	13513
文 成 县	3277	2485	108	336	2928
泰 顺 县	3507	1883	476	1110	1196

分县(市、区)农村私人投资情况

（1997年）

	全年竣工房屋建筑面积（万平方米）	* 住宅（万平方米）	全年竣工房屋投资（万元）	* 住宅（万元）	购买生产性固定资产（万元）
全　　市	431.61	427.99	217716	215507	12902
市　　区	90.81	88.58	78770	76795	7342
* 鹿城区	11.74	11.65	10629	10574	3121
龙湾区	5.26	3.12	4720	2800	470
瓯海区	73.81	73.81	63421	63421	3751
瑞 安 市	22.09	22.09	10831	10831	781
乐 清 市	82.42	82.42	44488	44488	
洞 头 县	2.86	2.76	1900	1866	
永 嘉 县	156	156	59491	59491	239
平 阳 县	19	18	4452	4386	2522
苍 南 县	7.91	7.62	2681	2547	1436
文 成 县	18.52	18.52	7103	7103	582
泰 顺 县	32	32	8000	8000	

分县(市、区)城镇私人建房投资完成情况

(1997年)

	全年竣工房屋建筑面积(万平方米)	*住宅(万平方米)	全年竣工房屋价值(万元)	*住宅(万元)	建房户数(户)
全市	440.19	424.32	275095	257170	22738
市区	56.74	56.74	55739	55739	1851
*鹿城区	0.62	0.62	310	310	305
龙湾区	1.12	1.12	807	807	176
瓯海区	55	55	54622	54622	1370
瑞安市	152.61	139.92	102856	87697	6982
乐清市	25	25	11890	11890	1175
洞头县	2.4	2.4	1800	1800	248
永嘉县	50.95	50.95	18341	18341	1959
平阳县	38.39	36.54	22016	20169	3307
苍南县	76.55	75.21	43249	42330	5364
文成县	16.14	16.14	6376	6376	760
泰顺县	21.41	21.42	12828	12828	1092

分县(市、区)本年新增固定资产

(1997年)

单位:万元

	合计	城镇集体以上投资	农村集体投资	城镇私人投资	农村私人投资
合计	1578547	882831	190003	275095	230618
市区	842191	635780	64560	55739	86112
*鹿城区	97393	72349	10984	310	13750
龙湾区	127250	119943	1310	807	5190
瓯海区	250089	76029	52266	54622	67172
瑞安市	227860	75604	37788	102856	11612
乐清市	116598	30859	29361	11890	44488
洞头县	12916	6061	3155	1800	1900
永嘉县	147561	34706	34784	18341	59730
平阳县	72106	40398	2718	22016	6974
苍南县	107622	46743	13513	43249	4117
文成县	23394	6405	2928	6376	7685
泰顺县	28299	6275	1196	12828	8000

分县(市、区)城镇集体以上投资资金来源情况

（1997年）　　　　单位:万元

	合　计	国家预算资金	国内贷款	利用外资	自筹资金	其他资金
全　市	1412042	21963	224482	19802	505245	448362
市　区	981671	12431	157595	10657	329887	354881
*鹿城区	91599	2256	23196	348	10701	44851
龙湾区	172838		26529	486	81102	44698
瓯海区	115691	30	6500	279	35106	56642
瑞安市	172524	4423	27290	3800	43147	47483
乐清市	59880	900	9491	289	26858	12256
洞头县	7938	475	1685		4911	524
永嘉县	34378	1355	2635	2069	15724	6912
平阳县	60711	569	16205	2682	28211	8590
苍南县	55647		7695	305	33051	10562
文成县	18766	397	771		8880	4609
泰顺县	20527	1413	1115		14576	2545

分县(市、区)农村集体投资资金来源情况

（1997年）　　　　单位:万元

	合　计	国家资金	国内贷款	自筹资金	群众集资	其他资金
全　市	208084	3691	15770	99947	58013	29552
市　区	68135	407	6188	36140	23663	1496
*鹿城区	11510	50	580	10257	451	152
龙湾区	1585	220		1143	32	190
瓯海区	55040	137	5538	24740	23180	1154
瑞安市	44481	1868	4143	8353	6809	22508
乐清市	30769		920	27944	1430	475
洞头县	3155	263	402	234	2211	45
永嘉县	37107	350		15439	20094	1224
平阳县	3402	430	324	1586	696	366
苍南县	14251		3753	6893	1186	2419
文成县	3277	368	58	1180	1376	295
泰顺县	3507	5	52	2178	548	724

主 要 统 计 指 标 解 释

全社会固定资产投资 固定资产投资是社会固定资产再生产的主要手段。通过建造和购置固定资产的活动,国民经济不断采用先进技术设备,建立新兴部门,进一步调整经济结构和生产力的地区分布,增强经济实力,为改善人民物质文化生活创造物质条件,这对实现我国社会主义建设具有重要意义。

固定资产投资额是以货币表现的建造和购置固定资产活动的工作量,它是反映固定资产投资规模、速度、比例关系和使用方向的综合性指标。全社会固定资产投资包括国有经济、外商投资经济、港澳台投资经济、城乡集体经济、联营经济、股份制经济等单位以及城乡居民个人投资。城镇集体以上单位的固定资产投资总额包括基本建设、更新改造、其他投资以及房地产开发投资;城乡居民个人投资包括城市、县城、镇、工矿区所辖范围的个人建房和农村个人建房及购买生产性固定资产。

基本建设投资 基本建设是指国民经济各部门新建、扩建、改建和恢复工程以及设备等的购置活动。基本建设投资额是以货币表现的基本建设完成的工作量,是反映一定时期内基本建设规模和建设进度的综合性指标,它是根据工程的实际进度按预算价格(预算价格是编制施工图预算时所用的价格)计算的工作量。没有形成工程实体的建筑材料和没有开始安装的设备,都不计算投资完成额。

更新改造投资 更新改造投资是指全民所有制企业、事业单位对其固定资产进行更新改造的工程和购置(不包括大修理和维护工程)。更新改造的投资额是以货币表现的更新改造完成的工作量。

基本建设和更新改造的划分是:(1)列入基本建设计划的项目作为基本建设投资,列入更新改造计划的项目作为更新改造投资;(2)更新改造计划与基本建设计划结合安排的项目和未列入计划的项目,根据工程性质分别作为基本建设投资或更新改造投资。

新增固定资产 指已经建成投入生产交付使用的工程价值和达到固定资产标准的设备、工具、器具的投资及有关应摊入的费用。它是以价值形式表示的固定资产投资成果的综合性指标,可以综合反映不同时期、不同部门、不同地区的固定资产投资成果。

施工项目 指报告期内曾进行建筑或安装活动的建筑项目。包括报告期内新开工项目,报告期内以前开工跨入报告期继续施工的项目,报告期施过工并在报告期内全部建成投产或停缓建的项目。

全部建成投产项目 工业项目是指整个建设项目的生产性车间及其相应的辅助设施,按照批准的设计文件所规定的内容全部建成,经负荷试运转证明具备生产设计规定的合格产品的条件,经过验收鉴定合格或达到"竣工验收标准",正式移交生产的建设项目;非工业建设项目是指文件中规定的主要工程全部建成,能够发挥设计规定的全部效益,经验收鉴定合格或达到"竣工验收标准",正式移交使用的项目。

施工和竣工房屋建筑面积 房屋建筑面积是从房屋的外墙线算起,包括房屋结构(如柱、墙)占用的面积和地下室面积。多层建筑面积按各自然层面积总和计算;包括房屋内的楼隔层、突出墙面的眺望间、门斗、有柱雨罩的面积。不包括突出墙面结构的构件、艺术装饰等所占的面积,如台阶等。凹阳台、挑阳台按其水平投影面积一半计算建筑面积。

施工面积 指报告期内施工的全部房屋建筑面积。包括本期新开工的面积和上期开工跨入本期继续施工的房屋面积,以及上期已停建在本期复工的建筑面积。

竣工面积 指在报告期内房屋建筑按照设计要求已全部完工,达到住人和使用条件,经验收鉴定合格,正式移交使用单位的建筑面积。

温州统计年鉴

国内贸易和对外经济

历年社会消费品零售总额

单位:万元

年份	社会消费品零售总额	发展指数	
		以上年为100	以1950年为100
1950	5074		100.0
1951	6768	133.4	133.4
1952	8485	125.4	167.2
1955	13726	133.4	270.5
1957	18477	110.3	364.2
1958	21021	113.8	414.3
1959	24227	115.3	477.5
1960	23420	90.7	461.5
1961	23043	98.4	454.1
1962	25929	112.5	511.0
1963	26436	101.9	521.0
1964	26302	99.5	518.4
1965	26562	100.9	523.5
1966	27437	103.3	540.7
1967	28374	103.4	559.2
1968	27043	95.3	533.0
1969	29964	110.8	590.5
1970	31681	105.7	624.3
1971	34965	110.4	689.1
1972	36328	103.9	716.0
1973	40406	111.2	796.3
1974	37418	92.6	737.4
1975	37739	100.9	743.8
1976	37058	98.2	730.4
1977	44192	119.3	870.9
1978	62989	142.5	1241.4
1979	77735	123.4	1532.0
1980	77403	99.6	1525.5
1981	87719	113.3	1728.8
1982	96643	110.2	1904.7
1983	112333	116.2	2213.9
1984	139169	123.9	2742.8
1985	192057	138.0	3785.1
1986	232157	120.8	4575.4
1987	296563	127.7	5844.8
1988	398277	134.3	7849.4
1989	429652	107.9	8467.7
1990	436158	101.5	8595.9
1991	490265	112.4	9662.3
1992	592730	120.9	11681.7
1993	925052	156.1	18231.2
1994	1363810	147.4	26878.4
1995	2212075	162.2	43596.3
1996	2748906	124.3	54190.2
1997	3146311	114.5	62008.5

分县（市、区）社会

（1997

	全　市	市　区	*鹿城区	龙湾区	瓯海区
社会消费品零售总额	3146311	1473535	987449	35043	262605
一、按地区分：					
1.市	1713543	1364557	987449	35043	153627
2.县	274336				
3.县以下	1158432	108978			108978
二、按经济类型分：					
1.国有经济	204996	129572		296	19943
2.集体经济	227644	164439	133563	7472	12329
3.私营经济	65768	8205	2377		2810
4.个体经济	1991361	882281	693407	14874	128866
5.联营经济	15627	15627	499		
6.股份经济	79784	75174	55070	6909	9415
7.外商投资经济	964	964			
8.其他经济	560167	197273	102533	5492	89242
三、按行业分：					
1.批发零售贸易业	2264737	1143493	780006	23594	165272
2.餐饮业	186542	129788	104910	5959	8091
3.制造业	91421	2152			2152
4.其他	603611	198102	102533	5490	87090
四、农民对非农业居民零售	459393	195113	102533	5490	87090

消 费 品 零 售 总 额

年）　　　　　　　　　　单位:万元

瑞安市	乐清市	洞头县	永嘉县	平阳县	苍南县	文成县	泰顺县
500298	345232	20653	183427	196107	355755	48140	23164
305310	43676						
		12523	55868	38618	130347	27742	9238
194988	301556	8130	127559	157489	225408	20398	13926
13860	15034	4080	10060	12600	9186	8371	2233
11391	4282	6781	8283	17624	10707	1262	2875
5773	12216	300	22000	3446	10988	2369	471
405469	175721	7492	85353	110235	286185	26593	12032
			3536	1074			
63805	137979	2000	54195	51128	38689	9545	5553
426091	148325	17883	125713	110953	240889	36996	14394
10402	13558	488	3519	12574	12986	1599	1628
	20643	254	9827	13326	40915	3353	951
63805	162706	2028	44368	59254	60965	6192	6191
63805	62388	2000	44368	49337	32070	4760	5552

大中型批发零售贸易企业商

（1997

	商品购进总额				
	合计	从生产者购进	*农副产品购进	从批零贸易业购进	进口
合计	1517485	809750	31412	665634	2108
一、按经济类型分：					
1.国有经济	806663	384137	20454	412554	2108
2.集体经济	470813	273851	10823	192383	
3.私营经济	18610	1915		16695	
4.联营经济	29815	14951		14864	
5.股份经济	191584	134896	135	29138	
二、按行业分：					
食品饮料家庭用品批发业	699723	380754	22943	282565	2108
能源材料机械电子批发业	563862	307667		253466	
其他批发业	115063	74150	1060	40662	
零售业	138837	47179	7409	88941	
三、按地区分：					
市区	1231441	711926	19753	479186	2108
*鹿城区	399302	289302	10590	107763	
龙湾区	145251	89767	910	27191	743
瓯海区	56139	33656	806	22232	
瑞安市	98093	48682	4672	49411	
乐清市	35809	6365	646	29439	
洞头县	3793	401		3392	
永嘉县	43142	10396	54	30979	
平阳县	49157	17705	6270	31452	
苍南县	37223	12795	17	24428	
文成县	12440	1480		10960	
泰顺县	6387			6387	

业商品购进、销售、库存

年）　　　　　　　　　　　　　　　　　　　　　　　　单位:万元

	商品销售总额						年末库存
其他	合计	对生产经营单位批发	*农业生产资料	对批零贸易业批发	出口	消费品零售额	
39993	1593462	419082	16509	718882	201716	253782	136475
7864	882990	167762	6513	392392	181761	141075	87106
4579	456237	172989	9513	202279	10137	70832	30850
	18142	2018		16124			906
	33414	6627		11842		14945	8665
27550	202679	69686	483	96245	9818	26930	8948
34296	754847	63114	2036	425245	180527	85961	75829
2729	578101	313538	3979	194402	11675	58486	29269
251	119360	22315	6574	53915	9514	33616	6413
2717	141154	20115	3920	45320		75719	24964
38221	1280580	368764	6659	529827	185698	196291	109454
2237	385572	192002	2974	130541	4353	58676	17818
27550	151173	24471		86280	37813	2609	10519
251	58261	10640	984	23315	11528	12778	4592
	99211	29679	2436	44375	6504	18653	11332
5	43967	4394	2457	30469		9104	3833
	8778	4493	1399	4147		138	333
1767	45655	4091	993	31068		10496	2417
	52966	3312	975	31875	9514	8265	4516
	39693	2609	1435	30255		6829	3923
	14786	1740	155	9789		3257	421
	7826			7077		749	246

大中型批发零售贸易业商品销售库存分类

（1997年）

单位:万元

	批发额				零售额	年末库存
	合计	对生产经营单位批发	对贸易业批发	出口		
食品、饮料和烟酒类	369890	19634	342133	8123	73938	61773
服装、鞋帽类	119756	371	54586	64799	48169	13699
纺织品类	69770	52006	15052	2712	17900	16476
中西药器类	39811	908	37161	1742	33063	10252
化妆品类	25223		25034	189	8545	4206
家具类	1646		1646		2821	769
书报杂志类	5109	167	4942		12577	2170
文化体育娱乐用品类	41903	1041	33382	7480	11695	6730
自行车摩托车类	27272	914	22598	3760	13275	4514
日用品类	71452	1260	41463	28729	38983	9215
钟表眼镜类	31657	85	5509	26063	6767	3580
生活电器类	71933	8966	56065	6902	23544	11371
音像器材类	9620	183	9430	7	5446	2278
金银珠宝类	865		865		5137	1814
五金电工器具类	64576	4153	49699	10724	10170	6908
石油及制品类	171163	78212	92951		19508	7138
煤炭及制品类	32626	27973	4653		3327	1555
黑色金属材料类	151837	114639	32893	4305	7490	11069
有色金属材料类	91389	87511	3811	67	7579	4336
建筑材料类	106959	86470	20138	351	17102	10323
化工材料及制品类	257981	162300	90057	5624	8155	18822
木材类	15161	2204	12956	1	1931	2963
机电设备类	77314	38332	34984	3998	14309	12892
汽车类	30232	10502	18359	1371	34313	2567
其他类	565023	193956	110273	24770	113332	47152

大中型批发零售贸易业商品销售和库存量

（1997年）

	单位	批发	零售	年末库存
粮食	吨	111038	38467	66362
食用植物油	吨	14601	107	215
猪和猪肉	吨	7749	9179	8310
食糖	吨	28259	2530	1399
布	万米	1497	32	130
*棉布	万米	228	22	50
呢绒	万米	150	3	60
绸缎	万米	50	7	5
服装	百件	93083	2658	433
鞋	百双	189889	33027	7089
*皮鞋	百双	30755	29482	2128
黄金饰品	万元		3152	1028
自行车	辆	18745	12666	4758
摩托车	辆	7550	3822	2397
电视机	台	63898	14475	9424
*彩电	台	54953	10725	5737
录音机	台	953	3454	916
录像机	台	2236	1593	329
影碟机	台	1533	1002	698
家用电风扇	台	4406	571	137
家用洗衣机	台	59229	8369	32732
家用电冰箱	台	47670	8045	8497
微波炉	台	30084	10969	3053
房间空调器	台	16533	8240	4165
抽油烟机	台	6093	2838	2205
化学肥料	吨	239221		14524
化学农药	吨	36863		7123
农用塑料薄膜	吨	1084		213
汽车	辆	11647	3773	262
钢材	吨	215325		17084
锌	吨	9278		72
纯碱	吨	10246		1221
水泥	吨	165578		19984
煤炭	吨	80000		
汽油	吨	184588	5594	12561
柴油	吨	794865	2361	7301
煤油	吨	43016	4	1247
燃料油	吨	20324		4534

农业生产资料销售量

	计量单位	1991 年	1992 年	1994 年	1995 年	1996 年	1997 年
1.化学肥料	吨	306885	227843	157619	217232	386787	339409
氮　肥	吨	154350	144675	111776	85955	281662	237872
磷　肥	吨	109380	54048	27079	25480	59962	58012
钾　肥	吨	14762	12258	8344	7018	16986	16829
复合肥	吨	28393	16862	10420	13354	28177	26696
2.化学农药	吨	4959	33918	3020	2095	4814	4836
3.农用薄膜	吨	957	850	653	518	1321	1515
4.农用柴油	吨	25016	9961	10561	7649	9249	6481
5.小四轮拖拉机	台	53	47	310	372		169
6.手扶拖拉机	台	1240	3008	2771	2593	1211	939
7.农用动力机械	台	4602	7051	16379	18016	14244	6347
电动机	台	566	626	720	809	543	207
柴油机	台	4036	6425	15659	17207	13701	6140
8.中小农具	百件	3340	2222	3855	1995	2433	1407

小型和个体批发零售贸易企业商品购销存总额

（1997年）　　单位：万元

	商品购进额	商品销售额			库存总额
		合计	批发	零售	
合计	1142515	4556655	2545700	2010955	168097
一、按经济类型分：					
国有经济	166873	190437	144575	45862	36429
集体经济	587774	694429	560000	134429	77761
私营经济	143554	209943	156266	53677	24368
个体经济		3160873	1435212	1725661	
联营经济	5717	5141	4460	681	88
股份经济	215085	274946	228847	46099	25167
其他经济	23512	20886	16340	4546	4284
二、按地区分：					
市区	769808	2379051	1344310	1034741	93483
*鹿城区	600350	1709838	988509	721329	65789
龙湾区	48110	81207	60223	20984	8618
瓯海区	63047	245627	93134	152493	6808
瑞安市	25849	1009133	601695	407438	5010
乐清市	30706	224780	85559	139221	8257
洞头县	28243	34855	14834	20021	3053
永嘉县	70113	152415	37198	115217	27112
平阳县	61739	65270	52397	12873	9855
苍南县	123930	610012	375952	234060	12651
文成县	20433	56187	22448	33739	5779
泰顺县	11694	24952	11307	13645	2897

城乡集市贸易成交额

	计量单位	1991年	1992年	1994年	1995年	1996年	1997年
一、集市贸易市场	个	454	480	512	523	528	505
*城镇	个	52	58	120	127	139	190
二、集市贸易成交额	万元	343538	438985	1378266	2483178	3531978	3975929
*城镇	万元	96508	121012	700511	1315735	1882014	2313433
在集市贸易成交额中:							
1.粮食类	万元	13083	15913	46224	71785	97915	64001
2.食用油脂类	万元	3841	6461	14528	19486	22455	24643
3.肉禽蛋类	万元	88188	102305	181153	250849	299068	228977
4.水产品类	万元	59277	74011	145405	191238	302509	176587
5.干鲜菜类	万元	23495	26452	48489	62347	61445	38805
6.干鲜果类	万元	37683	45397	94816	111814	111517	76439
7.饲料农具类	万元	2382	3367	8837	4239	1876	1799
8.牲畜类	万元	2252	8234	4740	14409	13689	13962
9.工业品类及其它	万元	78220	156845	818710	1757011	2621504	3350716

城乡集贸市场商品成交量

（1997年）

	计量单位	合 计	城 镇		农 村
			小 计	*城市	
粮 食	吨	372727	143734	18108	228993
油脂油料	吨	28633	5077	3836	23556
肉禽蛋	吨	231292	70218	57994	161074
*猪肉	吨	128045	41148	30777	86897
鲜蛋	吨	32358	6320	6320	26038
水产品	吨	247908	131791	73332	116117
干鲜菜	吨	233152	63068	63068	170084
干鲜果	吨	360360	205525	35383	154835
机动车	辆	2727	2727		
*汽车	辆	1019	1019		
钢 材	吨	464302	312456		151846
水 泥	吨	198779	34020		164759
木 料	立方米	564219	152653		411566
饲 料	吨	16805	2950		13855

批发贸易业机构网点和人员

（1997年）

	法人机构（个）	网　点（个）	人员数（人）	县以下		
				法人机构（个）	网　点（个）	人员数（人）
合　　计	2341	17808	53492	372	6357	11982
一、按经济类型分：						
国有经济	303	1197	12878	84	252	1973
集体经济	1362	2264	12446	162	501	2291
私营经济	134	513	3379	70	89	337
个体经济		13214	20306		5454	7000
股份经济	467	535	3782	9	14	46
其他经济	75	85	701	47	47	335
二、按企业规模分：						
大型企业	6	65	1160			
中型企业	189	983	10784	19	84	597
小型企业	2146	16760	41548	353	6273	11385
三、按地区分：						
市　　区	1707	5998	27004			
*鹿城区	1372	1633	9525			
龙湾区	63	109	1256			
瓯海区	82	494	2049			
瑞安市	78	10354	16896	15	5598	7570
乐清市	40	153	1268	13	54	296
洞头县	23	47	232			
永嘉县	64	124	774	53	96	557
平阳县	204	403	1918	173	344	1574
苍南县	146	532	4388	108	241	1890
文成县	62	161	673	10	24	95
泰顺县	17	36	339			

零售贸易业机构网点和人员

（1997年）

	法人机构（个）	网　　点（个）	人员数（人）	县以下		
				法人机构（个）	网　　点（个）	人员数（人）
合　　计	1084	103637	154361	458	58278	84713
一、按经济类型分：						
国有经济	103	334	2714	43	105	759
集体经济	614	2269	9446	217	1271	4613
私营经济	240	1574	7496	179	852	4232
个体经济		99284	133593		56014	74951
股份经济	92	139	912	3	20	73
其他经济	35	37	200	16	16	85
二、按企业规模分：						
大型企业						
中型企业	47	591	3352	15	376	1674
小型企业	1037	103046	151009	443	57901	83039
三、按地区分：						
市　　区	431	29037	43490			
*鹿城区	284	15914	19003			
龙湾区	23	1409	2280			
瓯海区	58	9867	17401			
瑞安市	90	10371	15498	57	5701	8295
乐清市	32	18234	23555	25	16166	20786
洞头县	20	1909	2615	6	948	1292
永嘉县	210	12581	19707	170	11367	17410
平阳县	73	10125	16643	62	6870	11288
苍南县	157	15019	22854	112	12472	18977
文成县	34	3356	5895	9	2030	3266
泰顺县	37	3005	4104	17	2724	3399

按行业分批发零售贸易业机构网点和人员

（1997年）

	法人机构（个）	网　　点（个）	人员数（人）	县以下		
				法人机构（个）	网　　点（个）	人员数（人）
一、批发贸易业合计	2341	17808	53492	372	6357	11982
食品、饮料和烟草	258	9164	17105	71	4579	6228
棉、麻、土畜产品	29	49	347	13	14	70
纺织品、服装和鞋帽	168	1811	5179	17	28	105
日用百货	176	311	3006	23	48	294
日用杂品	41	157	662	5	9	32
五金、交电和化工	256	389	2910	21	28	136
药品及医疗器械	29	361	3867	2	11	113
能　　源	73	1853	4388	18	648	1425
化工材料	237	270	1715	32	35	176
木　　材	24	34	311	8	13	154
建筑材料	221	301	1899	23	29	215
矿产品	1	1	8	1	1	8
金属材料	261	332	2358	21	32	149
机械电子设备	214	252	1563	26	37	179
汽车、摩托车及配件	46	59	599	4	8	37
再生物资回收	23	93	477	7	10	37
工艺美术品	10	13	75			
图书报刊	4	13	148			
农业生产资料	57	266	1527	23	162	890
其　　他	213	2079	5348	57	665	1734
二、零售贸易业合计	1084	103637	154361	458	58278	84713
食品、饮料和烟草	253	13377	22750	154	7602	11750
日用百货	244	15778	25759	138	5556	9903
纺织品、服装和鞋帽	132	10662	17838	67	6519	10039
日用杂品	35	1673	3048	13	624	1145
五金、交电和化工	150	2064	4040	22	1043	1723
药品及医疗器械	69	726	1671	26	328	654
图书报刊	9	237	684		136	249
其　　他	192	59120	78571	38	36470	49250

餐饮业机构网点和人员

（1997年）

	法人机构（个）	网　　点（个）	人员数（人）	县以下		
				法人机构（个）	网　　点（个）	人员数（人）
合　　计	75	10845	20898	16	5169	9881
一、按经济类型分：						
国有经济	6	46	1660	2	8	132
集体经济	52	99	1588	12	26	163
私营经济	5	25	341	1	8	112
个体经济		10612	15670		5126	9466
股份经济	6	47	1099			
其他经济	6	16	540	1	1	8
二、按企业规模分：						
大型企业	4	29	1493			
中型企业	11	11	316			
小型企业	60	10805	19089	16	5169	9881
三、按地区分：						
市　　区	45	3849	7442			
* 鹿城区	34	2582	3301			
龙湾区		166	666			
瓯海区	4	1067	1883			
瑞 安 市	4	1594	2764		982	1687
乐 清 市	2	1327	2206	2	1114	1805
洞 头 县	1	2	11			
永 嘉 县	2	624	933	2	508	777
平 阳 县	2	1162	2547		678	1529
苍 南 县	13	1805	3949	10	1545	3498
文 成 县	4	212	575	2	104	230
泰 顺 县	2	270	471		238	355

对外经济主要指标

	单　位	1990 年	1994 年	1995 年	1996 年	1997 年
外贸供货总值	万元	85594	500117	747109	968973	1257305
外贸出口总值	万美元	1792	16684	27651	37709	53054
*“三资”企业出口	万美元	875	10973	8011	14065	18226
新签外资协议项目	个	41	201	159	106	81
中外合资	个	39	149	122	82	58
中外合作	个	1	17	13	8	5
外资独资	个	1	35	24	16	18
外资协议项目金额	万美元	1083	12497	11449	16387	7587
中外合资	万美元	980	6198	7752	10772	3933
中外合作	万美元	33	838	1715	4413	2745
外资独资	万美元	70	5461	1982	1202	909
实际利用外资	万美元	247	6118	7352	7896	6025
中外合资	万美元	139	4815	5745	6148	3222
中外合作	万美元	65	101	160	141	1907
外资独资	万美元	43	1202	1447	1607	896
国际旅游者人数	人	8332	14690	15637	35850	43000
外国人	人	1256	5074	5059	10080	14700
华侨	人	2574	3199	4143	11930	10600
港澳台同胞	人	4502	6417	6435	13840	17700
营业收入	万元				209200	264900
*旅游外汇收入	万元	261	3613	4958	15708	17724
旅游接待单位数	个	12	10	11	26	31
房间数	间	928	996	1082	3652	3327
床位数	床	2253	2002	2172	5786	6283
外贸口岸进口总额	万美元	3451	7475	5557	7711	10421
外贸口岸出口总额	万美元	6345	21535	27647	37850	53054

外商投资企业经营情况(一)

(1997年)

	单 位	合 计	合资企业	合作企业	独资企业
企业个数	个	502	393	34	75
销售收入	万元	550077	447735	42872	59470
销售成本	万元	434257	348474	35114	50669
资产总额	万元	1168821	1011773	58464	98584
利润总额	万元	23044	21872	1852	－680
税金及附加	万元	27158	24133	1695	1330
外商投资	万美元	24359	20339	1236	2784
*现金	万美元	21787	18052	1050	2685
中方投资	万元	154807	142753	10355	1699
*现金	万元	129023	120702	7393	928
从业人员	人	42039	32659	2553	6827
亏损企业数	个	164	120	13	31
亏损金额	万元	10929	8011	562	2356

外商投资企业经营情况(二)

(1997年)

	单 位	合 计	工 业	房地产业 建筑业	其它行业
企业个数	个	502	462	31	9
销售收入	万元	560077	471095	61730	27252
销售成本	万元	434257	382161	44574	7522
资产总额	万元	1168821	610433	242262	316126
利润总额	万元	23044	15373	9482	－1811
税金及附加	万元	27158	21613	4623	922
外商投资	万美元	24359	15483	5278	3598
*现金	万美元	21787	13421	5278	3088
中方投资	万元	154807	89068	28864	36875
*现金	万元	129023	67792	27942	33289
从业人员	人	42039	38738	469	2832
亏损企业数	个	164	136	9	19
亏损金额	万元	10929	7310	1571	2048

分县(市)全社会外贸供货值

单位:万元

	1990年	1994年	1995年	1996年	1997年
全　市	85594	500117	747109	968973	1257305
市　区	44672	220338	329244	403965	506004
瑞安市	15484	115063	161993	208350	254284
乐清市	10865	71176	113942	161510	217382
洞头县	759	3369	6073	9924	11752
永嘉县	1697	24252	40062	51492	65139
平阳县	5396	41408	55731	73432	113828
苍南县	5331	20700	35810	48000	69776
文成县	667	1824	2728	4216	8118
泰顺县	723	1987	1526	8084	11022

历年国际旅游情况

年份	国际旅游人数(人)				旅游外汇收入(万元)
	合计	外国人	华侨	港澳同胞	
1984	2505	561	773	1171	62
1985	3124	1206	1052	866	367
1986	3527	1564	869	1094	914
1987	3774	1713	1125	936	798
1988	5163	924	1458	2781	1188
1989	3098	625	676	1797	417
1990	8332	1256	2574	4502	261
1991	13839	2712	3692	7435	748
1992	16977	3171	4405	9401	1317
1993	16338	3774	5088	7476	1866
1994	14690	5074	3199	6417	3613
1995	15637	5059	4143	6435	4958
1996	35850	10080	11930	13840	15708
1997	43000	14700	10600	17700	17724

对外贸易进口分国(地区)别

单位:万美元

	1990 年	1994 年	1995 年	1996 年	1997 年
总　　值	629	3707	5568	7711	10422
* 香　　港	66	200	1610	1209	749
日　　本	400	3038	1372	961	562
德　　国	13	272	185	1327	417
西 班 牙	31			23	3
美　　国	76	1	485	957	980
法　　国	9	3	18	333	142
英　　国	1	3		15	244
荷　　兰	14		21	40	217
意 大 利	…	79	177	641	546
其　　他	19	111	1700	2205	6562

对外贸易出口分类

单位:万美元

	1990 年	1994 年	1995 年	1996 年	1997 年
总　　值	917	12701	27651	37850	53054
* 食品类	145	1260	2277	5390	2319
畜产品类	1	250	300	256	1315
纺织品类	1	734	1721	1452	1563
服装类	6	1019	1612	1955	3250
工艺品类	81	933	1767	1394	1572
黑色金属	82	478	663	1426	2182
化工类	13	57	220	170	707
医药原料类	397	487	1054	171	1214
机械及设备	28	134	945		4032

对外贸易出口分国(地区)别

单位:万美元

	1990年	1994年	1995年	1996年	1997年
总　　值	917	12700	27651	37850	53054
*香　　港	313	1968	8005	10411	10974
澳　　门	4	…	…	4	3
台　　湾	37	198	829	1267	1545
日　　本	102	952	2015	2730	3097
泰　　国	73	29	170	441	613
马来西亚	8	85	238	557	624
新加坡	7	111	286	406	634
菲律宾	1	12	14	63	147
沙特阿拉伯		35	72	93	226
巴基斯坦	40	126	234	374	317
孟加拉国	…	20	92	512	635
埃　　及	1	83	129	267	551
尼日利亚	15	42	59	233	231
德　　国	28	173	751	1181	1570
法　　国	92	670	1537	1441	1841
巴　　西	3	128	486	1296	1176
意大利	5	475	768	1093	2093
加拿大	…	165	89	174	212
美　　国	145	1889	1775	2581	4477
西班牙	12	302	917	983	1606
英　　国	3	53	113	230	651
瑞　　士	3	29	49	156	109
伊　　朗	11	46	71	148	224
韩　　国		129	199	585	967
波　　兰		79	275	1748	1319
匈牙利		2593	2723	541	2798
南斯拉夫		…	4	19	83
荷　　兰		296	673	108	1163
比利时		223	247	352	384
奥地利		15	45	39	59
葡萄牙		46	122	114	213
澳大利亚		208	235	323	564
俄罗斯	13	33	4	291	973
阿联酋		155	525	696	1133
叙利亚		47	62	121	169
斯里兰卡		12	129	63	238
阿根廷		7	21	160	483

主 要 统 计 指 标 解 释

商品购进总额 指从本企业以外的单位和个人购进作为转卖或加工后转卖的商品。本指标由从生产者购进额、从贸易业购进额、进口额和其他部门购进额所组成。

商品销售总额 指对本企业以外的单位和个人出售的商品。本指标由对生产经营单位批发额、对贸易业批发额、出口额和对城乡居民及社会集团商品零售额所组成。

社会消费品零售额 售给城乡居民直接用于生活消费的商品和社会集团直接用于公用消费的商品的总和。

期末库存 贸易企业已取得所有权的全部商品。该指标反映贸易业企业的商品库存情况,对市场商品供应的保证程度。

城乡集市贸易成交额 指在城镇集市和农村集市上买卖双方(包括农民、非农业居民、机关、团体、工商企业和个体商贩)成交的全部商品金额。

利用外资 是指各级政府、部门、企业、中国银行和其他单位通过对外借款、吸收客商直接投资和商品信贷及其他方式,从国外和港澳台地区筹措的资金。

外商直接投资 是指外国企业和经济组织或个人(包括华侨、港澳台同胞以及我国在境外注册的企业)按我国有关政策、法规,在我国境内开办独资企业、与我国境内的企业或经济组织共同举办合资企业、合作经营企业或合作开发资源的投资以及客商从企业得到的收益的再投资。

旅游人数 指来我国参观、访问、旅行、探亲、访友、考察、参加会议和从事经济、科技、文化、教育、体育、宗教等活动的外国人、华侨、港澳和台湾同胞的人数。不包括外国在我国的常驻机构,如领使馆、通讯社、企业办事处的工作人员和来我国常驻的外国专家、留学生等。

旅游外汇收入 指旅游等部门为赉我国旅游的外国人、华侨、港澳和台湾同胞提供商品和劳务而得到的外汇收入,包括供应商品、饮食和提供住宿、交通、邮电、文化娱乐、导游等各项服务所得的全部外汇收入。

温州统计年鉴

财政和金融

财政、金融、保险主要指标

单位:万元

	1991 年	1992 年	1994 年	1995 年	1996 年	1997 年
财政预算总收入	99391	118946	216837	264921	321986	387066
地方财政预算收入	99391	118946	110437	137074	173898	217639
*工商税收	98651	119921	84548	114905	152038	191642
地方财政预算内支出	93562	102991	162871	205293	215611	250721
*行政事业费			138854	173265	186457	216282
*支援农业	5803	6627	7613	10521	10898	12706
文教科卫	30173	35287	62016	71554	80232	96014
行政管理费	12223	15653	28078	33353	37503	42259
企业挖潜	3065	2795	3316	2968	3521	4441
金融系统存款余额	750430	1077582	1983512	2720701	3745988	5025006
*企业存款	188772	296046	820975	1073189	1420189	1919985
城乡居民储蓄存款	415505	554207	987766	1420469	1994759	2556952
金融系统贷款余额	477025	593689	1179198	1675436	2187519	2913410
*短期贷款	338643	403277	945745	1250690	1636731	2375136
*工业贷款	133217	161492	302608	389588	533003	678693
商业贷款	128100	145960	259371	341603	421437	485238
农业贷款	65573	81322	23663	27019	42105	62557
乡镇企业贷款	45509	55900	106520	142805	202841	254558
私营及个体工商企业贷款	18483	23091	60247	91953	118666	133451
银行现金收入	1658184	2359645	5993838	8932292	12137068	15583747
*商品销售收入	373860	553639	1147754	1432528	1612393	1740417
银行现金支出	1719721	2486059	6134327	9197244	12531563	16475159
*城镇工资性支出	125216	155210	258917	633879	748506	773816
农副产品采购支出	41233	58258	109371	106577	110164	138803
货币净投放(+)或回笼(-)	61537	126413	140489	264947	394495	891412
国内社会保险承保额(亿元)	165.71	209.41	320.89	381.84	710.71	1233.56
*财产险(亿元)	129.74	155.66	195.92	211.10	235.24	500.84
*家庭财产险(亿元)	25.68	30.41	154.27	17.34	30.41	15.38
人身险(亿元)	35.97	53.75	124.37	170.21	475.09	728.82
保险业务收入	11995	18950	29821	45822	52947	70214
*保费收入	6793	9761	25513	37453	45544	70174
保险业务支出	3668	10805	53118	21217	24338	22407
*赔款支出	3103	8922	48678	13938	19855	21643

历年财政预算内收入

单位:万元

年　　份	总　收　入	1.企业收入	2.工商税收	3.农业税	4.其他收入
1978	13477	698	10946	1345	190
1980	17089	2645	13063	1118	57
1985	40579	1497	35958	1941	851
1986	50329	2205	44088	2040	1678
1987	60944	2738	53994	2070	1912
1988	75419	－1395	71500	2257	2749
1989	87672	－4855	84742	3056	4557
1990	88929	－7899	85013	3045	8514
1991	99391	－11329	98651	3506	8563
1992	118946	－12978	119921	3885	9609
1993	186767	6185	175608	4713	16344
1994	216837	8207	188213	6840	13577
1995	264921	3220	242752	8707	18949
1996	321986	994	300126	9271	11595
1997	387066	1578	361069	9911	14508

历年财政预算内支出

单位:万元

年　　份	总支出	1.支援农业	2.文教科卫	3.企业挖潜	4.行政管理费	5.城市维护费	6.其他支出
1978	9981	2144	3713	961	1629	251	1284
1980	12268	2470	5055	663	2056	291	1734
1985	32207	1804	11526	1309	5168	1912	10488
1986	47444	3096	14784	2294	6552	3114	17604
1987	46899	3143	16106	1630	6937	3142	15941
1988	60870	3499	20273	1751	9691	4787	20869
1989	75767	4838	24507	1478	8548	4394	32002
1990	87250	5681	27630	1561	9980	7387	35012
1991	93562	5803	30173	3065	12223	5194	37104
1992	102991	6627	35287	2795	15653	4620	38009
1993	146491	7296	44486	3698	21459	10064	59488
1994	162871	7613	62016	3316	28078	8981	52867
1995	205293	10521	71554	2968	33353	12299	74598
1996	215611	10898	80232	3521	37503	11608	71849
1997	250721	12706	96014	4441	42259	13964	81337

注:1993年按1992年可比口径计算,全市地方财政总收入为177959万元,地方财政总支出为136411万元。

分县(市)财政预算内收入

单位:万元

	1990年	1995年		1996年		1997年	
		总收入	*地方财政	总收入	*地方财政	总收入	*地方财政
全　市	88929	264921	137074	321986	173898	387066	217639
市　区	37906	110290	60245	137925	83873	178736	114248
*瓯海区	7256	23840	11033	30418	15265	37117	19541
瑞安市	13885	40913	20014	47845	24397	52986	27248
乐清市	12459	39590	18810	46268	22016	54098	25717
洞头县	1965	3666	1968	4658	2646	5677	3283
永嘉县	5878	20183	10938	22911	11779	25815	13225
平阳县	6102	21566	10010	23675	11069	27864	12981
苍南县	9162	22972	11600	27034	13553	30326	15368
文成县	667	2957	1956	3480	2034	3959	2635
泰顺县	905	2784	1533	3668	2261	7605	2934

分县(市)财政预算内支出

单位:万元

	1990年	1991年	1992年	1994年	1995年	1996年	1997年
全　市	87250	93562	102991	162871	205293	215611	250721
市　区	32561	32004	31860	53789	73946	75689	83796
*瓯海区	5698	7032	8081	12858	16757	19310	23673
瑞安市	10690	12054	14880	24715	24832	31100	35844
乐清市	9466	10442	11474	18469	26976	31058	34906
洞头县	2933	2930	3559	3816	5384	6388	7535
永嘉县	8069	8911	11358	18302	19348	22203	21037
平阳县	7541	8544	9776	15231	19270	20575	21539
苍南县	8285	9868	11109	16926	18433	20495	21570
文成县	3772	4389	4536	6048	8726	10257	12691
泰顺县	3933	4420	4439	5575	8378	10927	11803

金融系统信贷资金平衡表

单位:万元

	1990年	1992年	1994年	1995年	1996年	1997年
一、资金来源合计	508138	715077	1684526	2278828	2830243	3203433
*各项存款	556384	1077582	1983512	2720701	3745988	5025000
*企业存款	115650	296046	820975	1073189	1420189	1919985
财政存款	28543	20290	32044	37868	68526	88257
机关团体存款	26706	64960	61383	65660	73283	81841
城乡储蓄存款	311115	554207	987766	1420469	1994759	2556952
*定期			720348	1019739	1385438	1814848
农业存款						183379
委托存款						158729
金融债券	236	575	28	12	1	1
所有者权益	36129		102637	130414	162102	85745
二、资金运用合计	508138	715077	1684526	2278828	2830243	3203433
*各项贷款	422537	593689	1179198	1675436	2187519	2913410
*短期贷款		403277	945745	1250690	1636731	2375136
*工业贷款	115959	161492	302608	389588	533003	678693
商业贷款	120326	145960	259371	341603	421437	485238
建筑业贷款	10509	16834	20779	25009	50659	92030
乡镇企业贷款	38603	55900	106520	142805	202841	254558
私营及个体工商业贷款	16366	23091	60247	91953	118666	133451
农业贷款	55536	81322	23663	27019	42105	62557
其他短期贷款			145808	200593	230215	599162
有价证券及投资	7105		156151	208206	211652	143928

历年银行存贷款余额和现金收支

单位:万元

年　份	银行存款余额	银行贷款余额	城乡居民储蓄余额	银行现金收入	银行现金支出	货币净回笼(-)或投放(+)
1978	17923	50872	4511	49365	58914	9549
1980	34187	71587	10783	81071	103014	21943
1985	105196	138279	36044	272286	398480	126194
1986	138452	173314	59761	343852	469230	125378
1987	157795	197566	76291	514267	696768	182501
1988	196729	243970	94946	683050	917466	234416
1989	296186	278688	199361	733194	823343	90147
1990	453105	319285	311059	1219226	1211302	-7924
1991	633869	358288	415505	1658184	1719721	61537
1992	885414	415265	554207	2359645	2486059	126413
1993	1009310	536987	680182	3850414	4060017	209603
1994	1370163	734661	987766	5993838	6134327	140489
1995	1843477	1035437	1420469	8932292	9197244	264952
1996	2566153	1363950	1994759	12137068	12531563	394495
1997	3654958	1988976	2556952	15583747	16475159	891412

注:城乡居民储蓄包括城乡信用社。

银行信贷基本情况

单位:万元

	1990年	1992年	1994年	1995年	1996年	1997年
一、各项存款余额	453105	885414	1370163	1843744	2566153	3654958
*企业存款	110392	281302	633928	842507	1134793	1728954
财政存款	30201	20290	32043	37869	68526	88255
城镇储蓄存款	203969	388318	627528	879934	1168787	172216
农村存款	45712	81176	6473	7903	12352	11934
二、各项贷款余额	319285	415265	734661	1035437	1363950	1988976
*短期贷款	253338	324361	583173	742726	998824	1639963
*工业贷款	107917	148973	259187	319766	453429	641888
商业贷款	114866	135313	210479	262209	276387	467531
乡镇企业贷款	14211	17281	25680	34183	50314	72276
农业贷款	19239	24818	13872	14498	20504	30911
固定资产贷款	33073	46641	73937	107313	150931	244303

注:城镇储蓄仅指银行。

城乡信用社和信托机构信贷基本情况

单位:万元

	1990年	1992年	1994年	1995年	1996年	1997年
一、农村信用社						
1.各项存款余额	105156	179716	319878	403422	527068	651560
储蓄存款	85066	120993	206352	276525	363957	438465
2.各项贷款余额	68423	114084	246663	310344	386675	447223
*农业贷款		7507	9792	12520	21601	31486
乡镇企业贷款	24392	38619	80840	108622	152527	181683
二、城市信用社						
1.各项存款余额	30676	69378	243759	385645	511218	548729
*企业存款						146973
个体工商户存款	874	2764	10336	11741	16101	36140
储蓄存款	22032	44896	153886	264010	364656	396326
2.各项贷款余额	24329	44739	155585	248104	307870	319423
*工业企业贷款						31035
个体工商户贷款	6463	11608	44454	70239	91429	95339
三、信托机构						
1.各项存款余额	8702	6806	49712	88161	141549	173598
*委托存款	2504	5182	46043	84200	136547	162570
保证金存款	181	691	1261	1738	1828	1819
其他存款						9209
2.各项贷款余额	12372	20322	42292	81550	129024	157783
*委托贷款	1562	2008	25175	67924	117130	118318
信托贷款	6168	2550	3694	1712	2466	4892
租　赁	2667	7132	12697	11228	8601	16866
投　资	751	7750	26595	12989	7680	18372

银行现金收支基本情况

单位:万元

	1990年	1992年	1994年	1995年	1996年	1997年
一、银行现金收入	1219226	2359645	5993838	8932292	12137068	15583747
*商品销售收入	277605	553639	1147754	1432528	1612393	1740417
服务事业收入	52039	114311	255800	327323	408144	552789
农村信用社收入	70435	126282	301067	374540	429128	365215
乡镇企事业收入	54677	109242	472246	723712	964007	1152350
城乡个体经营收入	46178	75854	238441	346428	357231	337756
储蓄存款收入	517756	966083	2203697	3761141	5693050	8501335
二、银行现金支出	1211302	2486059	6134327	9197244	12531563	16475159
*城镇工资及对个人支出	195075	318816	516026	633879	748506	773816
*国家工资支出	40567	53242	105140	124976	136702	139041
国家职工奖金支出	5770	9129	24319	29486	36578	37150
国家对个人其他支出	35615	52475	108643	138034	197590	172396
城镇集体工资及奖金支出	65092	92839	129458	148359	143520	153560
城镇集体对个人其他支出	47222	109475	146444	190565	231697	267917
工矿产品采购支出	29651	131525	305321	411634	550169	663022
农副产品采购支出	38071	58258	109371	106577	110164	138803
农村信用社现金支出	145612	273715	492086	597720	649001	590971
乡镇企业支出	83012	192403	556538	790683	942934	1221493
储蓄存款支出	412251	872516	2100189	3600737	5507278	8340563
三、货币净投放(+)或净回笼(-)	-7924	126413	140489	264952	394495	891412

保险业务主要指标

	单　位	1991 年	1992 年	1994 年	1995 年	1996 年	1997 年
一、国内业务							
1.承保额	亿元	165.71	209.41	320.89	381.84	710.71	1233.56
①财产险	亿元	129.75	155.66	195.92	211.10	235.24	500.84
*企业财产险	亿元	52.46	56.47	78.53	93.58	105.80	198.59
运输工具及责任险	亿元	7.32	11.23	36.55	44.21	50.33	254.15
货运险	亿元	43.45	55.37	51.18	53.13	48.73	68.55
家庭财产险	亿元	25.26	30.41	15.43	17.34	30.41	15.38
②农业险	亿元	0.77	1.63	5.95	0.53	0.38	3.90
③人身险	亿元	35.97	53.75	124.37	170.21	475.09	728.82
2.保险业务收入	万元	11995	18950	29821	45822	52947	70214
*保费收入	万元	6793	9761	25513	37453	45544	70174
①财产险	万元	7205	10393	15756	29652	32144	33705
*企业财产险	万元	1186	1381	2949	4311	4396	6109
运输工具及责任险	万元	2404	3412	9200	17056	21376	24416
货运险	万元	1441	1800	1835	2075	1658	1995
家庭财产险	万元	1961	3399	1623	5974	4714	2379
②农业险	万元	131	304	188	90	55	68
③人身险	万元	4790	8557	12367	14515	13345	36441
*养老年金险	万元	2012	1749	1139	1362	1144	2391
3.赔案件数	件	19664	76821	128421	35505	67695	54016
*财产险已决	件	10300	20218	109315	35383	29635	25730
4.保险业务支出	万元	3668	10805	53118	21217	24338	22407
*赔款支出	万元	3103	8922	48678	13938	19855	21643
二、涉外业务							
保险业务收入	万元	260	500	1510	1564	1191	1264
赔案件数	件	89	100	172	122	191	218
赔款支出	万元	16	253	2987	451	462	369
三、赔付率							
国内财产险	%	48.7	107.9	270.1	42.0	55.3	52.9
国内人身险	%	30.3	32.1	57.5	50.1	63.8	10.9
涉外业务	%	6.8	50.1	197.8	28.8	38.8	29.2

分县(市、区)城乡居民储蓄余额

单位:万元

	1990年	1992年	1994年	1995年	1996年	1997年
全　　市	311059	554207	987766	1420469	1994759	2556952
市　　区	121213	280037	508549	730411	1018990	1339681
*瓯海区	22521	49637	82616	120267	171222	230700
瑞安市	43097	71659	129714	188689	260230	355434
乐清市	49410	81103	125239	172716	240486	277443
洞头县	3115	6922	15485	16768	21446	25865
永嘉县	18747	27996	52467	80950	117234	144272
平阳县	19957	33257	54882	80946	120665	157616
苍南县	20215	30905	60551	87913	128962	157079
文成县	7818	13251	23141	33212	47180	49403
泰顺县	4966	9077	17738	28864	39566	50159

分县(市、区)保险业务情况

(1997年)

单位:万元

	承保额	保费收入	赔款支出
全　　市	12599867	71437	21637
市　　区	6649384	32773	8226
*龙湾区	102669	589	238
瓯海区	1217585	5497	1366
瑞安市	2084966	9367	2329
乐清市	2209092	8248	3566
洞头县	52912	555	224
永嘉县	779049	6169	2121
平阳县	463665	7298	2173
苍南县	261568	5842	2287
文成县	50426	755	501
泰顺县	48805	430	210

主 要 统 计 指 标 解 释

地方财政预算收入　指按国家预算收入科目规定,除"预算调拨收入类"以外的,属于市负责组织征收的收入数,包括①各种税收类,指税务机关征管的"工商税收类";海关征管的"关税类";财政机关征管的"农业税类"、"国家企业所得税类"、"国家企业调节税类"等。②企业收入类,即国营企业上缴的利润类。此类的预算缴款内容包括未实行利改税的企业上缴的利润和资金占用费,利改税的小型企业上缴的承包费和租赁费,以及小型国营企业转让收入。原企业收入类中的"事业收入"和"外事服务收入"移入"其他收入类"。③企业亏损及价格补贴类。④专款收入类,如改烧油为烧煤专项收入、征收排污收入、征收城市水资源费收入等。⑤其他收入类。

地方财政预算支出　指按国家预算支出科目规定,除"预算调拨支出类"以外的,属于市财政的各类预算支出,包括①基本建设类,是指国家预算内的基本建设拨款。不包括国家预算外自筹的各种基本建设资金。为加强基本建设投资规模的控制,提高资金使用效益,国家从1985年起对预算内基本建设拨款,实行拨款改为贷款的新的管理办法。即由原来直接无偿的拨给建设单位,改为拨给建设银行,视同信贷基金管理。建设银行根据国家预算安排的基建项目,给予有偿的贷款,用投产后新增利润还本付息。因改革中情况不一,目前仍有一些基建项目未实行拨改贷办法。②企业挖潜革新改造类,是指国家预算拨款用于企业挖潜、革新和改造方面的资金。③简易建筑费类,是指按规定列入国家预算的简易建筑,以及购置国家分配的运输车辆等开支。包括修建简易仓棚、货场、土围墙、栅栏、排水沟及基本上用旧材料修建的警卫用房、室外厕所、购置小油罐和国家分配的运输车辆等。④科技三项费用类,指新产品试制费、中间试验费和重要科研补助费等三项费用。⑤流动资金类。⑥行政事业费类。⑦城市维护费类,指用于城市维护建设税和地方机动财力拨款等安排的费用支出。⑧农业支出类,是指国家财政支援农村集体(户)的各项生产支出。

银行存款　企业、机关、团体和居民根据可以收回的原则,把货币存入银行或其他信用机构保管,并取得一定利息的一种信用活动形式。根据存款对象的不同可划分为企业存款、城镇居民存款、农村存款等科目。

银行贷款　银行或其他信用机构根据必须归还的原则,按一定利率为企业、个人等提供资金的一种信用活动形式。我国银行贷款,根据贷款对象不同分为工业贷款、商业贷款、农业贷款等。

城乡居民储蓄年末余额　包括城镇居民储蓄和农民个人储蓄两部份的年末余额。不包括工矿企业、部队、机关团体等集体存款。城镇居民储蓄年末余额,是指工商银行的城市居民储蓄、农业银行的城镇居民储蓄、人民银行的邮政储蓄、建设银行的居民住宅储蓄、中国银行的居民储蓄、交通银行和城镇信用社的居民储蓄。

承保额　又称保险金额,它是保险人对被保险人负担损失补偿或约定给付的金额。它是保险合同上的最高负责额,也是计算保费的依据。

保　费　被保险人按其得到保险利益的保障程度(保险金额)的一定比率向保险人缴付的费用。

赔　款　保险人对财产保险的保险事故给予的经济补偿或对人身保险的保险事故给付的保险金。分为已决赔款和未决赔款。

人民生活

劳动工资统计主要指标

	单　位	1980 年	1990 年	1995 年	1996 年	1997 年
一、从业人员数	万人	66.62	84.25	93.61	90.9	93.91
1.国有经济	万人	18.77	24.14	29.94	30.03	31.07
2.城镇集体经济	万人	29.72	31.15	24.73	23.70	21.42
3.其他经济	万人		0.49	1.31	3.22	3.86
4.乡办集体经济	万人	16.96	18.53	19.79	19.07	22.18
5.城镇私营企业	万人			2.25	2.06	2.80
6.城镇个体	万人	1.17	9.94	15.59	12.82	12.58
二、从业人员劳动报酬	万元			455064	524109	598680
1.国有经济	万元			176558	210078	260328
2.城镇集体经济	万元			128804	144152	141527
3.其他经济	万元			8708	25454	34012
4.乡办集体经济	万元			140994	144425	162813
三、年末职工人数	万人			54.90	55.99	55.34
1.国有经济	万人			29.35	29.58	30.49
2.城镇集体经济	万人			24.25	23.24	21.10
3.其他经济	万人			1.30	3.17	3.75
四、职工工资总额	万元	37142	132692	308270	372862	427830
1.国有经济	万元	13950	2116	173397	206967	256133
2.城镇集体经济	万元	16549	1860	126277	140848	138880
3.其他经济	万元		2594	8596	25047	32817
五、职工平均工资	元/人	572	1950	6370	7257	8013
1.国有经济	元/人	769	2116	6244	7221	8613
2.城镇集体经济	元/人	579	1860	5720	6656	6945
3.其他经济	元/人		2594	7205	8252	8974
4.乡办集体经济	元/人	441	1849	7236	7838	6646

历年全部职工人数

单位:万人

年　份	合　计	国有经济	城镇集体经　济	其他各种经　济
1978	43.46	16.72	26.74	
1980	48.49	18.77	29.72	
1985	55.19	20.93	33.96	0.30
1986	55.81	21.78	33.70	0.33
1987	56.61	22.44	33.79	0.38
1988	57.44	23.14	33.94	0.36
1989	55.54	23.31	31.77	0.46
1990	55.79	24.15	31.15	0.49
1991	55.79	25.27	29.99	0.53
1992	56.29	26.32	29.21	0.76
1993	54.23	27.80	25.43	1.00
1994	55.22	28.42	25.54	1.26
1995	54.90	29.35	24.25	1.30
1996	55.99	29.58	23.24	3.17
1997	55.34	30.49	21.10	3.75

历年全部职工工资总额

单位:万元

年　份	合　计	国有经济	城镇集体经　济	其他各种经　济
1978	21909	9672	12237	
1980	30499	13950	16549	
1985	54380	23476	30511	393
1986	62528	27940	34105	483
1987	71513	31368	39617	528
1988	89265	40449	48049	767
1989	95449	45188	49292	969
1990	98610	49948	47429	1233
1991	110324	56644	52233	1447
1992	131514	70448	58290	2776
1993	180237	97529	77988	4720
1994	255316	142539	105405	7372
1995	308271	173398	126277	8596
1996	372862	206967	140848	25047
1997	427830	256133	138880	32817

历年全部职工平均工资

单位:元/人

年　份	合　计	国有经济	城镇集体经济	其他各种经济
1978	505	595	440	
1980	650	769	579	
1985	1037	1157	967	1306
1986	1196	1308	1094	1486
1987	1348	1428	1301	1451
1988	1694	1793	1614	2184
1989	1854	1962	1761	2178
1990	1989	2116	1860	2594
1991	2140	2293	1980	3008
1992	2578	2763	2352	3848
1993	3518	3607	3349	5231
1994	4946	5191	4587	6260
1995	6040	6244	5720	7205
1996	7054	7221	6656	8252
1997	8013	8613	6945	8974

历年全部职工人数发展指数

(以上年为100)

单位:%

年　份	合　计	国有经济	城镇集体经济	其他各种经济
1978	108.8	120.7	102.7	
1980	104.5	104.3	103.4	
1985	106.1	104.6	107.6	100.0
1986	101.7	104.7	99.7	110.2
1987	102.5	103.2	100.1	115.1
1988	101.6	103.8	100.3	90.3
1989	96.4	101.5	94.5	128.2
1990	100.2	104.3	98.6	107.5
1991	100.5	105.7	96.7	108.6
1992	100.9	104.2	97.4	143.4
1993	100.4	106.2	94.0	125.1
1994	101.8	102.2	100.4	126.0
1995	99.4	103.3	94.9	103.2
1996	102.0	100.8	95.8	243.8
1997	98.8	103.1	90.8	118.3

历年工资总额发展指数

单位：%

年份	以上年为100			以1978年为100		
	合计	国有	集体	合计	国有	集体
1978	115.7	126.6	109.4	100	100	100
1980	121.3	125.0	118.2	139.7	144.5	135.3
1985	138.7	136.4	137.5	254.9	246.4	252.1
1986	115.2	119.5	112.6	293.6	294.5	283.9
1987	114.3	112.3	116.7	335.6	330.7	331.3
1988	125.1	129.8	121.5	419.8	429.3	402.5
1989	107.0	112.7	103.4	449.2	483.8	416.2
1990	103.5	111.1	96.1	464.9	537.5	400.0
1991	112.3	113.2	110.3	522.1	608.4	441.2
1992	119.2	124.4	111.6	622.4	756.9	492.4
1993	137.0	138.4	133.8	852.7	1047.6	658.8
1994	141.7	146.2	135.2	1208.2	1531.5	890.7
1995	120.7	121.6	119.8	1458.3	1862.3	1067.0
1996	121.0	119.4	111.5	1764.5	2223.6	1189.7
1997	114.7	123.8	98.6	2024.6	2751.8	1173.1

历年平均工资发展指数

（以上年为100）

单位：%

年份	合计		国有经济		城镇集体经济	
	货币指数	实际指数	货币指数	实际指数	货币指数	实际指数
1978	109.3	109.5	101.2	101.4	101.2	101.4
1980	118.1	109.6	118.7	110.2	120.8	112.2
1985	129.9	112.9	131.8	114.5	129.6	112.6
1986	115.3	107.5	113.1	105.4	113.1	105.4
1987	112.7	100.2	109.2	97.1	118.9	105.7
1988	125.7	99.1	125.6	99.1	124.1	97.9
1989	109.4	92.9	109.4	92.9	109.1	92.6
1990	107.3	105.3	107.8	105.8	105.6	103.6
1991	107.6	103.8	108.4	104.5	106.5	102.7
1992	120.5	109.8	120.5	109.8	118.8	108.2
1993	136.5	110.6	130.5	105.8	142.4	115.4
1994	140.6	111.5	143.9	114.1	136.9	108.6
1995	122.1	104.0	120.3	102.4	124.7	106.2
1996	116.8	105.4	115.6	104.3	116.4	105.1
1997	113.6	108.7	119.3	114.2	104.3	99.8

分行业职工人数、工资总额和平均工资

（1997年）

	职工人数（人）	工资总额（万元）	平均工资（元/人）
合　　计	553325	427830	8013
一、农林牧渔业	7068	3406	5565
二、采掘业	3572	1862	5211
三、制造业	193658	116677	6371
四、电力煤气及水的生产和供应业	9882	10928	11057
五、建筑业	60327	56484	9692
六、地质勘查业、水利管理业	841	741	8430
七、交通运输、仓储及邮电通信业	31168	26688	8633
八、批发和零售贸易、餐饮业	62376	36493	5970
九、金融保险业	13478	14623	11031
十、房地产业	4934	5438	11148
十一、社会服务业	15372	13889	9205
十二、卫生体育和社会福利业	23767	24949	10740
十三、教育、文化艺术及广播电视业	72043	65637	9405
十四、科学研究和综合技术服务业	3318	3752	11332
十五、国家机关、政党机关和社会团体	49540	44321	9148
十六、其他行业	1981	1942	9739

分行业职工人数

（1997年）　　单位：人

	合　　计	国有经济	城镇集体经　济	其他经济
合　　计	553325	304902	210957	37466
一、农林牧渔业	7068	7037	31	
二、采掘业	3572	3572		
三、制造业	193658	57203	109700	26755
四、电力煤气及水的生产和供应业	9882	8574	1149	159
五、建筑业	60327	8011	48988	3328
六、地质勘查业、水利管理业	841	790	51	
七、交通运输、仓储及邮电通信业	31168	25005	5726	437
八、批发和零售贸易、餐饮业	62367	30715	27521	4140
九、金融保险业	13478	9844	3615	19
十、房地产业	4934	3389	716	829
十一、社会服务业	15372	9246	4446	1680
十二、卫生体育和社会福利业	23767	16928	6756	83
十三、教育、文化艺术及广播电视业	72043	71116	927	
十四、科学研究和综合技术服务业	3318	2705	577	36
十五、国家机关、政党机关和社会团体	49540	49373	167	
十六、其他行业	1981	1394	587	

分行业全部职工工资总额

（1997年） 单位:万元

	合计	国有经济	城镇集体经济	其他经济
合计	427830	256133	138880	32817
一、农林牧渔业	3406	3388	18	
二、采掘业	1862	1862		
三、制造业	116677	32441	61730	22506
四、电力煤气及水的生产和供应业	10928	9590	1178	160
五、建筑业	56484	7609	45249	3626
六、地质勘查业、水利管理业	741	729	12	
七、交通运输、仓储及邮电通信业	26688	23126	3092	470
八、批发和零售贸易、餐饮业	36493	20500	12999	2994
九、金融保险业	14623	10728	3883	12
十、房地产业	5438	3535	734	1169
十一、社会服务业	13889	9425	2766	1698
十二、卫生体育和社会福利业	24949	19451	5258	140
十三、教育、文化艺术及广播电视业	65637	64986	651	
十四、科学研究和综合技术服务业	3752	3212	498	42
十五、国家机关、政党机关和社会团体	44321	44186	135	
十六、其他行业	1942	1365	577	

分行业全部职工平均工资

（1997年） 单位:元/人

	合计	国有经济	城镇集体经济	其他经济
合计	8013	8613	6945	8974
一、农林牧渔业	5565	5567	5303	
二、采掘业	5211	5210		
三、制造业	6371	5899	6024	8767
四、电力煤气及水的生产和供应业	11057	11154	10488	9919
五、建筑业	9692	9102	9815	9495
六、地质勘查业、水利管理业	8430	8806	2333	
七、交通运输、仓储及邮电通信业	8633	9315	5389	13456
八、批发和零售贸易、餐饮业	5970	6777	4821	7640
九、金融保险业	11031	11061	10973	6526
十、房地产业	11148	10696	10228	13670
十一、社会服务业	9205	10402	6333	10225
十二、卫生体育和社会福利业	10740	11739	8143	17563
十三、教育、文化艺术及广播电视业	9405	9438	6961	
十四、科学研究和综合技术服务业	11332	11922	8555	12057
十五、国家机关、政党机关和社会团体	9148	9152	8152	
十六、其他行业	9739	9739	9742	

分县(市、区)全部职工人数、工资总额和平均工资

	职工人数(人)		工资总额(万元)		平均工资(元/人)	
	1996年	1997年	1996年	1997年	1996年	1997年
全　市	559879	553325	372862	427830	7054	8013
市　区	268851	271702	189072	218724	7396	8296
*鹿城区	68949	65848	46855	48839	7345	7985
龙湾区	12429	14979	9669	13138	8011	9000
瓯海区	25581	30031	20968	28083	7988	9600
瑞安市	68987	63915	46269	50366	7155	8238
乐清市	44586	45803	30698	36972	7340	8445
洞头县	10707	9587	6252	6968	6045	7312
永嘉县	27428	28870	19292	22890	7435	8309
平阳县	59885	56435	36182	40217	6766	7539
苍南县	50485	47595	29862	33460	6059	7112
文成县	15276	15128	8314	9961	5707	6951
泰顺县	13674	14290	6921	8272	5398	6109

分县(市、区)全部职工人数

单位:人

	合　计		国有经济		城镇集体经济		其他各种经济	
	1996年	1997年	1996年	1997年	1996年	1997年	1996年	1997年
全　市	559879	553325	295804	304902	232365	210957	31710	37466
市　区	268851	271702	128864	132404	116821	111018	23166	28280
*鹿城区	68949	65848	7169	7497	48483	44782	13297	13569
龙湾区	12429	14979	1845	1911	7872	8346	2712	4722
瓯海区	25581	30031	11550	12148	11728	14711	2303	3172
瑞安市	68987	63915	32853	33168	30515	24387	5619	6360
乐清市	44586	45803	31221	32033	13118	13195	247	575
洞头县	10707	9587	5820	5682	4658	3633	229	272
永嘉县	27428	28870	19969	21169	7459	7701		
平阳县	59885	56435	25449	26504	32767	28383	1669	1548
苍南县	50485	47595	29527	30999	20401	16371	557	225
文成县	15276	15128	11006	11063	4047	3859	223	206
泰顺县	13674	14290	11095	11880	2579	2410		

分县(市、区)全部职工工资总额

单位:万元

	合计		国有经济		城镇集体经济		其他各种经济	
	1996年	1997年	1996年	1997年	1996年	1997年	1996年	1997年
全　市	372862	427830	206967	256133	140848	138880	25047	32817
市　区	189072	218724	97173	119588	72925	74052	18974	25084
* 鹿城区	46855	48839	5522	7439	31913	31069	9420	10331
龙湾区	9669	13138	1231	2125	6109	6937	2329	4076
瓯海区	20968	28083	8265	10812	10984	14594	1720	2677
瑞安市	46269	50366	22775	28911	19327	16134	4166	5320
乐清市	30698	36972	23515	29611	6917	6758	267	604
洞头县	6252	6968	3829	4185	2276	2646	147	137
永嘉县	19292	22890	14574	17791	4718	5099		
平阳县	36182	40217	15184	19016	20087	19869	911	1332
苍南县	29862	33460	17676	22142	11703	11113	483	205
文成县	8314	9961	6275	7539	1940	2287	99	135
泰顺县	6921	8272	5966	7350	955	922		

分县(市、区)全部职工平均工资

单位:元/人

	合计		国有经济		城镇集体经济		其他各种经济	
	1996年	1997年	1996年	1997年	1996年	1997年	1996年	1997年
全　市	7054	8013	7221	8613	6656	6945	8252	8974
市　区	7396	8296	7735	9182	6753	7009	8609	9035
* 鹿城区	7345	7935	7799	10027	7199	7661	7607	7832
龙湾区	8011	9000	6925	11342	7883	8548	9164	8343
瓯海区	7988	9600	7196	9220	8769	10217	7681	8257
瑞安市	7155	8233	7103	9092	7142	7800	7523	8777
乐清市	7340	8445	7821	9359	6008	5833	11062	10906
洞头县	6045	7312	6736	7481	5137	7191	6467	5353
永嘉县	7435	8309	7526	8735	7167	7099		
平阳县	6766	7539	6385	7547	7136	8918	5885	8705
苍南县	6059	7112	6175	7301	5819	6737	8803	9197
文成县	5707	6951	5799	7078	5486	6593	4697	7462
泰顺县	5398	6109	5638	6500	4260	4129		

分县(市、区)国有经济单位职工工资

(1997年)

	工资总额(万元)				平均工资(元)			
	合计	企业	事业	机关	合计	企业	事业	机关
全市	256133	113779	97809	44545	8013	7657	9743	9203
市区	119588	72976	33225	13387	9182	8315	11254	10332
*鹿城区	7439	1199	3781	2459	10027	11357	10217	9235
龙湾区	2125	225	1153	747	11342	9583	12218	10745
瓯海区	10812	2476	5476	2860	9220	8958	9256	9389
瑞安市	28911	9079	13346	6486	9020	6655	10637	11062
乐清市	29611	10481	13656	5474	9359	8305	10179	9767
洞头县	4185	1326	1776	1083	7481	6127	8310	8377
永嘉县	17791	5200	8268	4323	8135	8065	9033	9069
平阳县	19016	5148	9749	4119	7547	5166	9524	8242
苍南县	22142	5532	11275	5335	7301	5488	8316	7976
文成县	7539	2208	3314	2017	7078	7775	6539	7351
泰顺县	7350	1829	3200	2321	6500	5962	6732	6657

分县(市、区)城镇集体经济单位职工工资

(1997年)

	工资总额(万元)				平均工资(元)			
	合计	企业	事业	机关	合计	企业	事业	机关
全市	138880	131787	6890	203	6945	6387	8220	8725
市区	74052	71752	2227	73	7009	6956	9146	11061
*鹿城区	31069	29815	1234	20	7661	7590	9856	9333
龙湾区	6937	6826	48	13	8548	8558	7816	9000
瓯海区	14594	13911	683		10217	10266	9311	
瑞安市	16134	15103	1031		7008	6934	8317	
乐清市	6758	5340	1396	22	5833	5234	10273	9348
洞头县	2646	2505	141		7191	7224	6646	
永嘉县	5099	4556	521	22	7099	6933	8898	8792
平阳县	19869	19044	796	29	7464	7479	7111	7919
苍南县	11113	10612	467	34	6737	6832	5104	6980
文成县	2287	2048	227	12	6539	6530	6599	7059
泰顺县	922	825	83	14	4129	4038	4838	7941

全部职工工资总额构成

单位:万元

	合计		国有经济		城镇集体经济		其他各种经济	
	1996年	1997年	1996年	1997年	1996年	1997年	1996年	1997年
工资总额	372862	427830	206967	256133	140848	138880	25047	32817
1.计时和计件标准工资	221523	241495	99052	115692	103436	101661	19035	24142
2.奖金和计件超额工资	73311	94957	50655	69499	18605	19546	4051	5912
3.津贴和补贴	63150	74935	48837	61040	13096	11956	1217	1939
*物价补贴								
4.其他	14878	16443	8423	9902	5711	5717	744	824

全部职工工资结构

单位:%

	合计		国有经济		城镇集体经济		其他各种经济	
	1996年	1997年	1996年	1997年	1996年	1997年	1996年	1997年
工资总额	100	100	100	100	100	100	100	100
1.计时和计件标准工资	59.4	56.4	47.9	45.2	73.4	73.2	76	73.6
2.奖金和计件超额工资	19.7	22.2	24.5	27.1	13.2	14.1	16.2	18.0
3.津贴和补贴	16.9	17.5	23.6	23.8	9.3	8.6	4.9	5.9
*物价补贴								
4.其他	4.0	3.9	4.0	3.9	4.1	4.1	2.9	2.5

国有经济单位职工分行业工资构成

（1997年）　　单位:万元

	合计	计时和计件标准工资	资金和计件超额工资	津贴和补贴	其他
合计	256133	115695	69500	61038	9900
一、农林牧渔业	3389	1817	495	992	84
二、采掘业	1862	1349	18	435	60
三、制造业	32441	15106	12611	3666	1058
四、电力煤气及水的生产和供应业	9590	4156	3818	1351	265
五、建筑业	7609	5752	973	516	368
六、地质勘查业水利管理业	729	279	177	257	16
七、交通运输、仓储及邮电通信业	23126	11219	6688	4253	966
八、批发和零售贸易、餐饮业	20500	9809	7557	2468	666
九、金融保险业	10728	3712	1704	4630	682
十、房地产业	3535	1453	1324	634	124
十一、社会服务业	9425	3533	3951	1698	243
十二、卫生体育和社会福利业	19451	6685	6604	5715	447
十三、教育、文化艺术及广播电视业	64986	28400	13900	19771	2915
十四、科学研究和综合技术服务业	3212	1221	1113	734	144
十五、国家机关、政党机关和社会团体	44186	20600	8280	13502	1804
十六、其他行业	1365	604	287	416	58

城镇集体经济单位职工分行业工资构成

（1997年）　　单位:万元

	合计	计时和计件标准工资	资金和计件超额工资	津贴和补贴	其他
合计	138880	101661	19546	11956	5717
一、农林牧渔业	18	11	5	1	1
二、采掘业					
三、制造业	61730	49334	7784	3406	1206
四、电力煤气及水的生产和供应业	1178	496	500	169	13
五、建筑业	45249	33087	5465	2787	3910
六、地质勘查业水利管理业	12	11	1		
七、交通运输、仓储及邮电通信业	3092	1953	668	415	56
八、批发和零售贸易、餐饮业	13999	9430	2169	1218	182
九、金融保险业	3883	1391	899	1446	147
十、房地产业	734	466	125	102	41
十一、社会服务业	2766	1833	470	394	69
十二、卫生体育和社会福利业	5358	2649	1086	1559	64
十三、教育、文化艺术及广播电视业	651	305	98	237	11
十四、科学研究和综合技术服务业	498	330	100	68	
十五、国家机关、政党机关和社会团体	135	76	16	36	7
十六、其他行业	577	289	160	118	10

分县(市、区)其他经济单位从业人数和劳动报酬

(1997年)

	单位	合计	市区	瑞安	乐清	洞头	平阳	苍南	文成
一、从业人员人数	人	38592	28952	6755	594	277	1583	225	206
1.联营经济	人	380	345	15					20
2.股份制经济	人	25824	18848	6522	315	3	895		141
3.外商投资经济	人	9232	7672	742	159	62	501	51	45
4.港澳台投资经济	人	2982	2087	376	120	212	187		
5.其他经济	人	174						174	
二、从业人员劳动报酬	万元	34013	26128	5431	614	142	1357	205	136
1.联营经济	万元	377	349	16					12
2.股份制经济	万元	20820	15329	4480	263	1	659		88
3.外商投资经济	万元	9887	8547	551	114	44	552	43	36
4.港澳台投资经济	万元	2767	1903	384	237	97	146		
5.其他经济	万元	162						162	
三、从业人员平均工资	元/人	8974	9010	8777	10906	5353	8705	9197	7462
1.联营经济	元/人	9829	9721	10400					7176
2.股份制经济	元/人	8236	8082	8652	8767	6000	7748		7300
3.外商投资经济	元/人	10894	11186	8148	7429	7927	10755	8373	8000
4.港澳台投资经济	元/人	9582	9379	12006	22680	4624	7395		
5.其他经济	元/人	9442						9442	

职工人数变动情况

（1997年）　　单位：人

	合计	1.国有经济单位				2.城镇集体经济单位	3.其他各种经济类型单位
		小计	企业	事业	机关		
一、本年增加人数合计	32750	20123	7144	9491	3488	9203	3424
1.从农村招收	9656	3005	1586	1272	147	4788	1863
2.从城镇招收	4842	2328	1552	551	225	1818	696
3.录用复员转业军人	688	570	202	94	274	57	61
4.录用大中专技工学校毕业生	8564	7443	1152	5020	1271	830	291
5.调入	5102	4516	1363	1737	1416	417	169
*由外省自治区直辖市调入	107	92	28	50	14	7	8
6.其他	3898	2261	1289	817	155	1293	344
二、本年减少人数合计	23861	13585	7755	3949	1881	8016	2260
1.离休退休退职	7938	4980	3042	1472	466	2784	174
2.开除除名辞退	2740	830	603	184	43	1333	577
3.终止解除合同	4377	1537	1152	358	27	1716	1124
4.调出	4949	4282	1451	1616	1215	586	81
*调到外省自治区直辖市	48	42	10	27	5	5	1
5.其他	3857	1956	1507	319	130	1597	304

分县(市、区)城镇失业人员就业情况

（1997年）　　单位：人

	安置总人数	安置去向						期末失业人数
		国有	集体	其他经济单位	个体	机关团体	事业单位	
全市	7190	1976	1202	1087	2278	120	492	31413
市区	2828	526	380	334	1428	29	96	24072
*鹿城区	1985	405	108	149	1247	24	17	21548
龙湾区	163	53	1	12	13	5	79	730
瓯海区	680	68	271	173	168			1794
瑞安市	412	237	158	7	10			3809
乐清市	730	344	130				256	
洞头县	8	4					4	570
永嘉县	467	340	97	12	17		1	736
平阳县	979	248	39	329	323		40	548
苍南县	1295	139	236	404	491	6	19	876
文成县	142	49	76		9	85	8	769
泰顺县	329	89	86	1			68	33

分县(市、区)乡办企事业单位职工人数和工资

(1997年)

	年末人数(人)	平均人数(人)	工资总额(万元)
全　市	221781	244961	162813
市　区	68931	67937	57003
*鹿城区	12097	12275	12489
龙湾区	10290	10020	7928
瓯海区	46544	45642	36586
瑞安市	40746	39465	28917
乐清市	8791	8130	6387
洞头县	7653	7713	6021
永嘉县	20265	19909	12335
平阳县	29695	24624	20799
苍南县	41259	40197	28946
文成县	2486	2433	1737
泰顺县	1955	2222	668

分行业乡办企事业单位职工人数和工资

(1997年)

	年末人数(人)	平均人数(人)	工资总额(万元)
合　计	221781	244961	162813
一、农林牧渔业	45	41	40
二、采掘业	942	944	574
三、制造业	211817	214932	155786
四、电力煤气及水的生产和供应业	715	740	426
五、建筑业	460	4038	3041
六、地质勘查业、水利管理业			
七、交通运输、仓储及邮电通信业	1347	1344	835
八、批发和零售贸易、餐饮业	1986	2021	1623
九、金融保险业	6	6	9
十、房地产业			
十一、社会服务业	112	135	131
十二、卫生体育和社会福利业	25	25	12
十三、教育、文化艺术及广播电视业	251	308	111
十四、科学研究和综合技术服务业			
十五、国家机关、政党机关和社会团体	234	382	192
十六、其他行业	41	40	33

分县(市、区)在职职工保险福利费用构成

（1997年） 单位:万元

	合　计	1.集体福利设施和事业补贴费	2.文体宣传费	3.医疗卫生费	4.其他
全　　市	39346	12670	2035	14340	10301
市　　区	18185	6012	722	8071	3380
瑞安市	5672	2425	322	1498	1427
乐清市	3233	1020	280	1192	741
洞头县	1107	164	38	330	575
永嘉县	1443	360	110	710	263
平阳县	3889	862	98	1032	1897
苍南县	4570	1399	382	1031	1758
文成县	988	414	66	270	238
泰顺县	259	14	17	206	22

下岗职工人数

（1997年） 单位:人

	合　计	国有经济	城镇集体经济	其他经济
合　　计	64705	30858	33123	724
一、农林牧渔业	1418	1418		
二、采掘业	666	666		
三、制造业	40993	18045	22263	685
四、电力煤气及水的生产和供应业	64	44	20	
五、建筑业	2821	628	2193	
六、地质勘查业、水利管理业	39		39	
七、交通运输、仓储及邮电通信业	4796	3770	1026	
八、批发和零售贸易、餐饮业	12293	5432	6822	39
九、金融保险业	34	11	23	
十、房地产业	230	196	34	
十一、社会服务业	947	375	572	
十二、卫生体育和社会福利业				
十三、教育、文化艺术及广播电视业	172	172		
十四、科学研究和综合技术服务业	151	30	121	
十五、国家机关、政党机关和社会团体	81	71	10	
十六、其他行业				

分县(市、区)非在职人数及福利构成(一)

(1997年)

	年末离退休、退职人数(人)			
	合计	离休人员	退休人员	退职人员
全市	131291	5948	120535	4808
市区	69359	2211	65620	1528
瑞安市	17502	556	16414	532
乐清市	9627	843	8061	723
洞头县	1420	53	1335	32
永嘉县	5377	489	4629	259
平阳县	9606	646	8502	458
苍南县	11716	431	10758	527
文成县	3959	506	2914	539
泰顺县	2725	213	2302	210

分县(市、区)非在职人数及福利构成(二)

(1997年)

	福利构成(万元)					
	合计	离休金	退休金	退职生活费	医疗卫生费	其他
全市	80967	5464	55333	1275	14856	4039
市区	41123	2116	29973	355	6629	2051
瑞安市	9574	548	7385	126	949	567
乐清市	6456	899	4237	243	675	403
洞头县	945	61	738	8	102	37
永嘉县	2569	444	1555	67	290	211
平阳县	10396	542	4117	180	5102	455
苍南县	6513	341	5030	150	775	216
文成县	2216	385	1486	74	187	83
泰顺县	1175	128	812	72	147	16

城乡劳动力资源配置情况(一)

单位:万人

	城乡合计		城镇		乡村	
	1996年	1997年	1996年	1997年	1996年	1997年
一、年末劳动力资源	459.58	465.87	71.57	72.55	388.01	393.32
* 当年新增加的劳动力资源	14.55	12.72	2.38	2.08	12.17	10.64
1.年末16岁以上全部人数	458.07	464.34	71.57	72.55	390.49	391.79
* 不计入劳动力资源的人数	5.30	5.31	1.02	1.03	4.28	4.28
2.机械变动差额跨地区调整数(十、一)	0.39	0.48	0.39	0.48		
二、经济活动人口	447.11	453.23	68.36	69.30	378.75	383.93
(一)从业人员	443.84	449.92	65.09	65.99	378.75	383.93
1.按就业身份分:						
(1)全部职工	56.00	55.33	46.06	46.93	9.94	8.40
(2)再就业的离退休人员	0.96	1.02	0.96	1.02		
(3)私营业主	0.53	0.56	0.24	0.25	0.29	0.31
(4)个体户主	21.43	19.78	9.92	9.62	11.51	10.16
(5)私营企业和个体从业人员	16.93	15.68	7.91	8.17	9.02	7.51
(6)乡镇企业从业人员	19.07	22.18			19.07	22.18
(7)农村从业人员	328.92	335.37			328.92	335.37
2.按经济类型分:						
(1)国有经济	29.58	30.49	27.19	28.03	2.39	2.46
(2)集体经济	23.24	21.10	16.59	15.06	6.65	6.04
(3)私营经济	6.72	7.10	1.92	2.03	4.80	5.07
(4)个体经济	33.14	31.39	16.07	17.02	17.07	14.37
(5)联营经济	0.05	0.04	0.05	0.04		
(6)股份制经济	1.89	2.50	1.60	2.12	0.29	0.38
(7)外商投资经济	0.99	0.90	0.48	0.44	0.51	0.46
(8)港、澳、台投资经济	0.23	0.30	0.12	0.16	0.11	0.14
(9)其他经济	348.00	356.10	1.07	1.09	346.93	355.01

城乡劳动力资源配置情况(二)

单位:万人

	城乡合计		城镇		乡村	
	1996年	1997年	1996年	1997年	1996年	1997年
3.按国民经济行业分:						
(1)农林牧渔业	153.58	150.42	0.68	0.67	152.9	149.75
(2)采掘业	0.51	0.46	0.41	0.37	0.1	0.09
(3)制造业	101.5	105.08	19.71	20.41	81.79	84.67
(4)电力煤气及水的生产和供应业	0.94	1.07	0.88	1.00	0.06	0.07
(5)建筑业	19.82	18.93	2.89	2.76	16.93	16.17
(6)地质勘查业、水利管理业	0.08	0.08	0.08	0.08		
(7)交通运输、仓储及邮电通信业	15.00	17.94	3.71	4.44	11.29	13.50
(8)批发和零售贸易、餐饮业	65.82	70.23	18.94	18.32	46.88	51.91
(9)金融保险业	1.42	1.34	1.33	0.94	0.09	0.40
(10)房地产业	0.50	0.52	0.49	0.51	0.01	0.01
(11)社会服务业	6.03	6.29	2.37	2.47	3.66	3.82
(12)卫生体育和社会福利业	2.35	2.40	1.98	2.02	0.37	0.38
(13)教育、文化艺术及广播电视业	7.07	7.20	6.25	6.36	0.82	0.84
(14)科学研究和综合技术服务业	0.28	0.33	0.27	0.32	0.01	0.01
(15)国家机关、政党机关和社会团体	4.72	4.98	4.43	4.67	0.29	0.31
(16)其他行业	64.22	62.65	0.67	0.65	63.55	62.00
(二)失业人员	3.27	3.31	3.27	3.31		
三、非经济活动人口	12.47	12.64	3.21	3.25	9.26	9.39
* 16岁以上在校学生	10.64	10.79	2.73	2.77	7.91	8.02
家务劳动者	1.83	1.85	0.48	0.49	1.35	1.36

历年物价指数

年份	以上年为100 商品零售价格总指数	以上年为100 居民消费价格总指数	以上年为100 服务项目价格指数	以1953年为100 商品零售价格总指数	以1953年为100 居民消费价格总指数	以1953年为100 服务项目价格指数
1954	96.8	97.1	97.6	96.8	97.1	97.6
1955	99.1	99.3	100.0	95.9	96.4	97.6
1956	101.3	101.1	99.0	97.2	97.5	96.6
1957	101.3	101.2	100.5	98.4	98.7	97.1
1958	100.3	100.2	99.1	98.7	98.8	96.2
1959	101.2	101.1	97.4	99.9	99.9	93.7
1960	98.8	98.9	100.0	98.7	98.8	93.7
1961	103.6	103.4	97.8	102.3	102.2	91.7
1962	101.8	101.6	96.4	104.1	103.8	88.4
1963	98.8	98.7	97.3	102.9	102.5	86.0
1964	98.9	99.3	99.8	101.7	101.8	85.8
1965	99.9	99.8	98.7	101.6	101.6	84.7
1966	100.0	100.0	98.0	101.6	101.6	83.0
1967	100.8	100.6	97.8	102.4	102.2	81.2
1968	100.7	100.7	100.0	103.2	102.9	81.2
1969	100.4	100.4	100.1	103.6	103.3	81.3
1970	98.1	98.6	100.4	101.6	101.9	82.0
1971	99.7	99.8	100.0	101.3	101.6	82.0
1972	99.7	99.8	100.0	101.0	101.4	82.0
1973	100.0	100.0	100.0	101.0	101.4	82.0
1974	100.4	100.4	100.0	101.4	101.8	82.0
1975	100.2	100.2	100.0	101.6	102.1	82.0
1976	99.5	99.8	101.1	101.1	101.8	82.5
1977	100.3	100.3	99.7	101.4	102.2	82.2
1978	99.6	99.8	99.9	101.0	102.0	82.1
1979	101.2	101.1	100.8	102.2	103.1	82.8
1980	107.9	107.7	105.7	110.3	111.0	87.5
1981	103.5	102.8	100.9	114.1	114.1	88.3
1982	101.0	101.3	100.9	115.3	115.6	89.1
1983	102.9	102.4	101.1	118.6	118.4	90.1
1984	104.4	104.7	108.6	123.8	123.9	97.8
1985	115.0	115.1	116.4	142.4	142.7	113.9
1986	107.3	107.3	106.9	152.8	153.1	121.7
1987	113.0	112.5	107.4	172.7	172.2	130.7
1988	127.1	126.8	123.5	219.5	218.3	161.4
1989	115.8	117.8	135.3	254.2	257.2	218.4
1990	100.8	101.9	114.2	256.2	262.0	249.4
1991	103.5	103.7	106.3	265.2	271.7	265.1
1992	109.7	109.7	109.7	290.9	298.1	290.8
1993	122.8	123.4	129.0	357.2	367.9	375.1
1994	119.5	126.1	123.9	426.8	463.9	464.7
1995	111.4	117.3	133.9	475.5	544.2	622.2
1996	108.0	110.8	114.5	513.5	602.9	712.5
1997	101.9	104.5	114.2	523.3	630.0	813.7

注:物价指数调查范围均为市区。

商品零售价格和居民消费价格分类指数

（以上年为100）

	1996年	1997年		1996年	1997年
商品零售价格总指数	108.0	101.9	居民消费品价格总指数	110.8	104.5
1.食品类	110.4	102.6	1.食品类	110.9	103.5
*粮　食	103.4	89.2	*粮　食	102.0	88.7
油　脂	97.2	93.2	油　脂	97.2	93.2
肉禽蛋	107.5	98.4	肉禽及其制品	104.4	100.7
水产品	120.5	110.0	蛋　类	122.0	84.1
2.饮料烟酒类	109.0	109.1	水产品	122.2	111.5
*烟　酒	110.8	111.3	鲜　菜	101.0	106.3
3.服装鞋帽类	110.1	102.8	鲜　果	97.0	91.6
*服　装	113.1	103.4	饮　食	118.7	107.9
4.纺织品类	105.7	108.4	2.衣着类	110.1	104.2
5.中西药品类	115.0	104.7	*服　装	112.5	103.7
6.化妆品类	101.5	102.0	3.家庭设备及用品	104.7	101.5
7.书报杂志类	151.6	104.8	*耐用消费品	102.9	98.6
8.文化体育用品类	105.4	100.7	4.医疗保健	116.2	105.1
*文化用品	105.1	100.9	5.交通和通讯工具	98.1	98.0
9.日用品类	109.7	104.0	6.娱乐教育文化用品	116.9	99.0
10.家用电器类	100.4	95.9	*教材及参考书	136.3	105.2
11.首饰类	98.4	98.2	7.居　住	112.5	107.5
12.燃料类	106.7	96.4	*住　房	113.2	111.5
13.建筑装潢材料类	106.1	103.0	水电燃料	112.2	106.3
14.机电产品类	97.8	96.9	8.服务项目	114.5	114.2

服务项目价格分类指数

(以上年为 100)

	1991 年	1992 年	1994 年	1995 年	1996 年	1997 年
服务项目价格指数	106.3	109.7	123.9	133.9	114.5	114.2
1.房　租	100.0	100.0	104.8	173.3	119.1	123.9
2.水电费	109.6	113.5	125.2	109.6	116.5	114.3
3.交通费	118.7	102.8	117.4	115.9	125.4	102.3
4.电讯费			121.8	104.2	105.1	114.2
5.邮　费	146.7	104.8	100.0	108.4	106.3	178.3
6.医疗保健服务费	110.5	100.0	116.6	128.0	111.0	129.7
7.学杂保育费	100.0	101.7	146.0	154.0	107.9	115.2
8.文娱费	108.6	149.9	134.7	125.1	130.8	121.7
9.修理及其它服务费	99.2	109.8	107.7	114.7	119.9	114.6

集市贸易价格分类指数

(以上年为 100)

	1991 年	1992 年	1994 年	1995 年	1996 年	1997 年
集市贸易物价指数	100.6	108.1	124.6	112.0	103.0	95.0
1.粮　食	97.1	93.6	169.6	134.8	101.4	88.1
2.鲜　菜	100.3	139.8	115.4	120.6	96.4	102.0
3.干　菜	96.2	112.0	107.5	108.7	105.4	108.0
4.肉禽蛋	92.7	107.0	138.3	115.8	107.3	97.2
5.水产品	103.0	113.0	153.9	102.1	113.4	102.9
6.鲜　果	114.3	100.7	111.1	113.2	95.2	91.1
7.干　果	97.9	106.4	117.3	112.6	120.7	112.0

主要食品年平均零售价格

单位:元/公斤

	规　格	1990年	1992年	1994年	1995年	1996年	1997年
籼米(杂交米)	标　一	0.29	0.85	2.35	3.24	3.16	2.80
江　米	标　一	0.42	1.77	2.44	3.88	4.80	4.25
鲜　菜	混　合	0.99	1.33	2.39	3.03	3.06	3.25
豆　腐	水豆腐	0.61	0.98	1.19	1.59	1.72	1.71
黄花菜	一　等	6.09	6.08	10.30	10.85	12.58	15.10
黑木耳	一　等	48.36	51.89	73.38	73.26	77.39	86.30
猪　肉	去骨腿肉	7.28	8.55	14.48	16.41	17.03	18.26
牛　肉	去骨腿肉	12.45	13.31	19.47	26.62	28.93	28.51
活　鸡	中等母鸡	10.82	11.42	16.16	17.76	21.78	17.22
活　鸭	中等河鸭	6.75	7.37	12.12	15.15	19.21	17.23
鸡　蛋	鲜　整	6.00	5.10	6.99	7.97	9.01	6.78
鸭　蛋	鲜　整	4.90	4.08	6.33	7.60	9.23	7.49
白条鸡	开　膛	7.44	7.46	12.94	14.79	14.87	13.75
黄　鱼	250克左右	31.97	40.49	99.78	103.30	141.65	178.82
带　鱼	250克左右	7.73	9.65	19.46	18.29	20.99	22.08
鲳　鱼	250克左右	9.10	13.80	24.29	23.10	23.80	29.65
墨　鱼	鲜中等	8.43	11.41	21.77	21.14	25.04	28.51
小海米	二　级	34.81	43.59	59.18	70.36	101.60	112.40
苹　果	一　级	2.69	3.62	4.98	5.64	5.03	5.10
鸭　梨	一　级	2.30	2.94	4.20	4.64	4.31	4.43
瓯　柑	一　级	1.98	1.88	3.08	4.23	3.93	3.37
西　瓜	一　级	0.79	0.65	2.87	2.81	2.95	2.64
桂　园	三　元	40.36	45.15	55.09	52.87	53.79	57.35
荔　枝	干　枝	27.37	28.98	45.71	45.92	50.21	58.28
花生米	一级生货	3.75	3.27	5.99	6.42	6.27	7.56

部分服务项目年平均价格

	规格等级	单　位	1990年	1992年	1994年	1995年	1996年	1997年
自来水	生活用水	元/吨	0.33	0.38	0.78	0.82	0.90	0.90
照明用电	民用220V	元/千瓦时	0.20	0.26	0.35	0.39	0.48	0.57
长途汽车票	温州至杭州普通	元/人公里		0.06	0.10	0.12	0.19	0.20
飞机票	温州至杭州经济舱	元/人公里			0.57	0.73	1.07	1.10
电报费	普　通	元/十字	0.95	1.30	1.80	1.80	1.80	1.80
平　信	外　埠	元/封	0.13	0.20	0.20	0.20	0.23	0.50
邮寄包裹费	百公里普通包裹	元/公斤	0.74	1.20	1.20	1.40	1.40	1.67
挂号费	西医复诊	元/次	0.47	0.59	1.00	1.00	1.38	3.00
注射费	肌肉注射	元/次	0.20	0.20	0.50	0.50	0.50	0.88
学杂费	高中学生	元/学期					210.00	235.00
保育费	幼儿日托	元/月	12.00	10.17	39.17	53.33	66.70	83.33
电影票	首轮甲等票	元/张	0.72	1.43	3.80	5.99	9.10	9.54
公园门票	中山公园	元/张	0.05	0.12	0.35	0.43	0.50	0.50
手表检洗	国产中档机械表	元/只	5.25	5.50	5.50	9.33	10.00	10.00
自行车补胎	内胎小孔	元/孔	0.80	0.92	1.25	1.54	2.00	2.00
缝　纫	女式呢绒套装	元/套	43.33	52.50	50.0	80.40	112.50	150.00
理　发	男理一级全活	元/次	4.08	4.50	5.80	8.75	10.00	10.00
洗　澡	池　塘	元/次	0.87	1.00	5.00	10.00	10.00	25.00
照　相	彩色原照	元/次	4.63	4.00	5.33	7.00	7.00	7.00

城乡住户调查主要指标

	单　位	1985年	1990年	1994年	1995年	1996年	1997年
一、城市住户调查							
1.调查户数	户	100	100	100	100	100	100
2.平均每户人口	人	3.87	3.39	3.30	3.22	3.16	3.18
平均每户就业人数	人	2.20	1.88	2.04	2.08	1.91	1.95
每一就业者负担人数	人	1.76	1.80	1.62	1.54	1.65	1.63
3.年人均生活费收入	元	726	1779	5116	6723	7381	7848
*工资性收入	元	341	888	2955	4080	3949	4496
4.年人均生活费支出	元	745	1763	3942	5265	5868	6524
*购买商品支出	元	689	1593				
*食品	元	407	1031	2127	2865	3045	3192
衣着	元	100	208	464	612	692	658
5.每百户家庭拥有高档消费品							
电视机	台	77	109	124	126	125	
*彩电	台	10	62	102	104	107	116
电冰箱	台	1	52	91	92	90	92
洗衣机	台	4	46	78	69	72	83
录像机	台			27	25	30	37
摩托车	辆			9	10	10	16
6.人均居住面积	平方米			8.92	8.78	9.10	11.11
二、农村住户调查							
1.调查户数	户	780	780	770	760	790	770
2.平均每户常住人口	人	5.43	5.09	4.81	4.87	4.72	4.62
3.农民人均纯收入	元	447	912	2000	2801	3371	3658
*家庭经营收入	元	363	693	1232	1851	2172	2167
4.农民生活消费品支出	元	361	795	1435	2087	2473	2476
*食品	元	207	436	829	1206	1392	1491
衣着	元	36	62	147	177	258	249
5.每百户家庭拥有高档消费品							
电视机	台	7	41	79.1	83.6	91	98.5
*彩电	台	1.3	9	29.0	34.6	44	48.8
电冰箱	台		4	12.3	20.0	28	28.2
洗衣机	台		5	17.3	26.8	30	35.0
录音机	台	5	24	27.7	33.2	31	27.2
6.人均生活用房面积	平方米	17.1	21.4	25.3	28.4	29.4	30.7

注:因调查样本户每年有变化,故个别指标变动幅度较大,使用时请注意。

城市住户调查基本情况和现金收支

	单　位	1990年	1994年	1995年	1996年	1997年
一、调查户数	户	100	100	100	100	100
二、家庭人口数	人	338.50	329.76	321.50	316.00	318
平均每户人口数	人	3.39	3.30	3.21	3.16	3.18
三、就业人口数	人	188.25	203.68	208.08	191.25	195
平均每户就业人数	人	1.88	2.04	2.08	1.91	1.95
平均每户就业面	%	55.61	61.77	64.80	60.52	61.24
每一就业者负担人数	人	1.80	1.62	1.54	1.65	1.63
四、月人均实际收入	元	168.81	471.70	629.05	694.37	757.70
*可支配收入	元					752.87
1.职工工资性收入	元	73.87	246.26	340.00	329.06	374.68
*奖金、超额工资	元	19.09	73.92	114.03	103.67	134.05
各种津贴	元	5.54	36.63	43.00	41.65	
2.职工非工资性收入	元					74.75
3.个体劳动者收入	元	9.58	55.94	54.61	94.22	100.96
4.其他劳动收入	元	15.70	42.36	51.89	67.74	27.05
5.赡养收入	元	3.20	1.45	12.98	4.93	11.28
6.赠送收入	元	11.60	13.05	18.98	14.54	35.28
五、储蓄借贷收入	元	15.37	58.52	46.05	29.60	71.14
*提取储蓄存款	元	9.99	34.88	38.17	23.79	44.01
借入款	元	1.54	13.52	1.81	2.90	24.86
六、月人均实际支出	元	159.42	412.71	526.63	579.47	669.30
*月消费性支出	元	146.88	328.51	438.78	489.03	543.63
赡养支出	元	2.61	4.54	8.00	8.23	14.99
赠送支出	元	9.29	33.30	49.30	56.75	73.12
七、储蓄借贷支出	元	12.94	55.26	95.41	62.26	89.37
*存入储蓄款	元	8.75	38.29	66.80	46.11	75.94
存入储金会款	元	1.79	5.77	7.57	9.22	4.20
归还借款	元	1.37	4.08	10.56	3.98	1.70
八、期末手存现金	元	317.89	105.13	141.20	165.55	2140.13

城市住户月人均消费性支出情况

（1997年）　　单位:元

	总体平均	10%低收入组平均	10%高收入组平均
月消费性支出	543.63	277.59	854.14
一、食　品	265.97	179.19	372.29
*粮　食	18.93	18.40	23.43
肉禽及制品	46.64	35.49	69.67
蛋　类	5.29	3.90	5.70
水产品类	74.22	45.08	92.67
菜　类	18.77	5.49	28.39
烟草类	7.03	4.74	6.54
酒和饮料	12.04	5.81	18.66
干鲜瓜果类	14.46	11.05	13.48
二、衣着支出	54.85	22.42	45.27
*服　装	39.87	17.02	35.75
衣着材料	1.87	0.81	0.94
鞋袜帽及其他	11.92	3.90	8.14
三、设备用品及服务	28.92	7.25	110.61
*耐用消费品	11.24	1.03	56.57
室内装饰品	0.81	0	0.87
床上用品	3.82	1.59	14.60
家庭日用杂品	7.45	3.25	8.58
家庭服务	5.60	1.38	29.99
四、医疗保健	30.41	9.64	46.98
五、交通和通讯	31.63	15.73	36.19
六、娱乐文教服务	50.34	10.20	78.76
*耐用消费品	13.28	0.30	52.66
教　育	23.94	6.38	22.32
文化娱乐	13.12	3.52	3.79
七、居　住	57.58	27.81	131.70
*水电燃料及其他	37.61	26.52	58.85
八、杂项商品和服务	23.92	5.36	32.34

城市住户年人均购买主要商品数量

	单　位	1990年	1994年	1995年	1996年	1997年
一、食品部分：						
粮　食	公斤	137.25	87.50	87.76	84.87	77.25
食用植物油	公斤	4.67	3.77	3.48	4.19	3.56
鲜　菜	公斤	65.21	57.47	58.43	63.84	58.95
干　菜	公斤	7.25	1.29	1.19	1.09	1.27
猪　肉	公斤	15.81	12.69	14.20	14.70	12.77
牛羊肉	公斤	1.28	0.87	0.73	0.90	0.97
家　禽	公斤	5.68	6.82	7.57	5.78	5.42
鲜　蛋	公斤	6.70	7.51	6.28	7.33	7.29
鱼　虾	公斤	17.34	19.69	22.58	22.18	22.21
食　糖	公斤	4.09	2.87	2.79	2.88	2.65
卷　烟	盒	16.55	11.10	12.55	12.06	12.60
白　酒	公斤	3.61	1.48	1.56	1.35	1.04
啤　酒	公斤	12.14	8.86	8.88	10.73	11.39
其它酒	公斤	4.56	1.52	1.03	0.65	0.68
鲜　瓜	公斤	10.39	10.94	10.86	11.14	12.99
鲜　果	公斤	20.11	36.00	23.29	22.30	27.75
干　果	公斤	2.87	0.70	0.36	0.79	1.07
糖　果	公斤	0.34	0.23	0.09	0.42	0.31
糕　点	公斤	2.10	2.65	2.29	2.08	2.02
二、穿、用、烧部分：						
棉　布	米	0.22	0.07	0.02	0.04	0.04
棉纤混纺布	米	0.04	0.02	0.05	0.07	0.02
化纤布	米	0.41	0.24	0.14	0.11	0.11
呢　绒	米	0.17	0.19	0.12	0.19	0.16
绸　缎	米	1.10	0.87	0.46	0.69	0.47
皮　鞋	双	0.63	0.64	0.28	0.66	0.77
肥　皂	块	5.96	1.65	1.09	1.45	1.41
洗衣粉	公斤	1.10	0.78	0.52	0.71	0.99
煤　炭	公斤	165.38	47.14	16.89	24.68	15.26
液化石油气	公斤	12.98	28.28	16.45	35.89	38.19

城市住户年平均每百户购买和拥有主要耐用消费品

	单　位	1990 年	1994 年	1995 年	1996 年	1997 年
每百户购买：						
自 行 车	辆	17	18	23	18	9
手　　表	只	21	10	19	13	5
电 风 扇	台	15	1	6	4	10
洗 衣 机	台	5	1	4	5	3
电 冰 箱	台	5	1	2	2	3
彩色电视机	台	6	3	3	5	6
黑白电视机	台	1	2		1	
影 碟 机	台					4
电 话 机	部					9
收 录 机	台	2	3	2	2	2
照 相 机	架	1	1		2	2
电 炊 具	个	5	5	6	4	4
每百户拥有：						
大 衣 柜	个	83	80	81	77	83
组合家具	套					44
地　　毯	平方米					440
沙　　发	个	84	111	105	107	123
沙 发 床	个	12	30	26	32	39
电 风 扇	台	210	238	248	247	248
洗 衣 机	台	46	78	69	72	83
电 冰 箱	台	52	91	92	90	92
摩 托 车	辆	2	9	10	10	16
彩色电视机	台	62	102	104	107	116
黑白电视机	台	47	22	22	18	
收 录 机	台	65	60	64	58	54
照 相 机	架	11	24	24	28	40
中高档乐器	件	7	10	7	9	11
空 调 器	台		13	10	13	29
高级音响	台	1	18	14	11	23
录 像 机	台	2	27	25	30	37
影 碟 机	台					18

农村住户调查基本情况

	单　位	1985年	1990年	1994年	1995年	1996年	1997年
调查县(市、区)数	个	10	11	11	11	11	11
调查户数	户	780	780	770	760	790	770
常住人口	人	4236	3972	3704	3700	3731	3558
人均生活用房面积	平方米	17.1	21.4	25.3	28.4	29.4	30.7
人均全年纯收入	元	447	912	2000	2801	3371	3658
1.从集体统一经营中得到的	元	40	82	471	695	640	935
*从乡村企业直接得到	元	29	65	361	548	374	752
2.从经济联合体中得到的	元	14	17	80	80	295	138
3.家庭经营收入	元	363	693	1232	1851	2172	2167
①农林牧渔业手工业采集捕猎收入	元	244	388	296	704	908	685
②工业、建筑业收入	元	19	45	118	274	248	375
③其他家庭经营收入	元	100	260	818	873	1016	1107
4.其他非生产性收入	元	30	121	217	175	264	418
人均全年总支出	元	525	1126	2278	3512	3763	3878
1.生产费支出	元	129	205	579	993	750	688
2.生活消费品支出	元	361	795	1435	2087	2473	2476
①食　品	元	207	436	829	1206	1392	1491
主　食	元	73	127	188	276	332	333
副　食	元	97	220	458	667	739	810
其他副食	元	31	76	156	213	267	278
在外饮食	元	6	13	27	50	54	70
②衣　着	元	36	62	147	177	258	249
③住　房	元	56	178	167	410	333	235
④燃　料	元	20	24	51	58	67	73
⑤用品及其他	元	42	95	241	236	423	428
日用品	元	29	49	123	119	306	128
文化娱乐用品	元	3	21	45	28	32	119
书报杂志	元	1	2	4	4	5	6
医药卫生用品	元	7	14	28	37	34	65
其　他	元	2	9	41	48	46	110
3.文化生活服务支出	元	12	66	184	281	342	405
4.其他非生产性支出	元	23	60	80	151	198	309

农村住户主要实物人均消费量变化情况

	单位	1985年	1990年	1994年	1995年	1996年	1997年
粮食	公斤	245.5	248.00	215.4	216	213.1	213.2
蔬菜	公斤	84.2	65.60	48.6	59.2	61.4	56.2
食油	公斤	1.6	2.30	2.2	2.4	2.3	2.5
肉类	公斤	10.6	10.80	11.9	12.5	14.7	14.4
家禽	公斤	1.1	1.50	2.3	3.0	2.5	3.1
蛋类	公斤	2.7	2.50	3.5	4.0	4.4	4.6
鱼虾	公斤	8.8	13.10	14.6	17.6	14.5	18.7
食糖	公斤	2.5	2.20	2.4	2.4	2.7	2.5
酒	公斤	10.4	15.10	14.8	16.6	18.3	19.1
棉布	公尺	0.7	0.20	0.1	0.2	0.1	0.1
化纤布	公尺	2.5	1.40	1.3	1.4	1.5	1.1
呢绒	公尺	0.2	0.10	…	0.1	0.2	0.1
毛线类	公斤	0.13	0.10	0.1	0.1	0.2	0.1
鞋类	双	0.96	1.00	0.6	0.6	0.7	0.5

农村住户每百户年末耐用品拥有量

	单位	1985年	1990年	1994年	1995年	1996年	1997年
自行车	辆	36.5	107.40	125.3	132.4	129.1	116.0
缝纫机	架	35.3	54.90	70.6	72.8	69.0	74.1
收音机	台	19.6	13.20	16.9	13.4	15.4	17.6
电视机	台	6.8	40.90	79.1	83.6	91.2	98.5
*彩电	台	1.3	9.40	29.0	34.6	44.2	48.8
录音机	台	5.4	24.40	27.7	33.2	31.3	27.2
电风扇	台	17.8	90.60	153.0	177.1	185.2	189.1
洗衣机	台		5.30	17.3	26.8	30.3	35.0
电冰箱	台		3.70	12.3	20.0	27.6	28.2

道路交通事故概况

	事故起数(起)		死亡人数(人)		受伤人数(人)		经济损失(万元)	
	1996年	1997年	1996年	1997年	1996年	1997年	1996年	1997年
全　　市	2409	2792	538	584	1607	1694	1629	2035
市　　区	586	713	135	136	324	338	407	516
*鹿城区	70	381	61	70	91	122	180	293
龙湾区	230	65	18	13	58	39	71	50
瓯海区	286	267	56	53	175	177	156	173
瑞安市	437	511	91	93	335	376	203	330
乐清市	481	614	97	103	373	413	241	400
洞头县	65	56	3	5	35	21	42	33
永嘉县	300	272	76	93	185	169	262	231
平阳县	153	210	53	51	92	98	132	186
苍南县	282	327	50	72	181	190	239	263
文成县	64	46	15	15	58	49	59	41
泰顺县	41	43	18	16	24	40	44	35

火灾概况

	火灾起数(起)		伤亡人数(人)		经济损失(万元)	
	1996年	1997年	1996年	1997年	1996年	1997年
全　　市	331	463	122	155	2775	4175
市　　区	98	115	15	54	1039	1583
*鹿城区	58	56	8	15	863	726
龙湾区	9	14	2	1	25	353
瓯海区	31	44	5	38	151	500
瑞安市	29	113	33	32	315	689
乐清市	40	26	4	4	221	280
洞头县	9	7	3	1	61	17
永嘉县	25	49	14	13	210	423
平阳县	18	25	12	19	116	355
苍南县	75	102	35	26	562	720
文成县	22	15	2	1	86	41
泰顺县	15	11	4	5	163	64

主 要 统 计 指 标 解 释

从业人员 指从事一定社会劳动并取得劳动报酬或经营收入的全部劳动力。

各单位的从业人员是指在各级国家机关、政党机关、社会团体及企业、事业单位中工作,并取得劳动报酬的全部人员。包括职工、再就业的离退休人员、民办教师以及在各单位中工作的外方人员和港、澳、台方人员。

各单位的从业人员反映了各单位实际参加生产或工作的全部劳动力。

全社会的从业人员包括:

(1)全部职工

(2)城镇私营企业从业人员

(3)城镇个体劳动者

(4)农村社会劳动者

(5)其他社会劳动者

全社会从业人员指标取代了现行制度中的社会劳动者,他反映了一定时期内全部劳动力资源的实际利用情况,是研究我国基本国情国力的重要指标。

职　工 指在国有经济、城镇集体经济、联营经济、股份制经济、外商和港、澳、台投资经济、其他经济单位及其附属机构工作,并由其支付工资的各类人员。不包括城镇私营企业和乡镇企业从业人员。

合同制职工 指单位根据国务院发(1986)77号文件和国务院令第99号的规定,通过签订有固定期限劳动合同、无固定期限劳动合同使用的职工。包括实行全员劳动合同制单位签订一年以上劳动合同的全部职工。

正式职工 指在机关和事业单位中,经国家有关部门分配、安排或批准招收录用的职工,包括原固定职工和使用期限在一年以上的合同制职工。

下岗职工 指由于用人单位的生产和经营状况等原因,已经离开本人的生产或工作岗位,并已不在本单位从事其他工作,但仍与用人单位保留劳动关系的职工。包括放长假、下岗待工、退出工作岗位休养等职工。不包括下岗后仍在企业参加转岗等培训的职工。下岗职工是年末职工人数的其中数。

使用的农村劳动力 指国有经济、城镇集体经济、联营经济、股份制经济、外商和港、澳、台投资经济、其他经济单位的职工中,现仍保留农村户籍关系的人员。

长期职工 指用工期限在一年以上(含一年)的职工。包括原固定职工、合同制职工、长期临时工以及国有单位使用的城镇集体所有制单位的人员和其他使用期限在一年以上的原计划外用工。

临时职工 指用工期限不超过一年的职工。包括各单位根据国家有关规定招用的,签订一年以内的劳动合同或使用期不超过一年的临时性、季节性用工。

其他从业人员 指劳动统计制度规定不作职工统计,但实际参加社会劳动并取得劳动报酬的人员。

各单位的其他从业人员是指单位中除职工以外的全部参加本单位生产或工作并取得劳动报酬的人员。包括再就业的离退休人员、民办教师以及在各单位中工作的外方人员和港、澳、台方人员。

增加人数 指在报告期内,本单位招收、录用和调入的全部人员。 包括临时职工和计划外用工的增加,不包括其他从业人员的增加。

从农村招收的人员 指从农村劳动力中招收参加工作的人员。 包括来自农村的补充自然减员的人数。

从城镇招收的人员 指从城镇社会青年、 行业人员中招收参加工作的人员。包括来自城镇的补充自然减员的人数,不包括来自城镇的其他人员。

录用的复员转业军人 指从部队复员和转业后,直接由单位录用的人员。 包括参军前是职工或已办理了招工手续,服兵役期满后又回原单位复工复职的人员。不包括复员回农村参加生产后,又被企业、事业及机关招收录用的人员,这一部分人中应计入“从农村招收的人员”人数中。

录用的大、中专、技工学校毕业生 指在大、专院校、研究生院(部) 以及中专和技工学校毕业后,直接由单位录用的人员。包括由学校推荐或本人自行联系工作单位的各类毕业生。

调入人数 指在报告期内由外单位调入(不考虑所有制形式)的人员。 包括企业兼并后并入的人员和成建制转入的人员。

由外省、自治区、直辖市调入 指在报告期内,由外省、自治区、 直辖市各类单位调入的职工。

其　他　指除以上几类人员外，本单位增加的职工人数。包括借入人员、停薪留职人员复职、落实政策重新安置为职工的人员等。

减少人数　指在报告期内，离开本单位并不再由本单位支付工资的全部人员。包括临时职工和计划外用工的减少，不包括其他从业人员的减少。

离　休　指达到国家规定的年龄和条件，离开生产或工作岗位，办理离休手续享受离休待遇的人员。

退　休　指达到国家规定的年龄和条件，退出生产或工作岗位，办理退休手续享受退休待遇的人员。

退　职　指职工本人自愿，或因丧失工作能力，又不具备退休条件而办理离职手续享受相应待遇的人员。

开　除　指职工严重违反劳动纪律或犯有其他严重错误，受到开除公职的行政处分，由单位办理开除手续的职工。

除　名　指根据《企业职工奖惩条例》的规定，对无正当理由经常旷工经批评教育无效，由单位办理除名手续的职工。

辞　退　指按照《国营企业辞退违纪职工的暂行规定》，对犯有违纪行为，由单位办理辞退手续的职工，以及因其他原因按照有关规定办理辞退手续的职工。

调出人数　指在报告期内由本单位调到外单位工作的职工人数。

调到外省、自治区、直辖市　指在报告期内，调到外省、自治区、直辖市单位工作的职工。

其　他　指除以上几类人员外，本单位减少的职工人数。包括借出人员、停薪留职人员、参军人员、辞职人员、死亡人员等。

由于职工增减变动指标反映的是全部职工人数变动情况，故全部职工范围内各用工之间的转换，如混岗集体工转为固定职工，固定职工转为合同制职工，临时职工招转为合同制职工等等，不再需要在增减表中反映。

从业人员劳动报酬　指各单位在一定时期内直接支付给本单位全部从业人员的劳动报酬总额。包括职工工资总额和本单位其他从业人员劳动报酬两部分。

职工工资总额　指各单位在一定时期内直接支付给本单位全部职工的劳动报酬总额。包括：计时工资、计件工资、资金、津贴和补贴、加班加点工资和其他工资。

职工工资总额是计算国内生产总值的基础性指标，也是研究分配政策、居民个人收入、居民购买力的主要依据。

计时工资　是指按计时工资标准（包括地区生活费补贴）和工作时间支付给个人的劳动报酬。包括：

(1)对已做工作按计时工资标准支付的工资；

(2)实行结构工资制的单位支付给职工的基础工资和职务（岗位）工资；

(3)新参加工作职工的见习工资（学徒的生活费）；

(4)运动员体育津贴（不包括运动员伙食津贴）；

(5)根据国家法律、法规和政策规定，因病、工伤、产假、计划生育假、婚丧假、事假、探亲假、定期休假、停工学习、执行国家或社会义务等原因按计时工资标准或计时工资标准的一定比例支付的工资；

(6)合同制职工按规定缴纳的不超过本人标准工资3%的退休养老基金、职工受处分期间的工资等。

计件标准工资　是指实行计件工资制的单位按照批准的计件单价和规定的劳动定额或工作量应支付给计件工人的劳动报酬。

对于难以划分计时和计件标准工资的全额工资，如全额计件工资，与资金、津贴等捆同发放的工资，俗称“一脚踢”的计时工资等，若有挡案工资，可按档案工资填报在计时和计件标准工资栏，余者分别计人资金和津贴补贴栏；若无档案工资，可全部填人计时和计件工资栏。

奖　金　是指支付给职工的超额劳动报酬和增收节支的劳动报酬。包括：

(1)生产（业务）奖：包括超产奖、质量奖、安全（无事故）奖、考核各项经济指标的综合奖、提前竣工奖、外轮速遣奖、年终奖（劳动分红）等；

(2)节约奖：包括各种动力、燃料、原材料等节约奖；

(3)劳动竞赛奖：包括发给劳动模范、先进个人的各种奖金和实物奖励；

(4)机关、事业单位的奖励工资；

(5)其他奖金：包括从兼课酬金和业余医疗卫生服务收入提成中支付的奖金，运输系统的堵漏保收奖，学校教师的教学工作量超额酬金，运动员、教练员的年度训练奖，教练员的输送成绩奖，从各项收入中提成的名义发给职工的奖金等。

计件超额工资 指计件工人超额完成定额任务后所得的工资。即计件工人实得的全部计什工资减去应得的计件标准工资后的数额。某些企业的工人由于从事生产的工作物等级高于本人工资等级，因而其计件标准工资高于本人标准工资，其计件超额工资也是全部工资减去应得的计件标准工资后的数额。

津贴和补贴 是指为了补偿职工特殊或额外的劳动消耗和因其他特殊原因支付给职工的津贴，以及为了保证职工工资水平不受物价影响支付给职工的物价补贴。

其他从业人员劳动报酬 指各单位在一定时期内直接支付给本单位其他从业人员的全部劳动报酬。

居民消费价格指数 居民消费价格，是指城乡居民支付生活消费品和服务项目消费的价格，是社会产品和服务项目的最终价格，同人民生活密切相关，在整个国民经济价格体系中具有极为重要的地位。居民消费价格指数，就是指反映一定时期内居民消费价格变动趋势和变动程度的相对数。

居民消费价格指数分为食品、衣着、家庭设备及用品、医疗保健、交通和通讯、娱乐教育和文化用品、居住、服务项目等八个大类，国家规定325种必报商品和服务项目，其中，一般商品273种，餐饮业食品16种，服务项目36种。

商品零售价格指数 商品零售价格，是指工业、商业、餐饮业和其他零售企业向城乡居民、机关团体出售生活消费品和办公用品的价格。商品零售价格指数，就是指反映一定时期内商品零售价格变动趋势和变动程度的相对数。

商品零售价格指数分为食品、饮料烟酒、服装鞋帽、纺织品、中西药品、化妆品、书报杂志、文化体育用品、日用品、家用电器、首饰、燃料、建筑装潢材料、机电产品等十四个大类，国家规定304种必报商品。

城镇居民家庭就业人口 指从事社会劳动并取得劳动报酬或经营收入的人口。不论在全民所有制、集体所有制单位工作或从事个体劳动，不论有固定性职业或临时性职业都是就业人口。各学校在校学生在假期参加劳动，虽然领取一定的报酬，但不计算为就业人口。

“就业人口”包括“全民所有制单位职工”、“集体所有制单位职工”、“个体劳动者”及“其他就业者”四项。

城镇居民家庭实际收入 指调查户的全部实际的现金收入，包括经常或固定得到的收入和一次性收入。不包括周转性收入，如提取银行存款、向亲友借入款、收回借出款以及其他各种暂收款。

城镇居民家庭可支配收入 指居民家庭在支付个人所得税之后，所余下的实际收入。其计算公式为：

可支配收入 = 实际收入 - 个人所得税 - 家庭副业生产支出 - 记帐补贴

城镇居民家庭生活费支出 指调查户用于日常生活的全部支出，包括购买各种商品支出和文化生活、服务等非商品支出。

农民家庭全年总收入 是指农民家庭年内从各种来源得到的全部实际收入。包括从集体统一经营中得到的收入、从经济联合体得到的收入、家庭经营收入和其他非生产性收入。借贷性收入不包括在内。

农民家庭全年总支出 是指农民家庭全年用于生产、生活和再分配等方面的全部实际支出。包括家庭经营费用支出、购置生产性固定资产支出、缴纳税款、上交集体的承包任务、生活消费支出和其他非生产性支出。借贷性支出不包括在内。

农民家庭全年纯收入 是指农民家庭全年总收入扣除相对应的各项费用支出后，归农民所有的收入。它可以用于生产、非生产性投资，改善物质和文化生活，以及用于再分配的支出和结余的收入。这个指标，用来观察农民实际收入水平，以及农民扩大再生产和改善生活的能力。其计算公式是：

全年纯收入 = 总收入 - 家庭经营费用支出 - 生产性固定资产折旧 - 税收
- 上交集体的承包任务 - 调查补贴。

附录

全国主要统计资料一览(一)

	单　位	1997 年	比上年增长%
国内生产总值	亿元	74772	8.8
＊第一产业	亿元	13674	3.5
第二产业	亿元	36770	10.8
第三产业	亿元	24328	8.2
就业人数	万人	69600	1.1
＊城镇职工	万人	14760	-0.6
城镇私营个体	万人	2669	14.6
外汇储备	亿美元	1399	33.2
粮食产量	万吨	49250	-2.4
棉花产量	万吨	430	2.4
肉类产量	万吨	5354	8.0
水产品产量	万吨	3561	8.3
工业增加值	亿元	31752	11.1
＊国有工业	亿元	11726	7.1
集体工业	亿元	11875	11.7
个体工业	亿元	5533	18.1
工业经济效益综合指数	%	91.3	3.1
工业产品销售率	%	96.2	0.3
工业企业负债率	%	64.8	-0.3
建筑业增加值	亿元	1334	2.6
竣工房屋面积	亿平方米	1.56	-10.9
全社会固定资产投资	亿元	25300	10.1
＊国有单位投资	亿元	13419	11.3
集体单位投资	亿元	3873	5.8
城乡个人投资	亿元	3427	6.7
＊基本建设投资	亿元	9863	14.5
更新改造投资	亿元	3870	6.8
房地产开发投资	亿元	3106	-3.4
货物周转量	亿吨公里	38232	4.9
＊公　路	亿吨公里	5168	3.1
航　空	亿吨公里	29	16.8
旅客周转量	亿人公里	9637	5.3
＊公　路	亿人公里	5188	5.7
航　空	亿人公里	774	3.4
港口货物吞吐量	亿吨	87846	3.1
邮电业务总量	亿元	1779	33.3

注:本资料根据国家统计局 1997 年统计公报编列。

全国主要统计资料一览(二)

	单　　位	1 9 9 7 年	比上年增长%
社会消费品零售总额	亿元	26843	11.1
*国有经济	亿元	7248	4.3
集体经济	亿元	4888	7.1
居民消费价格指数	%	102.8	2.8
商品零售价格指数	%	100.8	0.8
出口总额	亿美元	1827	20.9
进口总额	亿美元	1424	2.5
实际利用外资	亿美元	640	15.7
国际旅游外汇收入	亿美元	121	18.4
金融存款余额	亿元	82390	18.6
*居民储蓄存款余额	亿元	46280	19.3
银行各项贷款余额	亿元	74914	16.7
年末现金流通量(M0)	亿元	10178	15.6
保险保费收入	亿元	1080	39.3
财产保险赔款	亿元	276	6.6
人身险给付	亿元	176	220
普通高校招生人数	万人	100	3.5
普通高校在校学生	万人	317	1.7
普通高中在校学生	万人	858	
中等职业技术学校学生	万人	1090	7.9
初中在校学生	万人	5249	4.0
小学在校学生	万人	13995	2.2
成人高等学校在校学生数	万人	273	2.8
出版省级以上报纸	亿份	193	
出版省级以上杂志	亿册	25	
出版省级以上图书	亿册	71	
医院病床床位数	万张	314	1.1
专业卫生技术人员	万人	440	2.1
*医　生	万人	139	0.7
城镇居民人均可支配收入	元	5160	3.4
农村居民人均纯收入	元	2090	4.6
城镇竣工住宅面积	亿平方米	3.8	
农村竣工住宅面积	亿平方米	7.6	
全国人口总数	万人	123626	1.0
人口出生率	‰	16.57	
人口死亡率	‰	6.51	
自然增长率	‰	10.06	

全省历年国内生产总值和指数

年　份	国内生产总值(亿元)				国内生产总值指数(以1952年为100)			
	国内生产总　值	第一产业	第二产业	第三产业	国内生产总　值	第一产业	第二产业	第三产业
1978	123.72	47.09	53.52	23.11	430.5	207.6	1538.7	408.8
1980	179.68	64.61	84.07	31.00	567.9	223.9	2396.3	501.5
1981	203.26	94.68	69.06	39.52	633.2	234.5	2669.2	632.1
1982	230.57	84.88	98.44	47.25	705.2	237.2	2801.1	746.7
1983	251.26	82.89	113.12	55.25	762.0	256.7	3237.8	866.4
1984	314.21	104.40	141.48	68.03	927.8	306.2	4016.3	1042.0
1985	413.84	123.88	198.91	91.05	1129.8	312.0	5433.6	1242.5
1986	479.79	136.29	230.89	112.61	1266.0	324.3	6192.5	1451.3
1987	575.45	159.41	281.47	134.57	1415.9	327.7	7234.7	1610.0
1988	724.01	195.68	354.39	173.94	1575.6	324.5	8418.3	1768.3
1989	792.39	210.95	387.33	194.11	1566.7	325.3	8489.4	1677.4
1990	836.89	225.04	408.18	203.67	1628.5	334.0	8932.7	1700.6
1991	983.54	245.22	494.11	244.21	1879.3	356.9	10723.8	1963.8
1992	1220.69	262.67	653.43	304.59	2234.7	364.0	13870.9	2240.8
1993	1698.04	317.84	980.42	399.78	2809.0	381.5	19155.7	2592.6
1994	2666.86	443.87	1388.06	834.93	3370.8	398.3	24423.5	2999.6
1995	3524.79	559.81	1834.47	1130.52	3933.7	428.2	28917.4	3542.5
1996	4150.00	630.00	2190.00	1330.00	4433.3	452.6	33399.7	3932.2
1997	4638.24	637.48	2509.56	1491.20	4960.9	473.0	37674.9	4360.8

注:本表按当年价格计算,指数按可比价格计算。

分市(地)国内生产总值

(1997年)　　　　单位:亿元

	国内生产总　值	*第一产业	第二产业	第三产业	人均国内生产总值(元)
全　省	4638.24	637.48	2509.56	1491.20	10515
杭州市	1036.33	91.36	541.50	403.47	17113
宁波市	897.43	85.39	511.25	300.79	16879
温州市	605.83	52.41	354.23	199.18	8553
嘉兴市	419.75	63.45	248.17	108.12	12772
湖州市	296.17	49.32	166.38	80.47	11634
绍兴市	594.55	68.91	361.21	164.43	13895
金华市	461.96	51.09	264.42	146.45	10509
衢州市	133.41	36.19	56.81	40.41	5594
舟山市	39.15	29.67	27.35	32.14	9049
台州市	509.07	87.03	282.35	139.68	9524
丽水地区	112.82	34.77	41.18	36.88	4598

注:全省数由省统计局直接计算,不等于各地市加总数。

全 省 市 （地）

（1997

	单 位	全 省	杭州市	宁波市	温州市
一、人口、劳动力及自然资源					
总人口	万人	4422.3	607.96	533.31	708.35
＊非农业人口	万人	865.09	204.39	123.5	119.76
出生人口	人	503316	58471	55231	85155
死亡人口	人	285845	34663	31417	32394
总户数	万户	1369.8	186.28	189	188.52
全部从业人员数	万人	2845.36	419.82	412	415.34
＊城镇个体劳动者	万人	83.08	15.62	6.26	19.93
城镇职工	万人	482.26	116.44	77.84	55.33
按行业分：					
农林牧渔业	万人	1145.35	133.14	133.9	148.45
采掘业	万人	17.44	3.88	0.5	0.65
制造业	万人	791.69	132.91	150.02	103.38
电力、煤气及水的生产和供应业	万人	9.72	1.78	1.2	1.29
建筑业	万人	158.34	17.84	30.1	18.96
地质勘查业、水利管理业	万人	2.4	0.74	0.4	0.08
交通运输、仓储及邮电通信业	万人	110.08	17.29	18.3	13.15
批发和零售贸易、餐饮业	万人	297.12	43.8	53.5	48.44
金融、保险业	万人	14.22	3.05	2.2	1.35
房地产业	万人	5.28	0.96	0.8	0.49
社会服务业	万人	66.08	11.74	7.2	6.69
卫生、体育和社会福利业	万人	22.15	4.62	2.5	2.38
教育文化艺术和广播电影电视业	万人	51.7	11.77	6	7.23
科学研究和综合技术服务业	万人	5.01	2.63	0.5	0.33

注：全省数由省统计局直接计算，不等于各地市加总数。

基 本 情 况 （一）

年.）

嘉兴市	湖州市	绍兴市	金华市	衢州市	舟山市	台州市	丽水地区
329.29	254.58	428.94	440.51	238.97	98.58	535.98	245.83
70.35	54.2	70.11	64.97	36.07	24.42	66.26	31.09
33233	24654	50388	48298	26080	7908	63482	29672
22782	16816	27604	26875	13850	6180	31319	15217
95.15	77.32	142.16	146.21	74.14	34.02	164.61	72.57
199.64	146.21	283.16	283.51	141.59	65.48	340.75	137.86
2.24	2.28	3.79	13.67	3.76	2.22	11.41	1.9
40.45	26.22	46.1	36.34	18.33	12.09	34.7	14.48
76.85	66.87	104.48	139.99	77.9	21.43	153.22	89.12
0.09	2.97	0.63	5.97	1.66	0.16	0.46	0.47
72.53	38.43	89.68	64.3	23.98	11.81	88.61	16.04
0.84	0.83	0.67	0.71	0.39	0.45	0.99	0.57
7.63	5.35	27.28	17.86	5.52	3.45	21.32	3.03
0.08	0.22	0.2	0.34	0.1		0.15	0.09
7.18	7.09	13.83	8.14	3.7	3.76	12.46	5.18
14.12	10.64	30.74	21.95	14.65	7.85	37.81	13.62
1.15	0.91	1.22	1.32	0.53	0.52	1.31	0.66
0.23	1.07	0.49	0.25	0.13	0.12	0.66	0.08
11.52	2.51	4.04	4.28	2.21	1.7	11.27	2.92
1.5	2.2	1.6	2.81	0.86	0.57	2.13	0.98
3.39	3.42	3.87	4.86	2.14	1.34	4.96	2.72
0.26	0.21	0.18	0.43	0.1	0.08	0.21	0.08

	单　位	全　省	杭州市	宁波市	温州市
国家机关政党机关和社会团体	万人	34.68	6.49	4	4.97
其他行业	万人	112.71	27.18	0.88	57.5
城镇失业人员年末数	人	255729	82590	35410	31413
土地面积	平方公里	103574	16596	9365	11784
林地面积	公顷	5535838	1031172	334012	615487
* 有林地面积	公顷	4714321	962685	272434	517403
园地面积	公顷	590655	91870	57991	37802
内陆水域面积	公顷	816577	145809	158015	128393
* 养殖水面面积	公顷	207058	57673	21508	11396
二、综合经济					
1.国内生产总值(当年价格)	万元	46382400	10363299	8974306	6058218
第一产业	万元	6374800	913611	853903	524130
* 种植业	万元	3220506	518916	467675	236631
林　业	万元	466078	99175	35010	15449
牧　业	万元	1015508	163440	101615	79189
渔　业	万元	1300942	62385	210059	158384
第二产业	万元	25095600	5415017	5112524	3542338
* 工业增加值	万元	25399149	4771643	4629765	3047289
第三产业	万元	14912000	4034671	3007879	1991750
人均国内生产总值	元	10515	17113	16879	8553
2.工　业					
乡及乡以上工业企业单位数	个	29164	4980	5656	5020
* 国有经济	个	3371	760	441	232
集体经济	个	20908	3250	3921	3911

基 本 情 况 （二）

年）

嘉兴市	湖州市	绍兴市	金华市	衢州市	舟山市	台州市	丽水地区
2.01	3.14	2.46	3.1	1.7	1.31	3.33	2.17
0.23	0.35	0.43	7.2	6.02	10.93	1.86	0.13
20736	11169	13639	17928	15700	4901	14287	7956
3915	5817	8256	10918	8836	1378	9411	17298
5249	229004	348956	599380	542323	48690	448025	1333540
4621	188613	306280	508122	442130	42297	329416	1140320
48587	34233	62770	69609	74223	3146	67940	42484
57724	68524	79204	52802	36970	19970	49876	19290
18460	21248	18224	18615	8237	9124	14606	7967
4197460	2961650	5945503	4619568	1334083	891533	5090663	1128234
634496	493192	689078	510872	361918	296681	870306	347671
383486	260889	378784	318434	215800	36107	270388	133396
2608	52709	38612	33177	36398	1791	18170	132979
165830	62622	137360	98496	69626	7830	90721	38779
45449	65962	49626	28940	8055	244387	422588	5107
2481736	1663797	3612103	2644172	568065	273496	2823528	411773
2257100	1460429	3261348	2356966	487880	214074	2578251	334404
1081228	804661	1644322	1464524	404100	321356	1396829	368790
12772	11634	13895	10509	5594	9049	9524	4598
2765	1832	2688	1708	1346	649	1804	716
264	278	289	322	263	85	248	189
1954	1294	2139	1172	953	494	1373	447

（1997

	单位	全省	杭州市	宁波市	温州市
私营经济	个	879	144	485	71
股份制经济	个	1289	199	119	519
外商及港澳台投资经济	个	2304	562	620	201
全部工业总产值（当年价格）	万元	103799600	16547022	20392352	12423975
乡及乡以上工业总产值（当年价格）	万元	41305600	9114651	8616664	4485690
*国有经济	万元	9771700	3185886	1268604	565035
集体经济	万元	19489690	2971632	3153332	2796843
私营经济	万元	530021	53625	298038	41021
股份制经济	万元	4977475	922506	1955014	653822
外商及港澳台投资经济	万元	5998448	1906928	1818943	382581
*轻工业	万元	23147804	4871887	4146116	2534192
全部独立核算工业企业经济指标					
工业增加值（生产法）	万元	9521000	2274546	1907715	1064071
流动资产年平均余额	万元	23025300	5883198	4591731	2022464
固定资产原价合计	万元	25995682	6253055	4960538	1807468
固定资产净值年平均余额	万元	18698600	4304149	3526876	1506733
产品销售收入	万元	38926800	8509236	7475136	4161261
*产品销售税金及附加	万元	482500	137408	126884	48984
本年应交增值税	万元	1667200	424651	325936	168970
利润总额	万元	117280	285584	333168	141530
3.交通、邮电、电力					
铁路客运量	万人	2990	1062.1	345.12	
铁路货运量	万吨	1721	423	556	
民用运输车辆拥有量	辆	415829	168445	129061	84152

基本情况（三）

年）

嘉兴市	湖州市	绍兴市	金华市	衢州市	舟山市	台州市	丽水地区
33	3		86	21		12	24
101	114	22	41	30	22	82	40
355	123	188	68	68	36	69	14
9430718	6328709	14766349	10351001	1742657	813871	11663235	1303387
4770600	2770453	5756382	1835108	967821	525264	1915715	500955
897429	718905	1104221	572200	470557	241314	515435	185809
2579485	1691535	3809779	825830	340750	133149	1035012	152343
40640	418		64404	11618		11464	8793
333919	172604	275701	209115	76194	65066	175202	138332
872108	167040	438712	148095	54091	73252	121662	15036
3185638	1654118	3597221	972832	387215	387458	1154804	256323
1091706	585612	1218979	385556	231255	106632	452470	128011
2454770	1477589	2517775	1243108	617163	391556	1237324	274380
3069864	1697909	3638226	1403180	967554	436157	1306348	455383
2228918	1217569	2746005	1052869	648873	280523	850183	330512
4278527	2525139	5226718	1668213	850263	564373	1706550	477915
35833	16919	51912	16693	8174	5357	21872	5253
183923	103577	208224	72441	47594	18612	73317	21607
49520	35517	206068	15031	－9315	1531	40835	9375
343.56	84.05	319.8	655.63	207.16			11.46
60	194	126	220	190			
160565	17605	52316	60211	28069	12362	70351	39227

（1997

	单位	全省	杭州市	宁波市	温州市
境内公路里程	公里	36127	6270	4319	4111
境内铁路营业里程	公里	1051			
公路客运量	万人	108728	2904	21101	15827
公路货运量	万吨	45291	696	8642	3374
水运客运量	万人	3231	232	222	1061
水运货运量	万吨	14011	554	1314	1034
民用航空货邮运量	吨	41169	13625	5307	20427
民用航空客运量	人	2660000	1114668	539891	828400
邮电局(所)数	个	3120	500	407	443
邮电业务总量	万元	1129657	237286	186566	207235
电话交换机装机总容量	门	7223451	1367675	1218618	1194491
电话机数	部	4957800	1056309	1024747	1309982
无线寻呼用户数	户	3920400	687143	311184	689656
移动电话用户数	户	935300	175611	183451	185147
通电的村数	个	43219	4663	5013	6272
全年用电量	万千瓦时	4750866	1077666	718416	502310
＊工业用电	万千瓦时	3459914	785218	496127	316682
城乡居民生活用电	万千瓦时	699823	133958	122938	103501
4.批发零售贸易与外经、旅游					
批发零售贸易业商品销售总额	万元	33527100	12521742	4694626	6150118
＊农业生产资料	万元	406932	47892	87382	16509
社会消费品零售总额	万元	17571703	2992188	2885811	3146311
＊县以下	万元	6334377	529099	929016	1158433
粮食出售量	吨	4386151	506259	983659	201605

基本情况（四）

年）

嘉兴市	湖州市	绍兴市	金华市	衢州市	舟山市	台州市	丽水地区
1124	2156	3423	4864	2826	889	2589	4329
72	166	168		102			50
5152.03	5861	10517	11900	3045	5316	12619	2532
2217	3128	5615	4366	3928	1086	3280	1572
33.2	25.5	13.57	35.07	38.3	1354	170	18.36
2289	2619	1108	76	2	1371	1066	200
			783	130	85	812	
			77539	20821	42658	105818	
172	145	293	320	180	90	284	286
91631	49261	100921	75128	25161	24818	105213	26557
567052	339837	655257	584683	202072	180820	684136	228810
583197	275533	509630	404036	136144	118106	712422	169618
248301	169631	272371	275645	62949	83279	467380	119616
69013	36177	68409	65650	13683	17680	92375	16283
1769	1768	5146	5934	2594	808	5591	3661
472295	324470	566921	351179	278509	62424	290184	106492
363458	244365	464228	254520	247210	40221	178064	69821
53576	33640	57710	54473	19976	11066	79969	29016
4361548	2480535	4441483	3985914	1151923	799781	3021544	778106
47763	38211	40840	27014	15005	38201	32615	15500
1594817	1123563	1598535	1296553	602093	463364	1442231	426237
813034	292558	798072	463105	310086	172413	729893	138668
718170	445891	535022	318452	183336	21677	328397	143683

(1997

	单位	全省	杭州市	宁波市	温州市
* 国家收购	吨	2491672		515120	109630
肉类出售量	吨	1214405	167966	104797	79711
自营出口总额	万美元	1111800	145348	325531	53054
外国和港澳台地区在华直接投资					
新签协议(合同)数	个	852	174	260	81
协议(合同)客商投资额	万美元	121008	27888	60335	7587
客商实际投资	万美元	150345	41187	55408	6025
年末实有企业单位数	个	6251	1613	1591	536
年末从业人员数	人	744133	197944	193212	42039
旅游者人数	人	43784168	21504276	2543216	4083000
* 境外旅游者人数	人	811468	504276	100507	43000
旅游收入	万元	3006129	1587700	335200	282370
* 外汇收入	万元	285964	166664	28485	17470
5.固定资产投资					
全社会固定资产投资	万元	16945700	3033904	3005719	1781132
* 基建投资	万元	5097500	906554	1208587	469782
更新改造	万元	1132200	323091	169929	83589
* 住宅建设	万元	3260975	891015	272944	739199
房地产开发投资额	万元	2154489	573686	519220	380872
* 商品住宅	万元	1323384	359043	257337	253308
全年新增固定资产	万元	12333100	2351247	2350581	1578547
施工住宅建筑面积	万平方米	3015.04	672.82	551.97	597.1
竣工房屋建筑面积	万平方米	3373.68	785.74	733.32	524.65
* 住　宅	万平方米	1581.91	347.21	217.82	339.08

基本情况（五）

年）

嘉兴市	湖州市	绍兴市	金华市	衢州市	舟山市	台州市	丽水地区
649580	309973	311519	216038	146375	20645	141118	71674
470899	47856	82814	61346	73251	7088	83920	34757
45810	34425	65471	32021	827	21386	35755	6400
103	136	73	40	16	4	51	11
24303	6217	7487	3143	1279	785	3037	1020
14780	5543	11481	3730	1468	1162	3697	1095
672	249	730	248	100	122	304	86
94515	36156	96134	29866	8171	13020	30261	2815
2250000	225600	4134720	3583900	588156	3254900	1020300	596100
23225	9552	34720	30900	2156	52647	15300	6100
85250	64600	233200	165751	26900	130181	62100	32877
10450	3600	12708	10151	108	20681	7100	9877
1442108	840495	1645175	1120158	274067	340853	1085782	212077
717945	318328	227849	334083	110397	147869	298334	82250
37373	33498	55210	57685	28019	33098	90506	28274
263294	10869	253624	275036	94808	77457	323944	58785
116121	71818	135690	110052	34383	77409	104333	30905
72302	50374	80861	90207	20325	46711	71713	21203
364870	290750	539448	323729	264185	368493	718289	134842
155.95	104.64	178.4	214.56	85.52	120.57	197.74	135.77
184	118.11	259.61	258.9	67.68	127.97	194.33	119.37
91.4	54.62	107.02	130.7	34.55	87.45	100.34	71.72

(1997

	单 位	全 省	杭州市	宁波市	温州市
商品房屋销售建筑面积	万平方米	1017.08	177.52	219.6	214.9
商品房屋销售额	万元	1694585	436988	379011	357412
三、教育、科技、文化、卫生					
学校数	个	23635	3329	2156	3331
*高等学校	个	35	20	3	3
中等专业学校	个	151	57	21	11
普通中学	个	3186	437	369	468
职业中学	个	530	53	99	76
小 学	个	19733	2762	1664	2773
专任教师数	人	312427	52395	36414	48562
*高等学校	人	11815	7793	1078	717
中等专业学校	人	8073	2896	1072	619
普通中学	人	121887	16758	14341	20581
职业中学	人	12062	1926	2240	1201
小 学	人	153998	23022	17683	25444
在校学生数	人	6408486	959794	765490	1121986
*高等学校	人	107652	64124	11548	6492
中等专业学校	人	157353	51752	23248	11593
普通中学	人	2227361	275784	262154	447009
职业中学	人	230464	29744	37104	33439
小 学	人	3685656	538390	431436	623453
成人高等教育学校在校学生数	人	103957	57676	11452	8541
成人中等教育学校在校学生数	人	615532	442305	26968	15009
学龄儿童入学率	%		99.94	99.95	99.85

基本情况（六）

年）

嘉兴市	湖州市	绍兴市	金华市	衢州市	舟山市	台州市	丽水地区
53.04	40.86	90.52	68.41	20.04	33.52	72.37	26.3
62245	53931	137153	66931	19521	54025	103123	24245
1623	1745	2206	2579	1599	370	2255	2707
2	1	1	2	1	2	1	1
9	8	9	11	4	6	7	8
194	177	293	385	220	87	352	204
21	22	68	67	39	18	39	28
1170	1526	1835	2098	1335	257	1847	2466
23083	15594	26665	32142	15959	7821	35993	17799
274	152	304	825	150	191	180	151
459	361	528	772	141	259	433	533
7296	6197	10714	14372	7056	2939	14712	6921
569	438	1475	1554	618	307	1201	533
10670	8168	13644	14249	7994	4125	19338	9661
527721	360264	588001	634891	304663	148273	776196	342379
3103	1396	2367	11385	1175	1724	1433	1293
10682	9400	9996	14948	2105	3608	8918	11524
126791	104259	192048	228369	121560	52869	292662	123856
12353	11534	26660	32742	10522	5088	22444	8834
271627	228050	356930	337935	169301	84984	446885	196665
2354	1303	2032	3799	1117	1829	2631	2175
9510	5292	4117	3391	876	1562	104947	1555
99.54	99.67	99.92	99.93	99.7	99.57	99.67	99.88

（1997

	单 位	全 省	杭州市	宁波市	温州市
小学毕业升学率	%		99.07	98.95	99.13
各类专业技术人员数	人	768769	245775	179538	76745
*中级技术职称以上人员	人	370508	196775	40282	18252
农业技术人员数	人	43882	2254	936	2830
科技机构中从事科技活动人员数	人	9030	6341	624	530
全日制高等院校从事科技活动人员数	人	7415	7017	49	63
企业从事科技活动人员数	人	37807	10657	3334	2534
剧场、影剧院数	个	857	129	66	131
公共图书馆图书藏量	千册	19297	9778	1649	1478
医院、卫生院数	个	4657	1711	299	582
*医 院	个	705	411	44	49
医院、卫生院床位数	张	106829	26616	13654	11145
*医院床位数	张	79096	22341	8849	9216
医院、卫生院技术人员数	人	131042	35423	18338	14431
*医 生	人	63300	17112	9172	5536
四、市政公用事业					
年末实有铺装道路面积	万平方米	5043	871	569	
城市下水道总长度	公里	4884	1656	828	358
水厂综合生产能力(包括自备水源)	万吨/日	675	101	113	66
全年供水总量	万吨	145548	31562	29881	16979
生活用水量	万吨	63301	18920	14103	10381
生活用水人口	万人	759.23	159	105	
*非农业用水人口	万人	425.16	130	61.1	57.8
煤气(人工、天然气)供气总量	万立方米	25772	23000		

基 本 情 况（七）

年）

嘉兴市	湖州市	绍兴市	金华市	衢州市	舟山市	台州市	丽水地区
93.91	94.21	99.44	99.26	98.18	98.89	99.11	97.91
82849	41483	65510	70303	49645	15979	99344	40230
22409	11091	17425	20402	10819	4598	18817	9638
1837	1087	1345	2055	676	518	28703	1641
234	196	184	207	99	198	154	263
		170	108		8		
2365	1042	4468	1827	1510	556	1856	7658
15	52	90	66	131	59	83	29
1307	555	986	1030	386	368	897	863
177	157	298	382	208	99	396	348
31	25	25	38	16	12	31	23
8366	8103	8325	9092	4022	3344	8422	5740
5255	5667	5629	6819	2906	2490	5682	4242
9039	7176	10061	11002	5263	3293	10866	6150
5408	3175	5618	5247	2718	1466	4954	2894
217	335	165	716	145	253	837	
151	304	253	545	121	202	466	
71	32	69	80	88	21	34	
7716	5995	8026	14897	21553	2810	6129	
2652	3238	3020	5902	1589	1120	2376	
37.4	39.07	31.89	80.8	18.91	38.5	90.89	
25.02	25.08	22.82	49.91	14.38	17.9	21.15	
		246		650	836	23	

	单位	全省	杭州市	宁波市	温州市
*家庭用量	万立方米	5049	3129		
家庭用煤气人口	人	450100	199200		27000
液化石油气供气总量	吨	395099	32300	147026	49464
*家庭用量	吨	357909	31400	137597	48114
家庭用液化气人口	人	3428800	878000	608800	462500
年末实有公共汽(电)车营运车辆数	辆	5366	1182	1455	639
全年公共汽(电)车客运总数	万人次	88419	47900	14713	10367
年末实有出租汽车数	辆	15769	4965	1829	
园林绿地面积	公顷	15651	5579	1542	
*公共绿地面积	公顷	2567	704	237	
建成区绿化覆盖面积	公顷	12228	2150	1658	
工业废水排放总量	万吨	64102	15891	6538	6703
工业废水处理排放达标量	万吨	26038	12480	3338	1044
工业废水处理量	万吨	41593	17667	4658	2096
工业废水处理回用量	万吨	19873	11666	1066	372
工业二氧化硫去除量	吨	68344	47006	1384	10904
二氧化硫排放量	吨	276398	61	105315	28237
环境噪声达标面积	平方公里	239	89	34	31
生活垃圾粪便清运量	万吨	371	88	30	56
生活垃圾粪便无害化处理量	万吨	288943	288765	32	29
五、财政、金融、保险					
中央财政预算内收入	万元	1637466	427928	379907	169427
地方财政预算内收入	万元	1573300	312797	370506	217639
各项税收	万元	2523579	786784	384170	379884

基 本 情 况 （八）

年）

嘉兴市	湖州市	绍兴市	金华市	衢州市	舟山市	台州市	丽水地区
		238		610	762	23	
		68000		60000	94000	1900	
43000	23268	17514	37645	5884	14391	24607	
30784	12959	17489	35931	5636	14191	23808	
206600	177600	215200	511500	69700	85000	213900	
214	277	245	589	215	305	245	
1154	1205	1462	6929	2286	810	1593	
525	650	703	2065	296	1063	408	
587	830	949	1177	520	2274	687	
116	174	154	421	74	142	206	
630	938	1102	1352	588	1562	568	
3294	3530	3046	7701	15221	570	1608	
1307	2407	1613	1113	2108	55	573	
2879	1880	2789	4382	3733	381	1128	
2880	900	1123	693	1109	63	1	
675	552	699	924	5956		244	
1599	13526	9671	38330	12039	7209	60411	
13	7	17	20	9	7	12	
25	47	19	38	11	13	44	
12	19	19	27	10	10	20	
131591	74420	144720	89381	35782	28081	129269	26960
93221	46758	120575	87962	31695	30694	134112	37667
120105	64223	246930	97587	34372	66303	277695	65526

全 省 市 (地)

(1997

	单 位	全 省	杭州市	宁波市	温州市
* 农牧业税	万元	74191	10233	9675	9911
工商税收	万元	1343285	309275	309361	191642
地方财政预算内支出	万元	2401600	363834	520508	250721
* 基建支出	万元	52586	6913	20569	3398
支农支出	万元	93884	24832	15867	12706
福利救济费	万元	58680	9153	12522	7768
科技三项费	万元	20521	4500	4432	2751
文教科卫事业费	万元	663090	116924	115234	96014
* 科学事业费	万元	10047	2279	1627	1450
* 教育事业费	万元	422447	71700	68537	65155
金融机构数	个	6607	2027	396	1488
* 保险机构数	个	313	60	32	45
金融机构存款余额	万元	42092535	12251840	7172242	5025000
城乡居民储蓄余额	万元	22935500	5583306	3644769	2557000
金融机构各项贷款余额	万元	31999564	9388500	5747533	2913400
* 农业贷款	万元	866406	204853	148909	62600
保险业务承保额	亿元	10854.62	3385.81	2171.90	1259.99
保险业务保费收入	万元	690904	201001	133800	71437
保险业务已决赔款	万元	318560	69757	64113	21637
六、人民生活					
住宅建筑面积	万平方米	15896	3790	1199	2157
住宅使用面积	万平方米	11672.64	2848.91	875	1510
居住人口(与使用面积一致)	万人	525.08	98.97	61	58
全部职工平均人数	万人	488.81	117	77	53

基本情况（九）

年）

嘉兴市	湖州市	绍兴市	金华市	衢州市	舟山市	台州市	丽水地区
8263	3597	7125	7577	2467	5015	5454	4874
100882	52678	110159	73806	29595	33207	105005	27675
105886	71240	141658	139986	71342	64036	196390	103759
352	740	2050	1421	664	2132	12660	1687
2640	2260	8153	7670	4527	6183	5448	3598
2861	656	4242	5764	3223	2034	6626	3831
1378	916	1885	1284	690	619	1648	418
38694	29013	52202	59212	25640	23377	68710	38070
937	373	660	786	288	447	684	516
22181	18085	34217	41082	16521	12761	47688	24520
216	472	249	279	597	104	286	493
21	28	14	17	38	10	22	26
3360964	1744157	3999046	3087065	1064357	909004	2496237	982623
2174608	1098466	2709469	1904787	677028	577844	1360738	644073
2686811	1608996	3161322	2519399	919820	684973	1711068	657742
70037	48743	77818	11893	44693	48050	119324	29486
834.22	494.06	740.63	749.05	428.92	272.29	295.19	222.55
55243	30359	55055	50088	19818	16940	44182	12981
30734	9834	31989	21027	7544	9802	46412	5711
583	770	496	1976	247	888	3790	
405.51	558	365	1439.76	173.05	648.5	2848.91	
26.2	33.27	22.81	69.92	14.41	41.53	98.97	
14.31	26.39	13	36	20	15	33	

	单位	全省	杭州市	宁波市	温州市
全部职工工资总额	万元	4020100	1073862	744910	427830
居民人均可支配收入	元	7359	7896	9069	9034
居民人均消费支出	元	6170	6766	7189	6524
食品	元	2709	3148	3134	3192
衣着商品	元	638	699	745	658
家庭设备、用品及服务	元	649	809	864	347
医疗保健	元	311	261	312	365
交通和通讯	元	384	366	463	380
娱乐、教育、文化服务	元	670	698	863	604
居住	元	523	447	477	691
杂项商品和服务	元	286	338	331	287
居民消费价格指数(以上年为100)	%	104.1	106.7	103.9	104.5
商品零售价格指数(以上年为100)	%	100.3	102.4	100.8	101.9
城镇人均居住面积	平方米	11.28	10.69	8.32	11.11
农村居民人均纯收入	元	3684	3785	4568	3658
农村居民人均生活费支出	元	2839	3620	3483	2881
* 食品支出	元	1377	898	1757	1491
衣着支出	元	174	170	264	249
农村钢筋砖木结构住房比例	%		50	97	86
职工保险福利费用总额	万元	476051	142455	82800	39346
离退休、退职人员数	万人	112.14	34.08	15.68	13.13
离退休、退职人员保险福利费总额	万元	852025	275159	130196	80967
社会福利院数	个	2327	585	211	287
社会福利院床位数	张	39671	9090	6567	5191

基本情况（十）

年）

嘉兴市	湖州市	绍兴市	金华市	衢州市	舟山市	台州市	丽水地区
113683	192338	117825	261972	137437	121608	270871	
7498	7183	7625	7652	6693	7907	7816	
6276	5805	6198	6719	5368	6388	6353	
2686	2723	2812	2691	2214	2788	2787	
507	643	552	643	518	727	567	
1016	418	771	747	338	615	716	
181	203	222	386	843	374	328	
413	356	527	520	249	356	620	
750	613	601	763	520	552	586	
493	555	470	656	404	711	457	
230	294	243	313	282	265	292	
100.3	100.3	103	101.6	102.5	103.6	102.4	
98.3	99.2	100	99.4	100	100.6	99.9	
11.35	12.34	9.8	15.4	15.59	12.1	9.97	14.02
4430	3774	4119	3371	2495	3940		2305
3512	2553	2526	2979	2022	3002		1916
1697	1601	1048	1249	1177	1591		1045
190	173	180	168	112	270		120
100	97	92	87	74	98		64
46112	25508	35451	32924	16634	15994	28129	10698
9.58	7.08	7.73	8.42	4.61	2.17	6.4	3.26
69215	46655	59186	68493	34529	18821	48724	20080
142	127	159	211	154	65	191	195
3473	2388	2271	3473	1624	705	2907	1982

中国统计出版社最新资料书简目